Grundanforderungen an die Typografie bei Print und Web

1. Die Hauptfunktion der Typografie ist die Lesbarkeit. Schriftart/-grad/-schnitt, Laufweite, Wortabstand , Zeilenabstand/-länge müssen optimal und mediengerecht gewählt sein.

2. Zielgruppengerechte Typografie wird vor allem über die Schriftwahl und die Art des Satzes erreicht.

3. Ein typografisches System, das auf einem Gestaltungsraster basiert, schafft eine klare Hierarchie von Fließtext, Headline, Subhead etc. Bei mehrseitigen Medien ist dies unerlässlich.

4. Typografie besitzt Regeln, die nur bei fundierter Sachkenntnis gebrochen werden sollten.

Besonderheiten beim Web

Prägnantestes Merkmal ist die Variabilität browserbasierter Typografie.

- Ein rasterbasiertes Layout mithilfe von Stylesheets und Containerelementen rationalisiert die typografische Gestaltung und schafft mehr Kontrolle über die Browserdarstellung.

- Die nutzerseitigen Systemvoraussetzungen und die Bedürfnisse wie z. B. die Anzeige von Schriftart/-größe sind im Typodesign zu berücksichtigen.

- Umfangreiche Websites werden über ein konsistentes Schema auf der Basis von Templates aufgebaut und ermöglichen ein kohärentes visuelles Erscheinungsbild.

Typotrends

Nicht nur die Wahl konkreter Schriften, sondern auch deren Mischung folgt Trends. Aber „Mode" darf nicht funktionell unerlässliche Regeln missachten. Es sollten nicht mehr als zwei bis drei Schriften verwendet werden. Schriften aus einer Sippe oder Familie passen dabei immer zusammen.

Das Zeichenrepertoire der visuellen Sprache

Visuelle Zeichen können das Abstrakte sichtbar machen oder eine realitätsbezogene Abbildung darstellen. Nach Funktion klassifiziert lässt sich unterscheiden

Bild/Abbildung, Wappen/Emblem/Fahne, Markenzeichen, Symbol, Icon, Piktogramm, Diagramm, Karte.

Die drei Dimensionen des Zeichens:

- Syntax: Wie und mit welchen formalen Mitteln wird etwas dargestellt?
- Semantik: Was wird dargestellt? Welcher Bedeutungsinhalt wird kommuniziert?
- Pragmatik: Welchen Zweck, welche Wirkung hat das Zeichen?

Zeichenerkennung setzt beim Sender und Empfänger einen gemeinsamen Code voraus.

Kriterien zur Zeichenbeurteilung:

- Prägnanz und Wiedererkennbarkeit, Skalierbarkeit, Informationswert, Aktualität, Formqualität

Der Entwurf von Zeichen gehört mit zu grundlegenden Gestaltungstätigkeiten. Der dabei zu beschreitende Weg zur Formfindung vollzieht sich in drei Schritten:

1. Zieldefinition: Die Zeichenaussage wird nach einer Recherche/Analyse zielgruppengerecht definiert.

2. Kreativphase: Die Zeichenform soll gefunden werden.
   Dabei vollzieht sich ein Abstraktionsprozess, ein Denkvorgang, der die Form des Gegenstandes reduziert und interpretiert.

3. Realisierungsphase und Testphase: Das Zeichen erhält seine Gestalt über eine Reinzeichnug, die häufig rasterbasiert ist. Eine Testphase schließt sich an.

Susanne P. Radtke
Patricia Pisani
Walburg Wolters

HANDBUCH
VISUELLE
MEDIEN-
GESTALTUNG

+ Visuelle Sprache

+ Grundlagen der Gestaltung

+ Konzeption digitaler Medien

+ Skills für Berufsanfänger

Hinweise zur beiliegenden CD-ROM: Die CD-ROM enthält Präsentationen und Übungen und kann unmittelbar, d.h. ohne Installation gestartet werden. Sie ist auf Macintosh-Rechnern ab Betriebssystem 8.x und auf PCs unter Microsoft Windows ab Version 95 lauffähig und setzt eine Grafikauflösung von mindestens 800 x 600 Pixel sowie eine HighColor-Farbtiefe voraus.

Bei den Windows-Versionen 2000 und XP werden in Einzelfällen große Schriftarten ungünstig dargestellt, weshalb wir die Benutzer bitten, in diesem Fall „kleine Schriftart" zu wählen.

Zum Abspielen von Videosequenzen wird ein übliches Programm benötigt (z.B. QuickTime von Apple oder Nero). Der Verlag übernimmt keine Gewähr für die vollständige Abspielbarkeit in beliebigen Programmen und insbesondere nicht mit älteren Programmversionen.

Verlagsredaktion: Ralf Boden/Erich Schmidt-Dransfeld
Layout und Satz: Alfred Nrecaj
Illustration und Reinzeichnung: Patricia Pisani, Susanne P. Radtke, Steffen Zoepke
Umschlaggestaltung und Titelfoto: Thomas Gnahm, Berlin

Informationen über Cornelsen Fachbücher und Zusatzangebote:
www.cornelsen.de/Berufskompetenz

7. Auflage

© 2013 Cornelsen Schulverlage GmbH, Berlin

Druck: Offizin Andersen Nexö Leipzig GmbH

ISBN 978-3-06-151038-1

 Inhalt gedruckt auf säurefreiem Papier aus nachhaltiger Forstwirtschaft.

Susanne P. Radtke

- Studium der Visuellen Kommunikation in Schwäbisch Gmünd, Diplom und Meisterschüler an der Universität der Künste Berlin

- Seit 1988 eigenes Designbüro

- Lehraufträge für Design an der Universität der Künste Berlin, an der Technischen Universität Berlin und an der Freien Universität Berlin

- Vorsitzende eines IHK-Prüfungsausschusses „Mediengestalter für Digital- und Printmedien"

- Seit 2002 Professorin für Grundlagen der Gestaltung und Mediendesign an der Fachhochschule Ulm

Patricia Pisani

- Diplom Kunsterziehung der Academia Nacional de Bellas Artes Buenos Aires und Studium der freien Kunst an der Kunstakademie Stuttgart

- Seit 1993 freie Künstlerin und Designerin

- Lehraufträge für Kunst und neue Medien an der Universität der Künste Berlin und an der Hochschule für Gestaltung Berlin-Weißensee sowie für Gestaltungsgrundlagen und Webdesign an privaten Medieninstituten

- Zahlreiche Kunstprojekte in Deutschland und im Ausland

Walburga Wolters

- Studium der Anglistik und Germanistik in Bonn; Unterrichtstätigkeit im In- und Ausland

- Foreign-Rights-Management beim Langenscheidt Verlag München

- Seit 2000 Beraterin für digitale Medien und Informationsmanagement

- Dozentin für Medienkonzeption und Online-Marketing an Medieninstituten

- Mitglied eines IHK-Prüfungsausschusses „Mediengestalter für Digital- und Printmedien" sowie „Geprüfte(r) Industriemeister(in) Digital- und Printmedien"

E-Mail: info@visuelle-mediengestaltung.de

Vorwort

Dieses Buch richtet sich an alle, die sich mit dem Design von Medien fundiert, systematisch und praxisorientiert auseinander setzen wollen. Das können Profi- und Selfmade-Anwender, Studenten, Auszubildende und Interessierte aus Werbung und Marketing sein.

Digitale Medien wie das Internet brauchen neue Kompetenzen. Das Handling neuer Technologien und die viel beschworene soziale Kompetenz im Team sind nur eine Seite der Medaille. Die andere liegt im kompetenten und selektiven Umgang mit der immer stärker werdenden Bilder- und Informationsflut. Bei der Verarbeitung dieser Informationen kommt dem Designer eine umfassende Steuerungsfunktion innerhalb der Mediengesellschaft zu. Seine Aufgabe ist nicht schöne Oberflächen zu gestalten, sondern Wahrnehmungsprozesse zu beeinflussen. Die Sensibilisierung der Wahrnehmung und damit des Vorstellungsvermögens ist der erste Schritt zu einer Kompetenzerweiterung der visuellen Sprache.

In unserem Buch führen wir Sie Schritt für Schritt mit einfachen, dennoch reflektiven Beispielen und Übungen zu einem besseren Verständnis der Welt der Zeichen und Bilder. Spielerisch und methodisch zugleich erfahren Sie die notwendigen klassischen Grundlagen. Im gezielten Umgang mit Bildern lernen Sie eine neue Sprache kennen: die Bildsprache. Wie bei jeder anderen Fremdsprache gibt es viel Neues zu erfahren, und bis wir die ersten Sätze formulieren, vergeht einige Zeit. So kann und will unser Buch kein Crashkurs in Sachen Multimedia sein. Eine visuelle Kompetenz, die wir einmal erworben haben, ist unabhängig von diesem oder jenem Medium – sie ist medienübergreifend und ermöglicht die Entwicklung eigener Gestaltungsansätze.

Sie werden beim Lesen und Ausprobieren der Übungen ein Gefühl für Formen, Farben, Kontraste und Kompositionen bekommen. Sie werden Regeln an die Hand bekommen, die Ihnen im Berufsalltag weiterhelfen.

Mit der überarbeiteten buchbegleitenden CD-ROM stellen wir Ihnen Lehrmaterialien zum Ausdrucken, interaktive Übungen und inspirierende studentische Arbeiten zur Verfügung. Das Buch und die CD-ROM sind eng aufeinander abgestimmt, sodass Sie über die Eingabe der Seitennummerierung des Buches schnell zu den Übungen gelangen.

Im Kapitel C erfahren Sie, wie Sie gezielt, strukturiert und kreativ digitale Projekte konzipieren und präsentieren. Zahlreiche Screenbeispiele zeigen, wie gestalterische Mittel und inhaltliche Botschaften ineinander greifen und eine treffende Gesamtwirkung ergeben.

Allen Teilnehmern, die an unseren Trainings teilgenommen haben und uns ihre Arbeiten zur Verfügung gestellt haben, möchten wir an dieser Stelle danken. Wir haben im Bildnachweis die Namen der Teilnehmer, soweit bekannt, mit aufgenommen. Einige Namen konnten wir leider nicht mehr eruieren und bitten um Verständnis.

All denjenigen, die uns beim Schreiben und bei der Herstellung des Buches mit Rat und Tat zur Seite standen, möchten wir unseren besonderen Dank aussprechen.

Berlin, im Frühjahr 2008

Susanne P. Radtke
Patricia Pisani
Walburga Wolters

Benutzerhinweise

An alle Leserinnen und Leser!

Dieses Handbuch zur visuellen Mediengestaltung ist dazu da, benutzt zu werden. Zahlreiche Übungen und Aufgabenstellungen laden dazu ein, sich den Inhalt aktiv anzueignen.

Damit die unterschiedlichen Arten von Aufgaben und Übungen schneller erfasst werden können, markieren insgesamt sechs verschiedene Icons die Aufgabentypen.

 Gestaltungsübung am Rechner

 Manuelle Gestaltungsübung

 Teamübung

 Internetadresse

 Übungen/Arbeitsbeispiele auf der buchbegleitenden CD-ROM
Systemvoraussetzungen: Mac OS ab 8.x, Mac OS X, Windows 95 und folgende, Highcolor Modus, Soundkarte, 800 x 600 px

Grundlegende Erkenntnisse sind außerdem
mit folgendem Icon gekennzeichnet:

 Merksatz oder Regel

Wenn im Buch von den Mediengestalterinnen und Mediengestaltern die Rede ist, haben die Autorinnen durchgängig die sog. männliche Form verwendet und nicht jeweils beide Formen. Der Grund liegt einzig und allein darin, dass die Nennung beider Formen die Lesbarkeit stark beeinträchtigt hätte. Dies gilt auch für die Form „MediengestalterInnen", die noch nicht so geläufig ist, dass sie sich ohne Aufmerken verwenden lässt. An dieser Stelle unsere Bitte an alle Leserinnen, diese aus unserer Sicht notwendige Entscheidung allein im erläuterten Sinne zu interpretieren.

Zahlreiche Beispiele insbesondere aus Teil C beziehen sich auf das Internet. Da dieses Medium starken Veränderungen unterliegt, sind unter den angegebenen www-Adressen möglicherweise nicht die erläuterten Beispiele anzutreffen. Die Beispiele und Adressen werden jedoch mit jeder Auflage neu überprüft und dem jeweils aktuellen Stand angepasst.

Inhaltsverzeichnis

Teil A

Die visuelle Sprache

1. Gibt es eine Bildsprache?

„Denn das Bild des Erkannten ist im Erkennenden. "Thomas von Aquin

In Bildern zu denken haben wir von Kindesbeinen an und beinahe unbewusst gelernt. Wie z.B. das Zählen, das uns mithilfe von Äpfeln und Birnen näher gebracht wurde. Auch die Buchstaben hatten zu Anfang Bilder. So steht das Bildzeichen eines Baumes für den Buchstaben B. Das sind zunächst einfach zu entziffernde Zeichen, die nach und nach immer komplexer werden. Punkte, Linien, Flächen, Farben und Schriftzeichen senden uns durch die Art ihrer Gestaltung unendliche Variationen von Botschaften – und sie kommen bei uns unterschiedlich an. Wir sind unzertrennlich mit den Bildern verbunden und auf sie eingestellt.

Die Grundgrammatik der visuellen Kommunikation beherrschen wir besser, als uns bewusst ist. Auf einfachem Niveau können wir Botschaften formulieren, die verstanden werden und ihr Ziel erreichen. Wir drücken uns täglich bildhaft aus, ohne dass wir es als eine besondere Leistung empfinden. So setzen wir sprichwörtlich einen Punkt, um mitzuteilen, dass wir ein Innehalten oder einen Abschluss des Themas wünschen. Wir beschreiben Gefühlszustände mit Farben, wir haben eine rosarote Brille oder jemand ist für uns ein rotes Tuch.

Aber es geht uns um mehr. Wir möchten über das Alltägliche hinausgehen. Wir möchten in einen visuellen Dialog mit anderen treten, der professionellen Ansprüchen genügt. Visuelle Kommunikation, die auf einem selbstbestimmten, treffsicheren Gebrauch der Bilder und Zeichen beruht, ist unsere Aufgabe. Wie jede andere Sprache hat auch die Bildsprache ihre eigene Grammatik und kann trainiert werden. Aber vieles ist bereits in uns. Im einen mehr im anderen weniger. Steigen Sie in unser kleines Einstiegsquiz ein und probieren Sie sich selbst aus.

a) Ruhe   b) Unruhe

1. Setzen Sie jeweils einen Punkt in der Größe eines Centstücks in das Quadrat hinein, sodass einmal Ruhe und im anderen Quadrat Unruhe ausgedrückt wird.

2. Welche der vier Farben würden Sie
a) einem Gemüseladen,
b) einer Parfümerie,
c) einer Apotheke,
d) der Post zuordnen?

ROT   **GELB**   **BLAU**   **GRÜN**

1   2   3   4

3. Welche Schrift für welchen Zweck? Welche Paare gehören zusammen?

Schrift☀Probe 1

Schriftprobe 2

SCHRIFTPROBE 3

Schriftprobe 4

a) Technoclub

b) Teekränzchen

c) Kinderparty

d) Countryclub

4. Sie kochen folgende Gerichte:
a) Spätzle mit Sauerbraten und Salat,
b) Eintopf.

Welches Schaubild passt zu welchem Gericht?

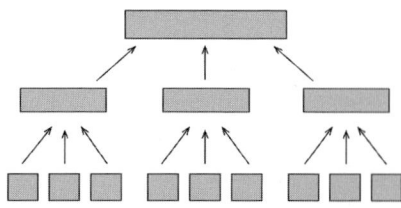

Wie würde ein Ablaufdiagramm für Raclette oder Fleisch-Fondue aussehen?

Gibt es eine Bildsprache? Diese Frage haben Sie sich selbst beantwortet. Ihre Antworten sind sicher ganz ähnlich ausgefallen, wie in unserer nebenstehenden Lösung vorgeschlagen. Aber es kann auch sein, dass Sie einiges ganz anders angegangen sind. Und das ist auch gut so. Lassen Sie Ihren Ideen freien Lauf und schaffen Sie so den Boden für jede Art von Kreativität. So gibt es vor allem für die letzte Frage viele Lösungen und wir schlagen keine Antwort vor. Ihre Entscheidung für diese oder jene Darstellung und Interpretation ist auch hier gefragt. Wir wollen Ihr ureigenes kreatives Potenzial freisetzen, um Ihnen die visuelle Sprache in all ihren Nuancen näher zu bringen. In welchem größeren Zusammenhang Ihre Ideen stehen, wird sich Ihnen in den folgenden Kapiteln erschließen.

2 Die Wahrnehmung

2.1 Der Wahrnehmungsprozess

Wie sehen wir?

Wir erfahren unsere sichtbare Umwelt, indem unsere Netzhautrezeptoren das von den Dingen reflektierte Licht empfangen und als „Erregungsmuster" in Form von Impulsen an die Sehregion des Gehirns weiterleiten. Die Daten aus der Umwelt werden von unseren Augen als Helligkeits- und Farbreize aufgenommen.

Mit jeder Augenbewegung sind die Bilder auf der Netzhaut auch in Bewegung. Als „Leinwand" für bewegte Bilder leitet die Netzhaut diese ständig neuen Anordnungen von Impulsen als Rohmaterial an das Gehirn weiter. Die Sehregion des Gehirns interpretiert die weitergeleiteten Reize. Die Bearbeitung der Empfindungen findet in zwei Gehirnhälften statt, die jeweils für verschiedene Funktionen zuständig sind:

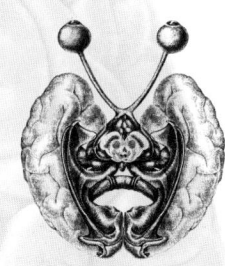

- Die linke Hälfte des Gehirns ist für das Sprachliche zuständig. Dort befindet sich das Sprachzentrum, das Text-Informationen wie z.B. beim Lesen bearbeitet. Die linke Hemisphäre nimmt die Informationen aus dem rechten Sehfeld auf und ist mit der rechten Hand verbunden.
- Die rechte Gehirnhälfte ist für die Verarbeitung von Bildern zuständig und kann aus den visuellen Empfindungen räumliche Vorstellungen erzeugen. Die rechte Hemisphäre nimmt die Informationen aus dem linken Sehfeld auf und ist mit der linken Hand verbunden.

Abb. 01: Das Sehsystem. Die linke Gehirn-Hemisphäre verarbeitet die Sprache und die Informationen des rechten Sehfeldes. Die rechte Hemisphäre hingegen verarbeitet die Bilder und die Informationen des linken Sehfeldes.

Erst durch diese Bearbeitung der visuellen Impulse durch das Gehirn wird es möglich, nicht lediglich tanzende Farbflecken, sondern koordinierten Raum und stabile Dinge zu „sehen".

Was sehen wir?

Versuchen wir zu beschreiben, was stattfindet, wenn wir sehen:
- Zuerst haben wir Empfindungen von **Farbe** und **Helligkeit.**
- Die Reizmuster auf der Netzhaut, die diese Empfindungen auslösen, sind ständig in **Bewegung.**
- Sie ordnen sich stets in einer neuen **Position** an, sei es wegen der Bewegung der Augen bzw. der Objekte im Sehfeld. Farbe und Helligkeit gruppieren sich in voneinander abgegrenzten Formen.
- Die **Form** ist durch Farb- und Helligkeitsunterschiede (Kontraste) bestimmt.
- Die **Größe** der Formen und
- die **Richtung**, die sie markieren, sind weitere Eigenschaften.
- Dazu können wir andere Daten wie die Beschaffenheit der Oberfläche – die so genannte **Textur** – aufnehmen.
- Aus den Beziehungen aller diesen Daten zueinander entstehen Informationen über die **Räumlichkeit** unseres Blickfeldes.

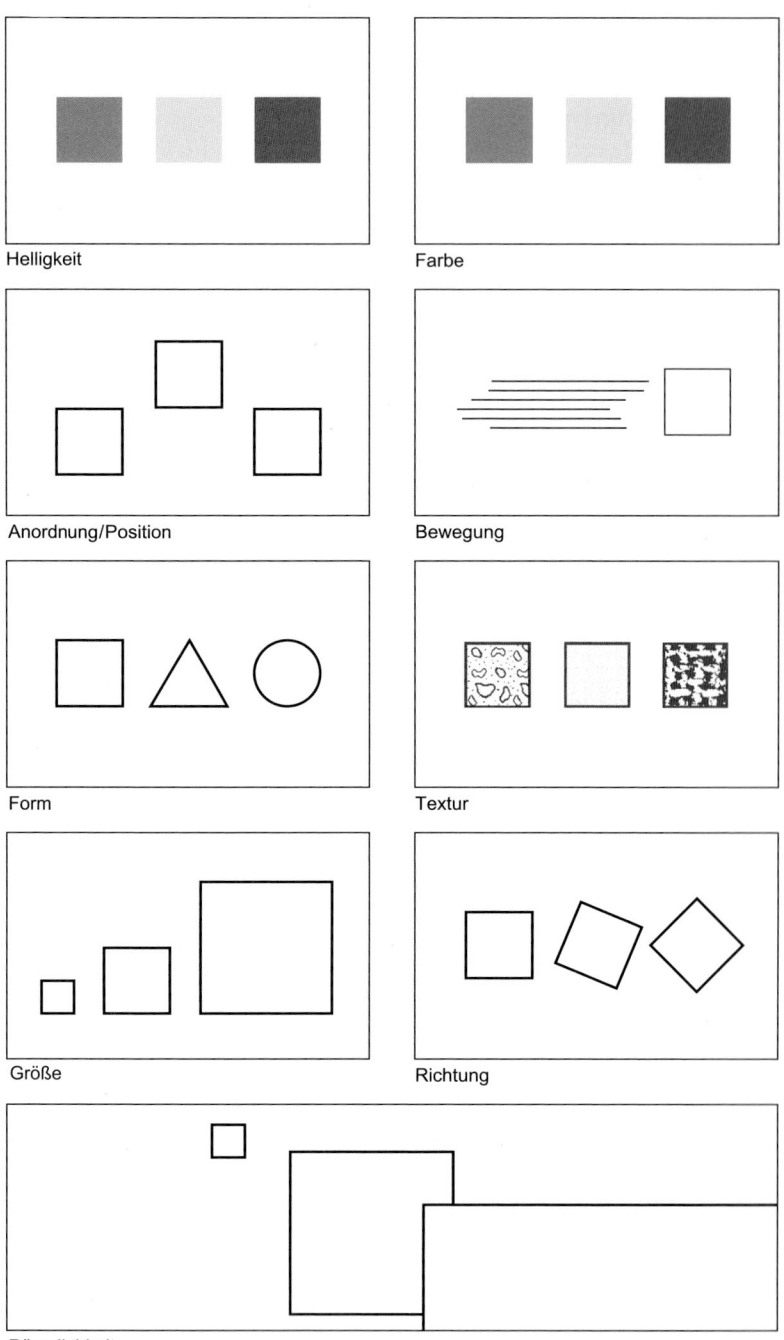

Abb. 02: Empfindungen von Helligkeit, Farbe, Form, Anordnung, Bewegung, Größe, Richtung, Textur, Räumlichkeit als visuelle Daten

Diese visuellen Empfindungen wirken gleichzeitig und geben uns Informationen über unsere Umwelt. Sie sind die visuelle Form der Erscheinung unserer Umwelt. Der Designer verwendet diese für seine Entwürfe. Er stellt damit Bilder her, um Informationen **visuell** zu vermitteln. Diese Eigenschaften sind die dem Designer und dem Betrachter zur Verfügung stehenden „syntaktischen" visuellen Mittel (siehe hierzu auch Kapitel B.4 „Die Zeichen").

A-2-01-M: „Visuelle Empfindungen". Beobachten Sie ein Objekt aus Ihrer Umgebung. Beschreiben Sie es nach den oben genannten Eigenschaften:

- *Farbe*
- *Helligkeit*
- *Anordnung bzw. Position in Bezug auf das Umfeld*
- *Bewegung*
- *Form*
- *Größe*
- *Richtung*
- *Textur (Oberflächenbeschaffenheit)*

2.2 Räumliches Wahrnehmen

Wichtige Informationen werden uns durch die oben genannten visuellen Empfindungen geliefert, um Raum und Zeit wahrnehmen zu können. Dass wir dreidimensional wahrnehmen können, ist eine Leistung unseres Gehirns. Es kann eine zweidimensionale Projektion auf der Netzhaut räumlich interpretieren.

Je nach den Daten, die visuelle Empfindungen als Kontrastpaare liefern, ordnet die Wahrnehmung visuelle Eindrücke tendenziell als nah oder fern ein und schafft so räumliche Tiefe.

Visuelle Wahrnehmungsfaktoren der Raumempfindung

- **Hell/dunkel:** Durch Helligkeitsunterschiede bzw. Schatten und Licht bekommen wir Daten über die Tiefe des Raumes bzw. die Plastizität einer Form. Die Gewohnheit, das Licht von oben links zu erwarten, modelliert die Formen als konkave oder konvexe Räume.

- **Farbrein/getrübt:** Farben verlieren an Intensität (Saturation), wenn die Entfernung größer wird. Sie bekommen durch die Atmosphäre einen bläulichen Stich. Die räumliche Wirkung, die getrübte Farbe erzeugt, wird Luftperspektive genannt. Warme Farben werden als näher empfunden als die kalten, die eher distanziert wirken.

- **Oben/unten:** Formen, die oben in unserem Blickfeld platziert sind, scheinen tendenziell ferner zu sein als die, die sich unten befinden.

- **Schnell/langsam:** Je langsamer die Bewegung wird, desto ferner scheinen die Formen sich zu befinden. Diesen Effekt kann man beim Zug- und Autofahren durchs Fenster beobachten. Die Formen, die sich schneller bewegen, schätzen wir als näher ein.

- **Teilverdeckte/vollständige Form:** Teilverdeckte Formen werden als ferner bzw. weiter hinten positioniert empfunden als die vollständigen, die eher als näher bzw. vorne eingeschätzt werden. Dass eine Form als vollständige gesehen wird, hängt u. a. mit dem Einfachheits- und Geschlossenheitsgrad ihrer Umrisslinie zusammen.

- **Scharf/unscharf:** Wenn die Textur einer Oberfläche schärfer bzw. deutlicher aussieht, empfinden wir sie näher als eine Form, deren Oberflächenstruktur nicht mehr zu erkennen bzw. unschärfer ist. Dies hängt mit dem Auflösungsvermögen der Augen zusammen.

- **Groß/klein:** Die gleiche Form wird in ihren Proportionen als näher empfunden, wenn sie größer ist, und als ferner, wenn sie kleiner ist. Testen Sie es, indem Sie eine Hand vor ein Auge und die andere weiter weg in Blickrichtung halten. Die Reize, die die sich näher am Auge befindende Hand auf der Netzhaut verursacht, sind in ihrer Ausdehnung tatsächlich größer. Sie wird aber als näher und nicht als größer empfunden. Die **Größenkonstanz** ist ein Phänomen der Wahrnehmung.

- **Konvergenz in Richtung des Horizontes** der in der Realität parallelen Linien: Senkrechte und Waagerechte werden in perspektivischer Verzerrung als räumlich wahrgenommen und weiterhin als Senkrechte und Waagerechte (in der Wirklichkeit) interpretiert. Die **Formkonstanz** ist ein weiteres Phänomen unserer Wahrnehmung.

Räumliches Wahrnehmen nach Kontrastpaaren (tendenziell)

	näher	ferner
Helligkeit	Lichteinfall (konvexe Form)	Schatten (konvexe Form)
Farbe	farbrein warm	getrübt (Luftperspektive) kalt
Position	unten	oben
Bewegung	Verlangsamung der Geschwindigkeit	
Form	vollständig	teils verdeckt
Textur	scharf	unscharf
Größe	groß	klein
Richtung	Verjüngung in Horizontrichtung (Perspektive)	

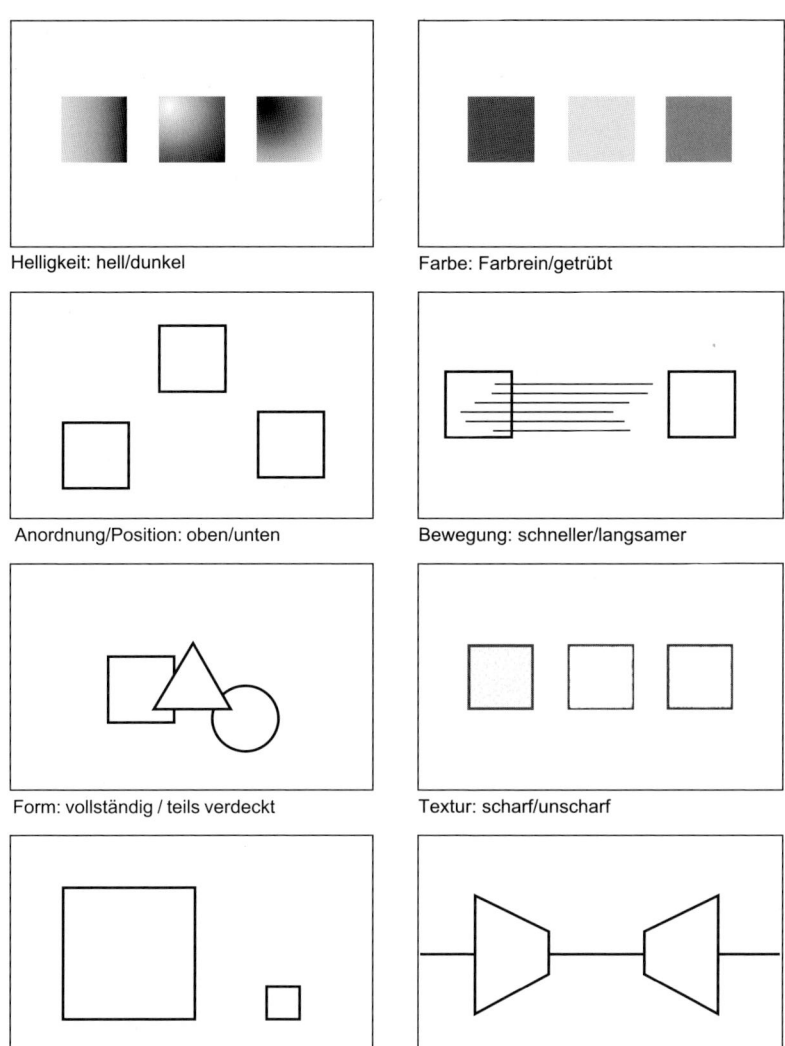

Helligkeit: hell/dunkel

Farbe: Farbrein/getrübt

Anordnung/Position: oben/unten

Bewegung: schneller/langsamer

Form: vollständig / teils verdeckt

Textur: scharf/unscharf

Größe: groß/klein

Richtung: Perspektive

Abb. 03: Kontrastpaare als Raum-Indikatoren.
Die verschiedenen visuellen Empfindungen übermitteln Daten an unser Gehirn, die die Wahrnehmung des Raumes ermöglichen.

A-2-02-M: *„Räumliches Wahrnehmen". Versuchen Sie das, was durch Ihr Fenster zu sehen ist, anhand der Merkmale des räumlichen Wahrnehmens zu beschreiben, indem Sie die gesichteten Elemente unter dem Kriterium der Kontrastpaare betrachten.*

A-2-03-M: *„Räumliches Wahrnehmen 2". Suchen Sie aus Zeitschriften Bild-Bei-spiele, in denen die Wirkung der Kontrastpaare für die Wahrnehmung des Raumes deutlich wird. Schneiden Sie sie aus und notieren Sie neben dem Beispiel, welche Kontrastpaare vor-liegen.*

2.3 Visuelles Gleichgewicht

Schon als Kleinkinder erfahren wir die Welt als eine Welt von Dingen, die fallen können. Dieses Erlebnis wird durch den Lernprozess des Aufrechtgehens verinnerlicht. Sowohl für die Produktion von Bildern als auch für ihre Interpretation seitens des Betrachters des Bildes sind diese elementaren Erfahrungen der Sinne maßgebend.

Der **Gleichgewichtssinn** (im inneren Ohr) verleiht uns das Gefühl der senkrechten Richtung in Wechselwirkung mit der physikalischen **Schwerkraft**, die unser Planet auf die Natur, auf uns und auf die Dinge ausübt. Die visuellen Empfindungen werden durch die Wahrnehmung in „oben" und „unten" interpretiert, damit wir mit der Wirkung der Schwerkraft auf Dinge und Körper zurechtkommen können. Wenn uns schwindlig ist, scheint unsere visuell wahrgenommene Umgebung nicht mehr in Ordnung zu sein und wir können sogar fallen.

Die Welt ist überwiegend durch Vertikale und Horizontale gestaltet. Denken Sie an den Horizont, das Pflanzenwachstum, die Gebäude und die Säulen, die Tische und die Stühle, die Regale und die Bilder an der Wand.

Was „schief" ist, könnte sich nach unserer Erfahrung in Bewegung setzen bzw. fallen. Dieser Erfahrung entsprechend wirken diagonale Richtungen visuell dynamisch bzw. unruhig.

Abb. 04: Der Schiefe Turm von Pisa. Unabhängig von der Position des Betrachters und der Information des Bildes hängt das Bild schief, wenn seine Kanten nicht parallel zur Wand bzw. zum Boden und zur Decke verlaufen. Sowohl in die Produktion von Bildern durch den Designer als auch in die Interpretation seitens des Betrachters überträgt sich die Erfahrung der Oben-unten-Richtung (das Senkrechte) und des Gleichgewichts (das Waagerechte).

Das **visuelle Gleichgewicht** korrespondiert mit der Erfahrung des physikalischen Gleichgewichts, also einem Zustand, in dem verschiedene
Kräfte sich gegenseitig aufheben bzw. neutralisieren. Unsere visuelle
Wahrnehmung hat „Empfindungen" von Gewicht. Sie empfindet visuelle Elemente als leicht oder schwer.

Die **Komposition** ist die Anordnung und Gewichtung der Formen und
Farben, sodass jedes Element zur Geltung kommt und der Gesamtzu-
sammenhang insgesamt „ausgewogen" wirkt. Diese Anordnungen können recht unterschiedlich sein. Die Kunst der Komposition besteht darin, in einem Feld voller **Spannungen** eine visuelle Ausgewogenheit herzustellen. Die Spannungen entstehen durch die Beziehungen und
gegenseitige Beeinflussung der Formen, der Farben, der Position der Elemente auf der Grundfläche usw. Ändert man ein Element z.B. in seiner
Form, Größe oder Position, ändert sich die Gewichtung und damit die
Balance des Bildes.

   Die symmetrische Gewichtungsverteilung bereitet keine Schwierig-
keiten. Sie ist visuell ausgewogen, wirkt aber statisch und vielleicht in
manchen Fällen sogar unspannend. Bei der asymmetrischen Anordnung

*Abb. 05 : Astronauten
trainieren in der Schwere-
losigkeit.*

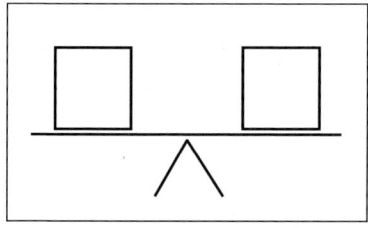

Symmetrische Gewichtsverteilung:
Die Gewichtung ist symmetrisch und dadurch
ausgeglichen.

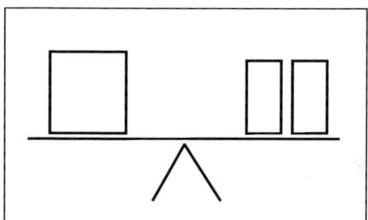

Von der Symmetrie abweichende Gewichtsverteilung: Die Gewichtung wird durch
Form und Menge ausgeglichen.

*Abb. 06: Schematische
Darstellung von symmetri-
scher und asymmetrischer
Gewichtsverteilung mittels
des Modells der Waage
(nach Braun)*

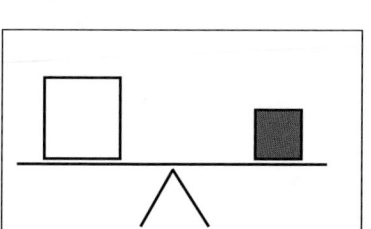

Asymmetrische Gewichtsverteilung:
Das Ungleichgewicht zwischen der kleinen
dunklen und der großen Fläche wird durch
deren Helligkeit ausgeglichen.

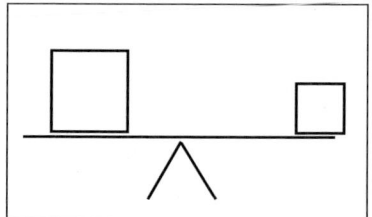

Asymmetrische Gewichtsverteilung:
Das Übergewicht der großen Fläche wird
durch die Position der kleinen Fläche ausgeglichen.

wird ein Ausgleich der Gewichtung versucht. Durch Änderung der **syntaktischen Mittel** wie Helligkeit, Farbe, Form, Größe oder Position in Bezug auf die Grundfläche kann das Gleichgewicht wiederhergestellt werden.

Viele Formen in der Natur sind auf den ersten Blick symmetrisch gestaltet. Bei Menschen und nahezu allen Tieren verläuft die Symmetrieachse frontal und dorsal (am Rücken). Die laterale Ansicht ist dagegen asymmetrisch gestaltet und wirkt dynamischer, wobei auch die Funktion der Bewegung sichtbar wird. Asymmetrische Anordnungen können den Eindruck von Dynamik und Bewegung in Bezug auf ein eigentlich statisches Bild erzeugen. Trotz der ungleichen Verteilung der Formen empfinden wir die Anordnung als ausgewogen, weil der Eindruck von Bewegung das Bild ausbalanciert.

Abb. 07: Symmetrische Anordnungen wirken statisch. Asymmetrische Anordnungen können ein „dynamisches" Gleichgewicht erzeugen, weil der Eindruck von Bewegung das Bild ausbalanciert.

A-2-04-M: „Gleichgewicht und Komposition". ◐ Arbeitsblatt 3 auf CD zum Ausdrucken. Realisieren Sie mit den vorgegebenen drei verschiedenen Vierecken sechs Kompositionen, welche die auf dem Arbeitsblatt genannten Vorgaben erfüllen.

Die **optische Mitte** ist die Wahrnehmung der Mitte einer Bildfläche mittels Augenmaß. Untersuchungen von Gerhard Braun ergaben, dass Versuchspersonen die Mitte eines Quadrats mittels Augenmaß deutlich über der geometrischen Mitte ansetzten.

Die geometrische Mitte einer Form wird wegen unserer Grunderfahrung mit der Schwerkraft tendenziell als zu tief und nicht als „mittig" empfunden. Es gibt einen Unterschied zwischen Augenmaß und Zentimetermaß: Visuell kann als falsch empfunden werden, was „objektiv" richtig ist. Auf einem visuellen Feld sind unsichtbare Kräfte aktiv. Um den wahrnehmungsbedingten visuellen Zug nach unten auszugleichen, setzt unser Empfinden die Mitte einer Form oberhalb ihrer geometrischen Mitte an.

In der gestalterischenPraxis wird oft ein optischer Ausgleich vorgenommen, um visuell gut proportionierte Formen zu erreichen. Dies ist z.B. der Fall beim optischen Ausgleich von Buchstabenabständen (siehe auch Kap. B.3 „Die Typografie") und in der Letterkonstruktion beispielsweise des Buchstabens „H". Dieser erscheint in der Beziehung oben/unten und der Strichstärke gut proportioniert und ausgeglichen zu sein. Um dies zu erreichen, ist der Querbalken leicht oberhalb der geometrischen Mitte eingesetzt und auch schmaler als die vertikalen Balken. In einem geometrisch exakt konstruierten „H" erscheint der in der geometrischen Mitte eingesetzte Querbalken als viel zu tief positioniert. Die Gewichtsverteilung oben/unten wirkt dadurch unausgeglichen. Das Empfinden visueller Schwerkraft lässt den Querstrich stärker erscheinen. Gleichzeitig wirken die stehenden Striche im Verhältnis dazu schmaler.

Eine Regel aus der Praxis der Designer: Die optische Mitte eines Feldes liegt oberhalb der geometrischen Mitte, in etwa 2 bis 3% der gesamten Höhe.

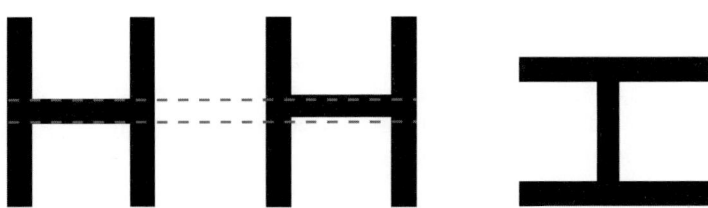

Abb.08: Links: Exakt geometrisch konstruiertes H. Mitte: Optisch ausgeglichenes H. Rechts: Optisch ausgeglichenes H, gedreht. Die Querbalken scheinen viel zu stark, der stehende Strich viel zu dünn zu sein. Er steht jetzt deutlich sichtbar nicht in der Mitte.

Das Sehen unterliegt anderen Gesetzen als die Geometrie. Solche Abweichungen zwischen subjektiver bzw. psychologischer Wahrnehmung und objektiv messbarer Realität muss der Designer kennen, um mit den Besonderheiten der visuellen Wahrnehmung besser umgehen zu können.

Das Sehen unterliegt anderen Gesetzen als die Geometrie

Die **Proportion** spielt bei jeder gestalterischen Aufgabe eine große Rolle. Man wird damit schon bei einfachen Aufgaben konfrontiert wie z.B. bei der Aufteilung einer Grundfläche beim Layout oder der Bestimmung von Größe und Position einer Figur innerhalb eines Formats. In der Kunstgeschichte finden sich immer wieder Versuche, das Problem der Proportion durch mathematische Regeln zu lösen.

Am Ende des 19. Jahrhunderts wurden diese Versuche etwa in der Académie des Beaux-Arts bis zum Absurden getrieben und das Zeichnen von

Menschen, Tieren und Pflanzen von rigiden Proportionsverhältnissen bestimmt. Künstler, die einen intuitiven bzw. emotionalen Umgang mit der Proportion in ihren Werken hatten, wurden als unfähig beurteilt.

Betrachtet man Beispiele aus der Kunstgeschichte, die nicht solchen Regeln unterliegen, wie u.a. die naiven Künstler, empfindet man auch sie als gut proportioniert, stabil, harmonisch und spannend. Die absolut ideale Proportion scheint es nicht zu geben, sondern eher unzählige verschiedene „wohl proportionierte" Lösungen. Wichtig ist jedoch die **Sensibilität** des Gestalters und dessen Freiheit, seinen Empfindungen zu folgen, damit die Formen und Größen zu einer in ihren Beziehungen wohl proportionierten Gestalt werden.

Die absolut ideale Proportion scheint es nicht zu geben

Das Problem der Proportion findet man:
- in der Aufteilung der Grundfläche (grundlegend bei jeder Seitengestaltung),
- zwischen einem Element und der Grundfläche,
- zwischen den einzelnen Elementen innerhalb einer Grundfläche,
- zwischen den Elementen und den Betrachtern.

Mit Proportionen lässt sich intuitiv-emotional (nach Gefühl und Empfindung) oder mathematisch basiert (nach mathematischen Proportionsregeln) umgehen. Wir nennen hier einige mathematische Proportionsregeln, die hilfreich sein können, wenn man mathematisch an das Problem herangehen möchte.

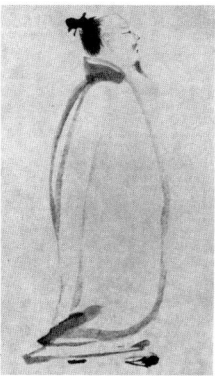

Abb. 09: Chinesische Tusche auf Papier aus dem 13. Jahrhundert (Tokio, Kommission zum Schutze der Kulturgüter)

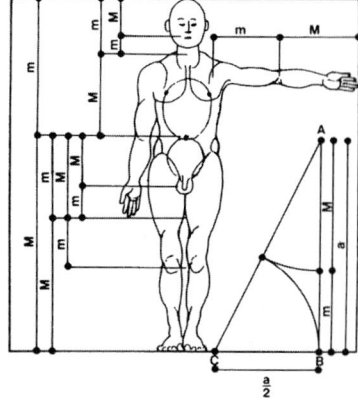

Abb. 10: In vielen klassischen Darstellungen im Bereich der bildenden Kunst beziehen sich die Teilungsverhältnisse auf die menschlichen Proportionen nach dem goldenen Schnitt.

- **Die arithmetische Reihe** ist eine als Summe geschriebene Reihe von Zahlen. In dieser Zahlenfolge ist die Differenz (d) zwischen den aufeinander folgenden Gliedern konstant.

$$a + (a+d) + (a+2d) + (a+3d) \dots + (a+nd)$$

Die Formel: $S = n \cdot \dfrac{a_1 + a_n}{2}$

n = Anzahl der Glieder a_1 = Anfangsglied a_n = Endglied

In unserem Beispiel d = 0,5
Es entspricht in cm: 0,5 + 1
+ 1,5 + 2 + 2,5 + 3

- **Die geometrische Reihe** ist eine Zahlenfolge, bei der die Division jedes Gliedes durch sein vorhergehendes einen konstanten Quotienten (q) ergibt.

$$a + aq + aq^2 + aq^3 + \dots aq^n$$

Die Formel (endl. geometrische Reihe mit n Gliedern): $a \cdot \dfrac{1-q^n}{1-q}$

In unserem Beispiel q = 1,5
Es entspricht in cm: 0,39 +
0,59 + 0,88 + 1,33 + 2 + 3

- **Der goldene Schnitt** ist eine rein geometrische Teilungsmethode, die nur eine annähernde Wiedergabe in arithmetischen Zahlen findet (Teilung 1:0,61803...). Viele Beispiele des goldenen Schnitts als Proportionsverhältnis findet man in der Natur und in der Kunst.

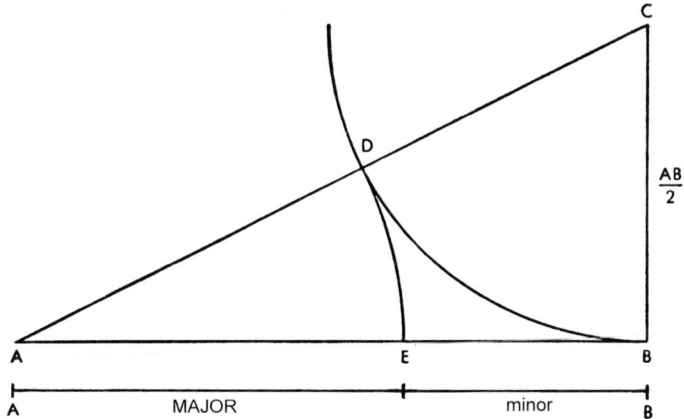

Länge	Breite
1	0,6
2	1,2
3	1,9
4	2,5
5	3,1
6	3,7
7	4,3
8	4,9
9	5,6
10	6,2
usw.	

Proportionsverhältnisse des goldenen Schnittes für visuelle Gestaltungszwecke

Abb. 11: Konstruktionsmethode des goldenen Schnittes. Im Endpunkt B der stetig zu teilenden Strecke AB wird eine Senkrechte errichtet. Sie trägt die Hälfte von AB ab. Um C schlägt man einen Kreis. Die Verbindung CA schneidet den Kreisbogen in D. Um A mit AD schlägt man einen Kreis, der die Strecke AB in E nach dem goldenen Schnitt (Major und Minor) teilt.

A-2-05-C: „Proportion". ● Übung auf CD in FREEHAND. Bewegen Sie das Kreuz auf das Quadrat und experimentieren Sie mit verschiedenen Aufteilungen der Fläche. Wählen Sie anschließend jene Aufteilung aus, die ausgewogen und spannend wirkt.

2.4 Gesetzmäßigkeiten der Wahrnehmung

Wie werden optische Reize durch den Wahrnehmungsprozess strukturiert, dass sie als Figuren oder Gebilde bzw. Einheiten wahrgenommen werden?

Wie die Welt der visuellen Wahrnehmung aufgebaut ist, hat die **Gestaltpsychologie** untersucht und beschrieben. Diese Psychologie-Schule ist um die vorletzte Jahrhundertwende entstanden. Während sie als psychologische und philosophische Theorie heute umstritten ist, sind die von ihr entdeckten Muster, nach denen die Wahrnehmung organisiert ist, allgemein anerkannt.

Die Regeln beschreiben, wie die visuellen Reize auf der Netzhaut im Wahrnehmungsprozess durch die Psyche zu **Figuren** strukturiert werden bzw. wie sie sortiert oder gruppiert werden. Die Gestaltpsychologie ist davon ausgegangen, dass die Psyche nicht aus einzelnen Elementen besteht, sondern als Ganzheit funktioniert. Gestaltpsychologen bezeichnen mit **Gestalt** ein Gebilde, welches als Ganzes andere Qualitäten hat als seine jeweiligen einzelnen Teile. Die Gestalt bzw. das Ganze ist also „mehr als die Summe seiner Teile".

Abb. 12: Im Wahrnehmungsvorgang kann unsere Psyche die optischen Reize nach ihrer Erinnerung zu einer bekannten Form ergänzen.

Aus den Untersuchungen der Gestaltpsychologie des Wahrnehmungsprozesses sind viele Regeln (weit über hundert) hervorgegangen. Sie erklären, wie ein Gebilde zu einer Figur und als Ganzheit aufgefasst bzw. erlebt wird. Wir werden uns auf einige wenige, aber wichtige Gestaltgesetze beschränken. In der Praxis wirken oft mehrere dieser Gesetze zusammen und haben von Fall zu Fall mehr oder weniger Einfluss auf die Strukturierung der visuellen Reize zu einer Gestalt.

- **Figur und Grund-Beziehung**

Was im Wahrnehmungsprozess ist ausschlaggebend dafür, dass etwas als Figur gesehen wird? Die visuelle Wahrnehmung organisiert die optischen Reize nach bestimmten Mustern. Diese Muster ermöglichen, dass ein Teil des wahrgenommenen Feldes sich durch unsere Aufmerksamkeit zur Figur strukturiert und der Rest Hintergrund bleibt. Die Figur spielt im Blickfeld dann die aktive Rolle, während der Grund zurücktritt.

Als Figur werden bevorzugt wahrgenommen:
- geschlossene Flächen,
- kleinere Flächen,
- symmetrische Konturen bzw. Flächen,
- einfachere Formen,
- mit Textur oder Struktur verzierte Flächen.

Wenn Figur und Grund abwechselnd als dominant wahrgenommen werden können, spricht man von „Kippfiguren". Hier kann sich die Wahrnehmung nicht endgültig „entscheiden", welche Reize die Figur und welche den Grund bilden. Je nachdem zu welchem Bereich unsere Aufmerksamkeit springt, „kippt" die Funktion um. Die Rubin'sche Vase ist ein klassisches Beispiel der Umkehrbarkeit von Figur und Grund. Sobald die Vase als geschlossene Form erscheint oder eines der Reizmuster mit einer Struktur versehen wird, nimmt man diesen Bereich eher als Figur wahr.

Abb. 13: Rubin'sche Vase: Umkehrbarkeit von Figur und Grund. Sobald eines der beiden Reizmuster mit einer Struktur versehen wird, wird dieses bevorzugt als Figur wahrgenommen.

Der niederländische Grafiker M.C. Escher hat dieses Wahrnehmungsphänomen gestalterisch in seinen Bildern sichtbar gemacht.

Eine klare Differenzierung von Figur und Grund hilft die Aufmerksamkeit eines Betrachters aufrechtzuhalten, damit die visuellen Daten aufgenommen werden können. Ein Bei-

Abb. 14: Luft und Wasser, Holzschnitt des niederländischen Grafikers M. C. Escher, für den ein zweideutiges Figur-Grund-Raster verwendet wurde. ©2001 Cordon Art B.V - Baarn - Holland

spiel soll das verdeutlichen: Der Designer kann einem Text durch Kästen, Umrandungen, einen erhöhten Kontrast zum Hintergrund, genügend Abstände zwischen den Abschnitten usw. zur Figurbildung verhelfen.

! Beim Entwerfen von Markenzeichen, Piktogrammen und Schaltern muss man diese auf eine mögliche Figur-Grund-Zweideutigkeit prüfen, um eine unerwünschte Figurbildung zu vermeiden. (Handelt es sich hier um den Buchstaben „E" oder um eine kleine Hose?)

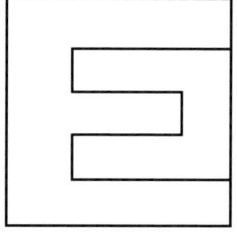

- **Das Gesetz der Nähe**

Wenn es sich um gleiche Elemente handelt, werden die näher beieinander liegenden als Ganzes bzw. als Gruppe aufgefasst.

Die Wahrnehmung schließt die sich am nächsten liegenden Linienpaare als Streifen zusammen. So werden im nachstehenden Beispiel die sich am nächsten liegenden Linienpaare als Einheit wahrgenommen, während die „breiteren Streifen" dazwischen nicht als Ganzes erscheinen.

Der Text ist ein Beispiel aus der Praxis, wo das Gesetz der Nähe funktioniert. Die größeren Abstände zwischen den Worten erlauben, dass eine Reihe von Buchstaben als „Wort", als ein Ganzes, zusammengefasst wird. Abstände helfen wiederum bei der visuellen Gliederung verschiedener Textinhalte. Nach dem Gesetz der Nähe wirken Abstände zwischen ähnlichen Elementen dann trennend.

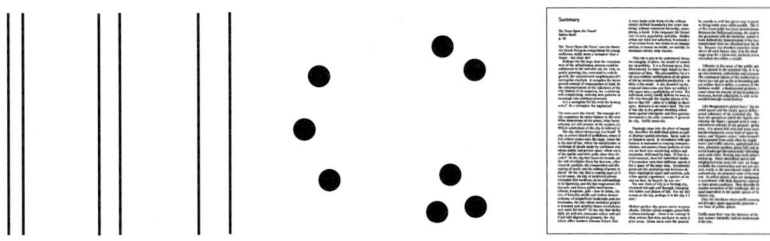

- **Das Gesetz der Geschlossenheit**

Wenn Linien eine Fläche umschließen, lassen sie sich unter sonst gleichen Umständen leichter als eine Einheit wahrnehmen, als diejenigen, die sich nicht zusammenschließen. Die Aufmerksamkeit richtet sich im ersten Moment mehr auf jene Linien, die eine Fläche einschließen als auf die offenen. Geschlossene oder fast geschlossene Linien erscheinen als flächige Figur und heben sich dadurch deutlich vom Hintergrund ab.

In der gestalterischen Praxis wird dieses Gesetz beispielsweise angewendet, um deutlich zu machen, dass bestimmte Inhalte zusammengehören. Auf diese Weise wird Ordnung und Gliederung erzeugt.

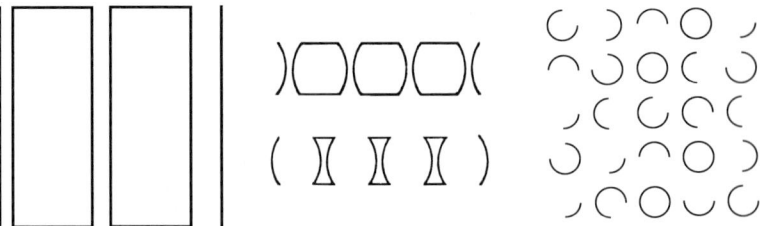

- **Das Gesetz der Gleichartigkeit**

Wenn visuelle Elemente gleich oder ähnlich sind, werden sie leichter zu einer Einheit bzw. zu einer Gruppe zusammengefasst oder als zusammengehörig verstanden.

Die gleiche Form, die gleiche Helligkeit, Größe, Farbe usw. sind ausschlaggebend für das Ordnen der Elemente. Symmetrische Konturverläufe werden dadurch bevorzugt als Figur gesehen, weil der Linienverlauf gleich ist. Sich ähnelnde Elemente können auch **Muster** erzeugen.

Einheitlichkeit und Konsistenz spielen im Webdesign zur Sicherung der Benutzerfreundlichkeit eine herausragende Rolle. Durch wiederkehrende Elemente erkennt der User ein logisches Muster von Zusammenhängen, sodass er sich in einem vertrauten System bewegt.

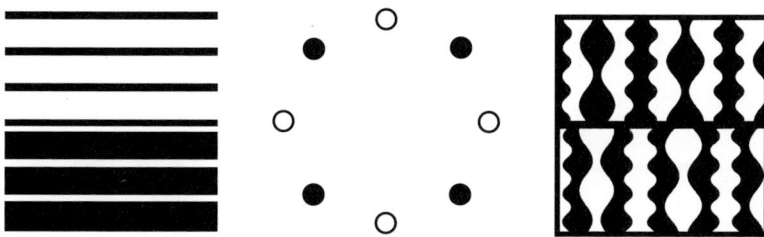

- **Das Gesetz der durchgehenden Linie**

Wenn die einzelnen Elemente eine durchgehende Linie ergeben, werden sie dadurch leichter als eine Einheit wahrgenommen. Das Gebilde im unten stehenden Beispiel nimmt man daher als zwei aufeinander liegende Quadrate wahr und nicht etwa als zwei gegenüberstehende Winkel.

Das Gesetz der durchgehenden Linie ist sehr wichtig für den Gestalter, weil dadurch die Differenzierung von aufeinander liegenden transparenten Formen bzw. Körpern und ihre Interpretation als Ganzheiten ermöglicht wird.

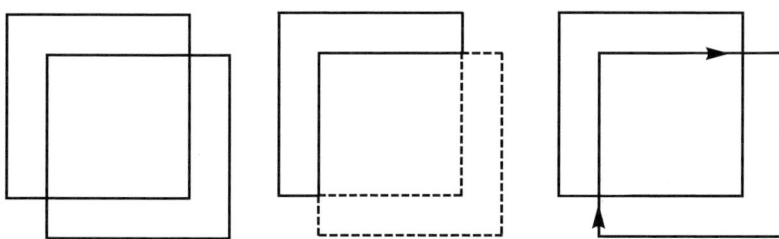

- **Das Gesetz der Erfahrung**

Wenn man eine Form kennt bzw. erfahren hat, ergänzt die Wahrnehmung fehlende Teile durch imaginäre Linien und ermöglicht so, dass das Wahrgenommene als eine bestimmte Figur erkannt wird. Das Gedächtnis spielt hier eine wichtige Rolle, indem es eine Form wiedererkennt.

Derjenige, der den Buchstaben „E" kennt, glaubt sogar seine gesamte Kontur zu sehen, auch wenn sie nicht komplett gezeichnet ist. Wer dagegen das lateinische Alphabet nicht kennt, sieht in diesem klassischen Beispiel lediglich drei abgewinkelte Linien. Hier ist also der kulturelle Hintergrund der Schlüssel für die Identifikation als Figur. Einige Signets beruhen auf diesem Gesetz. Das Gehirn ergänzt die fehlenden Teile und lässt uns einen Aha-Effekt erleben, der die Figur interessanter macht.

In der zweidimensionalen perspektivischen Darstellung des Raumes spielt das Gesetz der Erfahrung eine wichtige Rolle für die Interpretation des Gebildes als etwas Räumliches. Kinder und Naturvölker, die die perspektivische Darstellung des Raumes (noch) nicht gelernt haben, können diese nicht als ein dreidimensionales Gebilde interpretieren.

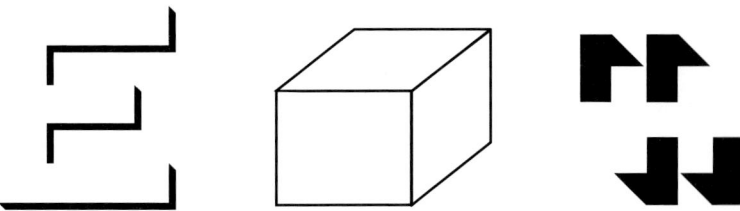

Das Gesetz der Erfahrung wirkt in der Interpretation von Figuren oder Räumen auch entsprechend der Richtung der Beleuchtung. Am Beispiel des Buchstabens „E" (oben links) fällt das Licht von oben links ein. Schauen Sie die unteren Beispiele an, wo das Licht aus anderen Richtungen kommt. Die Interpretation der Schattenkante als die des Buchstabens „E" wird hier zunehmend schwieriger. Die Erklärung hierfür beruht auf der Erfahrung, dass das Sonnenlicht von oben kommt und auf der Vorliebe unseres Sehsystems für die Bewegung von links nach rechts. Diese Vorliebe wird durch die kulturelle Gewohnheit der Leserichtung noch verstärkt.

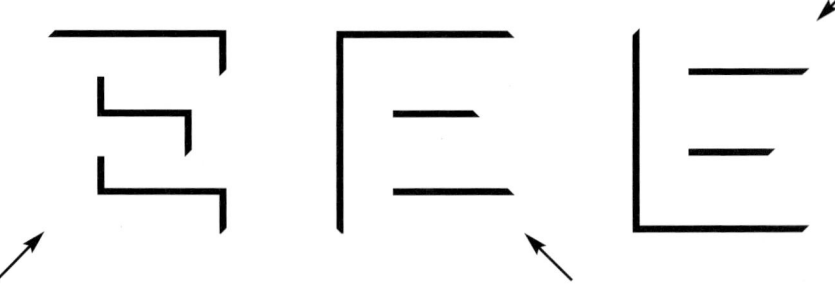

Dass ein Bild als konkave (hohle) oder konvexe (volle) Form gedeutet wird, hängt ebenfalls mit unserer Erwartung zusammen, dass das Licht von oben links kommt (siehe Abb.15). Drehen Sie das Buch um 180°. Durch die veränderte Wahrnehmung des Lichteinfalls wird die konkave Form jetzt als konvex gesehen bzw. umgekehrt.

Das Gesetz der Erfahrung begründet auch das Überlesen von Rechtschreibfehlern. Unser Gehirn setzt vorhandenes Wissen ein und liest automatisch das richtige Wort, auch wenn es objektiv falsch geschrieben ist. Gmäeß eneir Sutide eneir elgnihcesn Uvinisterät, ist es nciht witihcg in wlecehr Rneflogheie die Bstachuebn in eneim Wrot snid, sronden dsas der estre und der leztte Bstabchue an der ritihcegn Psotoiion snid.

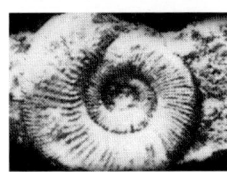

- **Das Gesetz der Innenseite**
Wenn die für die Darstellung der Kontur einer Form erforderlichen Linien diese nicht vollständig umschließen, wohl aber einschließen, wird die daraus resultierende Innenseite als Figur wahrgenommen. Beim zweiten Beispiel kann sich die Wahrnehmung nicht entscheiden, da der Verlauf der Konturlinie bei beiden Flächen mal eine Innenseite, mal eine Außenseite bildet (siehe Abb. unten links und Mitte).

Abb. 15: Je nach Lichteinfall unterschiedliche Wahrnehmung eines Ammonitenfossils und seines Abdrucks

- **Das Prinzip der Prägnanz**
Wenn sich verschiedene Deutungsalternativen bieten, wird ökonomisch das einfachste, am klarsten geordnete Bild bevorzugt. Prägnante Gestalten weisen oft einfache, geschlossene Form- und Figurmerkmale auf. So tritt das komplexere Muster unten rechts gegenüber dem einfacheren links daneben in den Hintergrund (siehe Abb. unten rechts). Es scheint für die Prägnanz eines Bildes auch wichtig zu sein, ob es mit Worten beschrieben werden kann, ob es z.B. ein Quadrat, ein Kreis oder eine Blume ist.

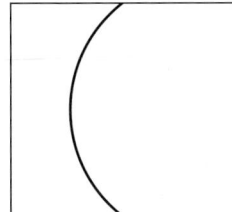 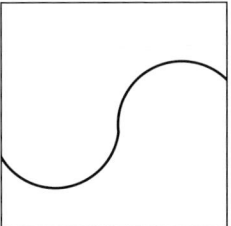 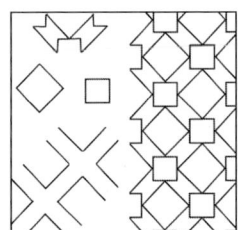

A-2-06-M: *„Wahrnehmungsgesetze". Suchen Sie Beispiele aus der Praxis, bei denen einzeln vorgestellte Wahrnehmungsgesetzmäßigkeiten zu funktionieren scheinen. Manchmal ist mehr als ein Gesetz in Kraft. Die Beispiele (Illustrationen, Fotografien, Schriften, Signets usw.) können aus Zeitschriften oder aus dem Internet entnommen werden.*

2.5   Optische Täuschungen

Zwischen dem, was man sieht, und dem, was man misst, besteht oft ein Unterschied. Die visuelle Wahrnehmung ist mehr als nur die Wiedergabe der physikalischen Umwelt. Sonst würden wir beispielsweise das Flimmern des Monitors oder der Kinoprojektion bemerken.

Unsere Wahrnehmung funktioniert, wie oben schon gezeigt, nicht nach mathematischen Kriterien. Das, was wir sehen, ist jedoch „real" und kann nicht als „falsch" bewertet werden. Deswegen ist es für den Gestalter wichtig, nach Kriterien zu arbeiten, die der Eigenartigkeit der visuellen Wahrnehmung gerecht werden, und nicht der Versuchung zu unterliegen, nach rein geometrischen Vermessungen entwerfen zu wollen.

Folgende klassische Beispiele zeigen exemplarisch einige dieser geometrisch-optischen Wahrnehmungsverzerrungen.

Abb.16: M. C. Escher, Detail aus Belvedere, Lithografie, 1958 ©2001 Cordon Art B.V - Baarn - Holland

- **Vergleichstäuschungen**

Vergleichstäuschungen veranschaulichen, wie wichtig die Beziehung zu anderen Elementen bzw. Umfeld-Faktoren für das „Augenmaß" ist.

Die Kreise in der Mitte sind gleich groß. Die Einschätzung ihrer Größe wird durch den Kontrast groß – klein dahingehend beeinflusst, dass dieser den mit kleineren Kreisen umschlossenen Kreis größer erscheinen lässt.

 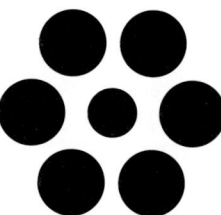

Im Beispiel unten scheinen die Diagonalen beider Rhomben ungleich lang zu sein, obwohl sie die gleiche Länge haben.

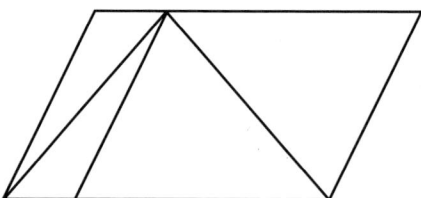

- **Streckentäuschung**

Obwohl beide Strecken gleich lang sind, scheint die mit offener Winkelabgrenzung länger zu sein. Möglicherweise wird diese Empfindung dadurch erzeugt, dass durch offene Winkel der Außenbereich miteinbezogen wird. Ist ein Regal genau bis zur Hälfte mit Büchern gefüllt, erscheint die leere Hälfte kürzer zu sein. Strecken, die mehrfach unterteilt sind, scheinen länger zu sein. Bei einfach geteilten Strecken kann sich diese Wirkung umkehren.

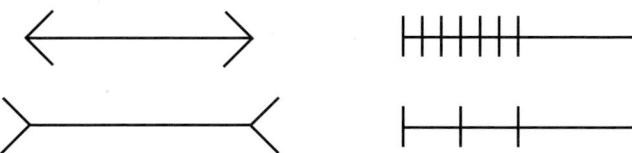

▪ Höhenüberschätzung

Obwohl es geometrisch richtig gezeichnet ist, scheint das erste Quadrat viel zu hoch zu sein. Das zweite Quadrat wurde in der Höhe optisch ausgeglichen. Diese von unserer Wahrnehmung überbewertete Schätzung der Höhe wird bei der Herstellung typografischer Lettern berücksichtigt; z.B. werden Querstriche schmaler als stehende Striche gezeichnet.

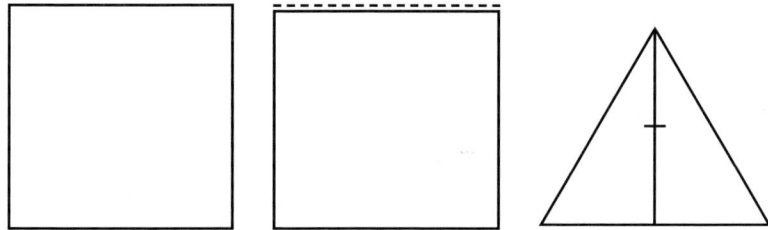

▪ Größentäuschung

Obwohl beide Quadrate gleich groß sind, scheint das mit horizontaler Linienschraffur schmaler zu sein. Parallele Linien mit gleichen Abständen beeinflussen die Blickrichtung quer zur Linienrichtung. So entsteht optisch bei vertikalen Linien eine Bewegung in horizontale Richtung sowie bei horizontalen Linien eine Bewegung in vertikale Richtung. In der Bewegungsrichtung scheint die schraffierte Fläche größer zu sein.

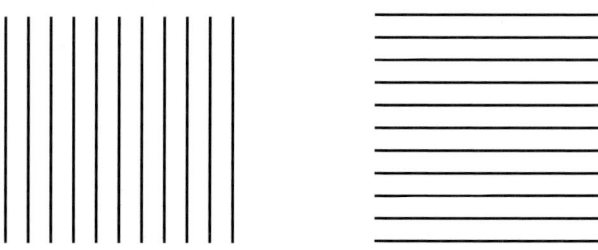

- **Verschiebung**

Obwohl die Hauptlinien parallel sind, scheinen sie verschoben zu sein (Zöller'sche Täuschung).

Die in der Wirklichkeit konzentrischen Kreise scheinen Spiralen zu sein (Fraser'sche Spirale). Zur Überprüfung benötigt man zusätzlich die Hilfe des Tastsinns, um den Kreisen „haptisch" folgen zu können.

- **Überlagerung**

Spitze Winkel werden größer wahrgenommen, als sie physikalisch sind. Sich überlagernde Linien scheinen vom Strahlbündelzentrum weggedrückt zu sein und werden scheinbar krumm (Hering'sche Täuschung).

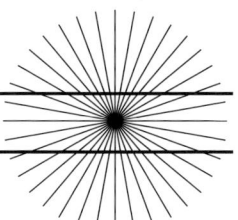 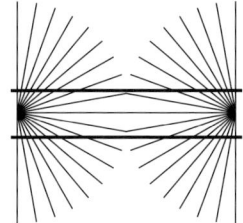

- **Raumtäuschung**

Die besondere Konstruktion der Parallelperspektive (ohne Fluchtpunkt) ermöglicht, dass die Wahrnehmung des Raumes zweideutig werden kann. Das Gehirn schaltet abwechselnd zwischen „vorn" und „hinten".

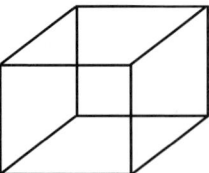 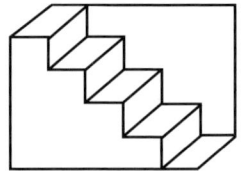

- **Perspektivische Täuschung**

Die Linien, die nach oben zusammenlaufen, werden als parallele Linien, die sich perspektivisch verjüngen, interpretiert. Die als entfernter liegend gedeutete horizontale Linie wird als länger eingeschätzt als die auf dem Bild unten bzw. „vorne" platzierte Linie (Ponzo'sche Täuschung).

Die räumliche Wirkung der perspektivischen Darstellung auf die Wahrnehmung lässt uns glauben, dass die Figur oben größer ist als die untere, obwohl auf der Netzhaut beide Reize gleich groß sind.

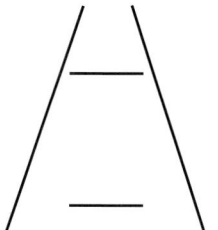

- **Unmögliche Objekte**

Hier herrscht ein Widerspruch zwischen dem Wahrgenommenen und seiner Interpretation, der nicht zu widerlegen ist. Das Reizmuster auf der Netzhaut wird zwar als ein räumliches Objekt interpretiert, ist aber seiner Konstruktion nach in der Realität unmöglich. Hier wirkt das Gesetz der Geschlossenheit, das besagt, dass geschlossene Formen als Figur wahrgenommen werden. Entsprechend der Position des Blickes wird der eine oder andere Teil als Figur interpretiert.

Ein Beispiel aus der Praxis, das auf diesem Phänomen beruht, findet man bei der Gestaltung des Automarkenzeichens von Renault (unten rechts: frühere Logo-Version).

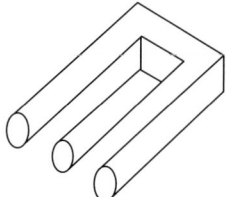

- **Bewegungstäuschung**

Das entstehende Bild auf der Netzhaut befindet sich an der Stelle, wo es am schärfsten gesehen werden kann. Im nächsten Augenblick bildet sich es gleich daneben. Das beobachtete Objekt scheint sich zu bewegen, indem es Nachbilder auf der Netzhaut hinterlässt, die die Illusion einer regelmäßigen Bewegung erzeugen (Beispiel „Daumenkino").

Teil B

Die Elemente im Design

1 Die Form

Jede Form kann potenziell etwas kommunizieren. Die visuelle Kommunikation verwendet eine Sprache, welche aus visuellen formalen Elementen und Anordnungskriterien besteht. Sie sind freier als die Grammatik der verbalen Sprache und können Inhalte in visueller Form übermitteln.

1.1 Die Grundeinheiten

Die formalen Grundelemente der visuellen Sprache sind die Grundeinheiten Punkt, Linie, Fläche und Raum. Sie sind die Basis jeder Figur. Der Punkt ist die kleinste grafische Einheit, die der Gestalter zur Verfügung hat. Der Punkt hat streng geometrisch gesehen keine Ausdehnung, bezieht aber Position. Er existiert lediglich imaginär und markiert das Zusammentreffen zweier Koordinaten. Befindet sich der Punkt auf einem Format, entsteht eine Beziehung zu ihm und er wird somit zum Gestaltungselement. Als Bezugspunkt macht er in dieser Figur-Grund-Beziehung (siehe S. 24) eine gestalterische Aussage, weil er beim Betrachter Empfindungen auslöst. Als grafisches Element hat der Punkt selbstverständlich eine Größe, um visuell erkennbar zu sein. Schon zwei Punkte definieren eine Linie. Linien haben in der Geometrie nur Länge, als grafische Elemente auch eine Breite, Stärke genannt. Linien können als Kontur bzw. als Schraffur eine Fläche definieren. Mit Flächen können Räume gebaut werden, real in drei Dimensionen oder illusorisch auf einer zweidimensionalen Grundfläche.

Abb. 01: Neun Punkte im Aufstieg (Vassily Kandinsky)

Die mathematischen Definitionen Punkt, Linie, Fläche und Raum dienen als Modelle der Anschauung und systematisieren die Grundeinheiten der visuellen Sprache

1.1.1 Der Punkt

Im Einstiegskapitel haben Sie sich bereits mit dem Punkt in Form einer Münze beschäftigt. Mit Sicherheit haben Sie intuitiv die Position zur Visualisierung von Ruhe richtig gewählt und die Münze etwas oberhalb der Mitte des Quadrats gesetzt (siehe auch S. 20).

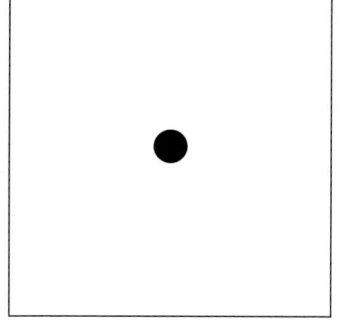

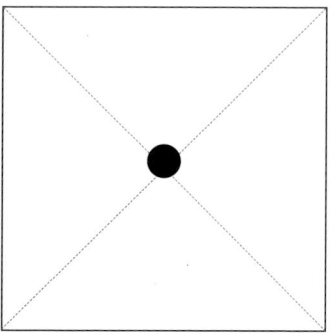

Positioniert im subjektiven Zentrum, strahlt der Punkt Ruhe aus; als Gestaltungselement macht er eine Aussage

▪ **Position**

Schon durch die Platzierung eines einfachen Elements auf einem Format entstehen Wirkungen auf die Wahrnehmung, die gesetzmäßig über kulturelle Grenzen hinaus gültig sind.

Ein Punkt in der optischen Mitte eines Formats strahlt Ruhe aus. Er signalisiert keine Richtung. Der Punkt bzw. ein anderes Element in der Mitte eines Formats definiert eine symmetrische Anordnung durch die gleichen Abstände in die vier Richtungen bis zu den Kanten. So entsteht eine stabile Spannung, die das Element in der Mitte hält. Die asymmetrische Stellung von Elementen auf einem Format erzeugt dagegen verschiedene Abstände zur Formatbegrenzung. Aus dieser Differenz ergibt sich eine dynamische Spannung, die als Bewegung empfunden wird.

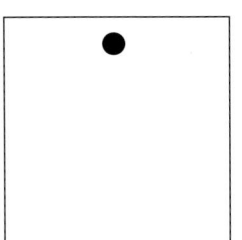

Oben:
Schwebt, kann fallen, wirkt aktiv, scheint leichter und ferner.
Diese Wirkung entsteht aufgrund unserer Erfahrung mit der Schwerkraft.

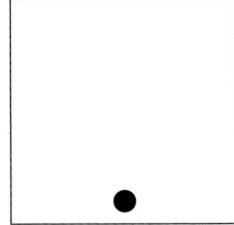

Unten:
Liegt, ist passiv, ruhig, scheint näher und schwerer. Diese Wirkung entsteht aufgrund unserer Erfahrung mit der Schwerkraft.

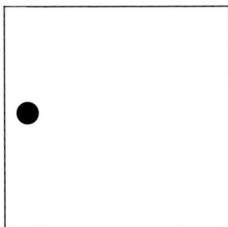

Links:
Kann sich nach rechts bewegen, erzeugt unruhige Spannung.
Diese Wirkung entsteht aufgrund der Leserichtung. Ein Text, aber auch ein Bild wird von links nach rechts „gelesen".

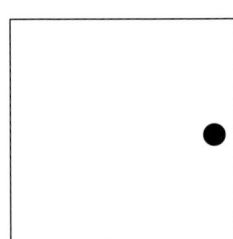

Rechts:
Kann sich nicht weiter nach rechts bewegen, außer er überschreitet das Format. Diese Wirkung entsteht aufgrund der Leserichtung. Ein Text, aber auch ein Bild wird von links nach rechts „gelesen".

Jede gestalterische Arbeit beginnt auf einer Grundfläche. Auf Grundflächen können unsichtbare Kräfte in Gang gebracht werden. Durch visuelle Elemente und ihre Stellung und Beziehung zueinander entstehen
Spannungen, die das visuelle Gleichgewicht beeinflussen. Wahrneh-
mungsübungen sensibilisieren uns für visuelle Zustände wie Spannung,
Gleichgewicht und Dynamik. Die Wirkungen sind unabhängig vom Inhalt oder der Gegenständlichkeit einer Form als allgemeine Gesetzmäßigkeiten der visuellen Kommunikation gültig.

Die Grundlagen der Gestaltung sollen selbst erfahren, geübt und verinnerlicht werden. Sie sind die Werkzeuge des Designers, die ihm helfen,
die richtige visuelle Form für einen Inhalt zu finden.

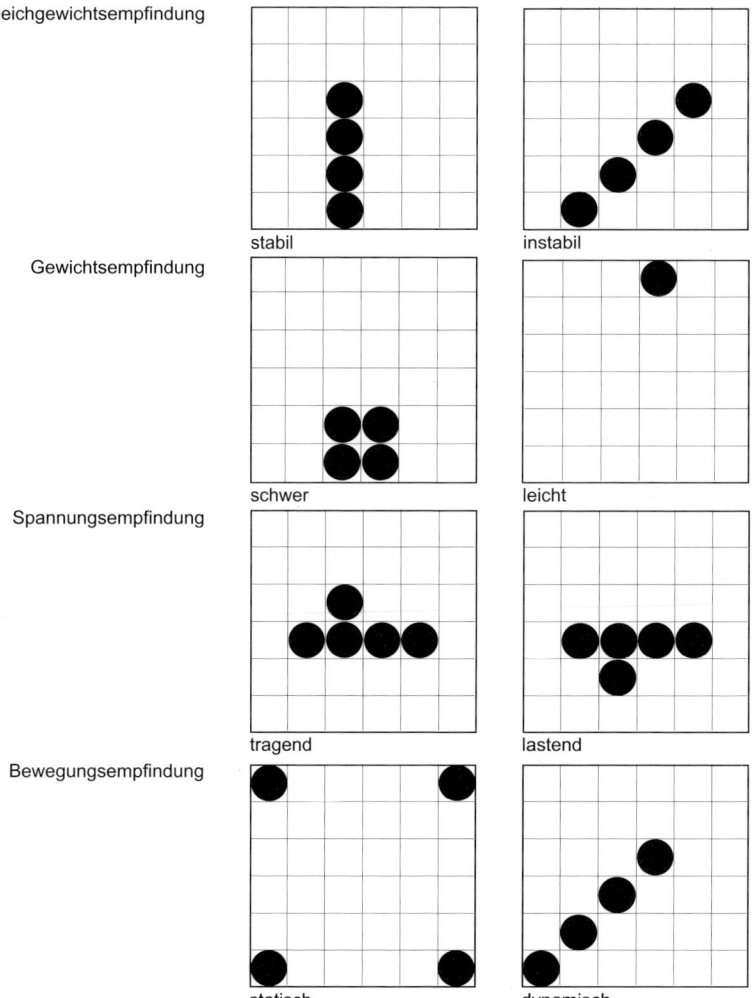

*Abb. 02: Vorgegebene Zu-
stände werden mithilfe von
Punkten dargestellt.*

Die Übungsbeispiele auf der vorherigen Seite zeigen, wie mit minimalen gestalterischen Mitteln in der visuellen Dynamik bestimmte Wirkungen erreicht werden können. Punkte runder Form, gleicher Größe und in freier Anzahl sollten auf einer gerasterten Grundfläche quadratischen Formats platziert werden. Das quadratische Format ist symmetrisch und wirkt stabil und neutral.

Durch solche Übungen mit sehr reduzierten Gestaltungsmitteln wie Punkten auf einem quadratischen Format werden Gesetzmäßigkeiten der Wahrnehmung (siehe auch Kapitel A.2 „Die Wahrnehmung") sichtbar. Schon entsteht beispielsweise eine imaginäre Linie zwischen zwei nicht weit voneinander entfernten Punkten oder es bilden sich Gruppierungen zwischen nah beieinander stehenden Punkten oder zwischen Punkten gleicher Größe.

Folgende Beispiele sind Kompositionsstudien nach den Anordnungskriterien der Symmetrie, der Gruppierung und der Struktur, die mit Punkten gleicher Größe und freier Anzahl realisiert worden sind.

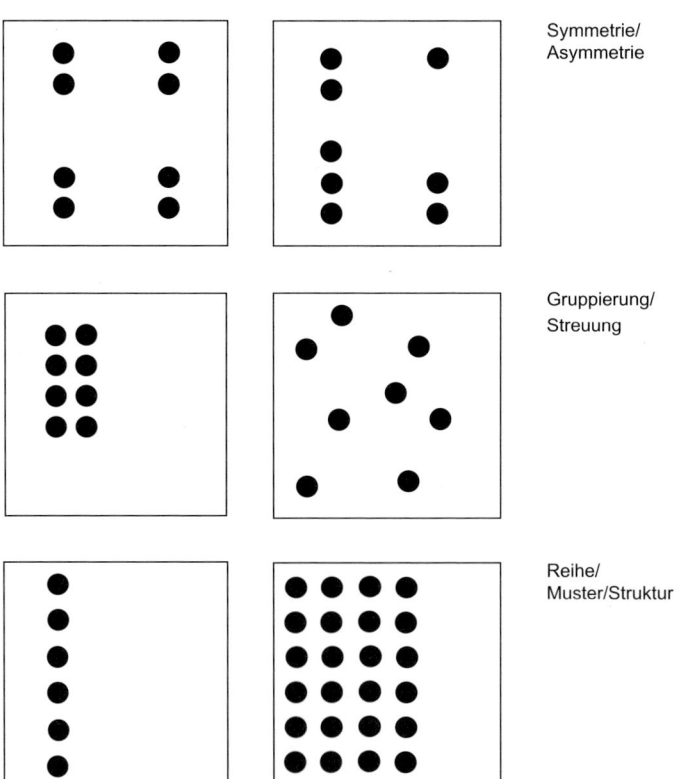

Symmetrie/
Asymmetrie

Gruppierung/
Streuung

Reihe/
Muster/Struktur

Abb. 03: Anordnungsstudien mit Punkten (Teilnehmerarbeit)

B-1-01-M: „Anordnung". ● *Arbeitsblatt 1 auf CD zum Ausdrucken. Realisieren Sie sechs Kompositionen, die die unten aufgelisteten Begriffe darstellen. Als Gestaltungsmittel stehen Ihnen Punkte in runder Form, gleicher Größe und freier Anzahl zur Verfügung.*

- *einfach*
- *komplex*
- *geordnet*
- *chaotisch*
- *ruhig*
- *unruhig*

- **Größe**

Die Unterschiede in der Größe und der Position der Elemente erzeugen Spannungen. Zum Beispiel bewirkt die Nähe zwischen „groß" und „klein" eine Verstärkung dieser Eigenschaften: Was groß ist, wirkt wegen des durch die Nähe verstärkten Kontrastes größer und umgekehrt.

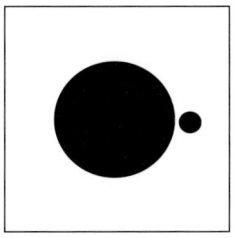

Starker Größen-Kontrast:
Hier findet ein Verstärkungseffekt statt:
Das Kleine wirkt kleiner, das Große größer.

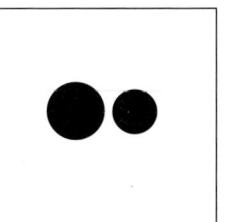

Wenig Größen-Kontrast:
Die Wirkung ist spannungsarm und unentschlossen.

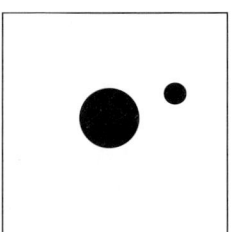

Raumillusion:
Die Nah-fern-Empfindung entsteht durch den Kontrast klein (fern) – groß (nah).

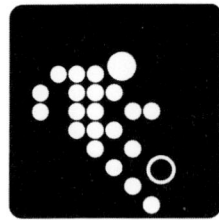 B-1-02-M: „Größenkontrast". ⬤ *Arbeitsblatt 1 auf CD zum Ausdrucken. Realisieren Sie sechs Kompositionen mit runden Punkten verschiedener Größe und freier Anzahl. Beobachten Sie, welche Wirkung der Größenunterschied in Ihren Studien nach den Kriterien der Räumlichkeit (nah/fern) und der Spannungsverhältnisse groß/klein hat. Diese Übung ist auch für PC geeignet.*

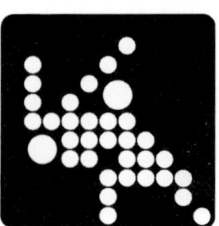 B-1-03-M: „Anzahl-Kontrast". ⬤ *Arbeitsblatt 1 auf CD zum Ausdrucken. Realisieren Sie bitte sechs Kompositionen mit runden Punkten gleicher Größe und freier Anzahl, die die unten aufgelisteten Begriffe visualisieren. Beobachten Sie anschließend, welche Wirkung die Anzahl in Ihren Studien hat. Diese Übung ist auch für PC geeignet.*

- *Individuum*
- *Gruppe*
- *wenig*
- *viel*
- *luftig*
- *dicht*

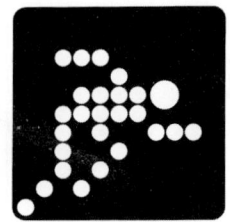 B-1-04-M: „Visualisierung". *Visualisieren bedeutet, mittels Bildelementen einen Inhalt zum Ausdruck zu bringen. Mit abstrakten, ungegenständlichen visuellen Elementen können Empfindungen, welche spezifisch für andere Sinne sind, erzeugt werden. Versuchen Sie, die auditive Empfindung von „laut" und von „leise" in zwei Kompositionen zu visualisieren. Sammeln Sie assoziativ Stichworte zu diesen Begriffen, um sich der inhaltlichen Aussage zu nähern. Als Gestaltungsmittel stehen Ihnen runde Punkte in verschiedener Größe und freier Anzahl zur Verfügung.*

B-1-05-M: „Porträtumsetzung". *Nehmen Sie ein Porträtfoto bzw. ein Selbstporträt und setzen Sie es mittels Punkten um. Die grafische Umsetzung von Bildern durch Punkte, Linien oder Flächen ist oft ein ergiebiger Weg für interessante visuelle Lösungen.*

B-1-06-M: „Morphing zu Punkt". ⬤ *Arbeitsblatt 2 auf CD zum Ausdrucken. Zeichnen Sie eine beliebige Form. Reduzieren Sie sie in sechs nachvollziehbaren Änderungsschritten auf einen Punkt.*

Abb. 04: Der Punkt als Modul für die Bildung einer Figur: Piktogramme für Leichtathletik (Julian van der Val, 1984)

- **Gestaltungsbeispiele mit Punkten**

Der Punkt als Gestaltungselement eignet sich als Modul für die Bildung von Mustern und von Figuren. Als Blickfangelement ermöglicht der Punkt eine schnelle Auffassung der Textgliederung.

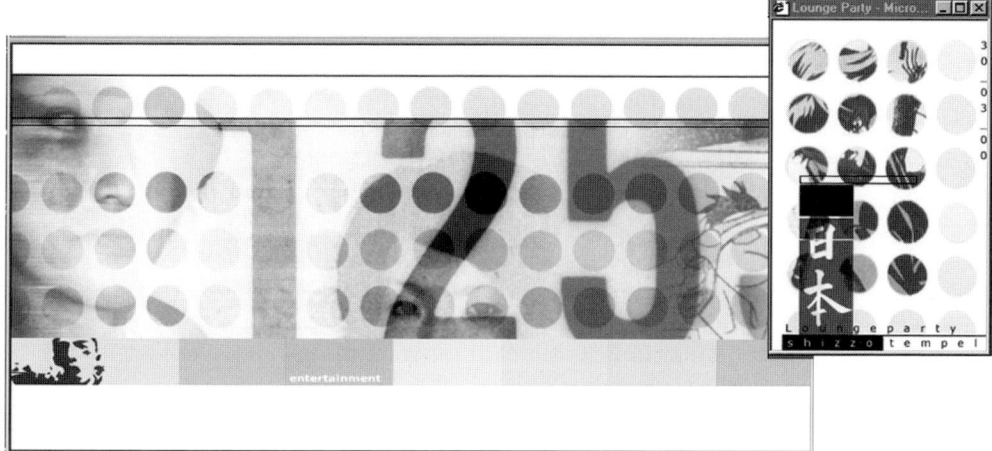

Abb. 05: Der Punkt als Muster: Teilnehmer-Internetprojekt „Sushi"

 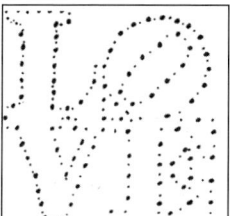 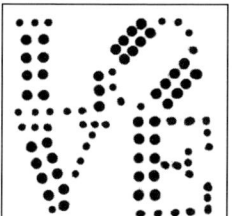 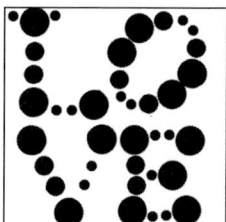

Abb. 06: „Die Deutsche Liebe" von Robert Indiana aus dem Jahr 1968 wurde als Vorlage für die Umsetzung mit Punkten verwendet (Teilnehmerübungen).

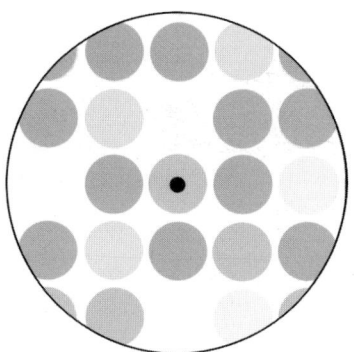

Abb. 07: Minimal Design: Muster von Punkten mit Helligkeitsvariationen als Gestaltungselemente für eine Musik-Platte (Designerin Bianca Strauch)

- **Die Symbolik des Punktes**

Der Punkt symbolisiert den Ursprung. Als Ausgangs- und Endpunkt bedeutet der Punkt Geburt und Anfang sowie Tod und Ende.

Der Punkt bedeutet Zentrum: Der Nabel des Apollo (Omphalos), der unveränderliche Mittelpunkt der Welt, des Kosmos (Zhong-Yong).

Er ist das göttliche Prinzip, aus dem alles entsteht. Der Punkt bedeutet in Hebräisch: Ursprung (Schekinah).

Der Punkt steht für das letzte „Chakra", für das Licht an sich.

In manchen primitiven symbolischen Systemen steht der Punkt für das Ego bzw. das anthropozentrische Prinzip. Bei den Araphao-Indianern bedeutet der Punkt „Mensch" und viele Punkte bedeuten eine „Gruppe von Kriegern".

Für Leibniz (1646-1716) gab es metaphysische und geometrische Punkte.

Der Punkt ist imaginär und stellt die Null dar. Als grafische Einheit wird ihm die minimalste Oberfläche zugewiesen: Nach Kandinsky wird der Punkt in dem Moment geboren, in dem das Werkzeug (Stift) die Fläche (Träger) berührt.

Punkte und Tupfen lassen sich auf menschliche Körper, auf Gegenstände oder auf Wände mit dem Finger oder einem Stab auftragen. Als Dekoration oder mit symbolischer Absicht scheint das rhythmische Auftragen von Tupfen Freude zu erzeugen, dies gilt nicht nur für primitive Völker, sondern auch für kleine Kinder und zeitgenössische Künstler. Man findet Punkte auf den Felswänden von Moustérien, auf den bemalten Kieseln von Mas-d'Azil (ca. 9000 v. Chr.), auf der Keramik der frühen Kreter und Afrikaner, in den Bildern der australischen Aborigines und auch in der Kunst des 20. Jahrhunderts.

Abb. 08: Liebesmagie, Tupfen in einer Felsenmalerei der australischen Ureinwohner

1.1.2 Vom Punkt zur Linie

Zwischen zwei Punkten kann eine imaginäre Linie entstehen. Die Wirkung als Linie ist noch stärker bei einer Reihe von Punkten. Die Linie hat etwas mehr als der Punkt und zwar die Dimension der Länge. Unser Auge wird in Richtung der Länge der Linie geleitet und ihr entlang entsteht eine Bewegung.

- **Position**

Es scheint eine bevorzugte Blickrichtung von links nach rechts zu geben. Diese geht über die kulturellen Gewohnheiten hinaus. Auch in Kulturen, die von rechts nach links lesen und schreiben, werden nämlich Diagonalen von unten links nach oben rechts wie bei uns als aufwärts und

Waagerecht:
Bewegung von links nach rechts, Sehrichtung, Leserichtung, der Horizont, liegend, passiv

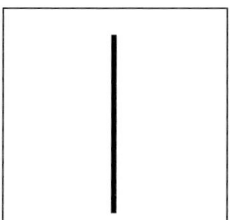

Senkrecht:
Bewegung von oben nach unten, stehend, aktiv

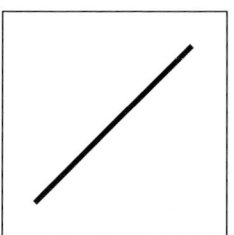

Diagonal:
Bewegung von links unten nach rechts oben, aufsteigender bzw. positiver Verlauf

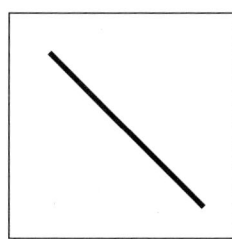

Diagonal:
Bewegung von links oben nach rechts unten, fallender bzw. negativer Verlauf

Abb. 09: Verkehrsschilder für Aufwärts- (oben) und für Abwärtsrichtungen (unten)

Die syntaktischen Variablen der Linie sind:

Form

Länge

Stärke

Anzahl

Abstand

Position

Farbe

Helligkeit

Struktur

Bewegung

Diagonalen von oben links nach unten rechts als abwärts interpretiert. Durch die Gewöhnung an die Bedeutung von Zeichen wie Verkehrszeichen und Börsen-Charts wird diese scheinbare Bewegungsrichtung noch verstärkt.

Folgende Bilder zeigen Bewegungsstudien mit Linien. Das Übungsziel war es, objektive Bewegungen zu visualisieren. Die Gestaltungsmittel wurden auf 10 bis 15 gerade Linien gleicher Länge und gleicher Stärke reduziert. Die Beschränkung auf einige wenige Mittel ermöglicht einen klaren, nachvollziehbaren Umgang mit den Elementen, die die Aussage darstellen sollen.

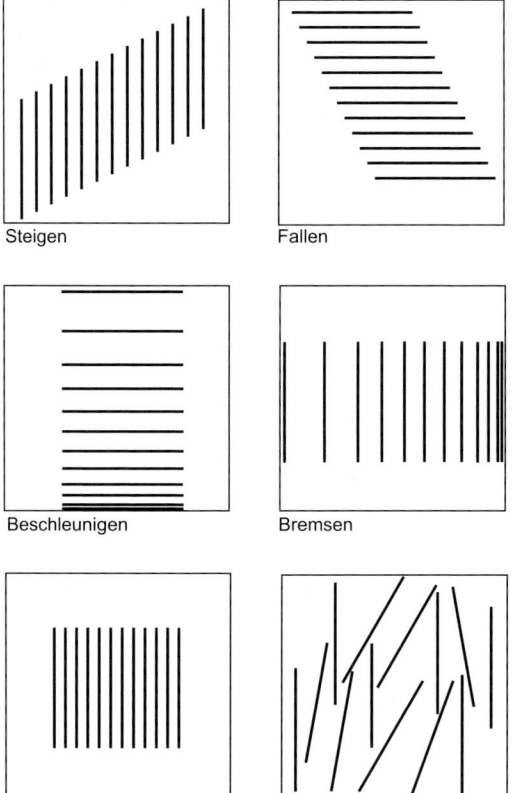

Steigen   Fallen

Beschleunigen   Bremsen

Spannen   Lösen

Abb. 10: Bewegungsstudien mit Linien (Teilnehmerarbeit)

🐭 *B-1-07-C: „Rhythmusübung". Eine rhythmische Wirkung ensteht durch Wiederholung bestimmter Reihenfolgen von Linien, die Änderungen in der Länge, den Abständen und/oder der Stärke erfahren. Realisieren Sie eine Komposition mit geraden oder gebogenen Linien gleicher Länge, indem Sie die Stärke und die Abstände zwischen den Elementen in einer rhythmischen Abfolge ändern, sodass eine Bewegung ensteht. Auch als manuelle Übung geeignet.*

Die Begriffe „Begegnung" und „Vernetzung" als Bewegungsabläufe in drei Schritten wurden in folgender Bewegungsstudie visualisiert. Als Gestaltungsmittel wurden gerade, durchgezogene bzw. gestrichelte Linien gleicher Stärke verwendet.

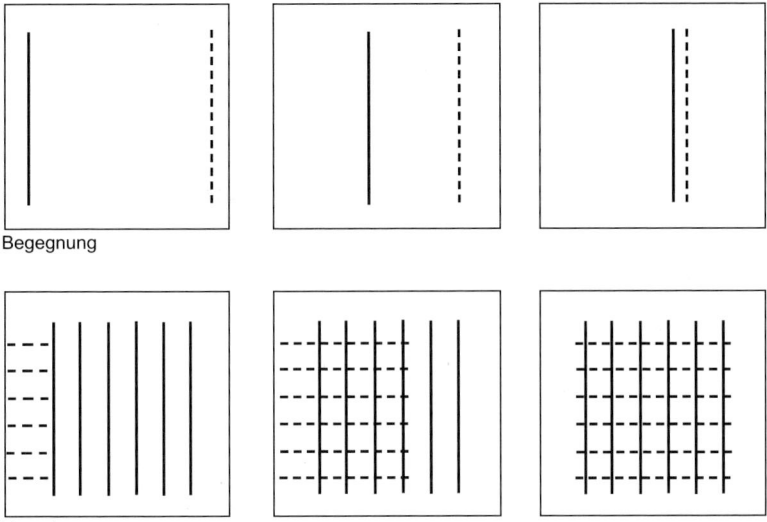

Begegnung

Vernetzung

Abb. 11: Bewegungsstudien mit Linien (Teilnehmerarbeit)

B-1-08-C: *„Studien zu Bewegungsabläufen" in* FREEHAND *9 als Vorbereitung für eine Logoanimation in* FLASH.

B-1-09-M: *„System finden".* ● *Arbeitsblatt 2 auf CD zum Ausdrucken. Entwickeln Sie mit Linien und in sechs Abläufen ein einfaches erkennbares Veränderungssystem. Die syntaktischen Variablen können die Stärke, die Position, die Anzahl usw. sein.*

B-1-10-M: *„Bewegungsabläufe mit Linien".* ● *Arbeitsblatt 2 auf CD zum Ausdrucken. Versuchen Sie jeweils in sechs Schritten folgende Bewegungen darzustellen:*
- *Steigen*
- *Bremsen*
- *Verschwinden*

- **Die Linie in der Natur**

Linien erscheinen in der Natur eher als Texturelemente bzw. als Bestandteil eines Netzes, wie beispielsweise in Spinnennetzen oder Baumästen und der Äderung von Blättern, der Hautfalten und der Haare. Ihre Erscheinung als Kontur ist in der Natur selten. Unser Wahrnehmungssystem scheint Konturen verstärkt zu sehen, um die Trennung zwischen der Figur und dem Grund zu verbessern. Unsere Wahrnehmung versucht, nicht vorhandene Konturen mit einer Scheinkante zu versehen, Linien zwischen Punkten zu imaginieren, unvollständige Umrisse zu ergänzen oder den Kontrast der Helligkeit zu erhöhen. Je größer der Kontrast zwischen der Figur und dem Grund, desto größer ist die Differenzierung und Erkennbarkeit der Figur. Etwas zu erkennen – Nahrung bzw. Gefahr – scheint überlebenswichtig zu sein. Gegenstück dazu ist die Tarnung: eine Strategie mancher Gattungen gegen das Erkennen.

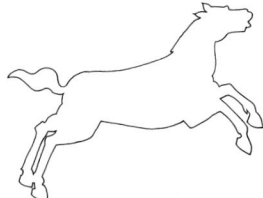

▪ Die Linie als grafisches Element

Die Linie als **Kontur** ist die Grenze zwischen einer Figur und dem Hintergrund, von dem sie sich abhebt. Die Kontur kann je nach Anwendung figurbildend sein. Als Grenzlinie zwischen Figur und Grund wird die Konturlinie eher der Figur zugesprochen. Die Linie selbst ist aber unwichtig. Die Kontur umschließt eine Fläche, welche durch sie eine Form bekommt.

Auf die Frage: „Was macht dann die Ähnlichkeit zwischen dem Pferd und dem gezeichneten Umriss eines Pferdes aus?", antwortet Umberto Eco: „Wenn ich auf einem Blatt Papier mit einer Feder die Silhouette eines Pferdes zeichne, indem ich diese Silhouette durch eine durchgezogene elementare Linie verwirkliche, wird jeder bereit sein, in meiner Zeichnung ein Pferd zu erkennen; und doch ist die einzige Eigenschaft, die das Pferd auf der Zeichnung hat (die durchgezogene schwarze Linie), die einzige Eigenschaft, die das wirkliche Pferd nicht hat. Meine Zeichnung besteht aus einem Zeichen, das den 'Raum innerhalb = Pferd' umgrenzt und vom 'Raum außerhalb = Nicht-Pferd' trennt, während das Pferd diese Eigenschaft nicht besitzt. (...) Folglich habe ich auf meiner Zeichnung keine Wahrnehmungsbedingungen wiedergegeben; denn ich nehme das Pferd auf Grund einer großen Menge von Stimuli wahr, von denen keines mit einer durchgezogenen Linie vergleichbar ist. Wir können also sagen: Die ikonischen Zeichen geben einige Bedingungen der Wahrnehmung des Gegenstandes wieder, aber erst nachdem diese auf Grund von Erkennungscodes selektiert und auf Grund von grafischen Konventionen erläutert worden sind." (Umberto Eco: Einführung in die Semiotik. München, 1994).

In der Wirklichkeit existiert diese Umrisslinie nicht, sondern sie beschreibt nur die Grenze zwischen einer Form und dem Hintergrund. Die Kontur kann auch als **imaginäre Linie** erscheinen, wenn sich Anhaltspunkte dafür finden. Die Wahrnehmung ergänzt die fehlenden Teile (siehe auch Kap. A.2 „Die Wahrnehmung").

Mit Linien in gerichteter Anordnung als Hell-Dunkel-Raster lassen sich Helligkeitsunterschiede darstellen. Mit dieser **Schraffur**-Technik können Flächen durch unterschiedliche Grauwerte definiert bzw. räumliche Wirkungen durch Schattierungen erzeugt werden.

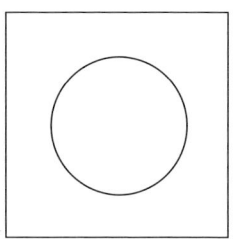

Linie als Kontur

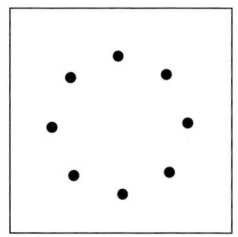

Kontur als imaginäre Linie

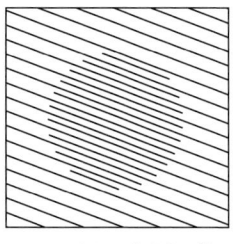

Linien als Schraffur

- **Gestaltungsbeipiele mit Linien**

Linien finden häufig Verwendung in der Kunst- und Designarbeit. Mit Linien wird eine Idee schnell auf Papier skizziert, durch eine Kontur eine Form definiert. Durch Schraffur können Helligkeitsunterschiede erzeugt werden, die eine Form räumlich modellieren können.

Abb. 12: „Photo-souvenir Daniel Buren"
Ein Tanz mit einem Quadrat, N°47 C,
(Daniel Buren, 1989)

Abb. 13: Abstrakte Fassade aus geraden und
gebogenen Linien für ein CD-Cover
(Andrew Arnold)

Abb. 14: Schraffur

- **Die Symbolik der Linie**

Die Linie ist in Form von Ritzungen eines der ältesten Zeichen. Die Ritzung hat einen dynamischen Charakter, zeigt die Motorik der Hand und funktioniert als eine Art Markierung. Sie kann die symbolische Bedeutung von Zerstörung, Aggression und Tod haben, aber auch von Ich-Behauptung. Die ältesten (zwischen 27.000 und 22.000 Jahre alt) nach System geordneten Ritzungen findet man auf Kerbhölzern. Sie zeigen eine rhythmische Anordnung, deren Interpretation schwierig ist. Daraus lässt sich nur schließen, dass ein Sinn für Rhythmus schon damals gut entwickelt war. Die Linie als Ritzung war Ausgang für andere Zeichen

Abb. 15: Steinritzungen,
Ganggrab von Gavrinis,
Bretagne, um 4000 v. Chr

und Dekorationsmuster. Manche Ritzungen könnten ein Symbol für Fruchtbarkeit gewesen sein: Mehrfach gereihte diagonale oder senkrechte Ritzungen gelten als Symbol für Regen; eine stehende oder eine V-förmige Ritzung als Symbol für Vulva. Keilförmige Linien werden in primitiven Kulturen als Reihungs- und Zickzackmuster verwendet. Aus einer Handdrehung entsteht eine gebogene Ritzung. Bögen bzw. gebogene Linien werden oft als Symbol für die auf- oder untergehende Sonne gedeutet.

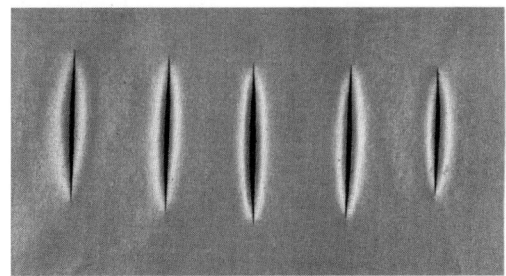

Abb. 16: Concetto Spaziale - Attese,
(Lucio Fontana, 1959, Detail)

Die syntaktischen
Variablen der Fläche sind:

Proportion

Größe

Form

Textur

Helligkeit

Farbe

Anzahl

Bewegung

1.1.3 Von der Linie zur rechteckigen Fläche

Vergrößert man die Dimensionen eines Punktes oder die Stärke einer Linie, entsteht eine Fläche. Wann jedoch ein Punkt oder eine Linie zur Fläche wird, ist relativ und hängt von der Größe anderer Gestaltungselemente und der Grundfläche ab.

Die Fläche hat zwei Dimensionen: Breite und Höhe. Hieraus entsteht eine nummerische Beziehung: die **Proportion** zwischen diesen zwei Dimensionen. Die Fläche kann jede **Form** haben: geometrisch, naturbezogen oder amorph. Noch ein wichtiges Merkmal der Fläche ist die **Textur** bzw. Oberflächenstruktur, die die haptische Dimension öffnet.

- **Format**

In der Arbeit des Gestalters wird überwiegend das rechteckige Format verwendet. Rechteckige **Grundflächen** dienen als Träger für visuelle Information: Die meisten Druckerzeugnisse sowie die Anwendungs- und Programmfenster aus dem digitalen Bereich haben ein rechteckiges Format. Die visuellen Informationselemente in Form von Fotografien, Textblöcken usw. haben ebenfalls überwiegend eine rechteckige Form und werden gemäß einem unsichtbaren rechteckigen Raster auf der Grundfläche angeordnet. Entsprechend ihrer Proportionen Breite:Höhe besitzen rechteckige Flächen eine eigene Dynamik.

Das Quadrat wirkt durch seine symmetrischen, gleichwertigen Proportionen neutral und ruhig. Hier entsteht kein Eindruck von Bewegung. Das Rechteck im Hochformat wirkt nicht mehr neutral wie das Quadrat. Der Grund ist die Entstehung einer senkrechten Bewegungsrichtung. Das Hochformat „steht" und wirkt deswegen eher steigend und aktiv. Das Rechteck im Querformat „liegt" und wirkt deswegen eher passiv und lastend. Hier entsteht eine waagerechte Bewegungsrichtung.

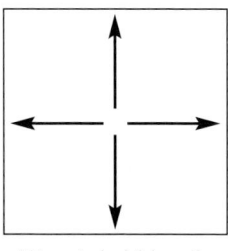

wirkt neutral, gleichwertig, ruhig

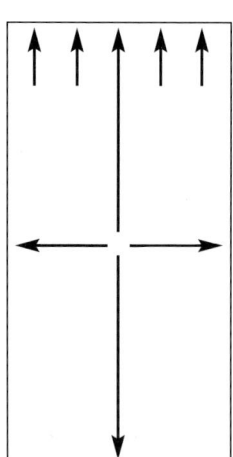

wirkt steigend, aktiv

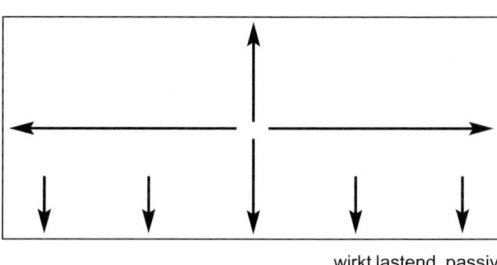

wirkt lastend, passiv

In Kompositionsübungen mit Flächen entsteht automatisch die Proble-
matik der Proportion. Wenn „etwas" verschoben bzw. geändert wird,
muss das „andere" entsprechend abgestimmt werden. Jede Größen- oder
Lageänderung der Fläche ändert die Proportionen des Hintergrundes.

Die folgenden Bilder zeigen Proportions- und Spannungsübungen
mit rechteckigen Flächen auf einem quadratischen Format. Die Größe
der Fläche und die Lage auf der Grundfläche sind frei zu bestimmen. Das
Übungsziel besteht darin, mit verschiedenen rechteckigen Flächen spannende Kompositionen zu realisieren.

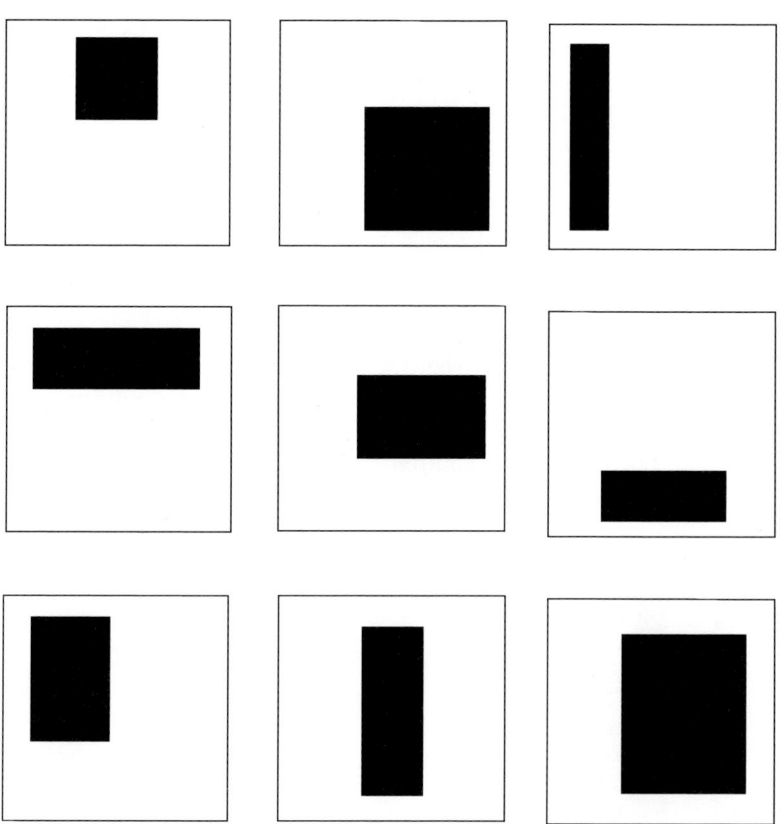

Abb. 17: Kompositions-
und Spannungsübungen

B-1-11-M: „Komposition mit rechteckigen Flächen". ● Arbeitsblatt 1 auf CD
zum Ausdrucken. Mit verschiedenen rechteckigen schwarzen Flächen realisieren Sie sechs
verschiedene Kompositionen, indem ein Rechteck auf eine quadratische Grundfläche platziert
wird. Beobachten Sie die Wirkungen in Bezug auf die Spannung, die bei jeder Änderung in der
Größe und Position der Fläche sowie des Verhältnisses mit dem Hintergrund stattfindet.
Anschließend notieren Sie mögliche Verwendungen und die Assoziationen, die jeder Entwurf
in Ihnen hervorruft.

B-1-12-M: „Komposition mit quadratischen Flächen". Realisieren Sie zwei Kompositionen auf einem quadratischen Format mit quadratischen Flächen, freier Größe und freier Anzahl, die die Begriffe „Ruhe" und „Unruhe" ausdrücken.

B-1-13-M: „Bewegungsablauf mit rechteckigen Flächen". Versuchen Sie in sechs Schritten eine Bewegung darzustellen. Die syntaktischen Variablen können die Größe, die Proportion, die Position, die Anzahl usw. sein. Die einzelnen Kompositionen sollen auch für sich stehen können.

B-1-14-M: „System finden". Entwickeln Sie mit rechteckigen Flächen und in sechs Abläufen ein einfaches erkennbares Veränderungssystem. Die syntaktischen Variablen können die Größe, die Proportion, die Position, die Anzahl usw. sein.

- **Helligkeit**

Auf Grund des **Überstrahlungseffektes** wirken hellere Flächen auf dunklem Hintergrund größer. Dies wird im Vergleich mit einer gleich großen dunklen Fläche auf hellem Hintergrund deutlich.

Der Helligkeitsunterschied bewirkt eine veränderte Größenwahrnehmung und Tiefenwirkung. Textblöcke werden als Fläche mit dem Verhältnis Breite zu Höhe, einem Grauwert bzw. einer Struktur wahrgenommen. Diese Gestaltungsmittel spielen für die Seitenkomposition bzw. das **Layout** eine wichtige Rolle.

wirkt größer   wirkt kleiner

- **Textur**

Tastsinnempfindungen können durch die grafische Darstellung der Oberflächenbeschaffenheit hervorgerufen werden. Wir sprechen dabei von Textur und meinen damit eine Maßanordnung von Strich-, Linien- und Punktelementen in regelmäßiger oder zufälliger Folge, die **Materialien** simulieren und haptische Eindrücke verleihen kann. Chromlinien können die Empfindung von Kälte erzeugen, Holzmaserungen wirken dagegen warm. Die Textur, auch Oberflächenstruktur genannt, ist von der Struktur zu unterscheiden (siehe Definition auf S. 57).

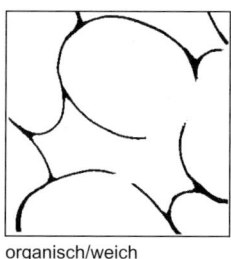

organisch/weich

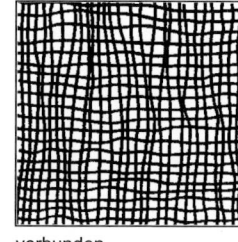

verbunden

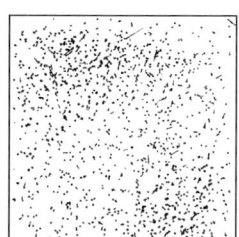

trocken/rau

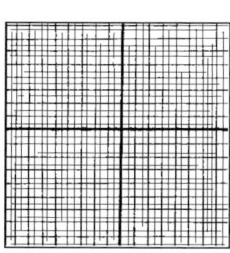

technisch/hart

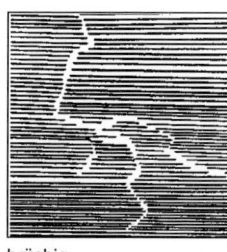

brüchig

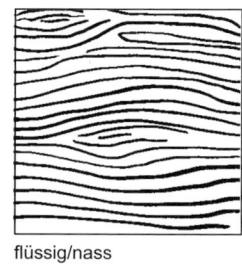

flüssig/nass

Abb. 18: Texturstudien mit Linien bzw. Punkten (Teilnehmerarbeit)

trocken/rau

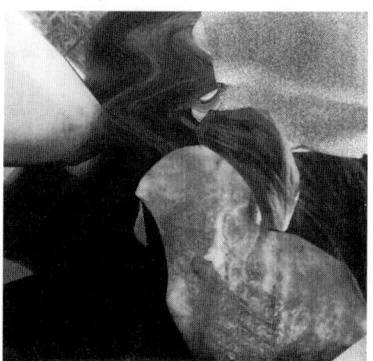

weich/warm

Abb. 19: Halbton-Textur-studien realisiert mit der Technik der Collage. Ziel der Übung war es, durch fotografische Oberflächen-strukturen in s/w hapti-sche Empfindungen zu er-zeugen (Teilnehmerar-beit).

B-1-15-M: „Textur". Einstiegsübung. ● *Arbeitsblatt 1 auf CD zum Ausdrucken. Nehmen Sie einige Blätter Papier und einen Bleistift mit und suchen Sie in Ihrer Umgebung (im Gebäude, im Park oder auf der Straße) verschiedene texturierte Oberflächen. Legen Sie das Blatt Papier auf die Oberfläche und reiben Sie darauf eine Fläche von ca. 10 x 10 cm mit dem Bleistift. Die Textur der Oberfläche wird dadurch auf das Papier übertragen. Sammeln Sie mindestens sechs Varianten und beschreiben Sie anschließend, welche haptischen bzw. subjektiven Empfindungen sie in Ihnen hervorrufen.*

- **Bewegung**

Bewegungs- und Ablaufstudien haben eine wichtige Funktion im Multi-
mediadesign: Eine Bewegung kann analysiert, verstanden und in Schritten, wie Momentaufnahmen, definiert werden. Ebenso komplexe Animationen können in Bewegungssequenzen skizziert werden und durch
Ablaufsysteme wie Storyboards kann der dramaturgische Aufbau einer
Geschichte dargestellt werden.

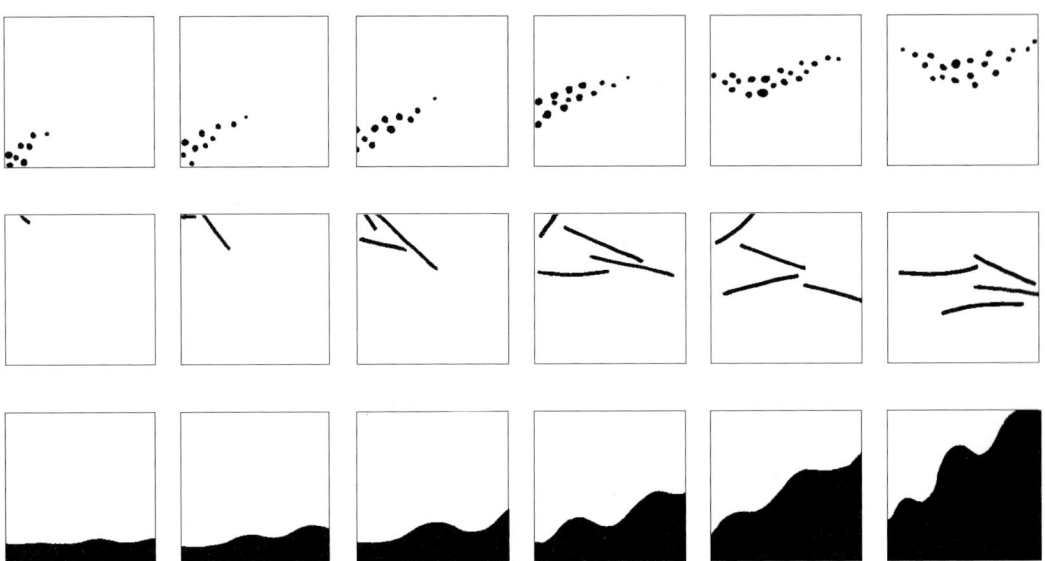

Abb. 20: Bewegungsstudien mit den Grundelementen Punkt, Linie und Fläche (Teilnehmerarbeit)

*B-1-16-M: „Bewegungsabläufe mit Punkten, mit Linien und mit Flächen". ● Ar-
beitsblatt 2 auf CD zum Ausdrucken. Denken Sie sich eine Bewegung und versuchen Sie sie
durch nachvollziehbare Änderung der Position bzw. Größe und/oder Richtung in sechs Abläufen mit folgenden Mitteln darzustellen:*
- *Punkte, Anzahl und Form frei*
- *Linien, Länge, Anzahl und Form frei*
- *Flächen, Anzahl und Form frei*

*B-1-17-M: „Veränderungsabläufe mit Punkten, mit Linien und mit Flächen" durch
Variation der syntaktischen Mittel. ● Arbeitsblatt 2 auf CD zum Ausdrucken. Versuchen
Sie in sechs Schritten Veränderungsabläufe in einem nachvollziehbaren System und mit fol-
genden Mitteln darzustellen:*
- *Punkte mit Änderung der Anzahl, der Form und der Größe*
- *Linien mit Änderung der Anzahl, der Linienstärke , der Länge und der Linienart*
- *Flächen mit Änderung der Anzahl, der Form, der Helligkeit*

1.1.4 Die Form

Eine Gestalt, sei es ein Punkt, eine Linie, eine Fläche oder ein Körper, wird zuerst über ihre Form wahrgenomen. Sie ist ihr wesentlichstes Merkmal.

Formen entstehen, wenn die vielfältigen Farb- und Helligkeitsreize, die auf unsere Augen treffen, sich durch Kontrast in voneinander abgrenzenden Gruppierungen im Gehirn organisieren.

Die Form lässt sich nach den Proportionen ihres Umrisses bestimmen. Wenn sich die Größe eines Reizes ändert, ändert sich seine Form jedoch nicht: eine Hand bleibt eine Hand (siehe auch Kap. A.2 „Die Wahrnehmung").

Die vielfältige Welt der Dinge spiegelt sich in den verschiedensten Erscheinungen bzw. Formen wider. Wir unterscheiden:

- lineare Formen
- flächige Formen
- räumliche Formen

- geometrische bzw. konstruierte Formen,
  inklusive der Grundformen Kreis, Quadrat und Dreieck
- naturalistische bzw. naturbezogene Formen
- freie bzw. aus der Fantasie kreierte Formen

- einfache Grundformen
- komplexe Formen

Formen lassen sich in zahlreichen Gegensatzpaaren beschreiben wie breit - schmal oder eckig - rund. Formen haben eine subjektive Wirkung: Runde Formen werden eher als weich und warm empfunden, eckige Formen hingegen eher als hart und kalt.

wirkt warm und weich

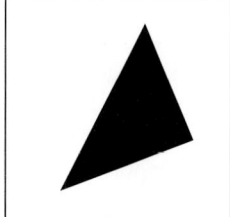

wirkt kalt und hart

B-1-18-M: „Symbolik der Grundformen". ● Arbeitsblatt 4 auf CD zum Ausdrucken. Notieren Sie die Assoziationen, die jede der drei Grundformen Quadrat, Dreieck und Kreis in Ihnen erweckt: die Wirkung auf das Empfinden, auf emotionaler und auf symbolischer Ebene.

- **Die Symbolik der Urformen**

Als Urbildzeichen findet man in vielen Kulturen die **Grundformen** Kreis, Quadrat und Dreieck sowie das Kreuz und den Pfeil als formale Träger geistiger, magischer oder kosmologischer Symbolik.

Abb. 21: Sonnenrad, Petroglyphe aus der Bronzezeit

- Der Kreis war ursprünglich ein Zeichen für den Sonnenkult und auch für die Mitte und das Zentrum. Der Kreis folgt der Handmotorik und entsteht spontan. Er ist dynamisch, fließend, zyklisch und entspricht dem geistigen Prinzip. Als Rad verkörpert der Kreis Bewegung und Dynamik. Als Scheibe und Kugel ist er ein Zeichen für die Welt. Er ist die einfachste und selbstständigste Form. Er ist vollendet und geschlossen, ohne Anfang und ohne Ende und kann die Unendlichkeit bzw. den Kreislauf des Lebens symbolisieren.
  Der Kreis reagiert sehr sensibel auf kleine formale Änderungen, kann statisch oder rotierend, in sich geschlossen oder strahlend werden. Visuell sehr aktiv, lenkt er die Aufmerksamkeit auf sich und wird heute für Verkehrssignale und in der Werbung verwendet.

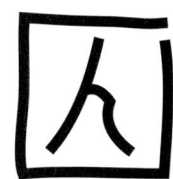

Abb. 22: Zeichen für „gefangen" in der archaischen chinesischen Bilderschrift

- **Das Quadrat** war ursprünglich das Zeichen für die vier Himmelsrichtungen, ein Symbol für das Erdhafte und die Materie. Man assoziiert die quadratische Form mit Wohnräumen und ihrer schützenden und einrahmenden Funktion. Die formale Geschlossenheit und Symmetrie vermittelt Stabilität, Sicherheit und Schutz. Es strahlt weder Spannung noch Ruhe aus, seine waage- und senkrechten Richtungen entsprechen dem Gleichgewichtsgefühl. Das Quadrat entsteht im Gegensatz zum Kreis nach einem rationalen Konstruktionsprozess: die Verbindung von vier Eckpunkten mit horizontalen und vertikalen Linien. Durch seine konstruierte Form symbolisiert es auch das rationale Denken. Das gedrehte Quadrat, die Raute, strahlt eine Ambivalenz zwischen labil und stabil aus.
  Viereckige Formen wirken visuell eher isolierend wie bei Textblöcken und Bildern, als Umrandung und als Formatbegrenzung.

Abb. 23: Sumerisches Zeichen für Frau, vor dem 3. Jahrtausend v. Chr.

- **Das Dreieck** wurde früher mit „Schutz" assoziiert, als Dach oder Zelt. Man findet es auch auf der Spitze stehend als Zeichen für das Weibliche, auf der Basis stehend für das Männliche. Sowohl in östlichen als auch in westlichen Religionen symbolisiert es Götter-Triaden, z.B die Dreieinigkeit. In aufrechter Position wirkt es standfest, gelassen, stabil und vertraut. Es wird heute oft als Grundform für Signale verwendet. Auf der Spitze positioniert wirkt das Dreieck aggressiv, unstabil, unruhig, labil. Wegen seiner formalen Prägnanz wird es heute als Zeichen für Gefahr verwendet.

- **Der Pfeil** bedeutete früher, in Verbindung mit Speeren und Pfeilen, „Krieg" und „Jagd" und war ein Ausdruck für Angst und Gefahr. Heu-

te wird er als Hinweiszeichen für Richtung verwendet. Die Richtungs-
bedeutung des Pfeiles wird von Kind auf im Gedächtnis verankert.
Der Pfeil kann die Richtung sowohl räumlich anzeigen – z.B. in Räumen, auf Karten, in Charts, auf Piktogrammen – als auch zeitlich, Vergangenheit und Zukunft auf Charts, „zurück" oder „weiter" in interaktiven Anwendungen.

*Abb. 24: Pfeile als Aus-
druck von Jagdzauber-Ri-
tualen, Höhlenbilder aus
der Steinzeit*

- **Das Kreuz**, Symbol des Christentums seit Konstantin I., wirkt in seiner Symmetrie starr und unbeweglich. In seiner Form an menschliche
Proportionen erinnernd, lässt es viel an Projektionen zu. Es symbolisiert gleichzeitig Tod und Auferstehung, Zerstörung und Heil. Heute
verbindet man es sowohl mit dem Tod als auch mit medizinischer As-
sistenz und mit Hilfe. Als gedrehtes Kreuz ist es das Zeichen für Til-
gung, Gift oder Verbot. In der Mathematik wird das Kreuz als Pluszei-
chen und als Multiplikationszeichen verwendet. Als Buchstabe „X"
steht es für das Unbekannte.

*Abb. 25: Lateinisches oder
Passionskreuz mit unglei-
cher Teilung des Langholzes*

1.2   Ordnungssysteme

- **Symmetrie**
Die symmetrische Anordnung ensteht durch die Wiederholung gleicher
Formen. Das Wiederholungssystem kann mittels Reihung, Rotation
oder spiegelbildlicher Anordnung erfolgen. Symmetrieachsen können in
verschiedenen Abständen erfolgen oder eine radialförmige Anordnung
bilden (Drehsymmetrie). Eine Gestaltung nach der kompositorischen
Ordnung der Symmetrie wirkt klar, überschaubar, manchmal streng.
Die **Asymmetrie** ist eine freiere kompositorische Ordnung. Beim Aufbau des Bildes soll ein Ausgleich in Sinne des Gleichgewichts stattfinden.
Die Wirkung ist abwechslungsreicher und lebendiger als die symmetrische Anordnung.

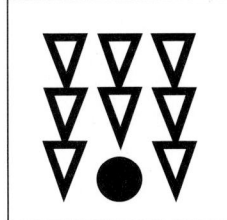  

Abb. 26: (von links nach rechts) Symmetrie, Drehsymmetrie, Asymmetrie

- **Rhythmus**
Die Wiederholung der grafischen Elemente verläuft gesetzmäßig mit
kleinen Variationen in Form, Größe, Lage und /oder Abstand, sodass ein

■ Jede gestalterische Arbeit, die Wiederholungen oder Spiegelungen als Grundgestaltungsmethode hat, kann sehr komfortabel durch Kopieren und Einsetzen bzw. Spiegeln mit FREEHAND realisiert werden.

Eindruck von rhythmischer **Bewegung** stattfindet. Rhythmus als Gestaltungsprinzip findet man u.a. in der Typografie: Die Buchstabenfolge, Wortzwischenräume und der Zeilenfall bilden eine rhythmische Abfolge von Wiederholung und Variation.

- **Reihung**

Die Reihung entspricht einem seriellen Prinzip. Die Anordnung in stetiger Reihung erfolgt durch die regelmäßige Wiederholung der gleichen Formen, in unveränderter Größe und Abstand. Diese völlig gleichmäßige Reihung wirkt sachlich und klar. Als Fläche wäre sie ein **Raster**.

In einer rhythmischen Reihung verlaufen die Wiederholungen auch gleichmäßig, jedoch mit Variationen in Form, Größe, Lage und/oder Abstand, sodass ein Eindruck von Bewegung entsteht.

Reihungen sind das typische Ordnungsprinzip des Ornaments.

Abb. 27: Stetige Reihung

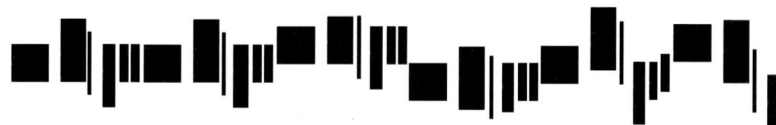

Abb. 28: Rhythmische Reihung

- **Muster**

Muster bestehen aus sich auf einer Fläche wiederholenden Formen. Die Einzelformen sollten jedoch nicht als Figur auftreten, sondern sich mit dem Hintergrund zu einer Fläche zusammenschließen. Die Zwischenräume des Hintergrundes erscheinen als Gegenformen bei den meisten Gliederungen von einfachen Formen. Der **Rapport** ist die kleinste abgeschlossene Einheit eines Musters.

 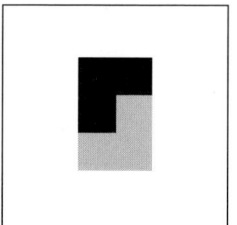

Abb. 29: Muster und Rapport

- **Struktur**

Eine Struktur ist die regelhafte Anordnung von Elementen, die am einzelnen Element ablesbar bleibt. Sie ist der innere Aufbau einer Form, einer Komposition oder eines Systems. Der Begriff der Oberflächenstruktur hingegen wird umgangssprachlich für den Begriff Textur verwendet, ist aber davon zu unterscheiden (siehe S. 50).

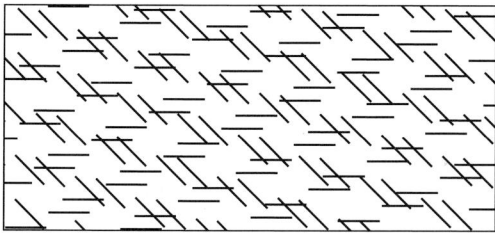

Abb. 30: Flächenstruktur

Abb. 31: Struktur eines
Gemäldes

- **Raster**

Das Raster ist eine Sonderform der Struktur. Es beschreibt eine besondere Aufteilung einer Fläche nach einem bestimmten System und findet oft Verwendung als unsichtbares Gerüst für das Layout, in der Formentwicklung von Schriften, Piktogrammen und anderen visuellen Zeichen. Das Raster bietet ein normiertes System für Planung und Berechnung.

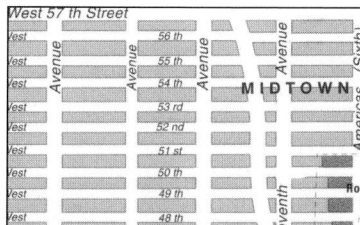

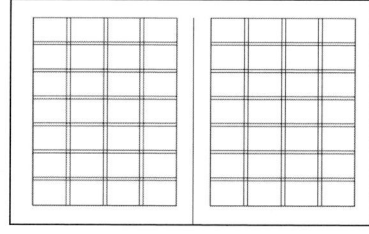

Abb. 32: Stadtraster

Abb. 33: Beispiel eines Layout-Rasters

- **Kombinatorik**

Sie ist ein logisches, nachvollziehbares System, das feststellt, wie mittels unterschiedlicher Anordnungsarten eine Zahl von Elementen zu Gruppen zusammengefasst werden kann. Es gibt drei Gattungen in der Kombinatorik: die Permutation, die Variation und die Kombination.

Die **Permutation** ist das Vertauschen der Einzelelemente innerhalb eines Komplexes von Plätzen unter der Voraussetzung, dass alle Elemente des Vorrats gleichzeitig verwendet werden.

Die Zahl der Kombinationsmöglichkeiten (Z) wird durch die Formel $Z = 1.2.3…n$ berechnet. Bei einem Elementenvorrat von vier Elementen

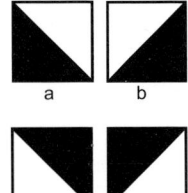

*Abb. 34: Beispiel
eines Elementvorrats*

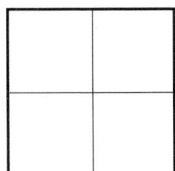

*Abb. 35: Beispiel
eines Komplexes
von Plätzen*

a, **b**, **c** und **d** und vier Plätzen, ohne die Elemente zu wiederholen, ergeben sich folgende 24 Kombinationen:

a b	a b	a c	a c	a d	a d	b a	b a	b c	b c	b d	b d
c d	d c	b d	d b	b c	c b	c d	d c	a d	d a	a c	c a

c a	c a	c b	c b	c d	c d	d a	d a	d b	d b	d c	d c
b d	d b	a d	d a	a b	b a	b c	c b	a c	c a	a b	b a

Im folgenden Beispiel wurde die Buchstabenanordung in visuelle Elemente (links oben) innerhalb der vier Plätze (links unten) übertragen.

*Abb. 36:
Permutationsübung*

Die **Variation** ist eine Permutation, die sich aber auf nur einige Elemente, die als Vorrat zur Verfügung stehen, beschränkt. Wenn die Elemente sich wiederholen dürfen, kommen neue Formationen hinzu. Bei einer Variation mit vier Plätzen und zwei Elementen, die sich wiederholen, ergeben sich $2^4 = 16$ Variationen.

In der **Kombination** kommen noch weitere Beschränkungen hinzu. Alle Ergebnisse der Kombination sind ohnehin in der Variation enthalten.

Bei allen diesen Systemen ist es interessant, die Bildung von Figuren zu beobachten und die Assoziationen, die sie hervorrufen können. In der Praxis eignet sich diese Methode für die Entwicklung von Zeichen, wie z.B. Erkennungszeichen für Produktreihen.

B-1-19-C: „Kombinatorik": Entwickeln Sie eine Variation mit zwei Vorratselementen, die sich wiederholen dürfen, und vier Plätzen. Sie soll 16 Varianten ergeben.

- **Netze**

Netze sind spezielle Anordnungen. Sie stellen Organisationsformen dar, welche in der Natur und der technischen Welt (Kommunikation, Verkehr usw.) zu finden sind. Wie die Elemente organisiert sind oder in welcher Beziehung sie zueinander stehen, ist durch die Verknüpfungen und Verzweigungen zu sehen, wie z.B. bei Spinnennetzen und Bäumen. Abstrakte Aussagen, wie z.B. die Organisationsstruktur einer Firma oder einer Multimedia-Anwendung, können mithilfe von Netzen visualisiert werden (siehe auch Kap. 4.4 „Zeichen in der Praxis").

Die Verknüpfungen und die Verzweigungen der Netze können in unterschiedlicher Art erfolgen: regelmäßig wie ein Gewebe, regelmäßig oder organisch wachsend, von außen nach innen bzw. von innen nach außen verbindend, als Verzweigung usw. Geometrische Netze werden durch die systematische Fortsetzung von Symmetrieoperationen gebildet.

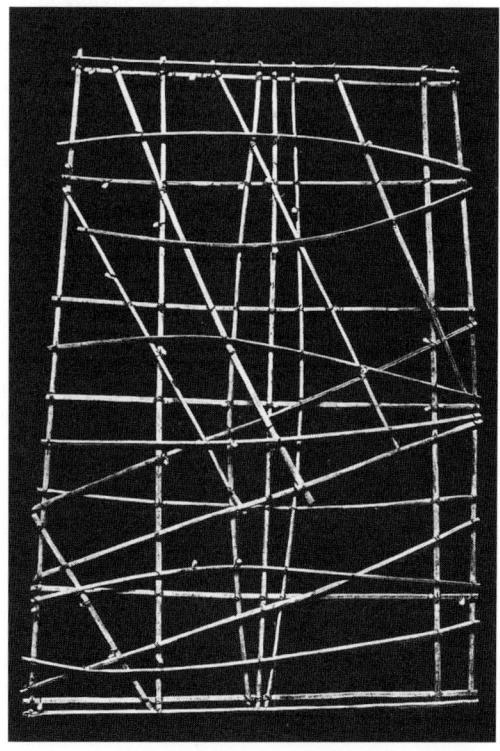

Abb. 37: Karte der Marshall-Inseln aus Rippen von Kokospalmenblättern (British Museum, Dept. of Ethnography, London). Die Linien des Netzes bedeuten die Kanu-Wege von Insel zu Insel. Die Steinchen an den Kreuzungsknoten stellen die Inseln dar.

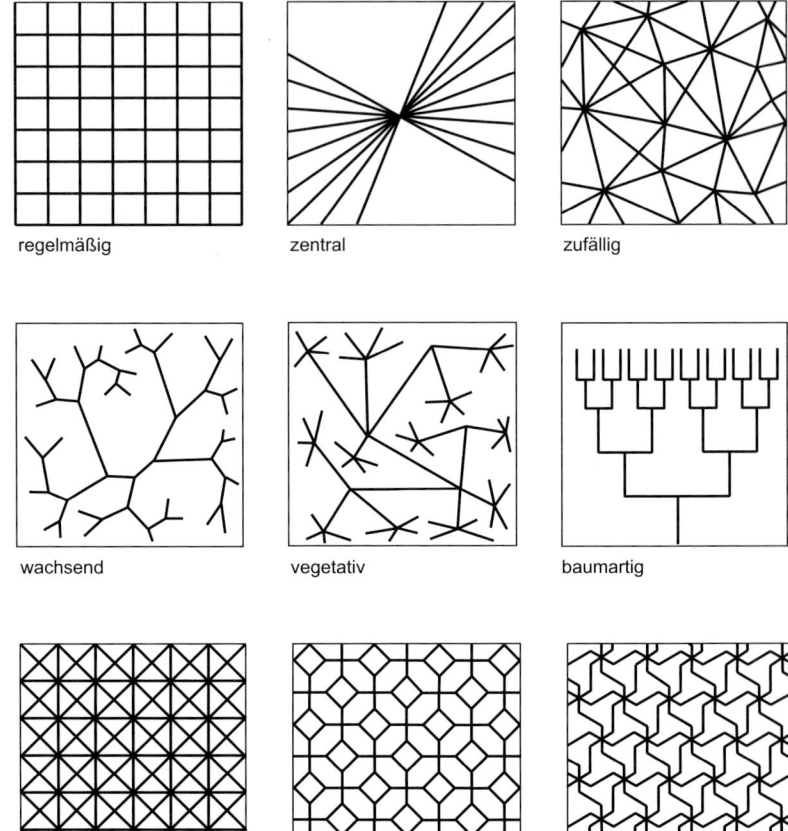

Abb. 38: Einige Beispiele von Netz-Modellen nach der Art der Verbindung

regelmäßig	zentral	zufällig

wachsend	vegetativ	baumartig

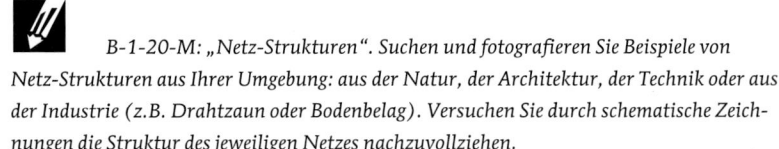

Abb. 39: Einige Beispiele von regulären und halbregulären geometrischen Netzen

B-1-20-M: „Netz-Strukturen". *Suchen und fotografieren Sie Beispiele von Netz-Strukturen aus Ihrer Umgebung: aus der Natur, der Architektur, der Technik oder aus der Industrie (z.B. Drahtzaun oder Bodenbelag). Versuchen Sie durch schematische Zeichnungen die Struktur des jeweiligen Netzes nachzuvollziehen.*

2   Die Farbe

„tuk-va-s-nek-is" = Blau, Cahuilla-Indianisch

So wie das Licht erst Wachstum ermöglicht, hat auch die Farbwahrnehmung ihren festen Platz in der Evolutionsgeschichte der Menschheit. Wo die Vorfahren der Menschenaffen nur hell und dunkel, gelb und blau voneinander unterscheiden konnten, war es für unsere Entwicklung von entscheidender Bedeutung, dass vor 70 Millionen Jahren die Wahrnehmung der Farbe Grün und damit auch Rot hinzukam. Erst die differenzierte Farbwahrnehmung ließ uns die roten, wohlschmeckenden Äpfel auf der Wiese erkennen und diese von den bräunlichen, verdorbenen unterscheiden. Noch heute gibt es Volksstämme, die nicht zwischen einzelnen Farbnamen unterscheiden, sondern nur das Wort „Farbe" kennen. Sie benennen die Farben nicht mit grün oder gelb, sondern beziehen sich auf Erfahrenes und Erlebtes. So wird die Farbe Blau bei den Cahuilla-Indianern „tuk-va-s-nek-is" genannt und beschreibt wortwörtlich „den Prozess, bei dem man dem Ort nahe kommt, an dem etwas Gebogenes angebracht ist". Gemeint ist das blaue Himmelszelt, das sich über der weiten Prärie aufspannt und zum Alltag der Indianer gehört.

Farbe ist ihrem Ursprung nach von existenzieller Bedeutung, so können wir uns gegen die Farbempfindung nicht zur Wehr setzen. Ein blauer Apfel stößt erst einmal auf Ablehnung, auch wenn der Hunger noch so groß ist. Farben bewirken etwas in uns – ohne dass wir uns darüber bewusst werden. Sie helfen bei der alltäglichen Orientierung, ein Beispiel ist die Ampel oder sind die Farbcodes, die die Navigation im Internet unterstützen können.

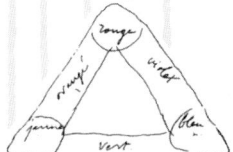

Abb. 01: Eugène Delacroix, ca. 1880

Mit der Wirkung der Farben haben sich bereits die Griechen in der Antike beschäftigt. Philosophen wie Pythagoras und Aristoteles gingen davon aus, dass die Sinneswahrnehmung die Grundlage für den gesamten menschlichen Erkenntnisprozess bildet. Ausgehend von den Grundfarben wurden philosophische, ästhetische und symbolische Zuordnungen vorgenommen. So entsprach Rot dem Feuer und Weiß der Luft. Als einer der Ersten begann Aristoteles um 300 v. Chr., die Farben ausführlich zu beschreiben und über ein Sechs-Farb-Modell zu ordnen. Zwischen den Gegensätzen Weiß und Schwarz befanden sich die reinen Grundfarben Rot, Grün und Blau. Gelb galt lediglich als ein abgeschwächtes Rot. Seine Farbenlehre blieb lange – bis ins 17. Jahrhundert – gültig.

Weitere Bedeutung erhielt die Farbe als Symbol für gesellschaftlichen Status, wie etwa im „Purpur" der Könige. Purpur wurde im 15. Jahrhundert von den Phöniziern entdeckt und aus tausenden von Purpurschnecken hergestellt. Auch im Mittelalter war die Farbe philosophisches Thema; sie diente religiösen und symbolischen Zwecken, wie bis heute das Violett, das für die katholische Kirche steht.

Erst in der Renaissance wurden naturwissenschaftliche Erkenntnisse in die Farbenlehre hineingenommen. Leonardo da Vinci entdeckte unter

Abb.02: Giacomo della Porta, 1593

anderem den Simultankontrast (siehe auch Kap. 2.7). Erst Sir Isaac Newton gelang es 1666, das weiße Tageslicht in seine Spektralfarben zu zerlegen und damit eine wissenschaftlich fundierte Farbforschung einzuleiten.

Dass eine Auseinandersetzung mit der Farbwahrnehmung ohne das Wissen um die Farbphysik möglich ist, hat Goethe mit seiner „Farbenlehre" bewiesen, die 1810 erschien. Trotz der Kenntnis der Newton'schen Experimente hatte er aufgrund eines Missverständnisses diese als irrelevant abgetan und gut 20 Jahre seine eigenen Forschungen betrieben. Er entdeckte z.B. als Erster das Phänomen der farbigen Schatten und der Nachbilder; auch interessierte ihn die „sinnlich-sittliche Wirkung" der Farben. Die Zielgruppe seiner Untersuchungen waren Künstler. So ist es nicht verwunderlich, dass Goethe vor allem die Kunstpädagogen beeinflusst hat.

Abb. 03: Newton'sches Farbrad der Musik, 1704

Bauhauslehrer wie z.B. Johannes Itten und Josef Albers haben seine Farblehre integriert und sie um praktikable Unterrichtseinheiten für die Kunst – aber auch die Designausbildung – erweitert. Ihre Farblehren sind bis heute unentbehrlicher Bestandteil des Farbunterrichts, wenn sie auch in ihrer Übertragung auf metrisch und wahrnehmungspsychologisch korrekte Modelle nicht den heutigen Standards entsprechen. Hier sind wissenschaftlich orientierte Farblehren wie die Harald Küppers oder Wilhelm Ostwalds bemerkenswert. Auch die Erfordernisse der Drucktechnik haben die Einordnung der Farben in Farbräume, wie z.B. den CIE-Lab-Farbraum, präzisiert, um die zahlreichen Farbausgabe- bzw. -eingabegeräte miteinander kompatibel zu machen. Damit soll das Austauschen von Farbdaten auf geräteunabhängiger Basis ermöglicht werden.

In den Farbübungen dieses Kapitels werden je nach Zielsetzung unterschiedliche Farbmodelle hinzugezogen oder auch variiert. Da Farbe mehr noch als andere gestalterische Mittel vom Kontext abhängt, muss der Gestalter mehrere Wege kennen, um ans Ziel zu gelangen.

2.1 Definition der Farbe

Farbe kann mehrere unterschiedliche Bedeutungen haben

Farbe kann mehrere unterschiedliche Bedeutungen haben. Hier sind einige Beispiele aus verschiedenen Lebens- und Arbeitsbereichen aufgeführt:

- Im Malerladen verlangen Sie eine gelbe Wandfarbe.
  Der Farbstoff ist eine Materialfarbe.

- Physiker beschreiben Farben durch die Verteilung von Strahlenintensität auf die verschiedenen Wellenlängen des sichtbaren Lichts.

- Der Augenarzt stellt fest, dass Sie Blau nicht von Grün unterscheiden können. Ihre Farbwahrnehmung ist beeinträchtigt.

- Ihr Nachbar sieht Ihr neues Auto und wird gelb vor Neid.
  Mit der Farbe Gelb ist hier eine Farbsymbolik gemeint, nicht die Gesichtsfarbe des Nachbarn.

- Die grüne Wiese lädt zum Niederlassen ein.
  Die Farbempfindung ist Entspannung und Beruhigung.

- In der Druckvorstufe werden Farbauszüge in den 4-C-Farben für den Druck reproduziert. Die Vierfarbfilme sind allerdings schwarz, was den Kunden erstaunt. Erst in der Druckmaschine kommen die Druckfarben Cyan, Magenta, Yellow und Schwarz zum Einsatz.

- Künstler setzen ihre eigenen Maßstäbe im Umgang mit Farbe. Für Klee war die Farbe vor allem „Bewegungsenergie". Mondrian suchte die „absolute Farbgebung" mit reinen, klar voneinander abgegrenzten Farbfeldern.

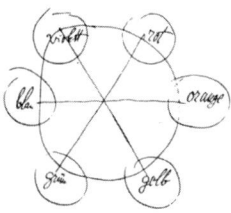

Abb. 04: Paul Klee, 1921–22

- Die rote Ampel ist ein Verkehrszeichen für „stopp".
  Farben werden in der Praxis als Farbzeichen eingesetzt.

- Ein Elektrokabel besteht meist aus drei unterschiedlich farbigen Leitungen. Gelb/grün bedeutet Schutzleiter (Erde), blau oder grau steht für den neutralen Leiter, schwarz bezeichnet die Phase (Strom).
  Diese Farbcodierung hilft uns beim Anschließen von elektrischen Geräten.

- Im Informationsdesign werden z.B. U-Bahn-Pläne entwickelt, wobei die Farben zur besseren Orientierung dienen. Diese Farbcodierung sorgt für eine klare Zuordnung der einzelnen U-Bahn-Linien (siehe auch Farbteil, Abb. 30).

- Designer interessieren sich für die Ästhetik, Wirkungsweise und Funktion von Farbe. Sie entwickeln z.B. Farbpaletten, um unterschiedliche Produkte zu kennzeichnen, aber auch um bestimmte Wirkungen beim Käufer zu erzielen. Ganz bewusst wird hier Farbanmutung im Sinne eines Farbmarketings (siehe hierzu auch Kap. 2.6) eingesetzt.

Das Problem der Farbe kann also von unterschiedlichen Bereichen her untersucht werden:

Farbbereiche	Definition
1. Physik	die Farbe als elektromagnetisches Spektrum
2. Chemie	der Farbstoff in seiner molekularen Struktur
3. Physiologie	die Farbe als Auslöser von Körperempfindungen
4. Symbolik	die Farbe im übertragenen Sinn
5. Psychologie	die Farbe im Zusammenhang von Empfindungen
6. Bildreproduktion	die Farbe in der Vervielfältigung, z.B. im Druck
7. Kunst	die Farbe als informationsästhetisches Medium
8. Visuelle Kommunikation	die Farbe zur zielgerichteten Informations-übermittlung, z.B. bei Verkehrsschildern oder als Gestaltungsmittel in der Werbung

B-2-01-M: Ideensammlung: Sammeln Sie Sprichwörter und Beispiele aus dem Alltag zu mindestens drei Farbtönen. Übertragen Sie diese in eine Tabelle mit den Spalten: Farbe/Assoziation/Bereich wie z.B. Rot/Liebe/Farbsymbolik (Nr. 4).
Lernziel: Begriffsklärung. Übertragen der unterschiedlichen Anwendungsbereiche von Farben auf die Alltagswahrnehmung. Sich der zahlreichen Funktionen von Farbe bewusst werden.

Farben sind keine objektiven äußerlichen Gegebenheiten, sondern sie entstehen erst in unserem Auge und Gehirn

Dennoch entzieht sich die Farbwahrnehmung unserer bewussten, analytischen Wahrnehmung. Das Bewusstmachen von Farbe ist ein komplexer neuronaler Prozess, denn Farbe entsteht erst in unserem Auge und Gehirn, sie ist ein Wahrnehmungs- und Verarbeitungsprozess. Testen Sie das an folgender Aufgabe!

Warum ist nebenstehende Form ein Dreieck?

Warum ist nebenstehende Form ein Quadrat?

Beschreiben Sie die Farbe Rot!

Formen werden analytisch wahrgenommen. Ein Dreieck hat drei Ecken und in diesem Fall auch gleich lange Seiten. Bei Farben ist die Beschreibung schon schwieriger und indirekter: Rot wie Blut oder Feuer?

B-2-02-T: Jeder Teilnehmer bringt einen roten Farbschnipsel mit, der möglichst kräftig, strahlend und rein aussieht. Das gemeinsame Anschauen der mitgebrachten Farbtöne ist ein schöner Einstieg in das vielfältige Thema der Farbe.

2.2 Entstehung und Mischung der Farbe

„Farben sind Kinder des Lichts, und Licht ist die Mutter der Farben."
Johannes Itten

2.2.1 Physikalische und physiologische Aspekte der Farbe

Alle Farben gehen vom Licht aus. Ohne Licht sieht man keine Farbe. Die Farbwahrnehmung wird durch Licht bestimmter Wellenlängen ausgelöst. Lichtwellen können vom Menschen nur in einem bestimmten Wellenlängenbereich wahrgenommen werden. So lassen sich kurzwellige Röntgenstrahlen nicht wahrnehmen. Aber auch langwellige Radarstrahlen, wie sie zum Orten von Objekten eingesetzt werden, sind unsichtbar. Erst wenn das „weiße", farblose Tageslicht auf einen Körper trifft, wie z.B. das Sonnenlicht am Himmel, das an einer gegenüberliegenden Regenwand bricht und zum Regenbogen wird, sehen wir Farben.

Ohne Licht sieht man keine Farbe

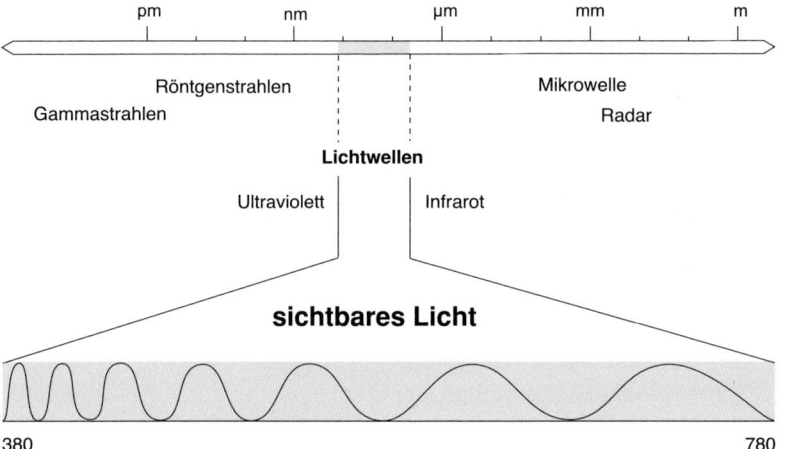

Abb. 05: *Spektrum des sichtbaren Lichts*

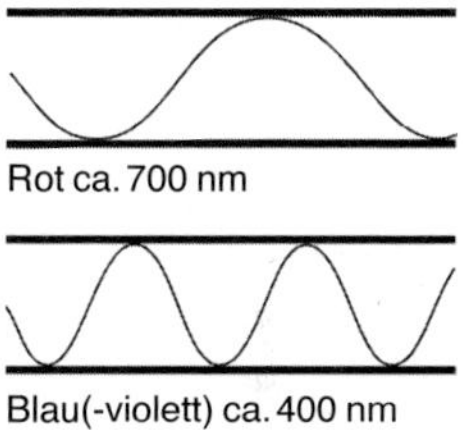

Abb. 06: *Lichtwellen in nm (Nanometer)*

Um die kürzeren bis längeren Wellen, aus denen sich das weiße, farblose Tageslicht zusammensetzt, zuverlässig sichtbar zu machen, bedarf es einer physikalischen Versuchsanordnung, die Newton fand.

Das weiße Licht wird als Lichtstrahl gebündelt und mithilfe eines Prismas (dreieckiger Glasstab) in seine Spektralfarben zerlegt. Die verschiedenen elektromagnetischen Wellen, aus denen der Lichtstrahl zusammengesetzt ist, reagieren bei der Lichtbrechung unterschiedlich. Beim Übertritt von einem Medium in ein anderes kommt es zu einer Richtungsänderung, einer Brechung, der Strahlen. Die kürzeren Wellen lassen sich stärker ablenken als die längeren. Deshalb sind im Spektrum alle Farben in der Reihenfolge ihrer Wellenlänge angeordnet. Strahlen des Lichts haben Wellenlängen, die von 380 nm bis 780 nm (1 nm = 1 milliardstel Meter) reichen.

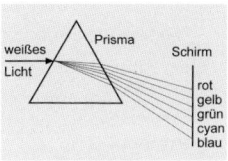

Abb. 07: *Newton'sches Prisma (siehe auch Farbteil, Abb. 04)*

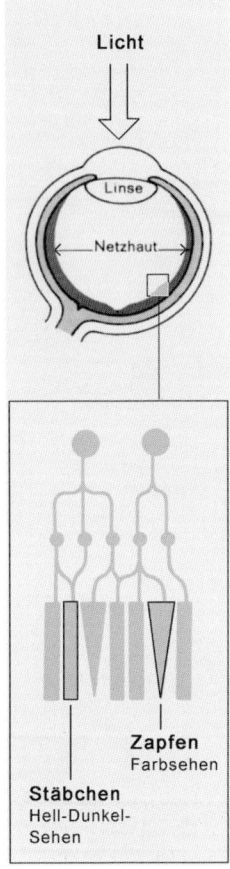

Abb. 09: Das menschliche
Auge und die Reizaufnahme

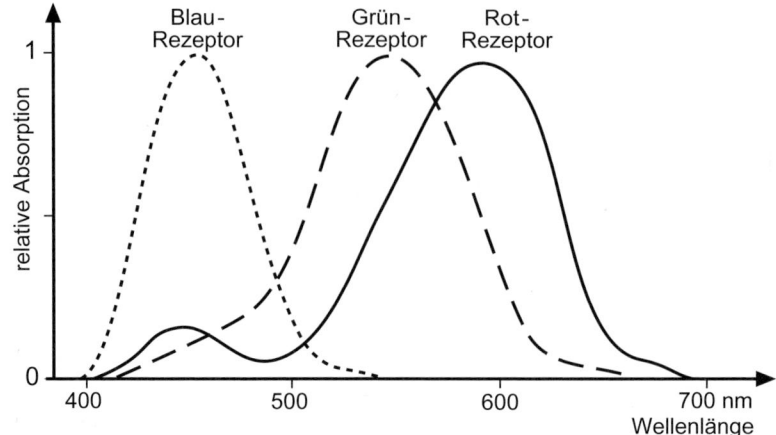

blau = Sensor für **kurzwelliges** Licht
grün = Sensor für **mittelwelliges** Licht
rot = Sensor für **langwelliges** Licht

Abb. 08: Die Wellenlängen der drei Zapfentypen (siehe auch Farbteil, Abb. 03)

Das Empfangssystem für das Sehen sind die Augen. Es gibt zwei unterschiedliche Sehzellentypen, die wie Antennen auf die Lichtstrahlen reagieren. Bei schwacher Beleuchtung ist unser Sehvermögen verhältnismäßig grob, wir können nur hell und dunkel unterscheiden. Für diese Unbunt-Wahrnehmung sind die **Stäbchen** zuständig. Erst beim Tagessehen wird der Lichtreiz von den drei Farbrezeptoren verarbeitet. Diese werden **Zapfen** genannt. Jeder der drei Zapfentypen reagiert auf eine ganz bestimmte Wellenlänge. Der Violettrezeptor auf Kurzwellen, der Grünrezeptor auf Mittelwellen, der Orangerotrezeptor auf Langwellen.

Bei der Gestaltung von Verkehrszeichen, Logos und Außenwerbung ist die Gestaltung sowohl auf Farbsehen am Tage wie auf Hell-dunkel-Sehen bei Dämmerung abzustimmen. Achten Sie bei der Farbauswahl darauf, dass die Farben einen ausgeprägten Hell-dunkel-Kontrast besitzen.

2.2.2   Die additive Mischung

Durch die Kombination
der unterschiedlichen
Farbintensitäten wird im
Gehirn der Eindruck
einer Farbe als Gesamt-
farbe erzeugt

Durch die Kombination der unterschiedlichen Farbintensitäten wird im Gehirn der Eindruck einer Farbe als Gesamtfarbe erzeugt. Farbe ist die Folge der ungleichmäßigen Reizung der drei Farbrezeptortypen. Aus dem Vorhandensein dieser drei Urfarben (RGB = Rot, Grün, Blau) ergeben sich insgesamt acht Möglichkeiten extremer Farbempfindung.

(Orange-)rot + Grün = Gelb
(Orange-)rot + Blau(-violett) = Magenta
Blau(-violett) + Grün = Cyan

Neben diesen sechs Farben gibt es noch Weiß und Schwarz. Dieses Farbsystem, das alle drei Urfarben zu Weiß **addiert**, heißt allgemein additives Farbsystem – im Screendesign sprechen wir auch vom RGB-Modus.

Vielleicht ist dem einen oder anderen die Unklarheit der Farbbenennungen aufgefallen. Sie kommt daher, dass unterschiedliche Berufsgruppen jeweils andere Farbnamen verwenden. Was der Laie als Lila oder Violett bezeichnet, ist für den Farbwissenschaftler die Lichtfarbe Blau und für den Drucker ein Farbgemisch aus 100 % Magenta und 100 % Cyan. Beim Screendesign ist es praktikabel rot, grün und blau zu sagen, da hier der RGB-Modus eine allgemein verständliche Konvention ist.

Die RGB-Farben, die wir auf dem Monitor sehen, sind also ebenfalls ein Produkt der additiven Primärfarben. Ein Monitor, der wie ein herkömmlicher Fernseher gebaut ist, stellt Farben dar, indem seine drei Elektronenstrahlen als Bildelement (Picture Element = Pixel) drei winzige Leuchtstoffpunkte (Subpixel) anregen, die rotes, grünes und blaues Licht abstrahlen. Weil die Punkte sehr eng nebeneinander liegen, also vom Auge optisch nicht getrennt werden können, werden sie in ihrer additiven Mischung wahrgenommen. Ähnlich beim Flüssigkristallbildschirm (LCD = Liquid Crystal Display), der die konventionellen Elektronenstrahlröhren im Monitorbereich ja längst überholt hat. Hier besteht das Pixel aus drei kleinen, eng benachbarten LC-Zellen mit rotem, grünem und blauem Filter, die aus dem weißen Licht einer Hintergrundlampe die RGB-Primärfarben machen.

Mehr als 16 Millionen Farben sind technisch darstellbar – das menschliche Auge kann allerdings nur 300 Spektralfarben und etwa 10 Millionen Lichtfarbnuancen unterscheiden. Bei den sog. Körperfarben – das sind Farben, die Objekte tragen – sind es nur 1,2 Millionen und bei den gedruckten sind nur noch 570.000 Farbunterschiede zu erkennen. Leistungsstarke Monitore können also wesentlich mehr Farben anzeigen, als im Vierfarbdruck wiedergegeben werden. Dies ist einer der Gründe für die Notwendigkeit der Kalibrierung (Farbjustierung) der Geräte im Produktionsprozess. Eine hundertprozentige Farbtreue auf jedem Gerät ist nicht möglich.

In PHOTOSHOP wird eine nicht druckbare Farbe im Farbwähler mit einem Ausrufungszeichen gekennzeichnet.

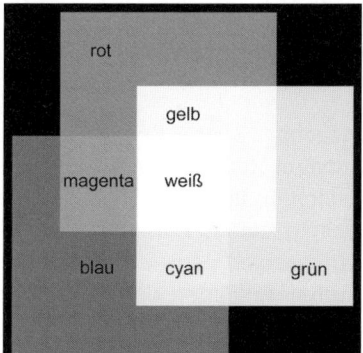

Abb. 10: Additive Farbmischung
(siehe auch Farbteil, Abb. 06)

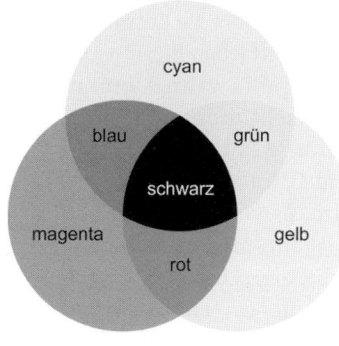

Abb. 11: Subtraktive Farbmischung
(siehe auch Farbteil, Abb. 05)

B-2-03-C:
Legen Sie eine neue Datei in RGB an und mischen Sie additiv die drei Grundfarben. In einer zweiten Datei erfolgt die subtraktive Farbmischung im CMYK-Modus. Benutzen Sie ausschließlich die Kanäle-Palette. Siehe Abbildungen links.

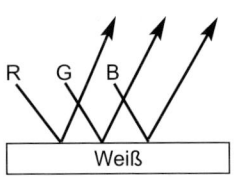

Abb. 12: Reflexion der Lichtfarben

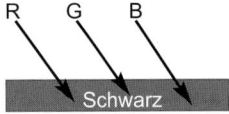

Abb. 13: Absorption der Lichtfarben

2.2.3 Die subtraktive Mischung

Sprechen wir über Farben, sind sie oft an Gegenstände geknüpft: das blaue Kleid oder die grüne Wiese; diese Farben nennt man Material- bzw. Körperfarben. Hier werden Anteile der Lichtwellen des Tageslichts oder Anteile einer künstlichen Lichtquelle absorbiert oder reflektiert. Der Farbstoff wirkt wie ein Filter. Das Licht dringt entweder in die Stoffe ein und wird dabei absorbiert (geschluckt) oder es wird im molekularen Gefüge der Stoffe umgelenkt und reflektiert. Die Farbe, die wir sehen, ist der Anteil des Lichts, der nicht absorbiert wird. Ein weißer Körper empfängt die drei Basislichtfarben Rot(-orange), Grün und Blau(-violett) und wirft sie zurück. Ein schwarzer Körper dagegen absorbiert alle drei Lichtfarben und reflektiert keine Anteile des sichtbaren Spektrums.

Bei einer gelben Banane wird Blau(-violett) als Komplementärfarbe, das ist die gegensätzliche Farbe auf dem Farbkreis, absorbiert. Dabei wirkt die Oberfläche der Banane wie ein gelber Farbfilter. Die beiden restlichen Farben Grün und Rot(-orange) werden reflektiert und in ihrer Mischung vom menschlichen Auge als gelb wahrgenommen.

Komplementärfarben sind in der Physik wie folgt definiert: Sie ergänzen sich additiv zu Weiß im vollen Spektrum.

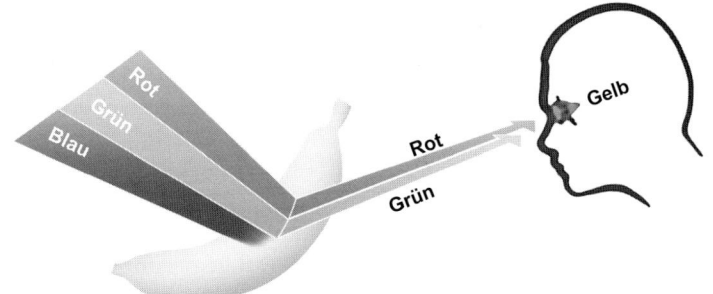

Abb. 14: Wahrnehmung der Körperfarbe Gelb (siehe auch Farbteil, Abb. 08)

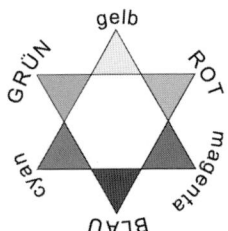

Abb. 15: Komplementärfarben auf dem Farbkreis (siehe auch Farbteil, Abb. 07)

Beim magentaroten Logo der Telekom (·T·) wird aus dem Spektrum des weißen Lichts die Komplementärfarbe Grün herausgefiltert und die beiden Lichtfarben Blau(-violett) und Rot(-orange) werden reflektiert und als magenta wahrgenommen.

Mischt man die Materialfarben Magenta (Blau + Rot) und Gelb (Grün + Rot) als Pigmentfarben, so entsteht Rot (-orange), weil Blau und Grün absorbiert werden und rotes Licht in beiden Fällen reflektiert wird. Es werden nur solche Strahlen reflektiert, die von keinem der beiden Ausgangspigmente absorbiert werden. Da nach dem Auftreffen des sichtbaren Lichts immer **weniger** Lichtanteile reflektiert werden, spricht man hier von einer **subtraktiven Mischung**.

Die Subtraktion der Lichtwellen bei der Farbmischung von Materialfarben bewirkt, dass die gemischten Farben dunkler sind als die Grundfarben. Bei der additiven Mischung sind die Mischfarben heller.

Im Printbereich werden aus den drei Materialfarben (C, M ,Y = Yellow) und Schwarz, hier **Prozessfarben** genannt, fast alle Farben erzeugt. Schwarz wird als vierte Farbe benötigt, weil die Körperfarben selten hundertprozentig rein sind und sich so kein tiefes, kräftiges Schwarz mischen lässt. Schwarz steht im Druck für die Tiefenzeichnung und wird mit K = Key (Schlüssel) bezeichnet, damit es keine Verwechslung mit B = Blue gibt. Auch Küppers hat diese als **Primärfarben** bevorzugt – nicht Blau, Rot und Gelb wie vor ihm u.a. Itten. Die Mischfarben, die sich aus den Primärfarben ergeben, heißen **Sekundärfarben**. Die Farben dritter Ordnung werden **Tertiärfarben** genannt.

Beim Mischen der Primärfarben ist zu berücksichtigen, dass nicht alle Farben die gleiche Intensität besitzen. Magenta wirkt sich beim Farbmischen am stärksten, Gelb am wenigsten aus. So entstehen bei der Mischung größere Sprünge im Gelbbereich. Hier hilft nur die Gleichabständigkeit der Farben empfindungsmäßig auszugleichen, indem wir z.B. mehr Gelb- als Magentaanteile einsetzen.

Die Reflexion der Farbe hat außerdem etwas mit der Körperoberfläche und der Eigenfarbe des Materials zu tun. Sind diese glatt und weiß, wird mehr Licht reflektiert; dadurch entsteht der Glanz. Auch eine genormte Farbe kann auf unterschiedlichen Trägermaterialien merklich variieren. Farbfächer im Print sind deshalb in Farben für gestrichene (veredelte Papiere mit glatter Oberfläche) und ungestrichene (z.B. Zeitungspapier) Papiere eingeteilt.

Die Farbdivision oder optische Farbmischung

Da bei der subtraktiven Farbmischung von Tertiärfarben eine Vergrauung eintritt, hatte sich in der Malerei eine Technik des Farbauftrags entwickelt, die subtile Farbnuancen ermöglicht. Eine Malschule, genannt „Divisionismus" oder „Pointilismus" – als Nachfolger des Impressionismus –, hat im 18. Jahrhundert die visuelle Mischung von Farbtupfen reiner Farbe erprobt. Bei ausreichendem Betrachtungsabstand zur Bildebene mischen sich die Farbtupfen und ergeben eine homogene Farbmischung (s. Farbteil, Abb. 10). Mit dieser Technik wurden farbintensive, leuchtende Bilder geschaffen.

Auch der Vierfarb-Offsetdruck basiert teilweise auf diesem Prinzip (s. Farbteil, Abb. 09), es kommen die subtraktive und optische Farbmischung zur Anwendung, auch autotypische Farbmischung genannt.

Die Speed-Mischung

Bereits Goethe hatte ein Schwungrad entwickelt, das eine zweifarbige Scheibe antrieb und bei ausreichender Drehgeschwindigkeit eine einfarbige Kreisfläche darstellte. Diese Speed-Mischung tritt auf, wenn ein kurzzeitiger Wechsel der Farbreize stattfindet, mindestens 18 Bilder pro Sekunde. Die Bewegung kann zirkulär, linear (wie beim Film), aber auch durch kurzzeitige Farbblitze (Lasershow) erfolgen.

Sekundärfarben bei subtraktiver Farbmischung:

Cyan + Magenta
= Blau(-violett)

Cyan + Yellow
= Grün

Magenta + Yellow
= Rot(-orange)

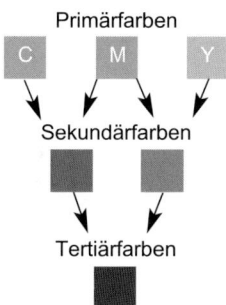

Abb. 16: Reihenfolge der Farbmischung

2.3 Farbordnung und Farbmodelle

*„Wie wir uns denn auch ein rötliches Grün, ein bläuliches Orange, oder
ein gelbliches Violett so wenig vorstellen können, als einen östlichen West,
oder einen südlichen Nord." Philipp Otto Runge*

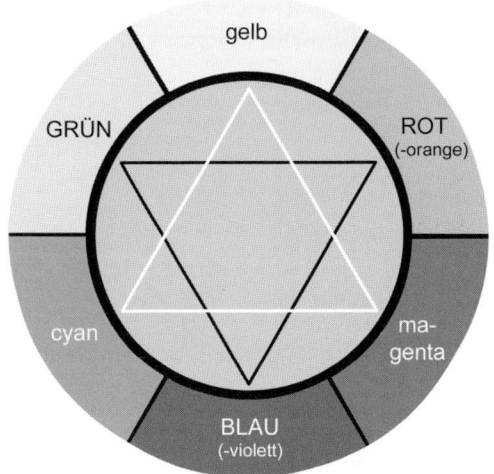

Die Farben einzuordnen und ihnen damit
Funktionen zu geben ist das Ziel vieler Künstler und Wissenschaftler gewesen.

Bereits Newton hatte sein lineares Farbspektrum zum Kreis geschlossen, aber es fehlte
das Bindeglied zwischen Rot und Blauviolett,
nämlich Magenta. Goethe hatte das Purpur
(Magenta) in seinen Farbkreis mitaufgenommen und anhand des Farbkreises Gesetzmäßigkeiten wie z.B. den Komplementärkontrast
studiert.

Bis heute ist der 6-teilige Farbkreis, erweitert zum 24-teiligen als einfachstes Farbordnungssystem überhaupt vorhanden.

Abb. 17:
6-teiliger Farbkreis
(siehe auch Farbteil,
Abb. 07)

B-2-04-M: 12-teiligen Farbkreis herstellen, ● Vorlage zum Ausdrucken auf CD-ROM. Den Tertiärfarben wurden der Einfachheit halber folgende Farbnamen gegeben: Orange, Gelbgrün, Blaugrün, Cyanblau, Violett, Magentarot (in Anlehnung an Küppers).
Material:
▪ Küppers Akademie Gouache-Farben von Schmincke, oder Caran d´Ache Farbkreiden
*▪ oder Farbpapiere in den sechs Primär- und Sekundärfarben, wobei die Zwischentöne mit
Farbschnipseln aus Zeitschriften collagiert werden (siehe auch Farbteil, Abb. 11).*

*B-2-05-C: 12-teiligen Farbkreis in FREEHAND oder PHOTOSHOP herstellen, im
CMYK- und RGB-Modus.*

Abb. 18: Farbkugel
von Runge

Da im Farbkreis viele Farben wie z.B. die Pastellfarben fehlen, war die Einführung eines zweiten Farbsystems notwendig. Der romantische Maler
Philipp Otto Runge, ein Zeitgenosse Goethes, hat die Farbkugel erfunden, die in der Mitte – auf dem „Äquator" – die bekannten zwölf reinbunten Farben aufweist und an die Pole der Kugel die unbunten Farben
Schwarz und Weiß setzt. So können die bunten Farben heller oder dunkler, mit Weiß oder mit Schwarz abgemischt werden oder in der horizontalen Achse mit unterschiedlichen Grautönen abgemischt ihre Sättigung
oder Intensität verlieren.

Es gibt eine große Anzahl von Farbklassifikationsmodellen, aber alle basieren letztlich auf demselben Grundprinzip.
„Die Systeme unterscheiden sich im Prinzip lediglich durch die Abstände der 6 Grundfarben zu schwarz und weiß." (Küppers)

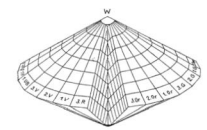

Zu nennen sind der Doppelkegel von Wilhelm Ostwald (1917), der Farbwürfel von Hickethier (1940) und der Rhomboeder (ein gestreckter Würfel, 1972) von Harald Küppers. Allen Farbsystemen gemeinsam ist, die Gesamtheit aller Farben in einen geordneten Zusammenhang zu stellen, um sie genau zu bezeichnen, aber auch um ihre Wirkungen daraus abzuleiten.

Abb. 19: Doppelkegel von Ostwald

Heute werden Farben vor allem über vier Modelle beschrieben:
- Das **CIE-System**, das 1931 von der Comission Internationale de l´Éclairage eingeführt wurde, um Farben geräteunabhängig und mathematisch exakt zu beschreiben. Eine Verfeinerung ist das neuere **CIELAB-System**. Es ist zum internationalen Standard für Farbreproduktion geworden, für die Farbgestaltung ist es ohne Bedeutung.

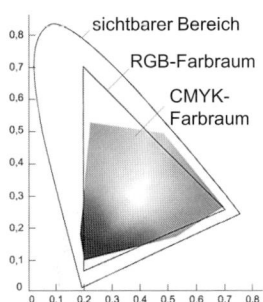

Abb. 20: CIEXYZ-System (siehe auch Farbteil, Abb. 01)

- Das HSB-Modell (Hue-Saturation-Brightness), es definiert die Farbwerte in der Farbreproduktion und -gestaltung (s.a. Farbteil, Abb. 14).

- Das **RGB-Modell** zur Bestimmung von Bildschirmfarben.

- Das **CMYK-Modell** als Standard der Druckindustrie. Für den Offsetdruck wird das Bild in der Druckvorstufe in seine vier Farben separiert und in jeweils unterschiedlich gewinkelte Raster umgesetzt.

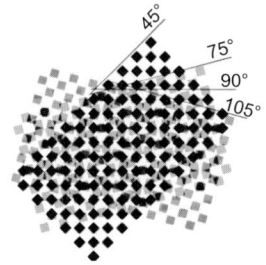

Abb. 21: Vierfarbdruck, Rasterwinkel (siehe auch Farbteil, Abb. 09)

Die exakte Bestimmung von Farben ist für ihre Reproduktion und Wiedergabe auf unterschiedlichen Systemen notwendig. Hier sind folgende Print- und Web-Farbsysteme (auch Farbfächer oder Würfel genannt) zu nennen:
- **HKS, Pantone**, auch Sonderfarben genannt. Für den Corporate-Design-Bereich sind sie als eindeutige Farbbestimmung für Logos verbreitet. Für den Vierfarbdruck werden sie in CMYK konvertiert. Im Web oder auf CD-ROM wird die Logofarbe in RGB dargestellt. Jede Konvertierung bringt allerdings Farbveränderungen mit sich.

- **Euro-Skala**, die für den Vierfarbdruck auf CMYK basiert.

- **Web-Farbpalette** mit 216 browserunabhängigen Farben.

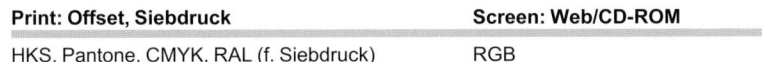

Print: Offset, Siebdruck	Screen: Web/CD-ROM
HKS, Pantone, CMYK, RAL (f. Siebdruck)	RGB

Abb. 22: HKS-Fächer

2.3.1 Die Web-Farbpalette

Ein Bit ist eine Informationseinheit, die zwei Zustände: „1" und „0" darstellt. 24-Bit stellen dann $2^{24} = 16.777.216$ Farben dar

Der Farbumfang der browserunabhängigen und damit websicheren Farbpalette beschränkt sich auf nur 216 Farben. Wie kommt das, wo wir im Designbereich doch größtenteils über leistungsstarke Monitore verfügen, die eine 24-Bit-Farbtiefe besitzen und 16,7 Millionen Farben darstellen?

Die Erklärung ist, dass bei den Standardusern eher 8-Bit-Farbmonitore verbreitet sind, die nur 2^8 (2 x 2 x 2 x 2 x 2 x 2 x 2 x 2), das sind 256 Farben, darstellen können. Hinzu kommt noch, dass es unterschiedliche Betriebssysteme (MAC, WIN, LINUX, UNIX) und Browser (NETSCAPE, INTERNET EXPLORER, OPERA) gibt, die einen gemeinsamen Nenner von **216 Kernfarben**, die sog. Web-Farbpalette verwenden.

Farbtiefe und Farbanzahl

Bit-Farbtiefe	1	2	3	4	8	16	24
Farbanzahl	2	4	8	16	256	65536	16,7 Mio.

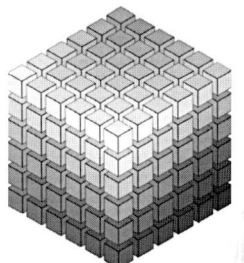

Abb. 23: RGB-Webfarbwürfel mit 216 Farben

Die Web-Farben wurden von Programmierern nach mathematischen, nicht nach wahrnehmungspsychologischen und gestalterischen Gesichtspunkten ausgewählt. Die 216 Kernfarben teilen sich linear auf die drei Grundfarben Rot, Grün und Blau auf. Jede Farbe besitzt sechs mögliche Werte (6 x 6 x 6 = 216), die in Hexadezimalzahlen angegeben werden. Computer rechnen nicht mit dem Dezimalsystem, sondern im 16er-Zahlen- und Buchstabensystem.

Dezimalwerte und ihre äquivalenten Hexadezimalwerte

Dez.	0	1	2	3	4	5	6	7	8	9	10	11	12	13	14	15
Hex.	0	1	2	3	4	5	6	7	8	9	A	B	C	D	E	F

Innerhalb der Web-Farbpalette kann ein Farbkanal die sechs Hexadezimalwerte 00, 33, 66, 99, CC und FF annehmen. Diese entsprechen folgenden RGB-Werten, die immer durch 51 teilbar und in 20-%-Schritte aufgeteilt sind:

Die sechs möglichen Werte für Rot, Grün und Blau

Hex.	00	33	66	99	CC	FF
%	0 %	20 %	40 %	60 %	80 %	100 %
RGB	0	51	102	153	204	255

Ein Farbton aus der Web-Farbpalette wird im RBG-Modus: Rot = 0, Grün = 255, Blau = 0 und im Hexadezimalcode: 00 FF 00 genannt und sieht, wie Sie sicher schon vermuten, grün aus.

Da die meisten Bildbearbeitungs-, Vektorprogramme und HTML-Editoren eine Web-Farbpalette (Web Safe Colors) anbieten, brauchen Sie sich im Normalfall um Umrechnungstabellen nicht zu kümmern. Dennoch ist ein Grundverständnis, z.B. bei der Fehlersuche im HTML-Quellcode, nützlich. Eine weitere Möglichkeit der Farbauswahl in HTML (für z.B. Textlinks oder Hintergrund) ist die Nutzung vorgegebener Farben. Folgende zehn sind browserunabhängig: Aqua, Black, Blue, Cyan, Fuchsia, Lime, Magenta, Red, White und Yellow.

Die Auffassungen zum Einsatz von Webfarben sind sehr unterschiedlich. So gehen manche Designer davon aus, dass ihre Zielgruppe sowieso über 24-Bit-Monitore und High-Speed-Datenübertragung verfügt und ihnen keine gestalterischen Grenzen gesetzt sind. Andere achten auf eine websichere Farbumgebung.

Checkliste für den Einsatz der Web-Farben:

- HTML-basierte Schemata: Hintergrundfarben, Text und Textlinks.
- Bilder mit fotografischen Anteilen werden als JPEGs gespeichert und nicht auf die Web-Farben reduziert. Nur bei GIFs (und PNGs) kommen websichere Farben, unterschiedliche Farbtiefen und Transparenz zum Zuge.
- Grafik mit einfarbigen Farbbereichen (flächige Grafik und Grafiktext) meist GIF.
- Logos und alle Corporate-Design-Elemente geben das Erscheinungsbild des Unternehmens in allen Medien und Browsern einheitlich wieder.
- Elemente, die in Abhängigkeit voneinander stehen, wie z.B. die Navigationsleiste als GIF und der Standardbrowsertext. So bleiben die Farben konsistent.
- Die Farbwiedergabe ist bei WINDOWS um 20 % dunkler als beim MAC. Das liegt an den unterschiedlichen Gamma-Voreinstellungswerten (für Helligkeit und Sättigung). MAC-User sollten dies beachten.

Bilder auf wenige Farben zu reduzieren, zu komprimieren und damit technisch zu optimieren ist eine wichtige Aufgabe im Webdesign, eine weitere ist die ästhetische Bild- und Farbwirkung in ein gestalterisches Gesamtkonzept wie z.B. bei Duplexbildern (Zweifarbbilder) zu integrieren.

GELB			
RGB	255	255	0
HEX	FF	FF	0
CMYK	0	0	100	0

GRÜN			
RGB	0	255	0
HEX	0	FF	0
CMYK	100	0	100	100

CYAN			
RGB	0	255	255
HEX	0	FF	FF
CMYK	100	0	0	0

ROT(-orange)			
RGB	255	0	0
HEX	FF	0	0
CMYK	0	100	100	0

BLAU(-violett)			
RGB	0	0	255
HEX	0	0	FF
CMYK	100	100	0	0

MAGENTA			
RGB	255	0	255
HEX	FF	0	FF
CMYK	0	100	0	0

Abb. 24: Die Acht Eckfarben des RGB-Würfels – miteingeschlossen sind Weiß und Schwarz (siehe auch Farbteil, Abb. 12)

B-2-06-C: Auf der CD-ROM ⏺ finden Sie das Layout einer Website. Färben Sie die Buttons so, dass sie sich gut voneinander unterscheiden. Berücksichtigen Sie, dass beim Bestätigen eines Buttons der Hintergrund dieselbe Farbe annimmt. Wählen Sie auch die Farbe des Textes so, dass ein harmonisches Gesamtbild entsteht.

2.3.2 Farbton/Sättigung/Helligkeit (HSB- oder HSV-Modell)

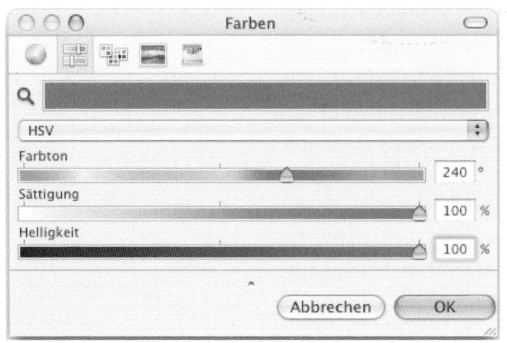

Das HSB-Modell basiert auf der menschlichen Farbwahrnehmung und stellt eine praktisch anzuwendende Methode zur Farbdefinition dar. Jeder Farbreiz ist mit drei Eigenschaften zu beschreiben, die als Farbqualität oder Farbwert unsere Farbempfindung bestimmen:

Der **Farbton (hue)** besteht aus den reinen Spektralfarben inkl. Magenta. Er wird auf dem HSB-Farbkreis über die Winkelangabe bestimmt: 0°=Rot, 60°=Gelb, 120°= Grün, 180° =Cyan, 240°=Blauviolett, 300°=Magenta.

Die **Farbsättigung (saturation)** ist auf die Stärke des Farbreizes zurückzuführen, sie bestimmt die Reinheit der Farbe. Im HSB-Modell ist ein Farbton bei 100 % hochgesättigt, bei weniger erscheint er schmutzig und getrübt. Nimmt man die Sättigung ganz auf 0 % zurück, hat man ein Graubild in der gleichen Helligkeit wie das Ausgangsfarbbild. Es ist zu berücksichtigen, dass die Anzeige der Sättigung von Programm zu Programm unterschiedlich sein kann. Bei manchen Programmen wird die Sättigung bei 0 % nicht Grau sondern Weiß angezeigt. In der Malerei wird die Sättigung verringert durch Beimischen von Weiß, Grau oder Schwarz.

Abb. 25: Farbwähler in PHOTOSHOP *(oben) mit der Voreinstellung: Allgemeine: Apple/Windows. Im Vergleich HSV-Farbmischer (unten) in* FREEHAND. *Hier liegt die normale Helligkeit bei 50 %.*

Die **Farbhelligkeit (brightness oder value)** wird zwischen 0 %= Schwarz, 50 %= normal leuchtender Farbton und 100 %=Weiß geregelt, von z.B. Hellblau über leuchtendes Blau zum Blauschwarz. Bei manchen Programmen wird bei 0 % Schwarz und bei 100 % die normale Helligkeit erreicht. Neben dieser von uns herbeigeführten Helligkeit hat jeder Farbton gleichzeitig eine „Eigenhelligkeit"; so ist Violett wesentlich dunkler als Gelb.

Die Bezeichnung HSB-Modell ist nicht durchgängig gebräuchlich, zu nennen sind außerdem das HSV- und HLS-Modell, die gleich oder ähnlich funktionieren.

! Bildschirmfarben sind leuchtend und transparent. Milchige Pastellfarben oder auch bestimmte Erdfarben sind allerdings weder auf dem Screen noch im Druck darzustellen. Nur mithilfe von Techniken, wie der Ölmalerei werden über das Beimischen von z.B. schwarzen oder weißen Pigmenten feine Nuancen und Materialität erzeugt.

Das HSB-Modell ist neben seiner Bedeutung als Farbmodell auch ein nützliches Tool zur Entwicklung von Farbpaletten. Machen Sie sich mit der Anwendung und Wirkungsweise der drei Farbvalenzen in der PHOTOSHOP-Übung am Ende des Kapitels vertraut.

2.4 Farbwirkungen

Farben beeinflussen unsere Gefühle und Stimmungen und schließen auch unsere Urteile und Handlungen mit ein. Denken wir nur daran, wie ein strahlend blauer Himmel unsere Morgenstimmung hebt und wir voller Tatendrang den Tag beginnen.

Farben beeinflussen unsere Gefühle und Stimmungen

Farben können Gegenstände scheinbar vergrößern, verkleinern oder schwerer erscheinen lassen. Die Gliederung der Farbwirkung hilft Ihnen, Farbe bewusst einzusetzen. Eine Tabelle als Arbeitsmittel steht am Ende des Kapitels.

- **Die physikalische Wirkung von Farben**

Das Remissionsvermögen von Farbstoffen wird z.B. eingesetzt, um sich mit weißer Kleidung vor der Sonneneinstrahlung zu schützen.

- **Die physio-psychologische Wirkung**

Zu diesen Wirkungen gehören: Überstrahlung, Sukzessivkontrast und Simultankontrast. Einen Überstrahlungseffekt haben wir beispielsweise bei weißer Schrift auf schwarzem Hintergrund. Hier wird die Lesbarkeit erschwert.

Beim Sukzessivkontrast wird ein Nachbild in der komplementären Farbe erzeugt. Das gilt auch für Schwarz und Weiß. Fixiert man z.B. ca. fünf Sekunden lang eine rote Fläche und schaut dann anschließend auf eine weiße Wand, sieht man ein helles Türkis. Der Farbton des Nachbildes ist immer gedämpfter als der objektiv wahrgenommene (siehe Farbteil, Abb. 15).

Abb. 26: Sukzessivkontrast: Grünes Herz

Da der **Simultankontrast** im Gegensatz zum Sukzessivkontrast von großer praxisorientierter Bedeutung ist, wird er im Kapitel 2.7 ausführlich behandelt. Kurz gesagt beschreibt er die Änderung eines Farbeindrucks durch die Beeinflussung der Nachbarfarbe.

- **Farbkonstanz**

Eine Farbe bleibt in unserer Erinnerung als „Originalfarbe" erhalten, auch wenn sich die Lichtverhältnisse ändern. So erkennen wir eine rote Jacke wieder, ob sie nun in der Sonne liegt oder in einer mit Kunstlicht beleuchteten Garderobe hängt. Diese Anpassungsleistung (Adaption) hat natürlich auch Grenzen, bei Nacht sind nun mal „alle Katzen grau", weil die farbempfindlichen Zapfen wegen Lichtmangel nicht mehr funktionieren.

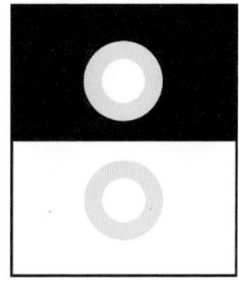

Abb. 27: Simultankontrast.
Die Helligkeit des grauen Kreises wird von seinem Umfeld beeinflusst. Oben wirkt er heller als unten.

- **Flimmereffekt (ähnlich zum Komplementärkontrast)**

Bei kleinteiligen Farbzusammenstellungen mit starkem Farbkontrast wird das Auge überreizt. Es kann sich nicht auf einen eindeutigen Eindruck festlegen, die Farben flimmern, manchmal entsteht eine scheinbare Bewegung (Op-Art).

- **Farbwirkung auf den Gesamtorganismus**

Befinden wir uns für eine bestimmte Zeit in einem roten Raum, erhöht sich unser Puls. Rot wird als warm, anregend und aktiv erlebt – Blau dagegen als kühl, dämpfend und beruhigend. In öffentlichen Einrichtungen, wie Schulen und Schwimmbädern, wird die Innenraumgestaltung mit Farbe bewusst beeinflusst; auch bei der ergonomischen Farbgestaltung am Arbeitsplatz sind reizarme und leistungssteigernde Farben wie z.B. wenige und helle Töne gefragt (siehe auch Farbteil, Abb. 16). Im Privatbereich bleibt die „Farbhygiene" dagegen eher dem Zufall überlassen.

- **Fern- und Nahwirkung: Lesbarkeit und Erkennbarkeit**

Gerade im Straßenverkehr kann es überlebensnotwendig sein, die Verkehrsschilder auch aus großer Distanz zu erkennen. Dabei wird die beste Fernwirkung nicht etwa vom größtmöglichen Helligkeitskontrast zwischen Schwarz und Weiß erzielt, sondern über Schwarz auf gelbem Grund. Die Fernwirkung von Farben hat verhaltensbiologische Ursprünge. Wir sind von Kindesbeinen darauf konditioniert worden.

Die Rangfolge in der Fernwirkung ist folgende:

Fernwirkung	Farbkombination
gut	Schwarz – Gelb, Schwarz – Weiß
mittel	Rot – Weiß, Blau – Weiß
schlecht	Rot – Gelb, Grün – Weiß, Rot – Grün

Was aus großer Distanz gut erkennbar ist, strengt beim Lesen aus der Nähe an. Das liegt am Signalcharakter von Schildern, diese werden nicht im eigentlichen Sinn gelesen, sondern die Zeichen werden lediglich kurz registriert (siehe auch Kap. 4.2. „Visuelle Zeichenarten"). Beim Lesen von längeren Textmengen schränkt Farbe die Lesegeschwindigkeit ein.

- **Synästhesie** *wichtig !*
(Farbe und Geruch/Geschmack/Tasten/Hören/Muskelsinn)
Die visuell wahrgenommene Farbe löst Empfindungen aus, die ein anderes Sinnesorgan ansprechen.

Die Parfümindustrie macht sich dieses Wissen im Packagedesign zunutze. Das Parfüm, das Sie benutzen, um sich frisch zu fühlen, ist eher türkis, grün oder blau als dunkelrot.

Jeder kennt die Sprüche „Das Auge isst mit, ohne gleich ein Gourmet zu sein" oder auch „Sauer macht lustig" und „Gelb ist die Farbe des Heiteren". In der Lebensmitteltechnologie werden Farbstoffe in ihrer geschmacksverstärkenden Wirkung eingesetzt. Im Gummibärtütchen ist beispielsweise Rot die häufigste Farbe, weil die roten Gummibärchen Kinder am meisten ansprechen.

Abb. 28: Würfel in Hellgrau und in Schwarz

Im Interiordesign werden Oberflächen, die glatt und kühl wirken sollen, eher in Blau oder Hellgrau angelegt. Farben wie Ocker, Gelb oder Beige wirken griffiger und erinnern an eine sandige Struktur.

Die Lichtchoreografie im Rockkonzert setzt auf Farbeffekte zur Intensivierung des Hörerlebnisses.

Eine schwarze bzw. dunkelfarbige Kiste wird schwerer empfunden als eine weiße bzw. helle Kiste. Farbe im Zusammenhang mit Gewicht spielt beim Verpackungsdesign keine unwesentliche Rolle.

www.lairware.com/pixeltoy

Synästhetische Wirkungen

Farbe	Geschmack	Geruch	Tastsinn	Hören	Muskelsinn
Gelb	sauer	säuerlich	glatt	schrill, hoch	leicht
Rot	süß	kräftig, erogen	fest	laut	mittelschwer
Grün	fruchtig	frisch	glatt	plätschernd	mittel bis leicht
Blau	wässrig	geruchlos	glatt	fern	relativ leicht
Violett	bitter	narkotisch	samtig	traurig, tief	schwer
Weiß	salzig	geruchlos	trocken	still	sehr leicht
Schwarz	tintig	muffig	hart	tief	sehr schwer

- **Farbe und Wirkung im Raum**

Das Rot ist nah und warm und kann sich bis zu heiß steigern, wenn es die erste Erfahrung mit dem Feuer oder der heißen Herdplatte ist.

Der blaue Himmel, das blaue Meer sind weit entfernt und wirken endlos. Gegenstände, die blau sind, sind schwerer im Gedächtnis zu behalten und zu beschreiben.

In der Gestaltung von Räumen ist Farbe ein wichtiges Mittel. Helle, durchsichtige, kühle Blau-grau-grün-Farben vergrößern beispielsweise den Raum. Eine Wand in warmen, aktiven und nah wirkenden Rot-orange-gelb-Tönen zu streichen, bedeutet sie näher zu bringen.

Wie wir sehen, steht der Nah-fern-Kontrast in Abhängigkeit zum Kalt-warm-Kontrast. Dies wird im folgenden Kapitel behandelt.

Grundsätzlich lässt sich sagen, dass auf dunklem Grund alle hellen Farben entsprechend ihrem Helligkeitsgrad nach vorne drängen und bei gleicher Helligkeit die wärmere Farbe vortritt.

2.4.1 Funktionale und formale Wirkungen

Signalfarben

Sicherheits- und Ordnungsfarben nach DIN 1818 werden bei Verkehrszeichen, aber auch in Fabriken eingesetzt.

Abb. 29: Verkehrsschild in Rot

Farbe	allg. Bedeutung	Anwendung
Gelb	Achtung, Gefahr	Vorfahrtsstraße, Verletzungsgefahr
Rot	Halt, Gefahr	Stoppschild, Notschalter
Grün	Sicherheit	Rechtsabbiegerpfeil, Geräte für erste Hilfe
Blau	Hinweis	Autobahnschild, Richtgeschwindigkeit
Weiß	Führung	Bodenmarkierung, Leitstreifen, Richtungspfeile

- **Farbe und Formwahrnehmung**

Bleiben wir bei den Sicherheitsfarben und schauen uns die dazugehörigen Grundformen an:

Sicherheitsfarben

Farbe	Form	RAL-Farbe
Gelb	Dreieck	RAL 1004
Rot	Kreis	RAL 3000
Grün	Quadrat	RAL 6001
Blau	Rechteck	RAL 5010

Diese pragmatische Zuordnung hilft bei der Orientierung im Straßenverkehr, aber bringt sie auch etwas für die Farbgestaltung von Formen, z.B. Buttons im Screendesign? Eher weniger, da ein eindeutiger und sinngebender Zusammenhang zwischen Farbe und Form fehlt. Außerdem ist die Farbe immer dominanter als die Form, d.h., wir nehmen zuerst die Farbe wahr, erst später die Form.

Ein eindeutiger und sinngebender Zusammenhang zwischen Farbe und Form fehlt

Dennoch haben sich die Künstler und Pädagogen Kandinsky, Itten und Schlemmer bereits im Bauhaus (das 20. Jahrhundert prägende Design-, Kunst- und Architekturhochschule von 1919-1933) mit der Frage nach der Form-Farbe-Beziehung beschäftigt. Übereinstimmung gab es darin, dass Gelb zum Dreieck gehört, dann gingen die Meinungen allerdings auseinander.

Der Maler Henri Matisse hat sich über die Farbe in der abstrakten Malerei folgendermaßen geäußert: „Malen heißt nicht Formen färben, sondern Farben formen."

2.5 Farbempfindung und Anmutung der Farbe

*„Im Allgemeinen ist also Farbe ein Mittel, einen direkten Einfluss
auf die Seele auszuüben." Wassily Kandinsky*

Über die funktionalen Wirkungen hinaus sprechen Farben unsere urei-
gensten Gefühle an. Jeder Farbreiz löst in uns Empfindungen aus, sei es
auch unbewusst. Im viel zitierten Ausspruch von Paul Klee: „Ich und die
Farbe sind eins. Ich bin der Maler.", drückt sich die Einheit zwischen see-
lischer Innenwelt und Farbempfindung aus. Jeder von uns kennt die Verbindung zwischen der Farbwahrnehmung und gewissen Vorstellungen
oder Erlebnissen, die sicher bei jedem individuell besetzt sind.

Als Kind löste der Anblick eines weißen Kittels ein Gefühl des Unbehagens in uns aus; deshalb tragen Kinderärzte keine codierte Arbeitsklei-
dung. Erinnern wir uns daran, dass das Licht die Mutter aller Farben ist
und wie unsere Stimmung an sonnigen Tagen steigt und an dunklen, reg-
nerischen Tagen sinkt.

Der Ausdrucksgehalt von Farbe wird einerseits durch allgemeine wahrnehmungspsychologische und anderseits durch
ganz individuelle Assoziationen verursacht. Außerdem spielen überlieferte Symboldeutungen noch immer eine Rolle
(z.B. Rot für Liebe) und zudem ist das Farberleben im Unbe-
wussten angesiedelt.

Stimmungen werden häufig mit Farben umschrieben:
„Die Welt durch eine rosarote Brille sehen", „schwarz sehen",
„rot vor Wut anlaufen", „sich grün und blau ärgern". Fallen
Ihnen noch mehr Sprüche ein?

Bei all diesen Launen und Stimmungen, die über Farben
umschrieben werden, fällt auf, dass Farben Position beziehen.
Hier wird keine „Schönfärberei" betrieben, sondern eher polarisiert. Nur
die „graue Maus" gibt sich bescheiden und ein Neutralgrau passt zu allen
Farben. Bereits Goethe hat ein Schema von Plus- und Minuspolaritäten
entwickelt, das Licht und Schatten, Kraft und Schwäche den Farben Gelb
und Blau(-violett) zuordnet. Psychologen wie auch Farbwissenschaftler
haben sich um Modelle zur Kategorisierung der Farbstimmungen
bemüht.

In folgender Übung werden wir Stimmungen, die jeder von uns hat, in
Farbcollagen umsetzen. Nur wenn wir unser eigenes Farbgefühl ausdrücken lernen, werden wir auch im zweiten Schritt allgemeinere Vorgaben meistern.

{ + }
Gelb
Wirkung
Licht
Hell
Kraft
Wärme
Nähe
Abstoßen

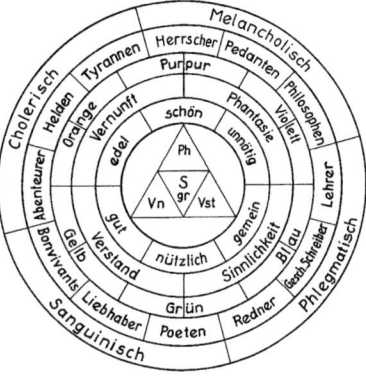

{ - }
Blau
Beraubung
Schatten
Dunkel
Schwäche
Kälte
Ferne
Anziehen

*Abb. 30: Die Seelenkräfte
nach Goethe*

 B-2-07-M: Stimmungen in Farbcollagen umsetzen

1. „Gut drauf sein"

   Alles ist wunderbar, toll und echt super. Ich fühl´ mich sauwohl.

2. „Voll relaxed"

Ich bin entspannt. Hab´s mir gemütlich gemacht. Lass den Tag locker angehen.
Wohl fühlen ist angesagt.

3. „Alles nervt"

Bin ausgepowert und groggy und hab trotzdem nicht viel geschafft. Zeit vertrödelt.
Will allein sein und brauch meine Ruhe.

4. „Krieg nichts mehr gepeilt"

Fühl´ mich so neben mir, fast benommen. Bin verwirrt und fühl mich
überhaupt missverstanden.

Setzen Sie Ihre Stimmungen mithilfe eines Stapels bunt bebilderter Zeitschriften in vier Qua-
draten auf dem *Arbeitsblatt um. Nehmen Sie Farbflächen und versuchen Sie auf erkenn-*
bare Motive zu verzichten.

Was ist dabei herausgekommen? Sind Ihre Farbfelder so unterschiedlich
wie die beschriebenen Stimmungen oder sieht alles irgendwie ähnlich
aus? Nur Mut und bei der nächsten Übung geht es noch besser: Ein Meister fällt nicht vom Himmel (siehe auch Farbteil, Abb. 19 und 20).

B-2-08-M: Visualisieren Sie die Zustände: 1. Wärme, 2. Kälte, 3. Frische, 4. Reife

In der nächsten Übung kommen wir zu den Geschmackswelten
(nach Küthe), die uns schon langsam in Richtung „Moodcharts"
führen. Moodcharts sind Stimmungs- bzw. Geschmacksfarbcollagen,
die in der Entwicklungsphase von Werbestrategien aber auch Multime-
diaprojekten zur ersten Bestimmung der visuellen Grundidee eingesetzt
werden.

B-2-09-M: In dieser Übung setzen Sie bitte folgende Geschmackswelten in Farb-
collagen um und nehmen dieses Mal auch Formen und Motive dazu. Aber das Hauptaugen-
merk soll immer noch auf der Farbgebung liegen.

1. das Technische   2. das Fortschrittliche
3. das Jugendliche   4. das Elegante
5. das Traditionelle   6. das Romantische

Und falls Sie Lust und Zeit haben, geht´s weiter mit:
1. das Extravagante   2. das Natürliche
3. das Billige, Wertlose   4. das Teure, Kostbare
5. das Nostalgische   6. das Rustikale

Wir verzichten auf die ausführliche Beschreibung der Farben und der
korrespondierenden Farbempfindungen und beschränken uns auf eine
Übersichtstabelle, die mehrere Aspekte zusammenfasst. Farbdesignbei-
spiele im Internet bieten außerdem Anschauungsmaterial.

Eines sollte man allerdings berücksichtigen: Die Farbempfindung ist immer vom Kontext abhängig. In guter Stimmung ein vollmundiges Glas Wein mit einem kräftigen Bukett genießen, wirkt vollkommen anders als dieselbe Farbe bei einem Bluterguss. Anziehung und Abstoßung sind bei ein und derselben Farbe vom Kontext abhängig.

Beim Webdesign entscheidet die Auswahl der Hintergrundfarbe über die Gesamtanmutung der Site. Anders als im Print ist sie erstens kein Kostenfaktor und zweitens die einfachste Möglichkeit sich von der Konkurrenz abzusetzen.

Beispiele von Websites in den Hintergrundfarben:

Gelb
ⓖ *www.yellostrom.de*

Orange
ⓖ *www.valensina.de*

Rot
ⓖ *www.eon.de*

Violett
ⓖ *www.milka.de*

Blau
ⓖ *www.nivea.com*

Grün
ⓖ *www.knorr.com*

Weiß
ⓖ *www.bree.com*

Grau
ⓖ *www.aperto.de*

Schwarz
ⓖ *www.mini.com*

Abb. 31: Landschaft als Farbübung

B-2-10-T: Max. 4 TN, Landschaft aus vier vorgegebenen Papierschablonen wird in unterschiedlichen Farben angelegt. Welche Stimmungen werden vermittelt? Finden Sie Attribute oder erzählen Sie kleine Geschichten.

B-2-11-C: Dieselbe Übg.-Mac/PC, in PHOTOSHOP oder FREEHAND werden vier Umrisslinienfiguren zu einer Landschaft zusammengesetzt und mit Farben gefüllt.

Farbempfindung und Farbsymbolik

Farbe	psychologische Wirkung	traditionelles	aktuelles Symbol
Gelb	spontan, heiter, extravertiert	Neid, Optimismus	Kommunikation
Rot	erregend, aktiv, herausfordernd	Begierde, Liebe, Macht	Leidenschaft
Grün	lebensfroh, natürlich	Hoffnung, Geist	Natur, Umwelt
Blau	vernünftig, sehnsüchtig, fern	Treue	Verstand, funktional
Violett	eitel, statisch, introvertiert	Kirche, Magie, Macht	Kirche
Weiß	einfach, gut, realitätsfern	Unschuld	Sauberkeit
Schwarz	pessimistisch, abgrenzend	Tod, Trauer	Distanz, Eleganz
Gold	blendend	Glück, Reichtum	Reichtum, Angeberei
Silber	kühl	Mond	Schnelligkeit, Eleganz

2.6 Farbsymbolik und Farbmarketing

Die Farben, die uns in der Natur umgeben, haben unser Farberleben seit Menschheitsgedenken nachhaltig geprägt. „Grün ist die Hoffnung" drückt nach hartem Winter die Sehnsucht nach der wiederkehrenden Fruchtbarkeit aus. Grün ist die Symbolfarbe des Lebens schlechthin.

Solche archaischen Symbolbildungen der Menschheit spiegeln sich heute in Religion, Kultur und Gesellschaft wider. Was im Mittelalter gleichnishaft genormt war, bricht in der heutigen Zeit immer mehr auf und wird uneindeutig. Allerdings ist im Zeitalter der Massenmedien eine Angleichung der nationalen symbolischen Unterschiede zu beobachten, sodass sich der Symbolschatz zwar verkleinert, aber international verständlicher wird. Ob es zu begrüßen ist, dass Kulturen ihre Symbole und damit ein Stück ihrer Identität mehr und mehr verlieren, ist eine andere Frage. Bis heute haben wir in unserem christlichen Kulturkreis immer noch starke und eigenständige Symbolfarben, wie z.B. das Weiß der Unschuld, Reinheit, der politischen Kapitulation und der kirchlichen Trauung. In Asien ist Weiß die traditionelle Trauerfarbe und die Eskimos haben kein Wort für weiß, dafür um die 40 Wörter für Schnee und Eis, von denen es in der Eskimowelt ja reichlich gibt.

> Farben vermitteln Kulturen und sozialen Gemeinschaften ein Stück Identität

Doch bleiben wir in unserem eigenen Umfeld und fragen uns, wo die Farbauswahl im Alltag eine Rolle spielt. Beim Autokauf, bei der Tapetenwahl und bei vielen jeden Tag von neuem beim eigenen Outfit. Zu Goethes Zeiten hätten wir da nicht die Qual der Wahl gehabt. Dessen persönliche Farbtypberatung bringt die Farbforscherin Eva Heller provozierend auf den Nenner: „Gedeckt = gediegen = geschmackvoll – das ist die deutsche Modeformel", und sieht bis heute Goethes Einfluss im Dresscode der seriösen Arbeitswelt. Zum Glück bringen immer neue Trends Farbe ins Leben, sodass der Farb-Zeitgeist sich ständig wandelt. Meistens sind es Farbkompositionen wie z.B. das Violett-Rot-Orange-Gelb-Braun-Schwarz der Hippies oder die grellen, kontrastreichen, fluoreszierenden Silber-goldmetallic-Farbeffekte der Technoszene. Diese Trendfarben haben eines gemeinsam: Sie sind kurzlebig. Nicht so die nationalen „Lieblingsfarben".

Heller hat vor gut zehn Jahren eine repräsentative Befragung durchgeführt und diese kürzlich wiederholt, mit dem Ergebnis, dass Blau auf Platz eins geblieben ist, Rot ist von Platz zwei auf Platz drei gerutscht und hat dem ehemals an dritter Stelle stehenden Grün den Vortritt überlassen. Schwarz blieb auf Platz vier und die restlichen Lieblingsfarben haben sich neu geordnet. Bei den unbeliebten Farben ist Braun ebenfalls auf Platz eins geblieben (siehe auch Farbteil, Abb. 17 und 18).

Lieblingsfarben und unbeliebte Farben der Deutschen, nach Eva Heller, 2000

Farbkriterium	Platz 1	Platz 2	Platz 3	Platz 4	Platz 5	Platz 6
Lieblingsfarben	Blau	Grün	Rot	Schwarz	Gelb	Violett
Unbeliebte Farben	Braun	Rosa	Grau	Violett	Orange	Gelb

Als statistischer Mittelwert der Farbvorlieben der Deutschen kann die Farbverteilung Aussagen über generelle Stimmungen machen, als Arbeitsrichtlinie für das Farbdesign ist eine zielgruppengenaue Farbbestimmung nötig und die besteht aus Farbpaletten und nicht aus einer monochromen Farbe.

- **Farbmarketing**
  „Farbe ist inzwischen DAS Mittel zur Individualisierung." Küthe/Venn

Nicht nur der Einzelne will aus der grauen Masse hervortreten, gerade Unternehmen legen großen Wert auf ihre Logo- und Hausfarbe. Sie ist einer der Faktoren der Unternehmensidentität, der **Corporate Identity (CI)**. Das Markenprodukt soll wiedererkannt und gekauft werden. Farbe hilft verkaufen, ist eine Binsenweisheit, die noch immer Gültigkeit hat. Was aber wird verkauft und an wen? Die farbenfrohe Inneneinrichtung für Teenager, das kleine Schwarze für die Abendgesellschaft oder das **Corporate Design (CD)** für den Baumarkt? Wir sehen, dass wir zuerst ein genaues Briefing im Sinne einer kurzen und prägnanten Aufgabenbeschreibung benötigen, um Farbvorschläge machen zu können.

Abb. 32: Kinder lieben bunte Farben

Ein paar allgemeine Regeln sind im Folgenden zusammengefasst:
- Leuchtend bunte Farben wirken billig, außer bei Kinderartikeln.
- Gedämpfte Farben in Verbindung mit Schwarz, Silber, Gold lassen ein Produkt wertvoll erscheinen.
- Für langlebige Produkte eignen sich eher neutrale, zurückhaltende Farben.

Bei farbigen Stoffen, die wir mit unserer Haut in Berührung bringen, akzeptieren wir, wenn überhaupt, nur zarte Farbtöne. Hautpflegeprodukte für fettige Haut sind eher grün, blau oder türkis; für trockene Haut, der Nährstoffe zugeführt werden sollen, nimmt man gern warme Farben wie z.B. Apricot. Eine After-Sun-Lotion soll kühlen, also empfiehlt es sich, kalte und beruhigende Farben wie ein zartes Blau zu nehmen oder ein Weiß. Das altgriechische „Nivea" bedeutet übersetzt „schneeweiß" und die Farbe Weiß steht für Reinheit, Frische und Schönheit.

Abb. 33: Welche Farbe hat diese Dose?

Beim Farbmarketing geht es auch häufig um die Entwicklung von Farbpaletten zur Differenzierung von Produktreihen, aber auch um Orientierungshilfe bei der Auswahl der vielen angebotenen Features. Die Farbzusammenstellung wird im folgenden Kapitel behandelt.

B-2-12-T: Analyse von Farbe in Werbeanzeigen als Teamarbeit. Sammeln Sie zuerst wahllos farbige Anzeigen aus Zeitschriften. Bilden Sie dann im Team Kriterien für die Farbkategorien z.B. grellbunte Farbgebung, Pastelltöne, Erdtöne etc. Ordnen Sie die Anzeigen den Kategorien zu und benennen Sie die Wirkungen, z.B. Pastelltöne = zart, weich, sanft. Zuletzt sind noch die Produkt- bzw. Dienstleistungssparten wie z.B. Kosmetik, neue Medien etc. zu nennen. Setzen Sie Ihre Analyse als Tabelle um und präsentieren Sie Ihr Untersuchungsergebnis vor der Gruppe.

2.7 Das Zusammenspiel der Farben: Farbkontraste und Farbharmonien

„Von Kontrast spricht man, wenn zwischen zwei zu vergleichenden Farbwirkungen deutliche Unterschiede oder Intervalle festzustellen sind." Itten

Die Farbkontraste kennen zu lernen und anzuwenden ist für den Gestalter wie ein Türöffner zum praktischen Umgang mit den Farben. Farben beeinflussen sich gegenseitig, stehen in großer Wechselwirkung zum Umfeld. Sie verhalten sich oft geradezu widerspenstig – fangen z.B. an zu flimmern, wenn sie sich im Komplementärkontrast zueinander befinden. Mit dem Wissen um die Farbkontraste und der Sensibilisierung für Farbwirkungen können Sie die Wechselwirkungen der Farben besser einschätzen und in der Gestaltung berücksichtigen.

Können Sie sich an den Farbunterricht in Ihrer Schulzeit erinnern? Wohl jeder von uns hat sich mit den Farbkontrasten: hell-dunkel, warm-kalt etc. befasst und dafür ist Johannes Itten verantwortlich, der seine Farblehre in den 20er-Jahren am Bauhaus institutionalisierte. Sie hat noch heute Gültigkeit, trotz vieler Anfechtungen. Allerdings haben wir für die nachfolgenden Erläuterungen nicht Ittens Farbkreis, sondern den

Die sieben Farbkontraste   mathematisch korrekten von Küppers gewählt.

1. Farbe-an-sich-Kontrast (Buntkontrast und Unbuntkontrast)
2. Der Hell-dunkel-Kontrast (Helligkeitskontrast)
3. Der Kalt-warm-Kontrast (Nah-fern-Kontrast)
4. Der Komplementär-Kontrast (Ergänzungskontrast)
5. Der Simultan-Kontrast (Gleichzeitigkeitskontrast)
6. Der Qualitäts-Kontrast (Intensitätskontrast, Sättigungskontrast)
7. Der Quantitäts-Kontrast (Mengenkontrast)

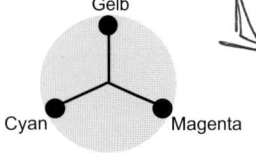

Abb. 34: Farbe-an-sich Kontrast als Dreiklang

1. Farbe-an-sich-Kontrast (Buntkontrast und Unbuntkontrast)
Beim Buntkontrast entsteht eine lebendige Wirkung, da drei oder mehrere reine Farben unmittelbar zusammentreffen. Ein stark ausgeprägter Buntkontrast ist bei Gelb-Rot-Blau vorhanden. Durch seine Auffälligkeit eignet er sich gut für Flaggen, Fahnen und Signale. Seine direkte und unkomplizierte Ausstrahlung nutzt die Folklore, aber auch die Kunst der Pop-Art. Der Unbuntkontrast ist eine Erweiterung des Buntkontrastes um Schwarz und Weiß. Seine besonders hohe Auffälligkeit wird bei Signalen wie z.B. Gefahrenschildern in Schwarz-Gelb genutzt. Er entsteht dadurch, dass auf der Netzhaut abwechselnd die beiden konträren Rezeptoren gereizt werden: die Zäpfchen (Buntempfänger) und die Stäbchen (s/w-Empfänger).

Abb. 35: Andy Warhol, Ten-foot Flowers, 1967

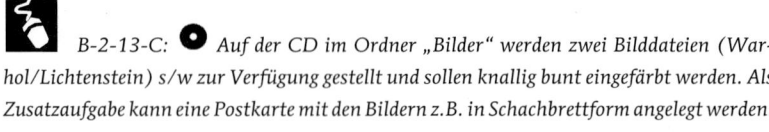

B-2-13-C: ● *Auf der CD im Ordner „Bilder" werden zwei Bilddateien (Warhol/Lichtenstein) s/w zur Verfügung gestellt und sollen knallig bunt eingefärbt werden. Als Zusatzaufgabe kann eine Postkarte mit den Bildern z.B. in Schachbrettform angelegt werden.*

2. Der Hell-dunkel-Kontrast (Helligkeitskontrast)

Der Hell-dunkel-Kontrast ist ein optischer Primärkontrast, der wesentlich zur Spannung im Bild beiträgt. Raum, wie wir ihn erleben, wäre ohne ihn undenkbar, da räumliche Wirkung oft über Verläufe und Schatten mittels Schwarzbeimischung erzeugt wird.

Dreidimensionalität wird erst durch den Hell-dunkel-Kontrast anschaulich

Ohne den Helligkeitskontrast entsteht bei Kombinationen an den Grenzen der Farben eine Flimmerwirkung. Die Farben haben auch eine Eigenhelligkeit, so bilden Violettblau und Gelb den grössten Hell-dunkel-Kontrast. Je größer der Helligkeitskontrast ist, desto mehr verliert die beeinflusste Farbe an Farbigkeit, wenn sie als kleine Figur auf großflächigem Hintergrund erscheint, wie z.B. ein schmaler violetter Streifen auf einer gelben Fläche sehr dunkel wirkt. Seine Anmutungstendenz ist ruhig, geordnet und entspannt. Er eignet sich gut für die Abstufung von Prioritäten, wie sie oft im Screendesign benötigt werden.

B-2-14-M: Legen Sie einen Farbkeil über neun Stufen an: von Schwarz über einen gesättigten Farbton bis zu Weiß. Danach stellen Sie einen Würfel mithilfe einer Farbcollage dar (siehe auch Farbteil, Abb. 22 und 24).

3. Der Kalt-warm-Kontrast (Nah-fern-Kontrast)

Dieser Farbkontrast beruht zum einen auf subjektiven Temperaturempfindungen, zum anderen auf räumlich-geometrischen Vorstellungen. Die Farben Gelb über Gelborange bis Magentarot werden im Allgemeinen als warm und gleichzeitig nah bezeichnet. Die Farben Violettblau über Cyan bis Grün werden dagegen als kalte und ferne Farben eingestuft. Die weit entferntesten Pole bilden jedoch (Orange-)rot und Cyan.

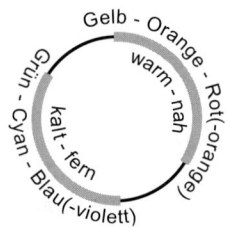

Abb. 36: Kalt-warm-Kontrast

Perspektivische Wirkungen sind mit diesem Kontrast leicht zu erzielen: Entferntes ist kälter – Nahes wärmer in der Farbgebung anzulegen. Kalt-warm-Klänge aus wärmeren und kälteren Komponenten eines Farbtons wie z.B. Rotviolett-Blauviolett-Cyan wirken intensiv, aktivierend und bewegt. Diese Farbspannung hat einen Aufforderungscharakter, der sich gut für Themen wie Sport und Internet-Shopping eignet.

B-2-15-C: Fotos, die im Duplexverfahren (zwei-Sonderfarbendruck) dargestellt werden wie z.B. bei alten bräunlich schwarzen Fotos haben einen besonderen atmosphärischen Reiz. Setzen Sie Fotos über den Modus „Duplex" in eine warme (z.B. orange-blau) und eine kalte (z.B. blau-schwarz) Farbstimmung um.

4. Der Komplementär-Kontrast

Farben, die in einer Komplementärbeziehung stehen, bilden ein besonderes Harmonieverhältnis, da sie sich gegenseitig in ihrer Farbintensität

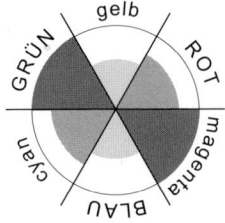

Abb. 37: Komplementär-Kontrast

steigern. Sie befinden sich in einem Gleichgewicht der Kräfte, das zwar stabil ist, aber gleichzeitig unruhig vibriert. Komplementäre Paare stehen sich auf dem Farbkreis gegenüber. In der Malerei gilt auch die Definition, dass sich zwei komplementäre Farben zu einem neutralen Grau ausmischen lassen. Die stärkste Kontrastwirkung haben Magenta und Grün, da sie gleich hell sind. In der Gestaltung ist dieser Kontrast ein Eyecatcher, der sich schnell verbraucht, wenn er nicht mit Mischfarben „augenschonend" gemildert wird.

B-2-16-C: *Komplementär-Kontrast in* Photoshop: *Verlauf von Grün nach Magenta in RGB anlegen und dann in Graustufen-Modus umwandeln.*

5. Der Simultan-Kontrast

Bei Grauwerten:

Der Simultankontrast ist neben dem Sukzessivkontrast der einzige Kontrast, der auch in der Hell-dunkel-Wahrnehmung Bestand hat. Hier wirkt er zum einen als Flächenkontrast, zum anderen als Randkontrast. Im Beispiel unten sind alle Innenquadrate in 20 % Grau angelegt, wirken aber unterschiedlich hell durch die Beeinflussung des Hintergrunds.

Bei Farben:

Unser Auge fordert zu einer gegebenen Farbe (gleichzeitig) deren Komplementärfarbe. Betrachten wir einen roten Balken einmal auf einer orangefarbenen, dann auf einer violetten Fläche, so haben wir den Eindruck, dass Rot im orangefarbenen Feld dunkler und bläulicher ist (siehe auch Farbteil, Abb. 21). Gleiche Farben können auf unterschiedlichen Farben verändert erscheinen. Helle Farben auf gesättigten Hintergrundflächen haben den stärksten simultanen Effekt. Simultankontraste werden meist nur unbewusst wahrgenommen, spielen aber auch im Schwarz-Weiß-Bereich eine entscheidende Rolle. Der Simultankontrast gilt neben dem Komplementärkontrast als wichtigster Beeinflussungsfaktor im Zusammenspiel der Farben.

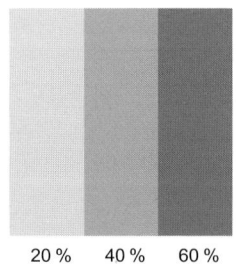

20 %　　40 %　　60 %

Abb. 38: Simultankontrast als Randkontrast. Wir nehmen am Rand zur nächst dunkleren Tonwertstufe einen Rillenefekt wahr. Der simultane Helligkeitskontrast wird zum Randkontrast.

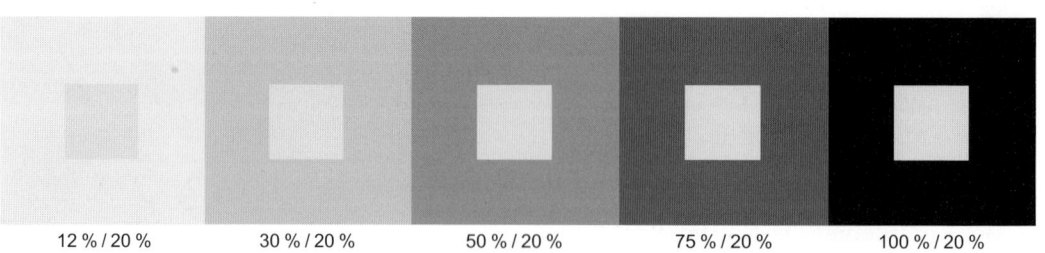

12 % / 20 %　　　30 % / 20 %　　　50 % / 20 %　　　75 % / 20 %　　　100 % / 20 %

Abb. 39: Simultankontrast als Flächenkontrast

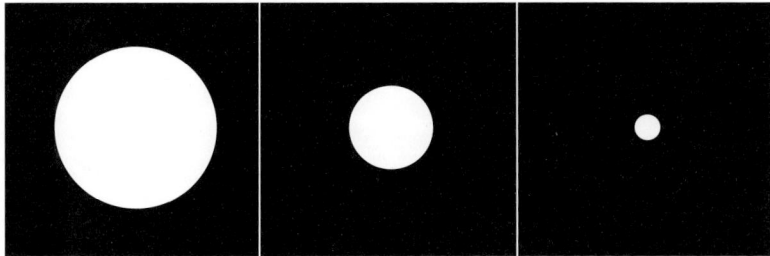

Abb. 40: Simultankontrast mit Überstrahlungseffekt. Der weiße Kreis in der Abbildung oben wirkt heller, wenn er am kleinsten ist. Der Überstrahlungseffekt (Irradiation) besagt, dass je größer der Schwarzanteil im Verhältnis zum Weißanteil ist, das Weiß desto heller erscheint.

6. Der Qualitäts-Kontrast (Intensitätskontrast)

Als Qualitäts-Kontrast bezeichnen wir den Gegensatz von gesättigten, reinen und leuchtenden Farben zu ungesättigten, getrübten Farben. Am klarsten stellt sich der Qualitätskontrast dar, wenn der reinen Farbe Grau oder die Komplementärfarbe beigemischt wird. Bricht man die Farben mit Weiß oder Grau, werden sie zwar auch getrübt, aber der entstehende Helligkeitskontrast lenkt vom Qualitätskontrast ab. Für die Arbeit am Screen bedeutet das, dass Sie die Sättigung von 100 % auf z.B. 60 % reduzieren und nicht die Helligkeit verringern oder vergrößern.

Sieht ein Gestaltungskonzept den Einsatz von stumpfen, vergrauten Farbtönen vor, so können diese durch ein paar leuchtende, reine Farben belebt werden.

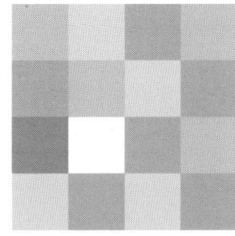

Abb. 41: Der Qualitäts-Kontrast verstärkt die Leuchtkraft der reinen Farben

7. Der Quantitäts-Kontrast (Mengenkontrast)

Der Quantitäts-Kontrast bezieht sich auf die Größenverhältnisse von Farbflächen und deren Leuchtkraft. Wenn man gleich große Farbflächen zusammenstellt, dann treten einige Farben in den Vordergrund, wie z.B. Gelb, und andere treten zurück, wie z.B. Violett. Bei Bestimmung von Farbquantitäten sind zwei Kriterien anzulegen:
1. die Leuchtkraft
2. die Größe der Farbflächen

Als Faustregel für den Größenvergleich der Farbgewichte gelten bis heute die Maßzahlen, die schon Goethe bestimmt hat. Das dreimal stärkere Gelb muss also eine dreimal kleinere Fläche einnehmen, als das komplementäre Violett.

Addiert man jeweils die Werte der komplementären Farbpaare, so erhält man jedesmal den Wert 12:

Gelb + Violett-blau = 3 + 9 = 12
Orange-rot + Cyan = 4 + 8 = 12
Magenta + Grün = 6 + 6 = 12

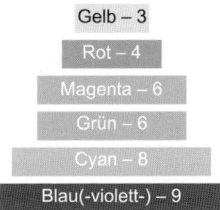

Abb. 42: Quantitäts-Kontrast

In diesen Proportionen bildet der Qualitätskontrast statische Harmonien. Setzt man eine intensive Farbe nur punktuell ein, da wo es wichtig ist, spricht man von einer Signalwirkung.

B-2-17-C: *Stellen Sie die Bundesländer auf der Deutschlandkarte* ● *auf CD-ROM in helligkeitsgleichen Farbtönen dar, sodass kein Land hervortritt.*

Farbharmonien

In der Vergangenheit spielten die Harmoniegesetze bei der Bildgestaltung eine große Rolle. Denken wir an den „goldenen Schnitt", der das Flächenverhältnis 5 : 8 als optimale Proportionsregel vermittelt. Regeln für die gute Gestalt sind immer dem Zeitgeschmack unterworfen und dieser kann sich bekanntlich ändern. Aber es gibt auch immer einen „Urcode", der in westlichen Kulturen griechische Statuen schön erscheinen lässt und kulturübergreifend die Farbe Gelb mit der Sonne in Verbindung bringt.

- **Farbharmonien und Color-Coding**

Farbharmonien sind ausbalancierte Farbverhältnisse.

Farbharmonien sind ausbalancierte Farbverhältnisse. Sie beruhen auf Gesetzmäßigkeiten, die gemeinsame Nenner voraussetzen wie Helligkeit und Sättigung bei der Ton-in-Ton-Farbgebung oder die Farbreinheit wie beim Dreiklang Gelb-Rot-Grün. In der Vergangenheit wurden Farbharmonien stets aus Ordnungssystemen wie dem Farbkreis, Farbwürfel und Farbrhomboeder entwickelt, um diese mathematisch festzulegen. Küppers bringt es auf den Punkt: „Harmonie ist Ordnung." Ohne Zweifel basieren Farbsysteme, wie sie beim Color-Coding benötigt werden, auf stringenten und eindeutigen Farbordnungen. Color-Coding bezeichnet das Kennzeichnen von Sachverhalten oder Funktionen mithilfe von Farben. So werden auf einem U-Bahn-Plan die einzelnen Linien mit unterschiedlichen Farben angelegt und dadurch eindeutig farblich codiert . (Zu Color-Coding siehe auch Farbteil, Abb. 25, 26, 27 und 30)

- **Statische und dynamische Farbharmonien**

Es gibt allerdings auch den psychodynamischen Ansatz in der Farbgestaltung, der die **statischen** von den **dynamischen Farbharmonien** unterscheidet. Erstere zeigen gleiche Farbquantitäten, helligkeitsgleiche Sättigungsstufen oder einfache und stabile Farbklänge. Dynamische Farbwirkungen entstehen am prägnantesten bei der Reihung von benachbarten Farbtönen wie Gelb, Orange, Rot. Auch die Spektralfarben sind dynamisch, wirken aber „billig". Die bloße Dynamik zwischen reinen Farbtönen verbraucht sich schnell, besser ist es, benachbarte Helligkeits- und Sättigungsstufen einzubeziehen.

- **Übersicht Farbharmonien**

  - **Farben gleicher Helligkeit, Sättigung**
    Aufgehellte und ungesättigte Farben wie z.B. Pastelltöne oder Farben, die einen ähnlichen reinen Farbwert besitzen

  - **Dynamische Farbreihen**
    Farben, die auf dem Farbkreis benachbart sind, wie z.B. Rot-orange-Farben

  - **Einfache Farbklänge**
    Farben, die einen Dreiklang bilden, wie Blau-Gelb-Weiß

  - **Ton-in-Ton-Farbgebung**
    Geringfügige Abstufungen ergeben einen harmonischen Gesamteindruck wie z.B. Hellblau-Dunkelblau-Grau.

  - **Gemeinsame sozio-kulturelle Themen- oder Gefühlswelten**
    Farben, die gleiche Stimmungen und Trends wie edel oder rustikal, warm oder kühl distanziert transportieren

Harmonie hat immer etwas mit Ausgeglichenheit, Ordnung und Symmetrie zu tun. Denken wir nur an uns selbst: Wenn alles so ist, wie wir es gewünscht und erträumt haben, ist es an einem bestimmten Platz und hat die ihm zugedachte Bedeutung. Aber wie lange ruhen wir dann in unserer Mitte? So lange, bis es uns langweilig wird. Dann setzen wir neue Akzente.

Farbakzente setzen heißt: Spannung in die Farbkomposition bringen. Ein kleiner Farbtupfer an der richtigen Stelle kann die Aufmerksamkeit auf sich ziehen und die Botschaft schneller übermitteln. Aber Vorsicht mit der Dosierung – schießen Sie nicht über das Ziel hinaus, es sei denn, der Anlass lässt es zu.

> Harmonie hat immer etwas mit Ausgeglichenheit, Ordnung und Symmetrie zu tun

B-2-18-M: Entwerfen Sie zu jedem Farbkontrast eine Farbcollage mithilfe von Zeitschriften (siehe Farbteil, Abb. 23).

B-2-19-C: Reduzieren und verändern Sie bei drei Fotos Ihrer Wahl (von einer Foto-CD oder Scan von Printvorlage) die Farben bei der Umwandlung in den Modus indizierte und browserunabhängige Farben. Die Farben müssen nicht naturgetreu sein, eher sollten sie ein eigenständiges Farbkonzept entwickeln, das auf alle drei Bilder anzuwenden ist.

B-2-20-C: Farbharmonie: Bilden Sie mithilfe eines Quadrates, das in vier gleiche Quadrate eingeteilt ist, für jede der genannten Farbharmonien mindestens eine stimmige Farbkomposition.

2.8 Farben in der Praxis

„Gute Farbgestaltung lässt sich mit gutem Kochen vergleichen ... auch ein gutes Kochrezept verlangt wiederholtes Kosten. Und das beste Probieren hängt ab von einem Koch mit Geschmack." Josef Albers

Erst die Gefühls- und die Sozialerfahrung führt zur persönlichen Autonomie im Umgang mit Farben

Die Kenntnis von Farbentstehung, Farbwirkung, Farbkontrasten, Farbharmonien und der Überblick über die Ordnung der Farben ist ein erster Einstieg in die Farbthematik. Erst die Gefühls- und die Sozialerfahrung führt zur persönlichen Autonomie im Umgang mit Farben. Das eigene ästhetische Verhalten (z.B. Kleidung, Farbvorlieben) muss ebenfalls beleuchtet werden, darf nicht außen vor bleiben, damit die Analyse und das Verständnis von Design, Werbung und Massenmedien gelingt. Darüber hinaus schulen wir unser Auge durch das analytische Betrachten von guten Beispielen. Richten Sie im Alltag Ihr Augenmerk konzentriert auf die farbliche Gestaltung von Räumen, sei es in der U-Bahn oder sei es beim Shopping. Auch beim Surfen im Internet bietet sich diese schnelle und unkomplizierte Herangehensweise an.

Lohnend ist auch der Besuch folgender Websites, die Klassiker der jeweiligen Kategorien geworden sind:

Farbe im Corporate Design

Energieversorger: Yellostrom

🄫 www.yellostrom.de

Was hier vor allem besticht, ist die stringente gestalterische Einheit von On- und Offlinemedien. Die Hausfarbe ist ein starkes strahlendes Gelb. Im Web dominiert das Gelb als Hintergrundfarbe. Schwarz und Weiß wurden für Text, Icons und Formularfelder verwendet.

Markenerkennung soll auch im Netz funktionieren. Schauen Sie sich bekannte Marken wie Nivea mit der Produktfarbe Blau oder Coca-Cola mit dem roten Logo in On- und Offlinemedien an.

Navigation über Farbcodierung (Color-Coding)

Fotokameramythos: Leica

🄫 www.leica-camera.com

Über das Portal „leica.com" gelangt man zum Tochterunternehmen Leica Camera AG, das sich mit einem eigenen Farkonzept präsentiert. Dieses basiert auf vier Hauptfarben, die den vier dargestellten Bereichen zugeordnet sind: Gelb steht für die Produkte, Grün für den Markt, Blau für das Unternehmen und Orange für die Kultur. Die Farben werden im Sinne des Color-Codings als Instrument der Navigation eingesetzt. Befindet man sich z.B. im Produktbereich, ist der Hintergrund des oben links po-

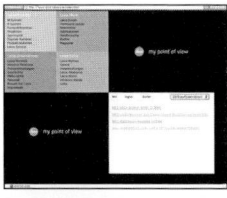
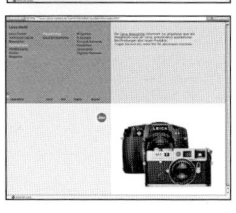

Abb. 43:
www.leica-camera.com
(s. auch Farbteil, Abb. 26)

sitionierten Navigationsquadrates komplett gelb. Die anderen drei Unterseiten sind stets über einen kleinen, in den Navigationsfarben abgestuften Farbbalken zu erreichen. Farbe wird hier auffällig, aber auch reduziert und bewusst eingesetzt. Der Contentbereich ist weiß und grau. Die Backgroundfarbe bildet in Schwarz einen guten Kontrast zu Content und Navigation. Das rote Logo wechselt zwar seine Position, aber ist auf Grau und Weiß stets gut wahrnehmbar.

Bei dieser Website spielen Farbkontraste die visuelle Hauptrolle. Alle Kontrastregister werden gezogen: Farbe-an-sich-, Hell-dunkel-, Kalt-warm-Kontrast usw. und das erstaunlicherweise ohne ins Kitschige abzudriften.

eCommerce mit Trendfarben
Internetshop: Barbie

www.barbie.com

Das Designkonzept setzt auf Girls, die nur eines wollen: nämlich Fun. Um eine hohe Identifikation zu erreichen, beginnen viele Buttons mit „My" wie z.B. My Shop und My Games. Bei den Games unter dem Label „Shopping Spree" können sich die jungen Besucherinnen virtuell selbst inszenieren, alles Mögliche anprobieren und das auch noch mit der besten Freundin. Und am Schluss präsentieren sie sich als Models auf dem Laufsteg. Das gelingt am besten mit der rosaroten Brille auf der Nase und so wundert es nicht, dass die Site in Pink und Hellblau glänzt. Ohne Bonbonfarben kommt kaum eine Site aus, wenn sie Kinder und Jugendliche ansprechen will. Bei der Barbie-Site ist noch eine weitere Farbe im Spiel: ein Weiß, das für Reinheit und Klarheit sorgt.

Abb. 44:
www.barbie.com

Checklisten für den praktischen Einsatz von Farbe in den Anwendungsbereichen:

Farbeinsatz im Screendesign

Die Background-Farbe sollte nicht reinweiß sein, da sonst die Strahlung des Monitors zu intensiv und der Text schlechter lesbar ist.

Auf einem schwarzen Hintergrund überstrahlt eine weiße Typo und kann deshalb nur schwer gelesen werden. Legen Sie den Text etwas dunkler und augenschonender an.

Verwenden Sie bei der Corporate Color (Hausfarbe) möglichst browserunabhängige Farben, siehe Abschnitt Web-Farbpalette.

Farbcodierung für die Navigation im Screendesign

Die Farben unterscheiden sich gut voneinander, damit die Orientierung auf der Site erleichtert wird.

Der Text ist auch bei unterschiedlichen Backgrounds gut lesbar.

Die Gesamtanmutung des Farbklangs ist durchgängig eingehalten.
So ist alles aus einem Guss.

Die marketingrelevanten Fragestellungen nach Zielgruppen und Kommunikationsziel wurden berücksichtigt.

Die räumliche Wirkung der Farbe ist genutzt worden. So kommen Farbflächen wie z.B. rote Buttons nach vorne oder werden blaue Backgrounds nach hinten gedrängt.

Print: Vollton-, Sonderfarben

Eine intensive Farbgebung erhalten Sie durch die Verwendung von Vollton- bzw. Sonderfarben. Vor allem bei großflächigen Hintergründen ist eine satte Volltonfläche zu empfehlen.

Bei Corporate-Design-Medien wie den Geschäftspapieren werden Vollton- bzw. Sonderfarben eingesetzt.

Farbeinsatz beim Logo, Signet (eine bis maximal drei, meist Sonderfarben)

Eine Dienstleistung oder ein Produkt korrespondiert mit der Farbgebung: branchenspezifische Farbgebung.

Die Anmutung und psychologische Wirkung der Farben entspricht den Anforderungen der Zielgruppe.

Aktuelle Farbtrends sind zu berücksichtigen.

Die synästhetische Farbwirkung (Geschmack, Geruch) korrespondiert mit dem Kommunikationsziel.

Die Blickfangwirkung wird mit dem Farbeinsatz unterstützt.

Die Farbanzahl entspricht dem Budget. Je mehr Farben, desto teurer wird der Druck.

Ein Farbkontrast bleibt auch in der Schwarz-Weiß-Reproduktion erhalten, durch große Unterschiede in der Helligkeit der Farben.

Die Basisfarbe hat eine gute Fern- und Dämmerungswirkung.

Die Reproduzierbarkeit der Farbe in On- und Offlinemedien ist gewährleistet (Web-Farbpalette, Pantone oder HKS).

Internationale Farbstandards wie z.B. Pantone (nicht die deutsche HKS-Farbnorm) werden bei internationaler Verbreitung des Signets eingesetzt.

(siehe Farbteil, Abb. 27)

2.9 Übungen zum Thema Farbe

Zum Abschluss des Farbkapitels werden umfangreichere Übungen vorgestellt.

 B-2-21-T: Dynamische Farbreihen und Lesbarkeit
Teamübung (max. 6–8 TN)
Zeitrahmen: ein halber Tag
Inhalte: Figur-Grundverhältnis, Findung von Farbreihen mit Kriterien-
bildung, Fernwirkung und Lesbarkeit, Lösung nur im Team möglich

Bei dieser Übung sind sich die Teilnehmer anfangs nicht darüber im
Klaren, was der Sinn und Zweck dieser Übung sein soll, sind aber später
vom Ergebnis regelmäßig beeindruckt. Die Erkenntnis setzt hier erst später ein. Die Arbeitsresultate ergeben beeindruckende Farbposter, die ger-
ne zur Dekoration im Raum aufgehängt werden.

1. Das Formblatt wird mit den sechs Farbquadraten mit einem monochromen (einfarbigen) Buchstaben im Vordergrund und einer Farbfläche aus Zeitschriften im Hintergrund angelegt.
2. Auf einem neuen Formblatt soll der Buchstabe eher im Hintergrund
   stehen und die Farbfläche visuell nach vorne treten.
3. Die Farbquadrate werden zu Kärtchen ausgeschnitten und gemeinsam im Team werden vertikale und stilistisch zusammengehörige Rei-
   hen auf einem weißen Karton gebildet.
4. Nach gemeinsamer Überlegung und Abstimmung werden die Farbquadrate in einem gleichabständigen Raster aufgeklebt.
5. Aufhängung der Poster und Analyse der Fernwirkung der Buchstaben
   in Bezug auf die Farbigkeit. Kriterienbildung für die Farbreihen.
   (siehe Farbteil, Abb. 29)

B-2-22-T: Moodcharts zur Entwicklung von Farbpaletten
Teamübung (max. 4–6 TN)
Zeitrahmen: 1–2 Tage
Inhalte: zielgruppenorientierte Herangehensweise, Stimmungs- und
Geschmackswelten bilden, Farbdifferenzierungen herausarbeiten

1. Aufgabenstellung:

Der Kunde ist die Gewürzimportfirma „India-Spices", die als Einzel-
firma im Familienbetrieb für den Großhandel seit ca. 50 Jahren tätig
ist.
Das Hauptabsatzgebiet ist regional, vereinzelt überregional.
Die primäre Zielgruppe ist der Einkäufer im Großhandel, die sekun-
däre ist der Endverbraucher als Kunde im Einzelhandel.

Die Produkte sind:
- Gewürze
- Gewürzmischungen (z.B. Curry)
- Küchenkräuter
- Pilze
- Instant-Saucen
- Gelatine
- Reissorten
- Geschmacksverstärker

Für die Produkte wird eine Farbgebung benötigt, die als Farbcodierung auf den Verpackungen, aber auch als Orientierungssystem für die Navigation auf der Website fungiert.

2. Herangehensweise:

a) Brainstorming im Team zur Einkreisung
  - der Zielgruppe (konservativ, jung/dynamisch etc.)
  - der Geschmacks- und Gefühlswelt (nostalgisch, technisch etc.)
  Die gefundenen Begriffe werden als erstes Arbeitsergebnis in Form einer Tabelle festgehalten.
b) Ausgehend von der Ideensammlung entwickelt jeder Einzelne Farbassoziationen in Form einer Farbcollage.
  Wieder gemeinsam im Team werden nach Sichtung der Ergebnisse erste Farbtendenzen zusammengefasst, wie z.B. Ton-in-Ton-Harmonien oder leichte Pastelltöne.
c) Nun folgt die Anwendung auf die konkrete Produktreihe. Bei acht Produkten keine leichte Aufgabe, aber vielleicht könnte man ja Produktgruppen zusammenfassen. Die Kundenpräsentation wird nach Festlegung der endgültigen Farbgebung vorbereitet. Die Farbmuster etc. werden auf Charts (Pappen) aufgezogen und der Präsentationsablauf wird festgelegt. Der Präsentation vor der Klasse steht nichts im Wege.

Alternativer Inhalt mit gleicher Vorhensweise:

1. Aufgabenstellung:

Der Kunde ist ein Produzent von natürlichen Hautpflegeprodukten und heißt „NaturalCare". Als Kleinstbetrieb beschäftigt er zehn Mitarbeiter. Die Zielgruppe sind Bioläden, Natur- und Naturwarengeschäfte und Großhandel. Das Absatzgebiet ist regional.
Produktpalette:
- Ätherische Öle
- Gesichtspflege
- Haarpflege
- Seifen
- Baby-/Kinderpflege
- Körperpflege/Badekultur
- Herrenpflege
- Sonnenpflege

(siehe Farbteil, Abb. 28)

B-2-23-C: HSB-Modell

Beim HSB-Modell wird der **Farbton** in Grad von 0° bis 360° angegeben. Die **Sättigung** (Saturation) von 0 % bis 100 %, wobei 100 % den reinen Farbton darstellt. Ist der Wert kleiner als 100 % wird die Farbe getrübt. Die **Helligkeit** (Brightness) wird ebenfalls von 0 % bis 100 % angegeben. Nimmt man den PHOTOSHOP-Standard-Farbwähler oder den Apple-Farbwähler, ist 0 % kein Licht, also schwarz, und 100 % normale Helligkeit.

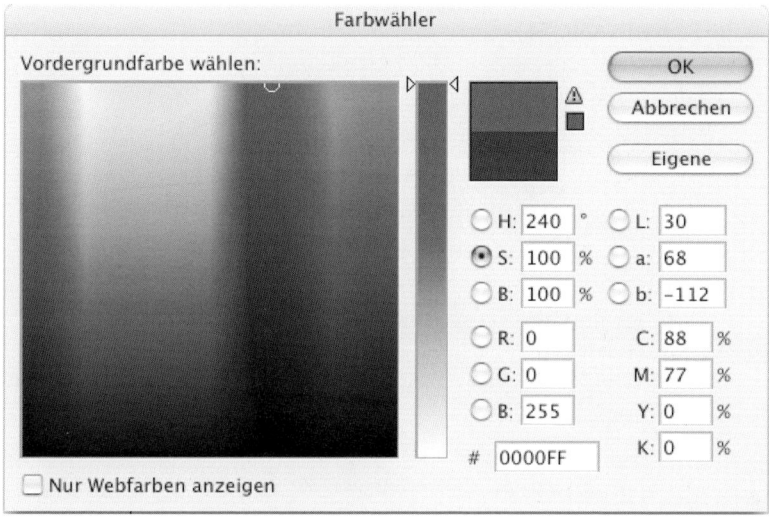

Abb. 45: Adobe-Farbwähler in PHOTOSHOP

1. Zuerst legen Sie bitte einen Blaukeil mit zehn Sättigungsstufen an bei festem Farbwinkel: 240 (Blue) und fester Helligkeit: 100 %.
   Angaben für neue Datei:
   Modus: RGB, Breite: 600 px, Höhe: 60 px, Auflösung: 72 dpi
   Stellen Sie das Auswahlwerkzeug auf eine feste Größe von 60 x 60 px ein. Ziehen Sie das erste Auswahlquadrat ganz links an der Arbeitsfläche auf und füllen Sie es jetzt mit 10 % Sättigung. Ein trübes helles Blau erscheint. Direkt neben diesem Quadrat das nächste platzieren und den Farbwähler auf 20 % Sättigung umstellen, wiederum füllen usw. Schauen Sie sich das Resultat an. Wo kommt es zu Helligkeitssprüngen? Gleichen Sie diese aus.

2. Ein neuer Blaukeil, bei dem es um die Helligkeit geht, wird angelegt bei Sättigung: 100 %. Die Helligkeit wird in zehn Stufen von 100 % (normale Helligkeit) bis 0 % (schwarz) angelegt.

Abb. 46: Stufen-Verlauf

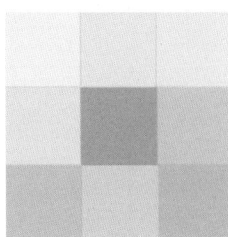

Abb. 47: Farbkomposition
im Quadrat

3. Zwei freie kompositorische Farbübungen schließen sich an:
Ein Quadrat, das in neun Quadrate unterteilt ist, wird bei gleich bleibender Helligkeit von 100 % mit Farbquadraten unterschiedlicher Farbtöne bei einer Sättigung mit weniger als 80 % gefüllt.
Speichern Sie eine Kopie des Quadrats ab und verändern Sie nun die Farbtöne so, dass ein harmonisches Gesamtbild entsteht.

Das HSB-Modell ist neben seiner Bedeutung als Farbmodell auch ein nützliches Tool zur Entwicklung von Farbpaletten bei gleich bleibenden Variablen.

(siehe Farbteil, Abb. 14)

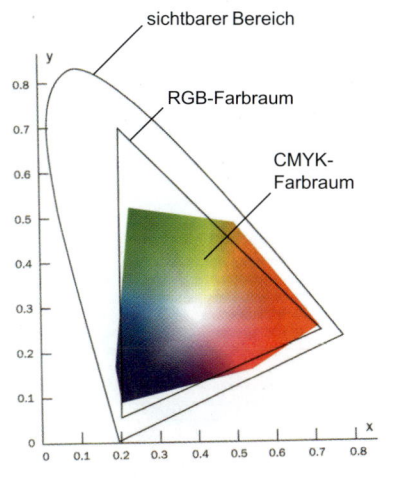

sichtbarer Bereich

RGB-Farbraum

CMYK-
Farbraum

Abb. 01: links
Das CIEXYZ-System

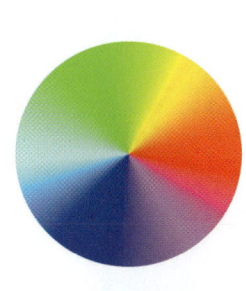

Abb. 02: rechts
Die Spektralfarben
schließen sich zum Kreis

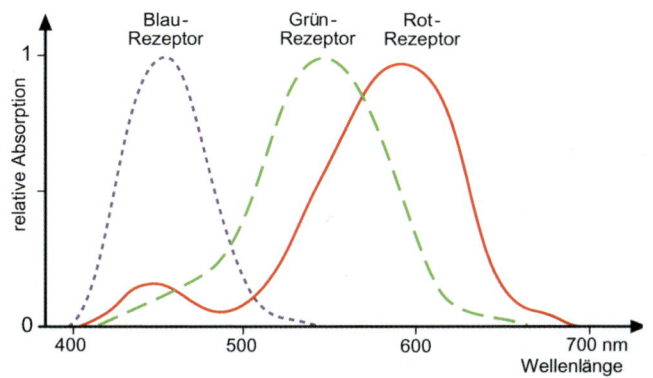

Blau-
Rezeptor

Grün-
Rezeptor

Rot-
Rezeptor

relative Absorption

400   500   600   700 nm
Wellenlänge

blau = Rezeptor für **kurzwelliges** Licht
grün= Rezeptor für **mittelwelliges** Licht
rot = Rezeptor für **langwelliges** Licht

Abb. 03:
Die Wellenlängen der
drei Zapfentypen

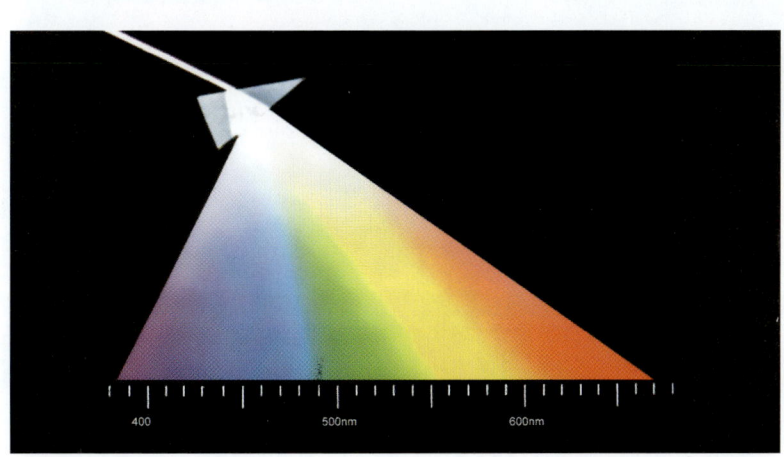

Abb. 04:
Newtonsches Prisma

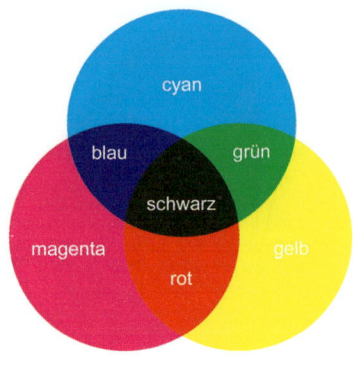

Abb. 05: Die subtraktive Farbmischung der Körper- bzw. Materialfarben

Alle farben = Schwar=

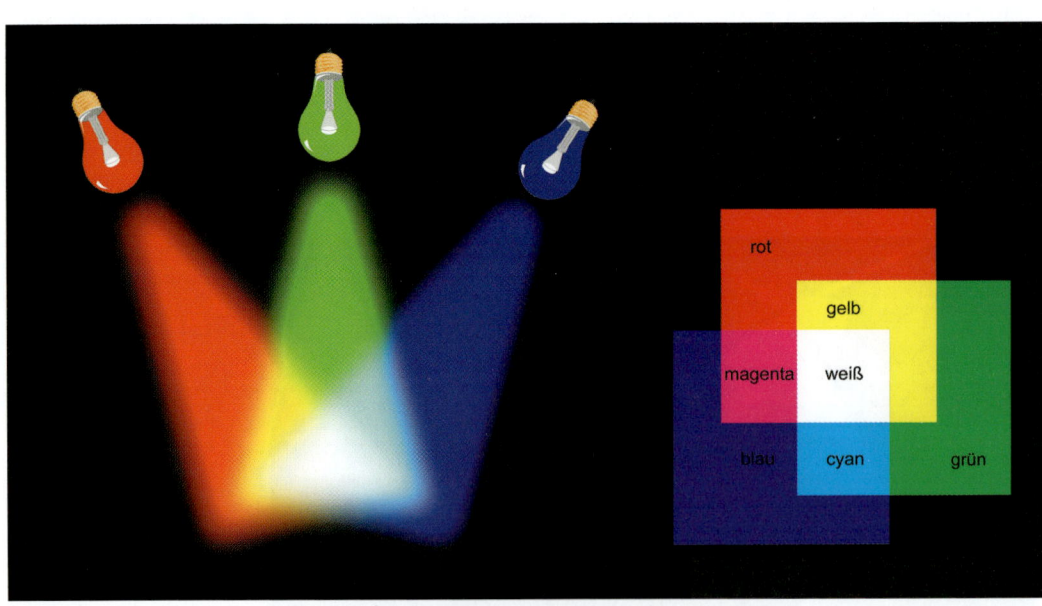

Abb. 06: Die additive Farbmischung der Lichtfarben

Alle farben = Weiß

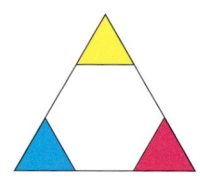 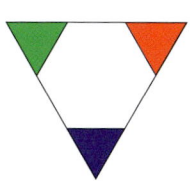 

gegenüber
stehende
=
großer
Kontrast

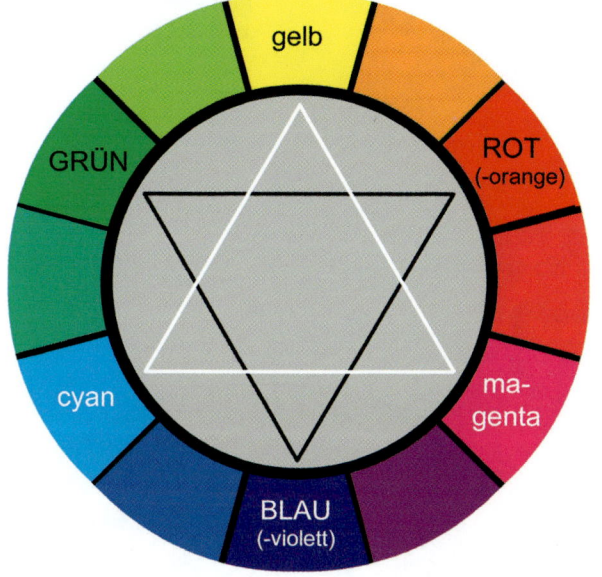

Abb. 07:
Der Farbkreis
in seiner Zusammen-
setzung aus Primär-
und Sekundärfarben

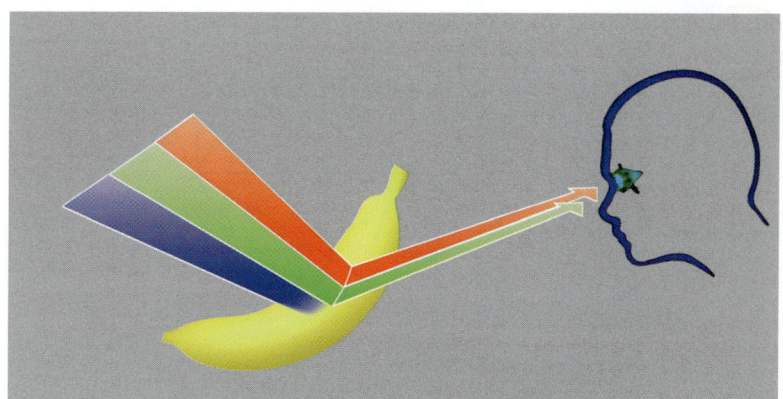

Abb. 08:
Die Wahrnehmung der
Körperfarbe Gelb

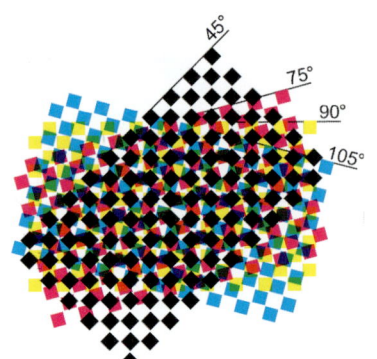

Abb. 09: links
Vierfarbdruck,
Rasterwinkel

Abb. 10: rechts
Pointilistisches Ölgemäde
(Paul Signac, 1909)

Abb. 11: Farbübung
Mit Hilfe von Bildmaterial
aus Zeitschriften wird ein
Farbkreis collagiert

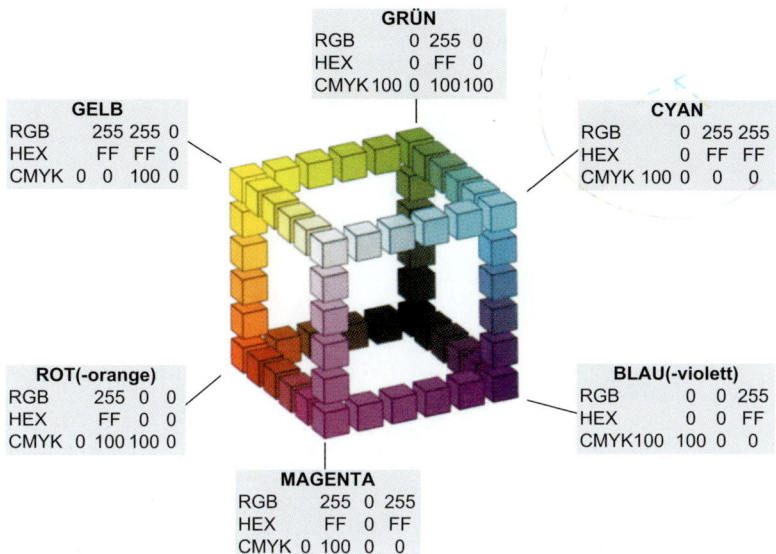

GRÜN
RGB	0	255	0
HEX	0	FF	0
CMYK	100 0	100	100

GELB
RGB	255	255	0
HEX	FF	FF	0
CMYK	0 0	100	0

CYAN
RGB	0	255	255
HEX	0	FF	FF
CMYK	100 0	0	0

ROT(-orange)
RGB	255	0	0
HEX	FF	0	0
CMYK	0	100	100 0

BLAU(-violett)
RGB	0	0	255
HEX	0	0	FF
CMYK	100	100	0 0

MAGENTA
RGB	255	0	255
HEX	FF	0	FF
CMYK	0	100	0 0

Abb. 12: Die 8 Eckfarben des RGB-Würfels (mit eingeschlossen sind weiß und schwarz)

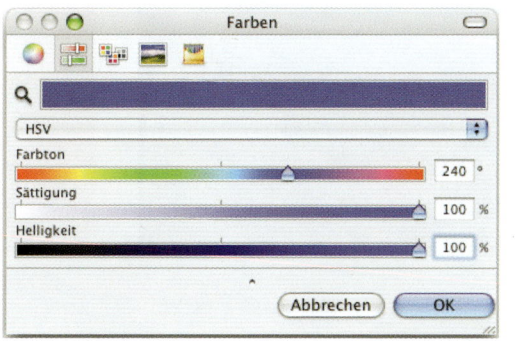

Abb. 13: Farbwähler in Photoshop mit der Voreinstellung: Allgemeine: Apple/Windows

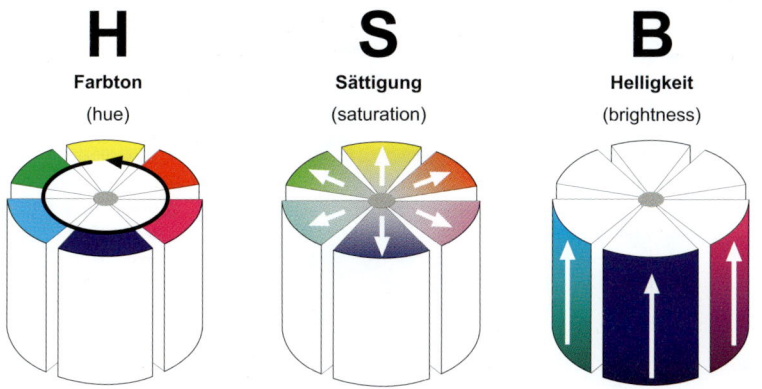

H
Farbton
(hue)

S
Sättigung
(saturation)

B
Helligkeit
(brightness)

Abb. 14: HSB-Modell

Abb. 15: Sukzessivkontrast

Fixieren Sie ca. 20 Sekunden den schwarzen Punkt in der Mitte des grünen Herzens. Danach schauen Sie auf eine weiße Wand und Sie werden ein merkwürdiges optisches Phänomen erleben: Sie sehen plötzlich ein rotes Herz als Nachbild des grünen.

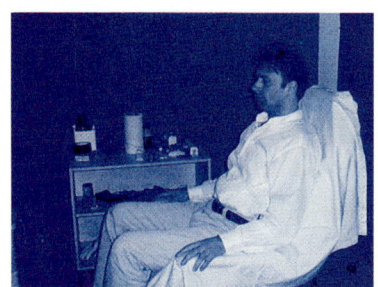
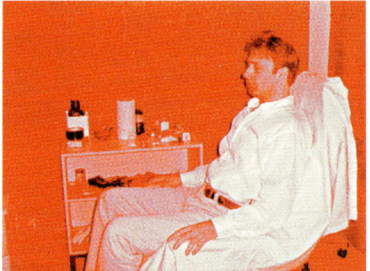

Abb. 16: Eine Testreihe im Institut für Psychologie und Kognitionsforschung der Universität Bremen. Ausgewertet wurden u. a. Pulsfrequenz, Körpertemperatur und Hautwiderstand bei unterschiedlichen Farblichtverhältnissen.

Lieblingsfarben

Blau	45%
Grün	15%
Rot	12%
Schwarz	10%
Gelb	6%
Violett	3%
Orange	3%
Weiß	2%
Rosa	2%
Braun	1%
Gold	1%

Abb. 17: Lieblingsfarben nach Eva Heller, 2000

Ungeliebte Farben

Braun	20%
Rosa	17%
Grau	14%
Violett	10%
Orange	8%
Gelb	7%
Schwarz	7%
Grün	7%
Rot	6%
Gold	3%
Silber	2%

Abb. 18: Ungeliebte Farben nach Eva Heller, 2000

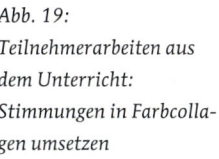

Abb. 19:
Teilnehmerarbeiten aus
dem Unterricht:
Stimmungen in Farbcolla-
gen umsetzen

aktiv + aufgedreht + Dinge erledigt +
produktiv + viel geschafft + kraftvoll

entspannt + gemütlich + ruhig + langsam +
locker + ausgeruht + relaxed + erholt

abgenervt + ausgelaugt + ausgepowert +
faul + fertig + groggy + kaputt + leer +
müde + nicht viel geschafft

unsicher + irritiert + neben mir + verwirrt +
durcheinander

Abb. 20:
Beispiele aus dem
Unterricht:
Zustände in Farbcollagen
umsetzen

Wärme

Kälte

Frische

Reife

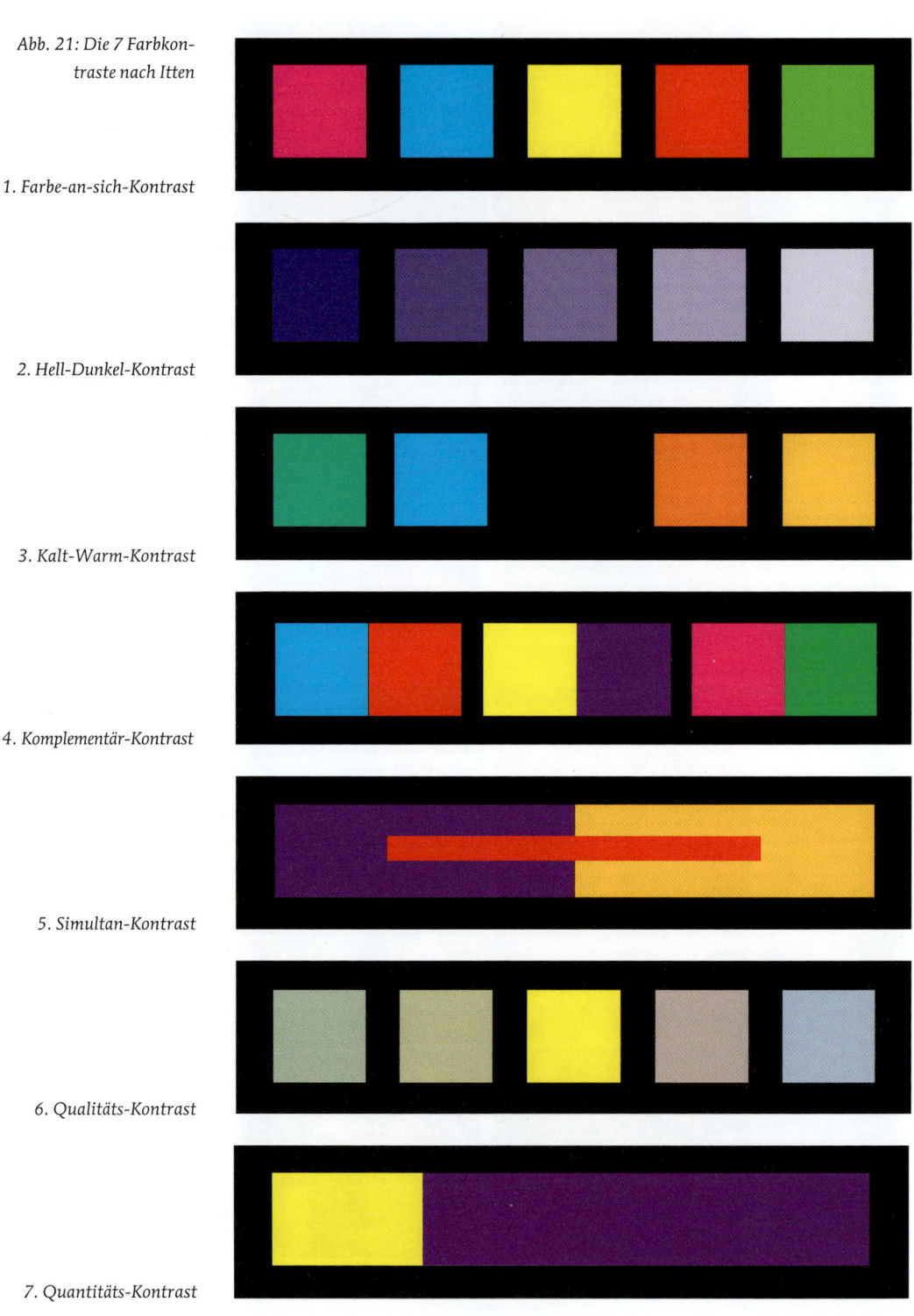

Abb. 21: Die 7 Farbkon-
traste nach Itten

1. Farbe-an-sich-Kontrast

2. Hell-Dunkel-Kontrast

3. Kalt-Warm-Kontrast

4. Komplementär-Kontrast

5. Simultan-Kontrast

6. Qualitäts-Kontrast

7. Quantitäts-Kontrast

  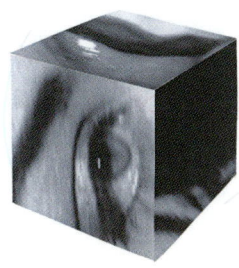

Abb. 22:
Teilnehmerarbeiten zur
Übg. B-2-14-M:
Würfel räumlich darstel-
len über Farbcollagen aus
Zeitschriften

Abb. 23:
Teilnehmerarbeiten zur
Übg. B-2-18-M:
Farbkontrast in Collagen
umsetzen

Abb. 24: unten
Teilnehmerarbeit
Ein Verlauf von weiß über
eine gesättigte Farbe nach
schwarz

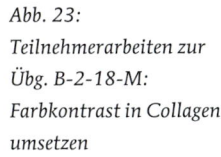

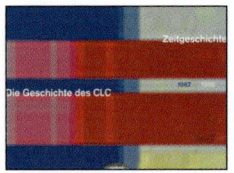

Abb. 25:
Beispiel für Color-Coding;
Flowchart zur
B2B-CD-ROM von
Canon anlässlich des
10-jährigen Jubiläums des
Farbkopieres CLC.
(Maindesign:
Alexa Gröner,
Susanne P. Radtke)

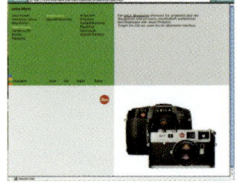

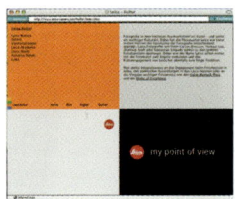

Abb. 26:
Beispiel für Color-Coding
www.leica-camera.com

Abb. 27: Beispiel für Logo-
entwicklung für das
Start-up-Unternehmen
Media Service Group AG.
Im Corporate Design-Ma-
nual werden die Gestal-
tungsrichtlinien – auch
für die farblich codierten
Tochterunternehmen –
festgelegt und für den
Praxiseinsatz vorbereitet.
(Susanne P. Radtke)

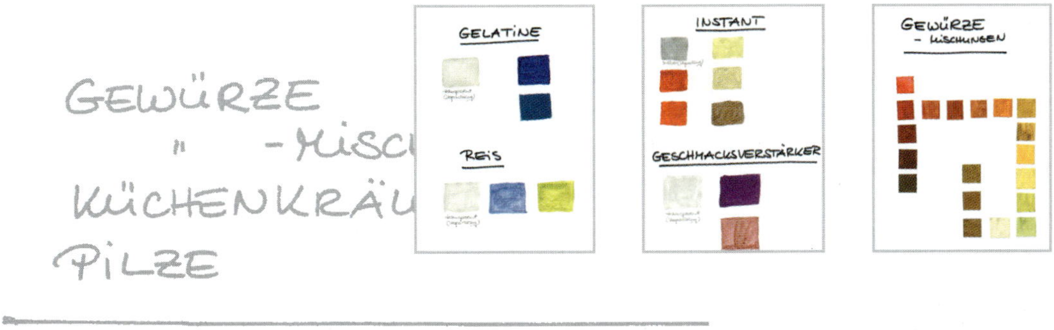

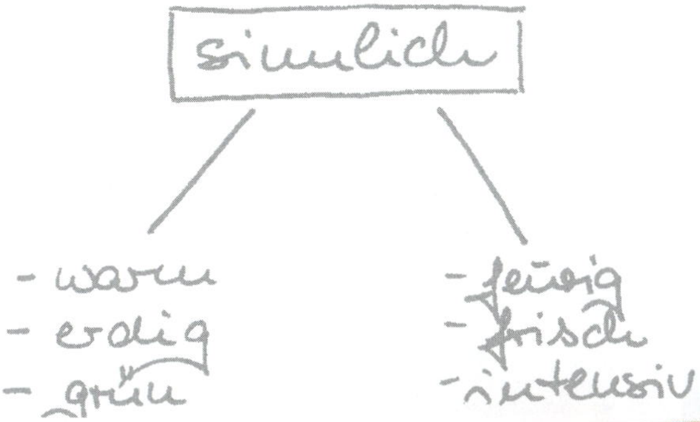

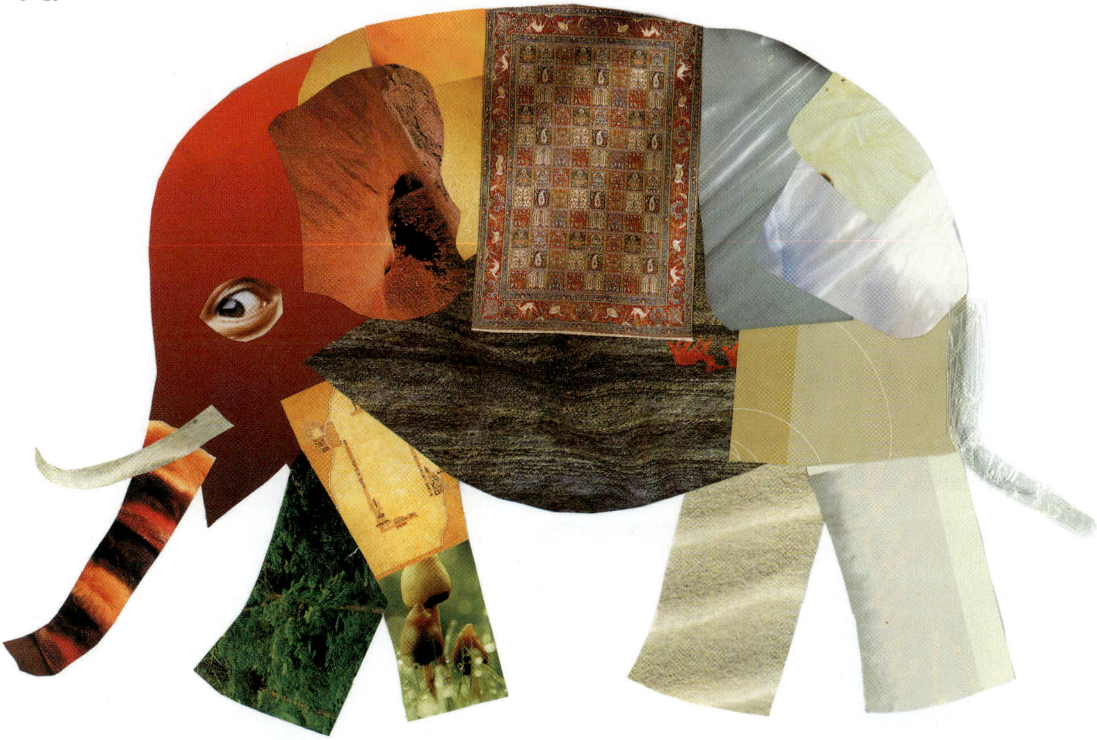

GEWÜRZE
" -MISC
KÜCHENKRÄU
PILZE
GELATINE
REIS
INSTANT
GESCHMACKSVERSTÄRKER
GEWÜRZE
-MISCHUNGEN

sinnlich
-warm
-erdig
-grün
-feurig
-frisch
-intensiv

Abb. 28: Teilnehmerarbeit zu Übung B-2-22-T: Moodcharts zur Entwicklung von Farbpaletten

(für die Bildlegende Teilnehmerteam: K. Lüdtke, U. Schöppler, S. Zoepke)

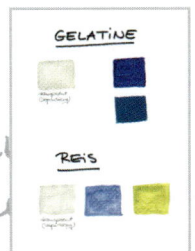

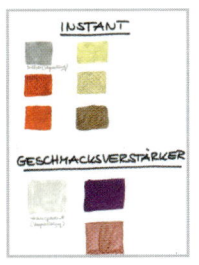

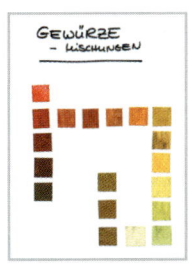

Abb. 29:
Arbeitsergebnis im Team
von ca. 18 Teilnehmern
zu Übung B-2-21-T:
Dynamische Farbreihen
und Lesbarkeit

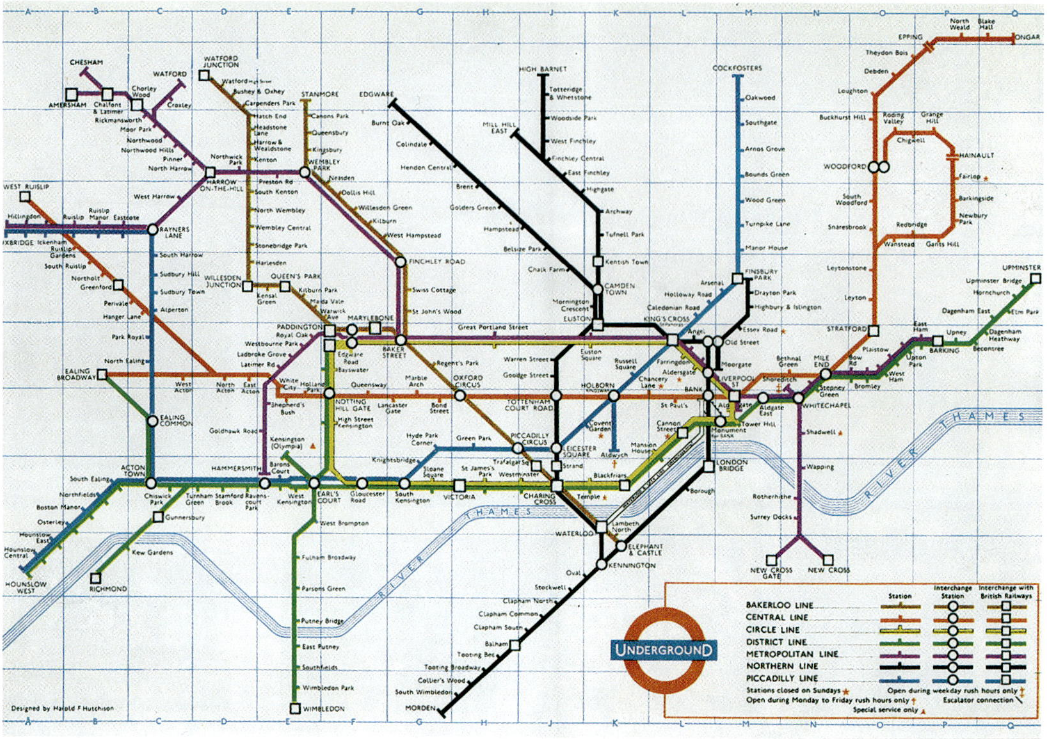

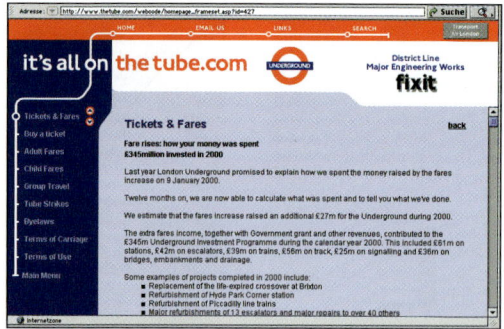

Abb. 30: Übersichtsplan des Untergrund-Bahnliniennetzes in London. Das Diagramm wurde 1933 von Henry Beck entworfen und von ihm und später von anderen Grafikern immer weiter aufgearbeitet.

Es besteht aus einer Netzdarstellung mit horizontalen, vertikalen und diagonalen farbcodierten Linien. Die hier gezeigte Version stammt aus dem Jahr 1960.

Abb. 31: www.thetube.com

Abb. 32: www.thetube.com

Abb. 33: www.spiegel.de

Klassische Positionierung der Navigation

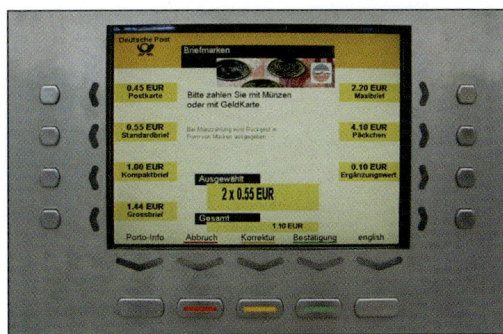

Abb. 34: Kiosksystem der Deutschen Post

Navigation im Zentrum der Aufmerksamkeit

Abb. 35: www.geo.de

Aufgelockerte und lesefreundliche Content-Struktur

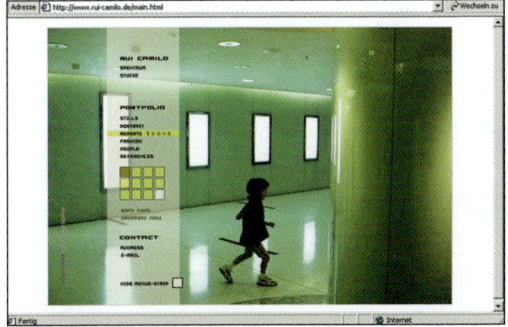

Abb. 36: www.rui-camilo.de

Ansprechende Download-Anzeige für die zeitliche Orientierung

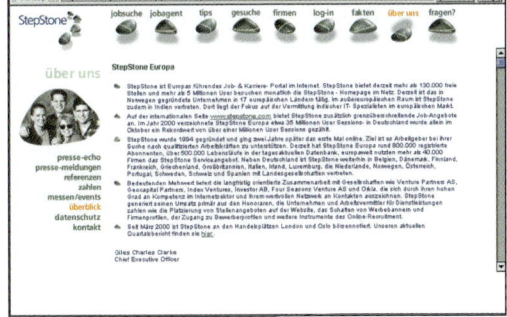

Abb.37: www.stepstone.de

Screengestaltung und Logo

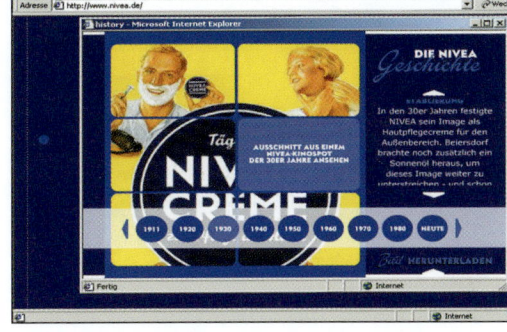

Abb.38: www.nivea.de

Entdeckungsfreudiger Stil

Abb. 39: www.dr-oetker.de

Harmonische Atmosphäre für ein häusliches Produkt

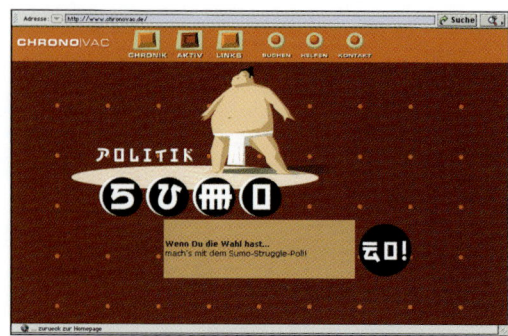

Abb. 40: www.chronovac.de

Kreative Kombination zweier Bereiche

Abb. 41: www.gasag.de

Startseite mit Navigationsangebot

Abb. 42: www.vitra.com

Produktpräsentation mit Anspruch

Abb. 43: www.audi.com.cn

Corporate Identity international

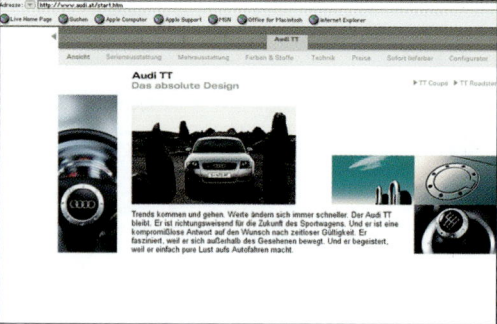

Abb. 44: www.audi.at

Einheitliche Gesamtwirkung

3 Die Typografie

„Die Typografie gibt es nicht. Jede Leseart stellt andere Anforderungen an die typografische Gestaltung." Hans Peter Willberg

Buchstabentypen und Texte sind Zeichen und Zeichengefüge, die Informationen übertragen. Wie diese Informationen interpretiert werden, hängt von unterschiedlichen Faktoren ab. Vergleichbar mit der zwischenmenschlichen Kommunikation gibt es die Sachebene und die Gefühlsebene. Ein und derselbe Satz kann vielfältige Interpretationen zulassen. So macht sprichwörtlich der Ton die Musik.

Vergleichen Sie nebenstehende Schriftbilder. Bei welchem Reisebüro würden Sie einen Urlaub buchen? Aus der Sicht des Kunden fällt die Entscheidung nicht allzu schwer. Als Gestalter stellt sich uns die Frage jedoch genau umgekehrt: Mit welcher Schrift kann ich welche Zielgruppe ansprechen? Das sind Themen, die in diesem Kapitel behandelt werden. Bevor wir uns diesem fortgeschrittenen Bereich nähern, werden wir die Grundfunktion der Typografie, die Lesbarkeit, kennen lernen.

Wo würden Sie Ihren Urlaub buchen?

REISEN₁

REISEN₂

REISEN₃

1) Bildungsreise mit kulturellem Angebot
2) Reiterferien
3) Cluburlaub

Weitere Aspekte der Typografie, die in diesem Kapitel behandelt werden, sind im Folgenden aufgeführt:

- **Fachbegriffe**
  Mit Kollegen und Auftraggebern kompetent zu kommunizieren heißt, dieselbe Sprache sprechen.
- **Typografischer Knigge**
  Die Einhaltung der Schreibregeln gehört zu einem professionellen Layout dazu.
- **Typografie im Raster**
  Das im Hintergrund liegende Ordnungssystem liefert Ihnen und dem Leser eine Transparenz über die Publikation.
- **Schriftentwicklung**
  Ein kurzer Abriss zur Geschichte unserer Schrift liefert Ihnen Hintergrundwissen zum besseren Verständnis.
- **Schriftcharakter und Typotrends**
  Wie die Schriften auf uns wirken und wie wir sie gezielt auswählen.
- **Typo kreativ**
  In spielerischen typografischen Übungen erweitern wir unsere Ausdrucksfähigkeit.
- **Checkliste**
  Alle Regeln auf einen Blick.

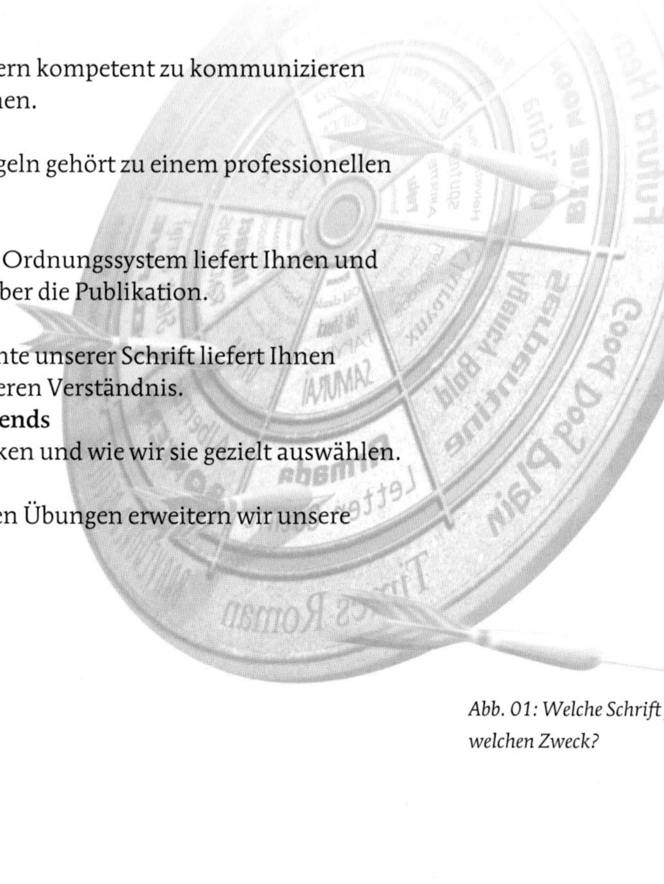

Abb. 01: Welche Schrift für welchen Zweck?

3.1 Die Lesbarkeit

„Lesbarkeit ist kein altmodischer Begriff." Hermann Zapf

Zum Einstieg ins Thema „Lesbarkeit" lassen Sie uns einen kleinen Test machen. Bitte lesen Sie den folgenden Text, stoppen und notieren Sie die dazu benötigte Zeit.

Der Text hat 930 Anschläge und 129 Wörter (zitiert aus: Albert Kapr, Schriftkunst)

Die Schrift dient in erster Linie dem Leser und es ist jedermann durch eigene Erfahrungen klar geworden, dass es Schriften gibt, die gut lesbar sind, und andere, die schlechter gelesen werden können. Beim häufigen Lesen schlechter Schriften sind sogar Augenschäden nicht ausgeschlossen. Schlecht lesbare Schriften führen zu Ermüdungserscheinungen der Augen, und das mit verminderter Aufmerksamkeit Wahrgenommene bleibt schlechter im Gedächtnis haften oder erreicht nur eine verminderte emotionelle Wirkung. Aus diesen Gründen sind Pädagogen, Verleger, Werbefachleute und selbstverständlich alle, die mit dem Lesen beruflich zu tun haben (und wer ist dies nicht?), an der Klärung der damit zusammenhängenden Probleme interessiert. Doch diese Interessen sind unterschiedlich orientiert. Es genügt uns nicht zu fragen, ob eine Schrift an sich gut lesbar sei, wir wollen wissen, wofür und für welche Lesebedingungen sie gut lesbar ist.

Zeit in Sekunden_____

Zum Vergleich lesen Sie bitte weiter und messen ebenfalls Ihre Lesegeschwindigkeit:

Der Erwachsene liest normalerweise, ohne dass die Buchstaben im Einzelnen wahrgenommen werden, ähnlich wie Wortbild- oder ideografische Schriften gelesen werden. Er erfasst drei bis zehn Buchstaben auf einen Blick, ein Wort oder zwei Wörter als Ganzheit. Markante Konturen des Wortbildes, Ober- und Unterlängen, der i-Punkt und ein eigenartiger Rhythmus von runden und eckigen Buchstaben erleichtern die visuelle Rezeption. Das Lesen des Erwachsenen ist ein sprunghaftes Fortschreiten des Blickpunktes der Augen, die durchschnittlich 1/10 Sekunden ruhen, um das Wortbild, die neue Buchstabengruppe zu erkennen, dann weiterspringen, gelegentlich auch auf eine schon gesehene Stelle zurückkehren, um sich des gemeinten Sinnes zu versichern. Daraus ergibt sich, dass es für die Lesbarkeit nicht genügt, wenn sich die einzelnen Buchstaben möglichst klar voneinander unterscheiden, die Buchstaben müssen sich auch leicht miteinander zu Wortgruppen verbinden können.

Zeit in Sekunden_____

Beide Texte haben fast gleich viele Anschläge, dieselbe Schriftgröße, denselben Zeilenabstand. Wie Ihr Ergebnis auch ausgefallen ist, sicher war es anstrengend, den zweiten Text zu lesen. Leider wird uns das kräfte- und zeitsparende Lesen von Infotexten oft schwer gemacht. Vor allem, wenn es um Lesetexte wie in Zeitungen geht, sind wir auf die gute Lesbarkeit des Textes angewiesen. Bei Lesbarkeitstest von Schriften ist die Lesegeschwindigkeit ein wichtiges Kriterium und wird unter festgelegten Bedingungen wie Leseabstand und Lichtverhältnissen geprüft.

Ein wichtiges Indiz für die Lesbarkeit eines Textes ist die Lesegeschwindigkeit

Bevor wir uns damit auseinander setzen, wie wir eine gute Lesbarkeit erreichen können, ist es angebracht, den physiologischen Lesevorgang zu studieren. Das Auge tastet die Zeilen beim Lesen ruckartig ab. Bei einem Leseabstand von ca. 30 cm werden bei einer Fixation fünf bis zehn Buchstaben erfasst, bevor das Auge weiterspringt. Wir lesen normalerweise nicht einzelne Buchstaben, sondern erfassen Silben- und Wortgruppen auf einen Blick. Vielleser, die ihre Augenspanne erweitert haben, sind in der Lage, noch größere Wortkomplexe oder ganze Zeilen auf einmal zu erfassen. Nur wenn Worte unbekannt sind oder bei Leseanfängern wird Buchstabe für Buchstabe abgetastet. Um ganz allgemein eine gute Lesbarkeit zu erreichen, sollten wir auf folgende Einflussfaktoren achten.

Kriterien für die Lesbarkeit
- die Buchstaben-, Wort-, Zeilenabstände
- Textgliederung in Absätze und Spalten
- die Zeilenlänge und der Zeilenfall
- die Wahl der Schrift
- die Schriftmodifikation
- die Schriftgröße
- der Schrifthintergrund und die -farbe

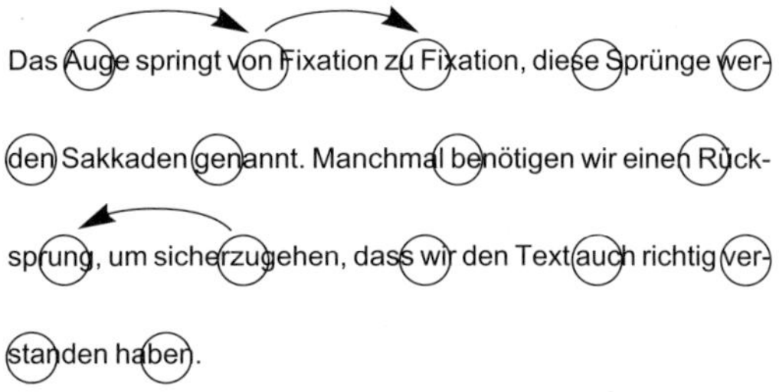

Das Auge springt von Fixation zu Fixation, diese Sprünge werden Sakkaden genannt. Manchmal benötigen wir einen Rücksprung, um sicherzugehen, dass wir den Text auch richtig verstanden haben.

Abb. 02: Der Lesevorgang in sprunghaften Bewegungen

Vorüberlegungen für die Gestaltung
- die Leseart und das Medium (nach Willberg)
  - lineares Lesen (Roman)
  - informierendes und selektierendes Lesen (Zeitung, Sachbuch)
  - wissenschaftliches Lesen
  - konsultierendes Lesen (Lexikon)
  - aktivierendes und inszenierendes Lesen (Werbung)
  - vernetztes Lesen (Hypertext, Internet)

Neben allen funktionalen Fragestellungen spielen die Person des Lesers, die Art des Lesestoffes und die Leseumgebung eine wesentliche Rolle. Wir sollten uns fragen, **wer** den Text liest. Ist es ein Berufsleser oder ein freizeitorientierter Leser? Die nächste Frage ist: **Was** wird gelesen? Ein Roman oder eine Kurzmitteilung? Und schließlich die Frage nach den äußeren Umständen: **Wie** lesen wir? Nebenbei in der U-Bahn oder konzentriert am Schreibtisch? Zusammenfassend heißt das: Wer ließt was wie?

Wer liest was wie?

Buchstaben-, Wort- und Zeilenabstand

Abb. 03:

Lesbarkeit in Abhängigkeit zu den Abständen

Elemente,dienäherbeieinanderliegen,werdenzuFigurationenzusammengefasst.HierwirktdasGesetzderNähe;essagtaus,dassdieTeiledesoptischen„Reizganzen"nachdenKriteriendeskleinstenAbstandeszusammengefasstwerden.DieNähevongleichenElementenerzeugteinheitlicheGruppen.EinTextwirddurchAbständeinWörter,inZeilen,inAbsätzeundinSpaltenzerlegt.

Elemente, die näher beieinander liegen, werden zu Figurationen zusammengefasst. Hier wirkt das Gesetz der Nähe; es sagt aus, dass die Teile des optischen „Reizganzen" nach den Kriterien des kleinsten Abstandes zusammengefasst werden. Die Nähe von gleichen Elementen erzeugt einheitliche Gruppen. Ein Text wird durch Abstände in Wörter, in Zeilen, in Absätze und in Spalten zerlegt.

Elemente, die näher beieinander liegen, werden zu Figurationen zusammengefasst. Hier wirkt das Gesetz der Nähe; es sagt aus, dass die Teile des optischen „Reizganzen" nach den Kriterien des kleinsten Abstandes zusammengefasst werden. Die Nähe von gleichen Elementen erzeugt einheitliche Gruppen. Ein Text wird durch Abstände in Wörter, in Zeilen, in Absätze und in Spalten zerlegt.

Der Buchstabenabstand

Stellen Sie sich vor, Sie würden einen Text mit der Schreibmaschine schreiben oder Sie schrieben am PC mit der Schrift Courier, dann hätte jeder Buchstabe die gleiche Breite. Schreibmaschinenschriften sind dicktengleiche Schriften. Da sich jedoch die Buchstaben nicht gleichen wie ein Ei dem anderen, ist das Ergebnis unharmonisch.

Bei Proportionalschriften hat jeder Buchstabe seine eigene, ihm entsprechende Breite bzw. Dickte. In der Dickte enthalten sind die Vor- und Nachbreite als Abstandshalter zu den Nachbarbuchstaben.

unharmonisch

dicktengleiche Schriften

harmonisch

Proportionalschriften

Abb. 04: Dicktenvergleich

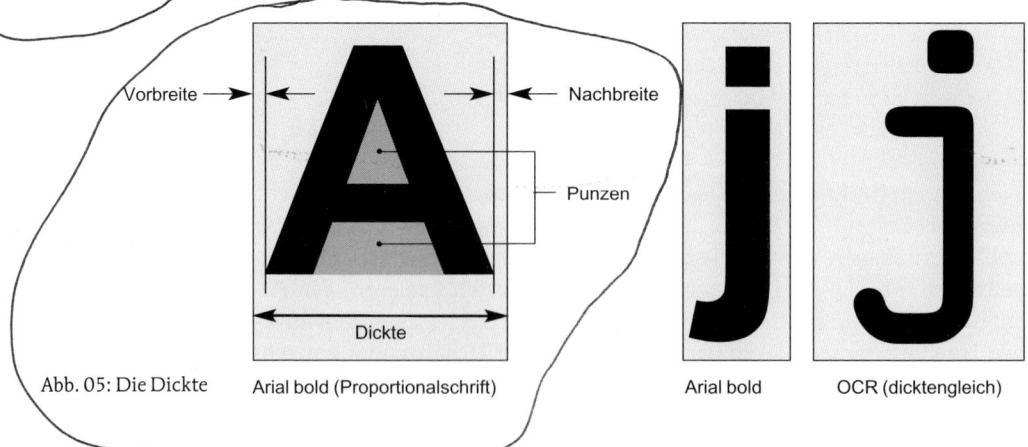

Vorbreite → ← Nachbreite

Punzen

Dickte

Abb. 05: Die Dickte — Arial bold (Proportionalschrift) — Arial bold — OCR (dicktengleich)

Proportionalschriften haben in der Regel ein ausgeglichenes Schriftbild mit homogenem Grauwert. Manchmal allerdings sind sich zwei Buchstaben „nicht grün" und halten großen Abstand zueinander. Das fällt im Fließtext, der in kleinen Schriftgrößen von 9 bis 12 pt (Punkt) gesetzt ist, nicht auf. Aber bei Überschriften bzw. Headlines oder gar bei Logos kann es zu deutlichen Störungen des Schriftbildes führen. Hier ist das **Ausgleichen der Buchstabenabstände** gefragt. Eine Voraussetzung für das Ausgleichen ist das genaue Hinschauen. Schauen Sie sich das Wortbild „Atem" genau an.

ATEM

Manchmal erkennt man unregelmäßige Abstände besser, wenn man den Text aus dem normalen Lesezusammenhang herausnimmt. Die Negativform oder das Spiegeln der Schrift können hilfreich sein. Die ausgeglichene Form würde so aussehen:

ATEM

Falls Sie auf Anhieb keinen großen Unterschied sehen, seien Sie nicht besorgt. Mit ein wenig Übung und ein paar Grundregeln wird es besser gehen. Konzentrieren Sie sich nicht auf die Buchstaben, sondern auf die Zwischenräume. Stellen Sie sich vor, dass diese Räume mit einer Flüssigkeit aufgefüllt wären und das Volumen des Zwischenraums von Abstand zu Abstand ähnlich groß ist.

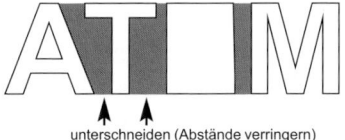

unterschneiden (Abstände verringern)

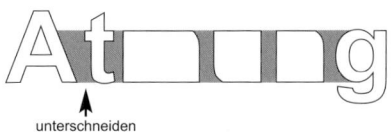

unterschneiden

Die folgende Liste mit Buchstabenkombinationen, die bei großen Schriften unterschnitten werden, gibt Anhaltspunkte.

Unterschneidungstabelle:

Av	Aw	Ay					Va	Ve	Vi	Vo	Vu	
Fa	Fe	Fi	Fo	Fr	Fu		Va	Ve	Vi	Vo	Vu	
Pa	Pe	Pi	Po				Wa	We	Wi	Wo	Wu	
Ta	Te	Ti	To	Tr	Tu		Ya	Ye	Yi	Yo	Yr	Yu

Abb. 06: *Auf den Kopf gestellt oder invers gesetzt, erkennt man Unregelmäßigkeiten besser. Das Wort wird nicht mehr gelesen, sondern nur als Bild wahrgenommen.*

Hier wurde das Buchstabenpaar „AT" unterschnitten und damit ausgeglichen.

● O, G, C

■ H, M, N, U, I

▲ A, V, W, T

▲▲■ AAL

Abb. 07: *Buchstaben lassen sich auf die Grundformen reduzieren. Wenn Dreiecke nebeneinander stehen, muss deren Abstand unterschnitten werden.*

NIVEA

NIVEA

Abb. 08: Vergleich

Beim Entwurf von Logos ist das Ausgleichen der Buchstabenabstände geradezu eine Pflicht, da sich das Wortbild einprägen soll. Und wie wir wissen, sind Zeichen gut wiedererkennbar, wenn sie prägnant sind (siehe Kap. 4.3). Ein Vergleich des Nivea-Logos oben im ausgeglichenen und unten im unausgeglichenen Zustand spricht für sich selbst.

B-3-01-M: Buchstabenabstände ausgleichen. Gleichen Sie Ihren eigenen Namen in gemischter Schreibweise (Groß- und Kleinschreibung) aus. ● Auf der CD-ROM befindet sich ein Alphabet in der Schrift Helvetica zum Ausdrucken. Schneiden Sie die Buchstaben Ihres Namens aus – und zwar möglichst dicht am Rand. Dann ziehen Sie auf einem breitformatigen Blatt Papier eine Linie. Setzen Sie die Einzelbuchstaben auf die Schriftlinie. Nehmen Sie dann einen möglichst großen Abstand zum Blatt und konzentrieren Sie sich auf die Zwischenräume. Sobald Sie mit dem Ergebnis zufrieden sind, kleben Sie die Buchstaben auf. Diese Übung ist auch eine schöne Teamübung, um die Ergebnisse im Vergleich zu besprechen.

Helga
Müller

Abb. 09: Achtung:
Rundungen stehen etwas
unterhalb der Schriftlinie.

Die meisten Layout- und Gestaltungsprogramme bieten die Möglichkeit, die Buchstabenabstände zu verändern. In Abhängigkeit von der Schriftgröße, dem so genannten **em-Wert**, kann in Tausender- oder Hunderter-Schritten das Feintuning erfolgen. Bei einem Schriftgrad von 60 pt ist der em-Wert ebenfalls 60. Der deutsche Begriff für em lautet **Geviert** und wird nur noch selten eingesetzt.

unterschneiden

s p e r r e n

Abb. 10: Zwei Methoden,
um Buchstabenabstände
zu verändern

Die Buchstabenabstände in einem Text können also entweder dicht oder weit gesetzt werden. Das bezeichnet man als **Laufweite**. Die Schriften, die Sie an Ihrem Computer verwenden, haben eine integrierte Kerningtabelle (engl. kerning = Abstände ausgleichen), die Laufweite ist optimiert und auf den normalen Lesetext abgestimmt. Bei **Auszeichnungsschriften** wie Headlines kann das **Spationieren** (d.h. Sperren von lat. spatiu = Abstand) von Schriften eingesetzt werden, um eine besondere Aufmerksamkeit zu schaffen.

Der Wortabstand

Was für die Buchstabenabstände gilt, trifft auch auf die Wortabstände zu. Bei Headlines oder typografisch orientierten Intros ist besonders auf die Abstände zu achten. Meist sind die Abstände zu weit und zerreißen das Satzbild. Beim Satz von Versalien (Großbuchstaben) wird ein großes imaginäres I als Abstandhalter eingesetzt.

Abb. 11: Wortabstand
unausgeglichen.
Der optimale Wortabstand
entspricht ungefähr
der Dicke des großen „i".

Optimale Wortabstände

OptimaleWortabstände

Der Zeilenabstand

Der Abstand von Grundlinie zu Grundlinie wird Zeilenabstand genannt und ist bei den meisten Programmen automatisch auf 120 % des Schriftgrades eingestellt. Das entspricht bei einem 10 pt Schriftgrad einem Zeilenabstand von 12 pt. Wir sagen auch: „Der Fließtext (oder die Copy) ist 10 auf 12 Punkt gesetzt." Eine weitere Ausdrucksweise ist: „Die Copy ist mit 2 Punkt Durchschuss (Zeilenabstand minus Schriftgrad) gesetzt."

Der Begriff Durchschuss stammt aus dem Bleisatz und ist in der Praxis noch gebräuchlich, auch wenn er in keinem Layoutprogramm auftaucht

Wichtiger als der nummerische ist der optische Zeilenabstand. Er sollte so ausgerichtet sein, dass beim Lesen der Sprung vom Ende einer Zeile zum Anfang der nächsten Zeile gut gelingt.

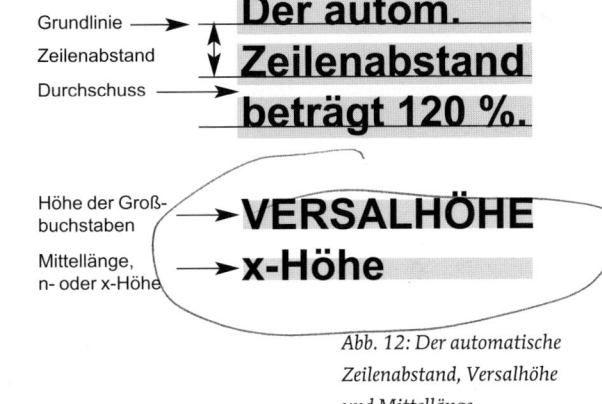

Einflussfaktoren für den Zeilenabstand sind:

- **die Schriftform**
  - die Größe der Innenräume (Punzen)
  - das Verhältnis von Mittellänge zu Versalhöhe
- **die Zeilenlänge** (je länger die Zeilen, desto größer der Zeilenabstand)

Abb. 12: Der automatische Zeilenabstand, Versalhöhe und Mittellänge

Sehen Sie sich die folgenden Beispiele an. Bei welchem Textblock ist der Zeilenabstand am größten?

1 Dass ein Lächeln positive Auswirkungen auf die Gesundheit haben kann, weiß der Volksmund schon lange. Jetzt sind auch Wissenschaftler davon überzeugt. Was ist unterhaltsamer, eineinhalb Stunden Wetterbericht oder Charlie Chaplins filmisches Meister-

Verdana

2 Dass ein Lächeln positive Auswirkungen auf die Gesundheit haben kann, weiß der Volksmund schon lange. Jetzt sind auch Wissenschaftler davon überzeugt. Was ist unterhaltsamer, eineinhalb Stunden Wetterbericht oder Charlie Chaplins filmisches Meisterwerk „Moderne Zeiten"?

Bernhard

Abb. 13: Die x-Höhe und der optische Zeilenabstand

Vielleicht überrascht es Sie, aber in beiden Absätzen ist immer der gleiche Zeilenabstand und auch die gleiche Schriftgröße vorhanden. Die Größenwirkung bei Schriften ist von der jeweiligen Konstruktion der Type abhängig.

! Der optische Zeilenabstand sollte mindestens das 1,5-fache der x-Höhe betragen.

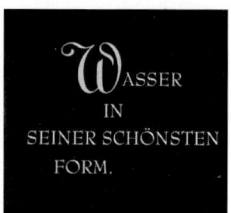

Abb. 14: Freier Zeilenfall:
Anzeigenkampagne von
Staatl. Fachingen,
Heil- und Mineral-
brunnen GmbH

Der Zeilenfall

Headlines, Claims (Slogan, Motto) und Aufmacher in Zeitungen werden schneller erfasst, wenn der Zeilenfall sinngemäß ist. Eben so, wie man spricht. Beim ersten Beispiel ist zwar der Platz besser ausgenutzt worden, aber die Botschaft kommt schlechter an.

Wer einen Audi quattro hat, kommt überall sicher an. Wenn er erst einmal drinsitzt.

Wer einen Audi quattro hat, kommt überall sicher an.

Wenn er erst einmal drinsitzt.

B-3-02-C: Bitte setzen Sie folgenden Claim (United Technologies) mit einem sinnvollen Zeilenfall in einer Schrift, die Ihnen passend erscheint: Eine Firma, die das Unmögliche versucht, das Undenkbare denkt und das Unglaubliche erreicht.

● *Die Auflösung findet sich auf der CD.*

Die Formveränderung von Buchstaben

Mit der Lesbarkeit ist es wie mit dem Straßenverkehr. Es gibt Mittel und Wege, um schnell ans Ziel zu kommen. Aber man kann sich auch schnell einen Strafzettel einfangen, wenn man die Verkehrsordnung nicht beachtet. Qualitätsschriften für Lesetexte sind von ihren Entwerfern für eine gute Lesbarkeit optimiert worden. Jeder Eingriff in die Laufweite, die Schriftbreite und Änderungen der Schriftform führen zu einer Verminderung der Lesbarkeit. Extrem schmale und breite Schriften behindern das Lesen.

Abb. 15: Welche Schrift
könnte das gewesen sein?

Was ist unterhaltsamer, eineinhalb Stunden Wetterbericht oder Charlie Chaplins filmisches Meisterwerk „Moderne Zeiten"? Die Antwort dürfte den mei-

Avantgarde
Schriftbreite 70 %

Was ist unterhaltsamer, eineinhalb Stunden Wetterbericht oder Charlie Chaplins filmisches Meisterwerk „Mo-

Avantgarde
normal

Was ist unterhaltsamer, eineinhalb Stunden Wetterbericht oder

Avantgarde
Schriftbreite 150 %

Versalsatz

Bei Schlagzeilen, die richtig auffallen sollen, ist das Großschreiben eine beliebte Auszeichnungsform. Mit einem kleinen Quiz wollen wir Sie in das Thema einführen. In den folgenden drei Zeilen sind drei Sprichwörter visualisiert worden. Raten Sie mal, wie sie heißen könnten.

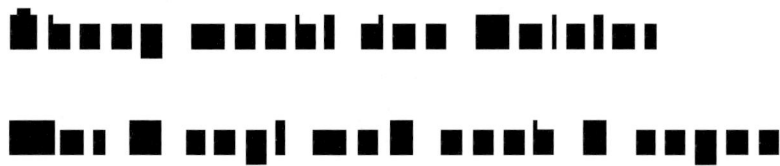

1. Übung macht den Meister.   2. Wer A sagt muß auch B sagen.

Jetzt stellen Sie sich vor, dass die Sprichwörter in Versalsatz ohne Unterlängen wie beim g, j, y und Oberlängen wie beim l, d, h visualisiert wären. Meinen Sie, man könnte sie dann noch erraten? Wohl eher nicht!

Übung macht den Meister.

Abb. 16: Anzeige von Mey, body wear – gerade die schlechte Lesbarkeit verstärkt den Effekt.

Nach Albert Kapr wird Versalsatz um etwa 12 % langsamer gelesen als gemischter Satz. Zum einen liegt das am undifferenzierten Umriss der Versalien, zum anderen entspricht es nicht den Lesegewohnheiten.

 Sperren Sie Versalsatz mit zwei bis drei Einheiten.

Differenziertheit der Buchstabenform

Unter- und Oberlängen sind wichtig für die Lesbarkeit. Bei einem differenzierten Schriftbild gibt es weniger Verwechslungsgefahren. Auch Serifen („Füßchen" sowie An- und Abstriche der Buchstaben) helfen dabei, wie wir gleich sehen werden:

Die obere Hälfte der Buchstaben ist für die Lesbarkeit entscheidend.

Ob Serifenschriften wirklich besser lesbar sind, darüber streiten sich die Experten. Eine gewisse ausgewogene Ausdifferenziertheit der Einzelbuchstaben ist auf jeden Fall vorteilhaft.

MITTELDEUTSCHER RUNDFUNK

Abb. 17: mdr, Mitteldeutscher Rundfunk. Schrift: Canyou, FUSE Fontshop International.

| Futura book, Adobe | Alte Schwabacher, Elsner + Flake | Times, Adobe |

Schriftgrad Schriftgrad
Schriftgrad Schriftgrad
Schriftgrad Schriftgrad
Schriftgrad Schriftgrad
Schriftgrad Schriftgrad
Minion Bernhard

Dass ein Lächeln positive Auswirkungen auf die Gesundheit haben kann, weiß der Volksmund schon lange. Jetzt sind auch Wissenschaftler davon überzeugt. Was ist unterhaltsamer, eineinhalb Stunden Wetterbericht oder Charlie Chaplins filmisches Meisterwerk „Moderne Zeiten"?

Dass ein Lächeln positive Auswirkungen auf die Gesundheit haben kann, weiß der Volksmund schon lange. Jetzt sind auch Wissenschaftler davon überzeugt. Was ist unterhaltsamer, eineinhalb Stunden Wetterbericht oder Charlie Chaplins filmisches Meisterwerk „Moderne Zeiten"? Die Ant-

Abb. 18: Größenvergleich Minion Web und Bernhard

Die Schriftgröße

Beim Thema Zeilenabstand haben wir gesehen, dass die Größenwirkung einer Schrift von den Mittellängen abhängt. Eine Verdana sieht in 7 pt größer aus als eine Bernhard. Bei kleinen Schriften spricht man von **Konsultationsgrößen**. Kleine Schriftgrade werden in Lexika, Formularen und beim Kleingedruckten eingesetzt, weil hier Informationen nur auszugsweise und bei Bedarf abgefragt werden. Für diesen Zweck gibt es spezielle Schriften wie die Minion Web (1990) von Robert Slimbach und die Vectora (1991) von Adrian Frutiger.

Neben der Höhe der Mittellänge hat die **Punzenweite** einen Einfluss auf die Lesbarkeit kleiner Schriftgrade. Die Punze (oder der Punzen) ist der Innen-Weißraum bei den Buchstaben a, b, d, e, g usw. Bei Schriften, die für kleine Größen optimiert sind, geht die Lesbarkeitsgrenze bis zu 5 pt. Ansonsten sollte man nicht unter 7 pt gehen.

Screenschriften, die mit einer (groben) Auflösung von 72 dpi dargestellt werden, sind unter 10 pt schlecht lesbar.

Der Schrifthintergrund

Sind Sie schon mal bei schlechtem Wetter Auto gefahren? Womöglich nachts? Mit etwas Glück hatten Sie gerade noch die Leitplanke im Auge. Das ist kein angenehmes Fahren. Auch Leser schätzen es nicht, wenn die Sichtbedingungen schlecht sind.

Ein unruhiger Hintergrund, in dem die Typo versinkt, ist dennoch keine Seltenheit, vor allem im Web. Schon weiße Schrift auf schwarzem Background reduziert die Lesbarkeit ganz erheblich. Sicher – manchmal sieht es edel aus, wenn eine helle Typo auf dunklem Hintergrund liegt. Auch zur eindeutigen Hervorhebung eines Textabschnitts ist inverse Schrift sehr gut geeignet. Was machen wir aber gegen die herabgesetzte Lesbarkeit? Da hilft, wie so oft, mehr Abstand. Erhöhen Sie die Laufweite um ein bis zwei Einheiten (1/1000 bis 2/1000 em).

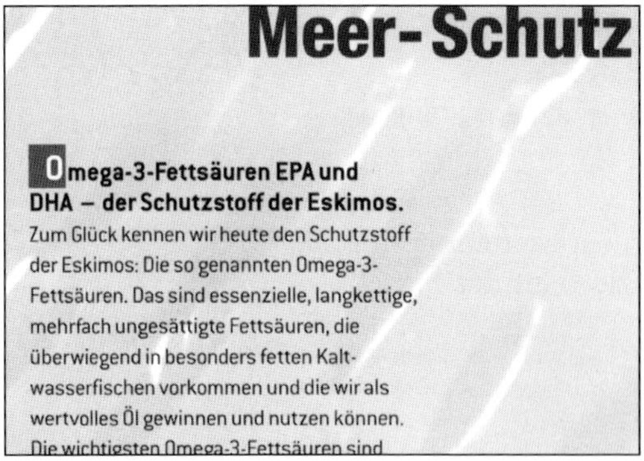

Abb. 19: Flyer „Freie Fahrt fürs Blut". Die Schrift hebt sich gut vom Hintergrund ab.

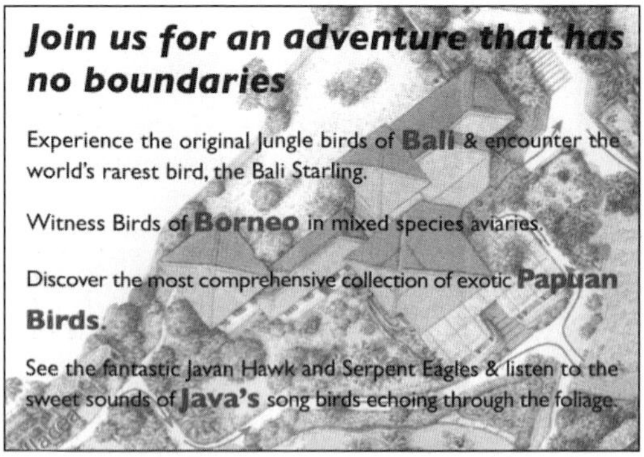

Abb. 20: Flyer „Bali Bird". Der unruhige Hintergrund und der geringe Helligkeitskontrast stören die Lesbarkeit.

3.2 Typografische Fachbegriffe

An vielen Gestaltungsschulen ist bis heute eine Bleiwerkstatt vorhanden, um den Studenten eine solide typografische Ausbildung mit auf den Weg zu geben. Das Setzen von Text in Blei ist mit dem Gebrauch von starrem Material verbunden. Es setzt eine Disziplin voraus, die ganz ohne Effekte mit der Schrift umgeht. Hier wird das typografische Auge sehr gut trainiert. Ohne Kenntnis des Bleisatzes sind zudem viele Fachbegriffe unverständlich. So z.B. der Schriftgrad, der auf der Tiefe der Bleiletter basiert und auch Schriftkegel genannt wird.

www.studiomotiv.com/ counterspace

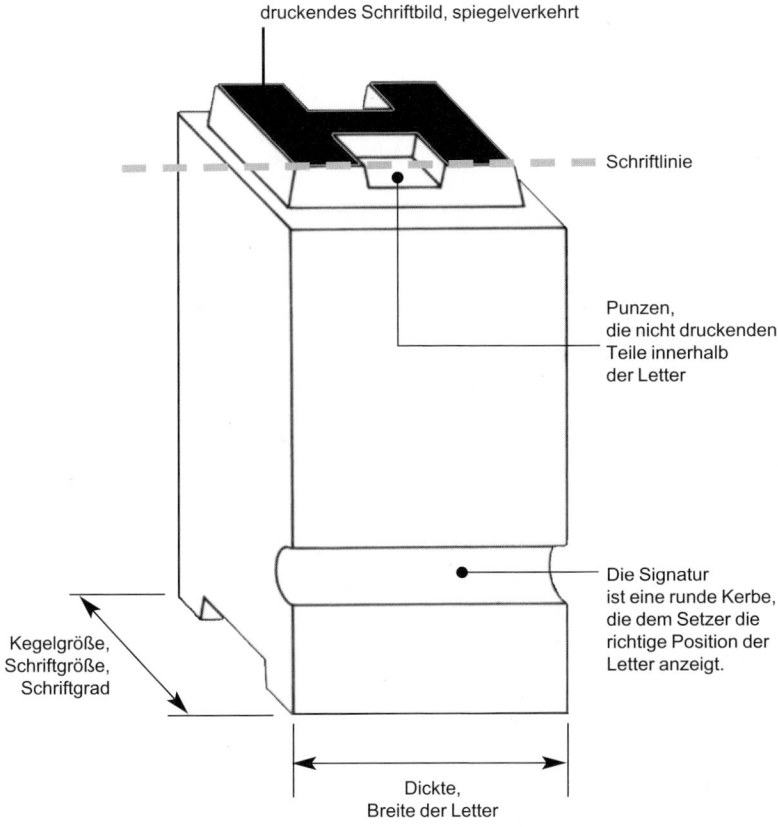

druckendes Schriftbild, spiegelverkehrt

Schriftlinie

Punzen, die nicht druckenden Teile innerhalb der Letter

Die Signatur ist eine runde Kerbe, die dem Setzer die richtige Position der Letter anzeigt.

Kegelgröße, Schriftgröße, Schriftgrad

Dickte, Breite der Letter

Abb. 22: Die Bleiletter

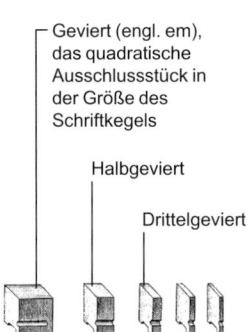

Geviert (engl. em), das quadratische Ausschlussstück in der Größe des Schriftkegels

Halbgeviert

Drittelgeviert

Abb. 21: Ausschluss-material für Abstände

Abb. 23: Setzkästen (oben) und Winkelhaken (links) aus einer Setzerei des 18. Jahrhunderts. Die Ein-zellettern werden hier Zeile um Zeile zusammengefügt.

Versalie,
lat. Majuskel
Capital

Gemeine,
lat. Minuskel
Lowercase

*Abb. 24: Groß- und
Kleinbuchstabe*

Jedes Fachgebiet hat seine eigene Fachsprache – so auch die Typografie. Wenn Sie zukünftig mit Kollegen, Lieferanten und Auftraggebern kommunizieren, wird es Ihnen umso leichter fallen, wenn Sie dieselbe Sprache sprechen.Wenn Sie Ihrem Chef oder Auftraggeber erklären möchten, warum Sie eine bestimmte Headline benutzt haben, werden Sie mit dem richtigen Fachvokabular überzeugender sein. Indem Sie die Namen der einzelnen Buchstabenteile kennen lernen, werden Sie auch aufmerksam für subtile Übergänge und Formzusammenhänge bei Schriften.

Antiquaschrift / Roman typeface 15.–19. Jahrhundert. | Serifenlose Linearantiqua / Sans Serif ab 19. Jahrhundert.

*Abb. 25: Die wichtigsten
Bestandteile der Letter*

1 Serife / *Serif*
2 Haarstrich / *Hairline*
3 Grundstrich, Stamm / *Stem*
4 Punze / *Counter*
5 Achse / *Diagonal stress*
6 Kehlung / *Bracketing*

7 Versalhöhe / *Cap height*
8 Oberlänge / *Ascender height*
9 Mittellänge, n-Höhe, x-Höhe / *x height*
10 Unterlänge / *Descender depth*
11 Schriftkegel / *Body height, em height*
12 Schriftlinie / *Base line*

fi fi

Ligatur / *ligature*

*Abb. 26:
Spezialzeichen, das zwei
oder drei Buchstaben zu
einem zusammenfasst*

Einige Fachbegriffe wie Ober-, Mittel-, und Unterlänge erklären sich fast von selbst. Andere erklären sich über das Schreibwerkzeug, wie die Achse der Rundungen, die in der Renaissance durch die schräg angesetzte Breitfeder entstand. Die Schriftlinie ist eine imaginäre Linie, auf die alle Buchstaben mit der unteren Grenze der Mittellängen ausgerichtet sind. Die Normalschriftlinie ist für alle Schriften und Schriftgrade standardisiert, damit in einer Zeile auch unterschiedliche Schriften Linie halten. Allerdings halten sich nicht alle Schriften an diese Norm.

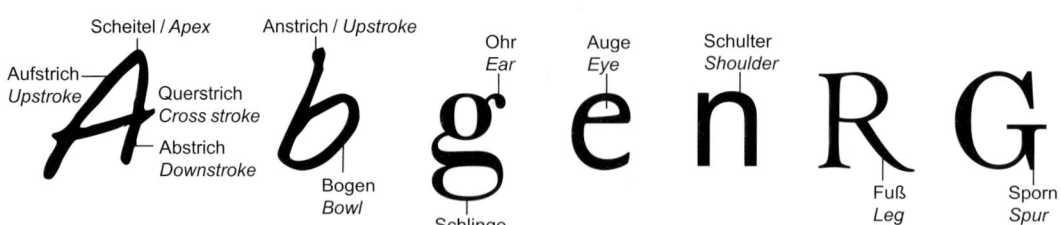

Abb. 27: Anatomie der Letter

Die Maßsysteme

In der Welt der Medien gibt es leider kein einheitliches Maßsystem. Es gibt den französischen Didot-Punkt, den angelsächsischen **Point**, das englisch-amerikanische Zollsystem (dpi)und das metrische Maßystem. Der Didot-Punkt (0,376 mm) ist an den Bleisatz gebunden und führt ein Nischendasein. Das zwölfteilige **Pica-System** hat sich mit dem Einzug der Personalcomputer international durchgesetzt. Wenn wir von einem Punkt sprechen, meinen wir dtp-Point, und das sind ≈ 0,352 mm. Grundlage des angelsächsischen Points ist der Fuß (feet). Der zwölfte Teil des Fußes ist ein Zoll (inch), das sind 25,4 mm.

Umrechnungstabelle

1 Didot-Punkt	0,376 mm / 1,07 Point / 0,0148 Inch
1 Cicero	12 Didot-Punkte / 12,844 Point / 0,1777 Inch
1 Point	0,351 mm / 0,0138 Inch (1/72 Inch)
1 dtp-Point (pt)	0,35277 mm / ca. 1/72 Inch
1 dtp-Pica	4,233 mm (12 Point)
1 mm	2,846 Point / 0,0394 Inch
1 Inch (Zoll)	25,4 mm / 72,291 Point

Schriftgrößen, Zeilenabstände und Linienstärken werden mit einem **Typometer** gemessen. Typometer sind transparent und werden auf den Text gelegt, um über die Deckungsgleichheit die entsprechenden Werte zu ermitteln. Beim Messen der Schriftgröße wird anhand einer Versalie z.B. „M" auf dem Typometer das Rechteck gesucht, das dieselbe Höhe hat. Dann liest man den dazugehörigen Wert ab; hier sind das 19 pt.

Abb. 28: Typometer

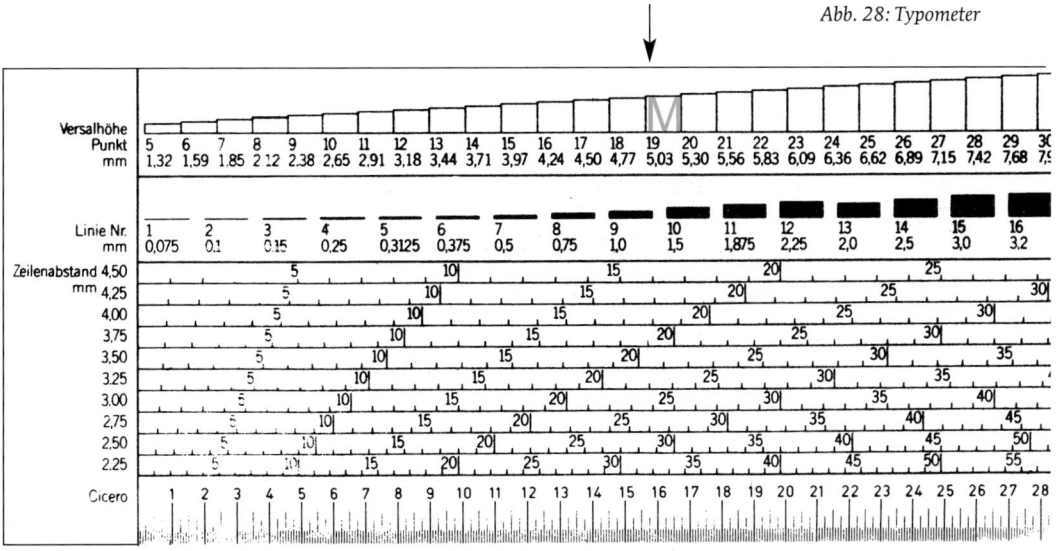

Die Schriftfamilie und ihre Schriftschnitte

Die Schriftbezeichnungen kursiv, bold oder regular sind Mitglieder einer Schriftfamilie und werden Schnitte genannt. Sie unterscheiden sich in Strichstärke, Strichbreite und Strichlage. Der Schriftgrundcharakter des Basis- oder Masterfonts bleibt erhalten. Bei allen Variationen geht man immer vom Normalschnitt der Leseschrift aus, der als roman, book, regular oder eben normal bezeichnet wird. Die Schnittbezeichnungen werden in der Regel an den Namen der Schriftfamilie angehängt wie bei Futura: „light italic". Ein Schriftschnitt wird auch Font genannt, im Gegensatz zur Schriftfamilie, die engl. „type family" heißt.

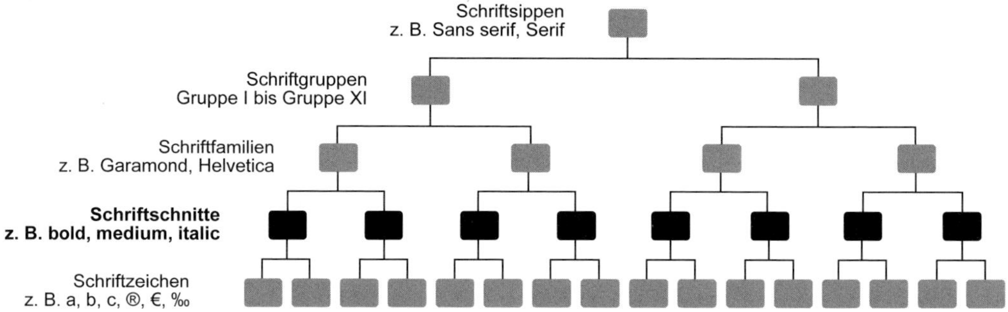

Schriftsippen
z. B. Sans serif, Serif

Schriftgruppen
Gruppe I bis Gruppe XI

Schriftfamilien
z. B. Garamond, Helvetica

**Schriftschnitte
z. B. bold, medium, italic**

Schriftzeichen
z. B. a, b, c, ®, €, ‰

*Abb. 29: Strukturbaum
Schriftengliederung*

Leider gibt es keine einheitliche Bezeichnung der Schriftschnitte, sie variiert von Schriftfamilie zu Schriftfamilie.

*Abb. 30: Unterteilung
der Schriften*

Schriftstärke	Schriftbreite	Schriftlage
Fein, *Thin, Ultralight*	Extraschmal, *Thin Ultra condensed*	Gerade stehend
Leicht, Mager, *Light*	Schmal, *Condensed Compressed, Narrow*	Kursiv, *Italic, Oblique*
Normal, Buch, *Roman, Regular, Medium, Book*	Normal	
Halbfett, *Semibold, Demi*	Breit, *Expanded, Extended*	
Fett, *Bold, Heavy*		
Extrafett, *Extra Bold, Heavy, Black*		

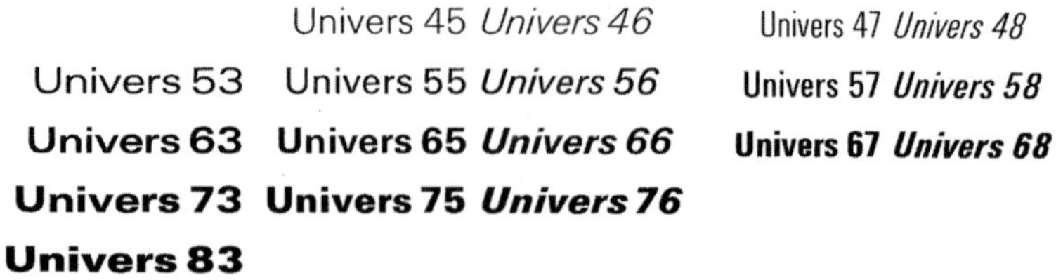

*Abb. 31:
Die Univers, ein umfassendes Konzept von 21 Schnitten von Adrian Frutiger.
Nummer 55 ist der Normalschnitt.*

Univers 45 *Univers 46* Univers 47 *Univers 48*
Univers 53 Univers 55 *Univers 56* Univers 57 *Univers 58*
Univers 63 **Univers 65** *Univers 66* **Univers 67** *Univers 68*
Univers 73 **Univers 75** *Univers 76*
Univers 83

3.3 Typografischer Knigge

Wussten Sie, dass Visitenkarten Geschichten über ihren Inhaber erzählen? Gemeint ist nicht nur der wohlklingende Firmenname oder der beeindruckende Titel. Eher das auf den ersten Blick Unscheinbare wie die Telefon-, Fax- oder Handynummer. Daran kann der Typograf mehr erkennen, als man denkt. Welche Satzart würden Sie bevorzugen?

1
☎ 030 / 456 76 56
Fax.: 030 / 456 87 51
Mobil: 0172 / 345 67 98

2
Telefon
(030) 4 5 6 76 5 6
Telefax

3
Tel.   +49-030-456 76 56
Fax   +49-030-456 87 51
Mobil 0172-345 67 98

4
fon   +49.30.456 76 56
fax   +49.30.456 87 51
mobil 0172.345 67 98

Typografische Wirkung: 1 billig, 2 ausgesprochen edel, 3 funktional, 4 trendy

Regeln für den Zahlensatz

Zahlen werden bis zur Zahl zwölf im laufenden Text ausgeschrieben. Jahreszahlen werden immer als Ziffernfolge gesetzt. Bei mehr als vier Ziffern werden die Tausenderstellen durch Abstände (im Setzerlatein auch „Spatien" genannt) untergliedert. Diese Abstände liegen je nach Schriftbild zwischen einem Fünftel- bis Achtelgeviert. Ein Sechstelgeviert entspricht in QuarkXPress dem Wert 30 Einheiten, da der Schriftkegel ca. 180 Einheiten beinhaltet. In vielen anderen Programmen wird ein Geviert (engl. em) in 100 oder 1.000 Einheiten unterteilt.

1234

12 345

- **Telefon-, Telefax-, Handy- und Postfachnummern** werden von rechts in Zweiergruppen mit einem Zwischenraum gesetzt. Falls die Durchwahl mit einem Bindestrich abgetrennt ist, wird sie zusammengeschrieben. Vor und nach einem Bindestrich steht ein Zwischenraum. Falls die Vorwahl in Klammern geschrieben wird, sollten die nachfolgenden Nummern durch ein Spatium getrennt sein.

1 23 45 67

1 23 45 - 123

(123) 1 23 45 67

- **Minuskel- oder Mediävalziffern** sind besonders edel und passen sich harmonischer dem Resttext an. Die Ziffern 6 und 8 haben Oberlängen, 2, 4, 5, 7 und 9 besitzen Unterlängen und 1, 2 und 0 weisen Mittellängen auf. Sie sind meist nur in Expertzeichensätzen (Zusatzzeichensätzen für Sonderzeichen) enthalten.

1234567890
Mediävalziffern

Fax 123 45 56

- **Normal- oder Versalziffern** wirken im Fließtext zu groß und können bei Bedarf auf ca. 90 % verkleinert werden.

123 456 78

- **Bankleitzahlen** werden von links in Dreiergruppen abgezählt, übrig bleibt eine Zweiergruppe.

1234 567

- **Kontonummern** werden von rechts beginnend in Dreiergruppen gesetzt.

12345

- **Postleitzahlen** haben keine Abtrennungen.

12,–

12,—

- **Gerundete Geldbeträge** werden mit Komma und einem Halbgeviertstrich oder in der kaufmännischen Schreibweise mit einem Geviertstrich gesetzt. Dieser ersetzt zwei Ziffern.

01.02.2002

- **Uhrzeit- und Datumsangaben** werden mit Punkten und leichten Zwischenräumen getrennt.

12 km

12 pt

- **Abkürzungen** nach Zahlen werden durch ein geschütztes Leerzeichen getrennt. Dieses hält die Längen- bzw. Größenangabe auch bei Veränderung des Umbruchs zusammen. Unter dem Mac wird es mit Alt+Leer, unter Windows mit Alt +0160 erzeugt.

70er Jahre

- **Ableitungen** stehen ohne Leerzeichen.

1 + 2 = 3

- **Einfache Formeln** werden mit Leerzeichen gesetzt.

3 %, 0,3 ‰

- **Prozent- und Promillezeichen** werden durch einen kleinen Zwischenraum getrennt.

3° oder 3 °C

- **Gradzeichen** stehen direkt hinter der Zahl. Wird die Einheit mitgenannt, steht ein Wortzwischenraum.

DIN 16 518

- **DIN- und ISO-Nummern** werden von rechts nach links in Dreiergruppen abgezählt und durch ein Spatium getrennt.

1   A
1.1   A.1

- **Absatznummerierungen** werden, wenn sie mehrstellig sind, durch einen Punkt getrennt. Eine einstellige Ziffer enthält keinen Punkt.

Strich / Stroke

- **Schrägstriche** werden ohne oder mit einem Spatium gesetzt.

u. a.
z. B.
usw.

- **Abkürzungen** wie u. a. oder z. B. werden mit einem geschützten Leerzeichen getrennt. Eine Ausnahme bilden usw. und vgl. für „vergleiche".

Regeln für die Anführungszeichen

Falls Sie Anführungszeichen durchgängig über die Tastenkombination Umschalt und 2 eingeben, könnten Sie mit etwas Glück die typografisch richtigen getroffen haben. Sie können aber auch Pech haben und in den Programmvoreinstellungen ist diese Option noch nicht eingestellt worden. Es kann auch sein, dass Sie mit einem Programm wie PHOTOSHOP arbeiten, das die Eingabe typografisch richtiger Anführungszeichen nur über spezielle Tastenkürzel zulässt.

Welche die richtigen Anführungszeichen sind, variiert von Land zu Land. In Deutschland gibt es zwei unterschiedliche Konventionen: die „Gänsefüßchen" und die französischen im »deutschen« Gebrauch mit den Spitzen nach innen. In Frankreich und in der Schweiz werden sie mit den Spitzen nach außen eingesetzt. Die englischen Anführungszeichen befinden sich im Bereich der Oberlängen. Die Anführung entspricht der Zahl 66, die Abführung der Zahl 99 (six six nine nine).

Bei der Verschachtelung von Anführungszeichen sind im äußeren Bestandteil doppelte und innen einfache Anführungen zu setzen. Die Verwendung von ¨Zollzeichen¨ anstelle von Anführungszeichen ist mehr als peinlich und sollte unbedingt vermieden werden.

Apostroph

Der Apostroph ist meist ein Auslassungszeichen und hat die Form einer kleinen hochstehenden „9". Die Regeln für die Verwendung von Apostrophen sind umfangreich und am besten im Duden nachzusehen.

Auslassungspunkte (Ellipse)

Diese bestehen aus drei aufeinander folgenden Punkten, die, setzt man sie einzeln, zu eng wirken. Besser sieht die weiter laufende Ellipse aus. Innerhalb eines Textes steht die Ellipse zwischen Leerzeichen.

Regeln für die Textstriche

In der Typografie gibt es nicht nur einen Strich, den Binde- oder Trennstrich, sondern einen weiteren: den Gedankenstrich.

▪ Binde-, Trennstrich oder das Divis

Das Divis wird bei Trennungen, zusammengesetzten Wörtern wie Doppelnamen und als Auslassungszeichen bei Aufzählungen wie z.B. „Zwischen- und Gesamtsumme" eingesetzt.

▪ Gedankenstrich (Halbgeviertstrich)

Dieser hebt, wie der Name schon sagt, den in einen Satz eingeschobenen Gedanken hervor. Vor und nach dem Gedankenstrich ist ein Wortabstand zu setzen. Als Ersatz für „bis" wie bei „geschlossen: 12–13 h" und bei Streckenangaben wie Aalen–Heidenheim steht er ohne Abstand.

„deutsch"
Mac: Alt+Shift+W (2)
Win: Alt+0132 (0147)

«französisch»
Mac: Alt+Q (Shift+Q)
Win: Alt+0171 (0187)

»französische im deutschen Gebrauch«

"englisch"
(six six nine nine)
Mac: Alt+2 (Shift+2)
Win: Alt+0147 (0148)

„… ‚einfach' …"
(Verschachtelung im Zitat oder bei wörtlicher Rede)
Mac: Alt+S (#)
Win: Alt+0130 (0145)

Sei's drum Ku'damm
Mac: Alt+Shift+#
Win: Alt+0146

vor … nach
(falsch, da drei Punkte)
vor … nach
(richtig: Ellipse)
Mac: Alt+.
Win: Alt +0133

-
(Divis, Binde-, Trennstrich) Auslassungszeichen

—
(Gedankenstrich, Halbgeviertstrich)
Mac: Alt+ -
Win: Alt+0150

Aufzählungen

Listen und Aufzählungen dienen dem Leser zur Strukturierung des Inhalts und sollten das auch in der typografischen Gestaltung widerspiegeln. Zur Hervorhebung stehen verschiedene Zeichen wie Punkte, Striche, Quadrate und Pfeile zur Verfügung. Das Zeichen sollte den Text nicht erschlagen, sondern gezielt auf die einzelnen Stichpunkte hinweisen. Oft ist der Abstand zwischen Listenpunkt und dem Text zu groß. Ein Halbgeviert sollte reichen.

– erster Punkt in der Aufzählung – zweite Nennung innerhalb der Liste – letzter Absatz der kurzen Auflistung	• erster Punkt in der Aufzählung • zweite Nennung innerhalb der Liste • letzter Absatz der kurzen Auflistung	▸ erster Punkt in der Aufzählung ▸ zweite Nennung in der Liste ▸ letzter Absatz der kurzen Auflistung	✪ erster Punkt in der Aufzählung ✱ zweite Nennung in der Liste ✿ letzter Absatz der kurzen Auflistung

Abb. 32: Listen. Wirkt ungeordnet. Der Einzug fehlt.

Punkte (Mac: Alt+Ü / Win Alt+ 0149) sind gebräuchlich, aber langweilig.

Pfeile sind modern und aus der Navigation bekannt.

Weniger wäre mehr!

KAPITÄLCHEN

Abb. 33:

Falsche Kapitälchen erkennt man an den uneinheitlichen Strichstärken. In den meisten Programmen werden sie nur mathematisch verkleinert. Leichtes Sperren ist ratsam.

KAPITÄLCHEN

Abb. 34: Echte Kapitälchen sind eigens entworfen und haben ausgeglichene Strichstärken und eine leicht erhöhte Laufweite.

VERSALIEN

Abb. 35: Versalien wie USA- und DIN-Norm sind leicht zu sperren und um ca. 10 % zu verkleinern.

ASCII-Text   ASCII-Text

Regeln für Auszeichnungen im Fließtext

Der Grundgedanke für die Auszeichnung im Fließtext ist die Erhaltung des gleichmäßigen Grautons. Dieser bietet dem Auge keinen Widerstand und der Lesestoff kann mühelos erschlossen werden. Selbstverständlich kann dieses Prinzip nicht für jedes Medium gelten. Ein Werbeflyer fordert Irritation und Aufmerksamkeit, ein Plakat braucht Headlines in sog. Schaugrößen und ein Internetportal sollte ein vielschichtiges Angebot offerieren. Aber bei einem reinen Informationstext – denken wir an eine wissenschaftliche Arbeit – geht es um das sorgfältige und differenzierende Lesen. Die Auszeichnungsmöglichkeiten sind in diesem Sinne hierarchisch gegliedert.

1. *kursiv* und KAPITÄLCHEN – die lesefreundlichste Auszeichnung

2. **halbfett** – ein erträglicher Schriftschnitt für stärkere Hervorhebungen

3. **FETT** und VERSALSATZ – eher sparsam einsetzen

4. S p e r r e n – ist eine Untugend aus dem Schreibmaschinenzeitalter

5. <u>unterstreichen</u> ist verboten, außer bei Links im Internet

6. Schriftwechsel ist ein Tabu

auch für Broschüren
Abi relevant!

Die Satzarten und ihre Anwendung

- **Blocksatz**

  Hier sind alle Zeilen gleich breit. Der Blocksatz schließt links und rechts bündig ab. Da der Ausgleich über die Wortabstände stattfindet, sollte die Satzbreite nicht unter 45 Anschläge pro Zeile liegen. Ansonsten drohen die Wörter auseinander gerissen zu werden.

  Für Zeitschriften, Zeitungen und Bücher ist er der Standard für den Copytext (Fließtext).

- **Linksbündiger Flattersatz**

  Da die Wortabstände einheitlich sind, hat diese Satzart in sich ein ruhiges Satzbild. Allerdings kann sein Flatter-Rhythmus unschöne, auffallende Trennungen ergeben. Seine Außenkontur kann Formen wie Treppen bilden, die das Auge vom Inhalt ablenken. Linksbündiger Flattersatz wird bei Headlines, Bildlegenden und vor allem bei schmalen Spalten verwendet.

- **Rausatz**

  Der Rausatz ist eine Form des Flattersatzes, der viele Silbentrennungen erlaubt und so über eine kleine Flatterzone verfügt. Da die Zeilen ähnlich lang sind, nähert er sich dem Blocksatz an, hat aber eine unruhige, das Auge ablenkende Flatterzone. Mehr als drei Trennungen in Folge sollten vermieden werden.

- **Rechtsbündiger Flattersatz**

  Da er schwer zu lesen ist, wird er nur bei Bildlegenden und Marginalien (Randbemerkungen) eingesetzt. Auf einen sinnvollen Zeilenfall ist besonders zu achten.

- **Zentrierter Satz**

  Dieser auf Mittelachse gestellte Satz kommt nur in Headlines, auf Covern und in Gedichten vor. Er eignet sich nicht für Lesetexte. Seine Anmutung (Ausdruck) ist statisch und oft langweilig.

- **Formsatz**

  Meist wird er beim Umfließen von Bildern benutzt. Manchmal gestaltet seine Form sinnfällige, die Botschaft unterstützende Bilder.

Einzug

Der Einzug am Zeilenanfang sollte mindestens ein Geviert betragen. Beim statischen Blocksatz ist eine visuelle Trennung der Absätze über den Einzug deutlich sichtbar. Beim Flattersatz benötigt man eine noch stärkere Zäsur, vor allem bei einer schmalen Zeilenbreite werden Leerzeilen eingeschoben. Hier im Text ist die Schriftgröße 9,25 pt. Der Einzug beträgt 4 mm (11,4 pt), das entspricht 120 % eines Gevierts.

Hängender Einzug

Die Form des hängenden Einzugs kommt vor allem bei Aufzählungen und Listen vor. Der Einzug sollte klar und deutlich gesetzt werden.

Achtung bei Blocksatz unter 45 Anschägen.

Abb. 36: Unschöne Abstände im Blocksatz

Beim linksbündigen Flattersatz ist auf den Zeilenfall und auf die Trennungen zu achten.

Abb. 37: Linksbündiger Flattersatz

Achten Sie bitte beim Rausatz auf die Anzahl der Trennungen.

Abb. 38: Bei allen Satzarten: Nicht mehr als drei Trennungen in Folge zulassen.

zentriert

Abb. 39: Zentrierter Satz steht meist mittig im Format.

Abb. 40: Formsatz

Das ist ein hängender Einzug mit einem Abstand von vier Millimetern.

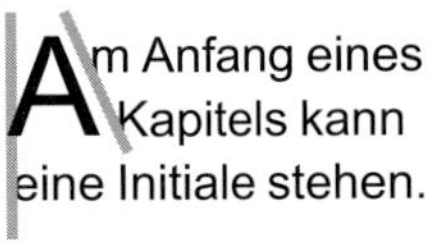

Am Anfang eines Kapitels kann eine Initiale stehen.

Abb. 41: Optischer Rand-ausgleich mit korrigierten Zeilenanfängen

Initialen

Sie stehen am Anfang eines Kapitels oder Abschnitts und haben eine dekorative und einleitende Funktion (lat. initium = Anfang). Sie ragen entweder über die Zeile nach oben hinaus oder sind im Text eingebettet. In Layoutprogrammen kann angegeben werden, wie viele Zeichen und Zeilen dabei integriert werden. Bei einmaliger Verwendung der Initiale z.B. bei einer Einladungskarte ist es besonders schön, wenn der folgende Text die Form des Initials umschließt. Dafür gibt es leider keine automatische Funktion, sodass diese aufwändige Einstellung bei Mengensatz nicht zu empfehlen ist.

Beim Webdesign mit HTML vergrößert ein großer formatierter Anfangsbuchstabe den nachfolgenden Zeilenabstand. Das zerreißt das Textbild.

B-3-03-M: „Fehlersuche". ● *Auf der CD befindet sich ein Text, in dem elf Satzfehler versteckt sind. Beschreiben Sie die Art der Fehler und machen Sie Verbesserungsvorschläge. Die Auflösung ist ebenfalls auf der CD.*

Umbruchregeln und Satzfehler

■ Hurenkinder und Schusterjungen

Die markantesten Satzfehler im Umbruch sind „Hurenkinder" und „Schusterjungen" (auch Waisenkinder genannt). In der Sache sind diese Satzfehler zwar gravierend, können aber leicht durch entsprechende Einstellungen in den Layoutprogrammen vermieden werden.

Ein Schusterjunge ist eine erste Zeile eines neuen Absatzes, die am Fuß der Spalte steht. Sie wirkt verloren, da der Hauptteil des Absatzes oben auf der nächsten Spalte folgt. Das inhaltliche Sinngefüge des Absatzes wird auseinander gerissen und das ist immer auch ein Verstoß gegen die Lesbarkeit. Weitaus störender ist ein Hurenkind. Da die letzte Zeile eines Absatzes oben am Beginn einer Spalte steht. An dieser exponierten Stelle fällt das Hurenkind natürlich stärker ins Auge als unten der Schusterjunge.

Abb. 42: Schusterjunge

Abb. 43: Hurenkind

■ Umgang mit Headlines und Subheads

Nach Headlines sollte kein Einzug stehen, erst wieder in den folgenden Absätzen. Bei einem mehrspaltigen Layout ist darauf zu achten, dass die Zwischenüberschriften nicht nebeneinander auf gleicher Höhe stehen, da der Leser sie sonst hintereinander liest.

Es gibt noch unzählig viele Regeln in der Typografie. Jedes Medium wie die Zeitschrift, das Plakat oder das Internetportal hat zudem seine eigenen Regeln. Mit der entsprechenden Fachliteratur (siehe Bibliografie) können (und sollten) sich angehende Typografen ständig weiterbilden.

3.4 Typografie im Raster

„Die Anwendung des Rastersystems versteht sich als Wille zur architekto-nischen Beherrschung der Fläche und des Raumes." Josef Müller-Brockmann

Erinnern Sie sich noch an Ihren letzten Umzug. Ihre ganzen Sachen standen, verpackt in Kisten, in der neuen Wohnung und Sie wussten nicht, wo Sie alles einordnen sollen. In der alten Wohnung hatte alles seinen angestammten Platz und jetzt ist alles anders. Die Kommode passt nicht in die Ecke, so wie Sie es gedacht hatten, und Ihr Hund ist auch schon ganz wuschig. Jetzt hilft nur noch ein Zollstock und ein pragmatischer Plan. Bis alles seine neue Ordnung hat, werden Tage vergehen. Ungefähr so wird es Ihnen gehen, wenn Ihr Auftraggeber Texte, Bilder und Ideen für ein neues Projekt liefert. Auch hier müssen Sie als Erstes nach einem geeigneten Ordnungssystem suchen – einem Raster.

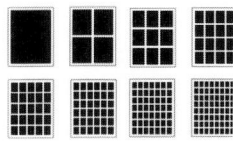

Abb. 44: Unterteilung der Seite in Rastereinheiten

Oder Sie sind ein ganz anderer Typ und wissen schon im Voraus, was Sie wollen, weil Sie immer nach Plan arbeiten. Dann haben Sie die Mechanismen, die für die Gestaltung im Raster gelten, bereits unbewusst umgesetzt, denn Ordnung ist das halbe „Layout".

Bleiben wir bei unserem Umzug. Nach welchen Kriterien haben Sie die Entscheidung für die neue Wohnung getroffen? Die Größe, der Schnitt der Wohnung und die Anzahl der Zimmer waren Ihnen sicher wichtig. Übertragen auf ein Druckerzeugnis kommt es auf folgende Faktoren an:
1. das Seitenformat,
2. den Satzspiegel,
3. die Einteilung in vertikale und horizontale Spalten.
Das sind erste Entscheidungen, die in Abhängigkeit zum Seitenumfang und Produktionspreis im Printbereich getroffen werden. Es gibt noch weitere Faktoren wie die Anzahl der Farben und die Papiersorte.

Abb. 45: Raster nach dem Modulsystem

Beim Design digitaler Medien, wie z.B. eines Screendesigns für CD-ROMs, sind die Proportionen des Formats (3:4) vorgegeben, die Aufteilung der Seite in Funktionsbereiche wie Navigation und Content findet über einen Raster statt. Auch im Webdesign ist ein Gestaltungsraster notwendig; er ist allerdings oft flexibler anzulegen, da mit variablen Faktoren wie z.B. unterschiedlichen Bildschirmauflösungen, userabhängigen Browserfenstergrößen und dynamischen Umbrüchen zu rechnen ist. Auf die Besonderheiten von Rasterlayouts im digitalen Bereich wird am Ende des Kapitels eingegangen.

- **Seitenformat und Proportion**
Die Vorstellung von harmonischen Seitenverhältnissen ist eng mit der Geschichte der Buchkunst verbunden. Der goldene Schnitt (1 : 1,618 ≈ 5 : 8) und die Seitenverhältnisse 2 : 3 bestimmten die ersten Jahrhunderte des Buchdrucks. Geometrisch konstruierte und in einfachen rationalen Zahlen definierte Proportionen sind bis heute gebräuchlich. Unser DIN-Format hat das Verhältnis 1 : √2 = 1 : 1,414 (≈ 5 : 7).

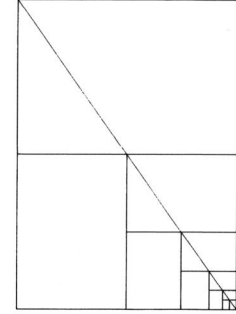

Abb. 46: DIN-Format: Die Reihe der A-Formate

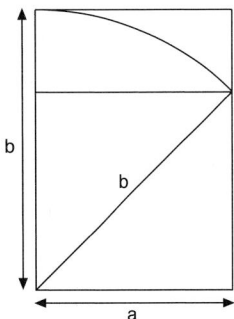

Abb. 47: Konstruktion des DIN-Formats (1 : √2)

Vraust Abi!

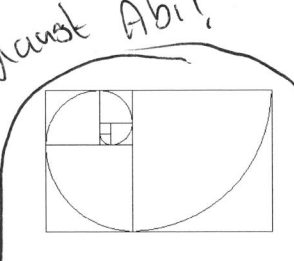

Abb. 48: Fibonacci-Spirale. Eine Vereinfachung des goldenen Schnitts. Die Seitenlänge der Quadrate ergibt die Zahlenreihe: 3, 5 ,8, 13, 21, 34, 55 usw.

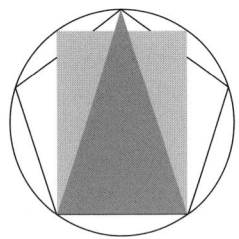

Abb. 49: Das Goldene-Schnitt-Dreieck Mithilfe des Pentagons (o. anderer Vielecke) werden Seitenproportionen abgeleitet.

Die Besonderheit dieses Formats besteht darin, dass beim Halbieren der längeren Papierkante immer wieder Formate mit dem gleichen Verhältnis entstehen. So ist das DIN-Format das sehr ökonomische Standardformat der Druckindustrie.

Auch der goldene Schnitt ist ein geometrisch-mathematisches Format, das auf Zirkelkonstruktion beruht (siehe S. 23). Hier geht es um die Teilung einer Strecke in eine größere (b) und eine kleinere (a), wobei sich die größere zur kleineren verhält wie die größere(b) zur Gesamtstrecke (a + b), so wie die Gesamtstrecke (a + b) zur größeren plus der Gesamtstrecke (a + b) + b. Diese Streckenteilung ergibt die aufsteigende Zahlenfolge: a, b, a + b, (a + b) + b, die sich erweitern lässt, indem je zwei aufeinander folgende Größen addiert werden. In Zahlen ausgedrückt ergeben sich die Verhältnisse 1 : 0,618 und 1 : 1,618. Jede beliebige Zahl kann mit 1,618 multipliziert werden, um die nächstgrößere Zahl zu erhalten. Diese von einer konstruierten Streckenteilung abhängende, fortlaufende Gesetzmäßigkeit hat schon die Griechen fasziniert. Die Suche nach dem „rechten Maß" kam in der Architektur der Renaissance zur Blüte, wo der goldene Schnitt bei den Größenverhältnissen der Gebäudeteile zum Tragen kommt. Schönheit der Proportion beruht demnach auf der Beziehung der einzelnen Teile untereinander sowie dieser Einzelteile zum Ganzen. Sie ist nachvollziehbar und geometrisch beweisbar. Der goldene Schnitt wurde allerdings im Buchdruck selten verwendet, gebräuchlicher sind Formate wie z.B. 2 : 3, 3 : 5, 5 : 8, 3 : 4, 4 : 5, 5 : 9, 1 : 1,538, 1 : √2, 1 : √3.

Die Wahl des Formats wird auch von pragmatischen Gesichtspunkten wie Marketingvorgaben oder den Kosten bestimmt und nicht nur nach rein ästhetisch-funktionalen Gesichtspunkten entschieden. Die Wahl des Formats ist eine wichtige Ausgangsfrage, weil sie Auswirkungen auf sämtliche weiteren Layoutentscheidungen hat.

▪ Satzspiegel und Ränder

Im nächsten Schritt wird der Satzspiegel definiert. Das ist die Fläche, die mit Text und Bild belegt wird. Die Seitenzahl (Pagina oder tote Kolumne)und der Seitentitel wie z.B. auf dieser Seite links oben die Kapitelnennung (lebende Kolumne) gehören nicht dazu.

Auch bei der Bestimmung des Satzspiegels gibt es für das Buch Konventionen, die seit Gutenbergs Zeiten gelten. Das Ziel ist, eine Harmonie zwischen Seitengröße und Satzspiegel zu erreichen. Dafür gibt es die Methode der Diagonalkonstruktion, bei der die Diagonalen über die Einzel- und Doppelseiten gezogen werden, um im zweiten Schritt die Eckpunkte des Satzspiegels – wie in einem Spannrahmen – aufzunehmen. Dazu wird ein beliebiger Punkt auf einer der Seitendiagonalen als Ausgangspunkt gewählt, durch den man eine horizontale bzw. vertikale Linie zieht, die eine der anderen Diagonalen schneidet. Ausgehend von dieser Strecke, einem der Stege entspricht, vervollständigt sich durch rechte Winkel in den Schnittpunkten der Satzspiegel.

Bei der Gutenberg'schen Bibel ist der Satzspiegel nicht frei wählbar angelegt, sondern ergibt sich durch eine aufwändigere Konstruktion aus der Wahl des Seitenformats. Steht das Einzelseitenformat im Verhältnis des goldenen Schnitts, dann ist der Satzspiegel genau so hoch, wie die Seite breit ist.

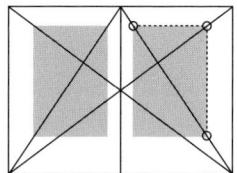

Abb. 50: Diagonalkonstruktion mit frei bestimmbarem Satzspiegel

Nun ist die Konstruktion des Satzspiegels kein Selbstzweck, sondern hat u.a. die Aufgabe eine Randzone zu definieren, die sowohl aus technischen wie auch ästhetischen Gründen notwendig ist. Bei der buchbinderischen Weiterverarbeitung von Büchern ist immer mit einem Beschnitt von bis zu 5 mm zu rechnen. Text ohne Randzone würde abgeschnitten werden. Ein zu kleiner Rand kann technische Ungenauigkeiten optisch nicht ausgleichen. Da im Printbereich herstellerische Fragen eine große Rolle spielen, sollten diese vor der Gestaltung und Konzeption unbedingt geklärt werden. Wie dick wird das Buch oder die Broschüre? Welches Papier wird verwendet? Welches Heftverfahren wird eingesetzt? All das wirkt sich auf die Aufschlagfähigkeit des Buches aus und verursacht Standdifferenzen des Satzspiegels. Der Bund-Schwund muss immer berücksichtigt werden.

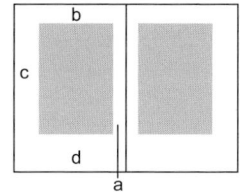

Abb. 51: Ränder oder Stege
a = Bundsteg, b = Kopfsteg
c = Außensteg, d = Fußsteg

Ein wohlproportionierter Rand erhöht den Lesekomfort. Das Buch liegt gut in der Hand, ohne dass die Finger den Text verdecken. Liest man es im Sitzen oder Liegen, müssen die Außenstege und der Fußsteg großzügig angelegt werden. So ergeben die beiden Seiten der Doppelseite ein geschlossenes Gesamtbild, sie fallen nicht unschön auseinander. Bei zu kleinen Rändern wirken die Text-, Bildspalten eingeengt, sodass die Seite einen überfüllten, ungeordneten Eindruck macht.

Klassische Randverhältnisse sind:

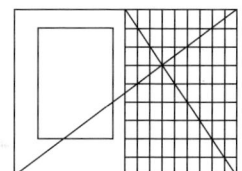

Abb. 52: Der Kanon spätmittelalterlicher Handschriften – von Gutenberg übernommen. Blattproportion 2 : 3. Raster neungeteilt.

Blattproportion	Bundsteg	Kopfsteg	Außensteg	Fußsteg
2 : 3 (Gutenberg)	2	3	4	6
A4-Format (Vorschlag)	2	3	4	5

In der Praxis können die idealen Proportionen nur selten befolgt werden. Im Normalfall sollten aber folgende Gestaltungsregeln beachtet werden:

- **Der Fußsteg ist größer als der Kopfsteg,**
  da die optische Mitte höher als die geometrische liegt.
- **Die beiden Bundstege sind ausreichend breit,**
  damit der Text nicht im Bund verschwindet.
- **Die Proportionen von Satzspiegel und Format sind ähnlich.**

Für alle Regeln gibt es auch Ausnahmen. Der Typograf kann auch die Proportionen des Satzspiegels konträr zum Format anlegen, um dessen optische Wirkung zu verändern und es höher oder breiter erscheinen zu lassen.

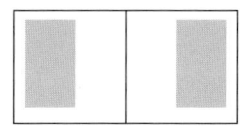

Abb. 53: Die schmalen Spalten strecken das Format.

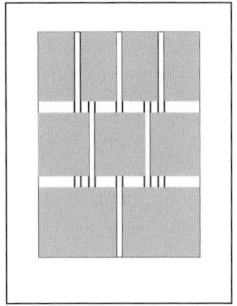

Abb. 54: Satzspiegel mit
zwei, drei und vier Spalten

- **Innere Aufteilung des Satzspiegels in Spalten**

Die Breite der Spalten steht in Abhängigkeit zur Lesbarkeit des Fließtextes. Zunächst sind die Schriftart, die Schriftgröße und der Zeilenabstand (Zab) zu klären, bevor die Zeilenlänge eingegrenzt werden kann. Ein Richtwert für eine gut lesbare Zeilenlänge sind 45–65 Anschläge oder max. zehn Worte pro Zeile. Ausnahmen bilden Marginalien (Randspalten) und Bildlegenden. Die Spaltenabstände, auch Zwischenschläge genannt, sind so anzulegen, dass die Spalten weder „auseinander fallen" noch „zusammenkleben".

Die Anzahl der Spalten ist oft sowohl zwei-, drei-, vier- oder auch fünfspaltig. Je nach der geforderten Variabiliät des Rasters. Die Gesamtbreite des Satzspiegels ist so aufzuteilen, dass die jeweils gewollte Spaltenanzahl rechnerisch möglich ist. Die Spaltenhöhe ist ein Vielfaches des Zeilenabstandes des Grundtextes, damit Text- und Bildelemente stets Linie halten. In QuarkXPress und InDesign gibt es z.B. die Funktion des Grundlinienrasters, die in den Dokumentvorgaben eingestellt wird.

- **Der typografische Raster**

Die Art und Weise, wie ein typografischer Raster konstruiert wird, hängt vom jeweiligen Designer ab. Das Ziel ist immer, sämtliche Details in Einklang zu bringen. Headlines und Subheads (Haupt- und Zwischenüberschriften), Bilder und Bildlegenden – alle Typo- und Bildelemente passen ins Rastersystem. Ein solch umfangreicher typografischer Raster kann nur konzipiert werden, wenn der Umfang und die Beschaffenheit des Text- und Bildmaterials bekannt ist. Manchmal sind weder die Zeit noch die Mittel vorhanden, um eine solide Grundstruktur vorab festzulegen, obwohl sie sinnvoll und letztendlich zeitsparend ist.

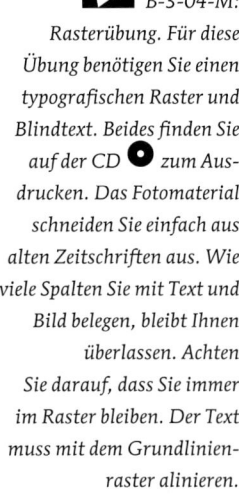

B-3-04-M:
Rasterübung. Für diese
Übung benötigen Sie einen
typografischen Raster und
Blindtext. Beides finden Sie
auf der CD ⬤ *zum Ausdrucken. Das Fotomaterial*
schneiden Sie einfach aus
alten Zeitschriften aus. Wie
viele Spalten Sie mit Text und
Bild belegen, bleibt Ihnen
überlassen. Achten
Sie darauf, dass Sie immer
im Raster bleiben. Der Text
muss mit dem Grundlinien-
raster alinieren.

Abb. 55: Teilnehmerarbeiten

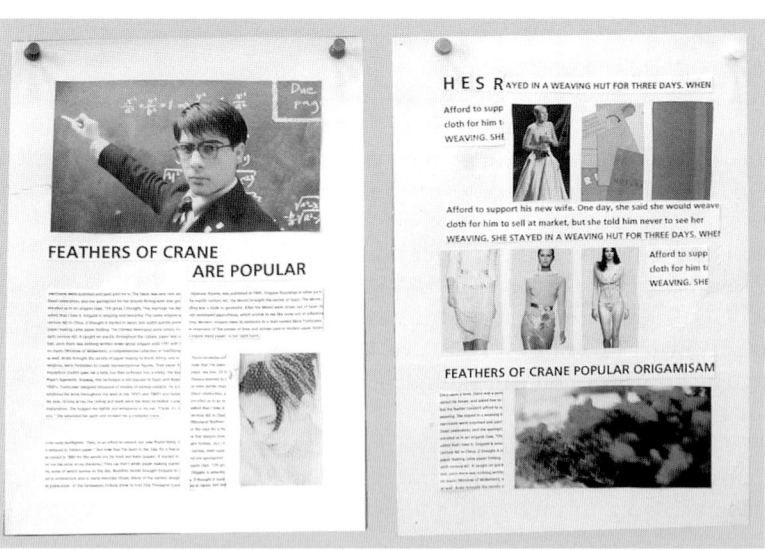

Bei Printmedien wie Flyern, Leporellos und einmaligen Auflagen sind im Gegensatz zu Periodika (periodisch erscheinende Printmedien) und schönen Büchern keine umfangreichen Rastersysteme notwendig. Die Entwicklung eines typografischen Rasters ist immer aufwändig, aber die Mühe lohnt sich.

Auf der gegenüberliegenden Seite sehen wir die Ergebnisse einer Übung, die spielerisch ins Thema eingeführt hat. Das Raster war vorgegeben, sodass wir den praktischen Einsatz des Rasters unproblematisch ausprobieren konnten. Wenn diese Übung von einer Gruppe ausgeführt wird, ist das Ergebnis frappierend. An eine Wand gepinnt, ergibt die Reihe der Layouts eine große Homogenität. Obwohl jeder Teilnehmer seine individuellen Bilder und Texte ausgewählt hat, ist durch das vorgegebene Raster ein durchgängiges Gesamtlayout entstanden. Der Schweizer Emil Ruder hat das 1967 wie folgt beschrieben: „Der Raster ist hier das Mittel, das die unterschiedlichen Textmengen, unterschiedlichen Bildgrößen und Bildformate zu einer formalen Einheit zusammenfasst."

Wie können wir das erreichen? Eine kleine Schritt-für-Schritt-Einführung wird Ihnen auf den Weg helfen. Zu Beginn ist das Printmedium zu definieren, dann der Umfang des Bild- und Textmaterials. Legen Sie nun folgende Größen fest:

1. **das Seitenformat,**
2. **den angestrebten Satzspiegel durch die Randstege,**
3. **die gewünschten Spalten und Bildformate.**

Beginnen Sie mit kleinen Skizzen in der richtigen Proportion des Seitenformats. Experimentieren Sie mit unterschiedlichen Spaltenzahlen: 2, 3, 4, 5 usw. Fügen Sie Ihre Bildelemente hinzu.

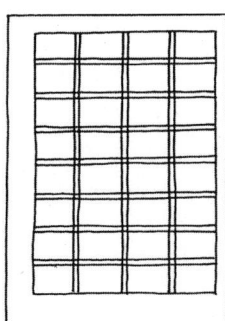 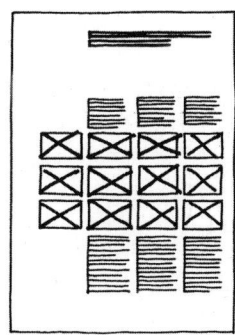 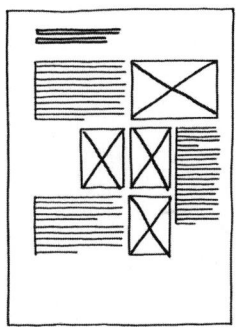

Abb. 56: Scribbles (Skizzen) im vierspaltigen Raster. Die Bilder sind mit einem Kreuz gekennzeichnet.

Ihre Skizzen sind ein guter Grundstock, um sich dem Problem anzunähern. Der endgültige Raster kann aber erst nach der Auswahl des Zeilenabstandes der Brotschrift (Grundtext) festgelegt werden. Der Zeilenabstand ist die kleinste Einheit des Rasters.

Veranschaulichen wir das an einem Beispiel. Stellen Sie sich vor, Sie wollen einen gepflasterten Weg in Ihrem Garten verlegen. In etwa können Sie im Vorfeld die Breite und Länge festlegen (Satzspiegel). Das ist

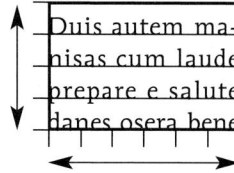

Abb. 57: Rasterfeld mit
vier Zeileneinheiten in der
Höhe und sechs Einheiten
in der Breite

1 dtp-Punkt ≈ 0,353 mm
(= 0,35277 mm)

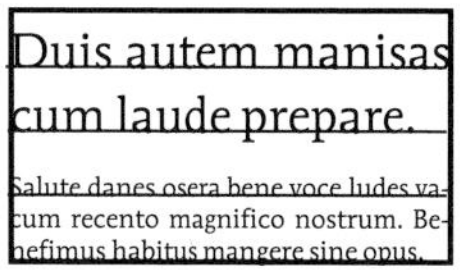

Abb. 58: Kleinere oder
größere Schriften alinieren
ebenso. Ihr Zab ist eine ganz-
zahlige Teilung oder
ein Vielfaches der Zeilen-
einheit.

auch nötig um auszurechnen, wie viele Pflastersteine Sie benötigen. Aber Sie haben noch nicht recherchiert, was für Steingrößen erhältlich sind. Erst wenn Sie sich auf eine Steinsorte festgelegt haben, können Sie die genaue Bestellung aufgeben und haben dann das exakte Maß für Ihren Gehweg. Die Höhe der Steine würde dem Zab entsprechen. In der Breite wird ebenfalls die Rastereinheit des Zeilenabstandes abgetragen.

Jetzt zurück zu unserer Schritt-für-Schritt-Einleitung:

4. Festlegen des Grundtextes mit dem dazugehörigen Zeilenabstand,

5. Festlegen des endgültigen modularen Rasters.

Im vierten Schritt legen wir also den Zab des Grundtextes fest. Das ist der Lesetext (Fließtext), der den Hauptteil der Textinformation ausmacht. Einige Schriftproben sind notwendig, um die passende Schrift mit dem geeigneten Zeilenabstand zu finden. Im Kap. 3.1 wird ausführlich auf den Zeilenabstand eingegangen.

Alle weiteren Schritte werden im Verhältnis 1 : 1 angelegt, da es jetzt auf Präzision ankommt. Lassen Sie uns das an einem konkreten Beispiel aufzeigen:

1. Das Format: DIN A4
2. Die Ränder haben das angestrebte Verhältnis 2 : 3 : 4 : 5.
   Bundsteg: 15, Kopfsteg: 22,5, Außensteg: 30, Fußsteg: 37,5 mm
   Dadurch entsteht ein Satzspiegel von 165 mm x 237 mm.
3. In der Breite haben wir vier Spalten, in der Höhe acht Rasterfelder.
4. Wir legen den Zab des Grundtextes mit 12 pt fest und überziehen unseren Satzspiegel mit dem quadratischen Zeilennetz. In der Höhe zählen wir 56 Zeilen, in der Breite 39 Zeilen. Rechnerisch lässt sich das über die Umrechnung von Millimetern in Punkten ermitteln. Bei 165 mm Breite sind das gerundet 467,5 pt, die geteilt durch den Zab von 12 pt, 39 Zeilen (gerundet) entsprechen. Dieselbe Rechnung gilt für die Höhe: 237 mm ≈ 671,5 pt; 671,5 : 12 ≈ 56 (Zeilen)
5. Die Spaltenanzahl ist mit vier vorgegeben mit jeweils einer Zeile Zwischenraum. Von den 39 Zeilen ziehen wir drei Zeilen ab, die für den Spaltenabstand benötigt werden. Es bleiben also noch 36 Zeilen übrig, die wir durch vier teilen. Wir erhalten neun Zeilen für die Spaltenbreite. In der Spaltenhöhe haben wir im Entwurf acht Rasterfelder festgelegt. Von 56 Zeilen ziehen wir sieben Zeileneinheiten (Leerzeilen) ab. Es bleiben 49, die durch acht geteilt 6,125 Zeilen ergeben. Da es bei der Rastertypografie nur ganze Zahlen gibt, suchen wir die nächstkleinere Zahl, die durch acht teilbar ist. Sie ist 48, die durch acht geteilt sechs ergibt. Bei einer Rasterfeldhöhe von sechs ergeben sich insg. 55 Zeilen (660 pt ≈ 233 mm). Die 56. Zeile muss also entfallen.
   Der endgültige Satzspiegel ist 165,2 mm x 233 mm.

B-3-05-C: ● *Auf der CD sehen Sie die jeweiligen Ergebnisse der Arbeitsschritte und eine praktische Umrechnungstabelle, die das Ausrechnen der Rastereinheiten erleichtert.*

Der Lesefluss und die Gewichtung der Seite

Dem Leser auf eine spannende und interessante Weise die Informationen zugänglich zu machen heißt, Abwechslung bringen. Ein Vergleich des Tagesspiegels von 1945 und 2004 gibt einen guten Eindruck, wie sehr sich das Layout verändert hat und eine journalistische Funktion übernimmt.

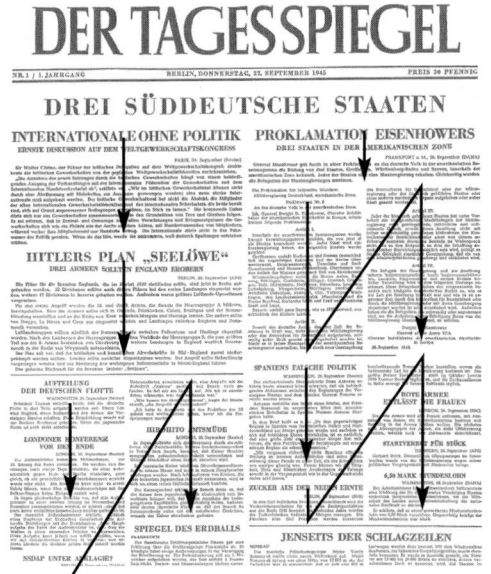

Ob Sie nun eine asymmetrische oder eine symmetrische Text- und Bildanordnung bevorzugen – wichtig ist es, das Layout im Gleichgewicht zu halten. Dynamische Kompositionen zeichnen sich dadurch aus, dass die Bild- und Textanteile unterschiedlich gewichtet sind. Alle Möglichkeiten der Satzanordnung und Umbruchregeln zu besprechen würde den Rahmen unseres Buchs sprengen.

Abb. 59: Was wird zuerst wahrgenommen? Vergleich des Tagesspiegels von 1945 und von 2004

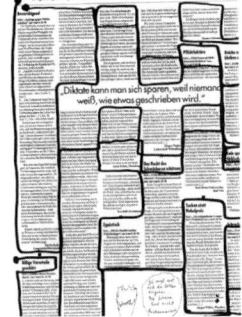

B-3-06-M: Lesefluss und Seitengliederung. Nehmen Sie eine x-beliebige Zeitung oder Zeitschrift und ziehen Sie mit einem dicken Filzstift eine Linie, die sich durch das Layout schlängelt wie ein Fluss durch die Landschaft. Im zweiten Schritt färben Sie die Absatzblöcke, die Schlagzeilen und die Bildlegenden schwarz ein. Sie werden staunen, wie plötzlich die Konstruktion der Seite sichtbar wird.

Abb. 60: Teilnehmerarbeiten

▪ **Raster im Screendesign**

Beim Design digitaler Medien spielt der Gestaltungsraster eine ebenso bedeutsame Rolle wie bei den Printmedien. Er ist ein Ordnungssystem für die Positionierung von Texten, Navigationselementen, Logos, Bildern, Animationen und Videos. Genau wie bei den Printmedien gibt es im digitalen Medienbereich unterschiedliche Formate, die in Pixel (px) angegeben werden: CD-ROM: 800 x 600, Fernsehbildschirm (DVD): 768 x 576 und Browserdarstellung im Web: 760 x 420 als kleinster gemeinsamer Nenner unterschiedlicher Größen.

Beim Design digitaler Medien kommt eine neue Ebene hinzu: die Auflösung des Screens bzw. des Displays. Bilder und Texte werden über eine Pixelmatrix (Auflösung) dargestellt. Diese Auflösung wird in „dots per inch" angegeben und definiert die Dichte der Bildpunkte. Pro Inch (25,4 mm) werden auf dem Bildschirm 72 Bildpunkte dargestellt. Je höher die dpi-Zahl ist, desto mehr Bildinformation und Bilddetails sind vorhanden. Im Gegensatz zum Screen ist die durchschnittliche Auflösung im Offsetdruck 2400 dpi. Die Auflösung ist also etwa 33mal größer als auf dem Bildschirm. Das hat Auswirkungen auf die Schriftdarstellung. Kleiner als 10 px sollte der Schriftgrad nicht sein, da sonst die Lesbarkeit leidet. Auch der Gestaltungsraster ist robuster anzulegen, da die Orientierung bei interaktiven Medien komplexer ist als beim linearen Buch. Die konsistente Benutzerführung steht im Vordergrund (siehe Teil C).

Abb. 61: Elfspaltiger Raster für eine CD-ROM zum Thema „Menschen und Manieren" Die Primzahl elf hat den Vorteil, dass beim Verbinden von Spalten immer eine Spalte übrig bleibt. So entsteht eine offene, leichte Layoutstruktur studentische Bachelorarbeit.

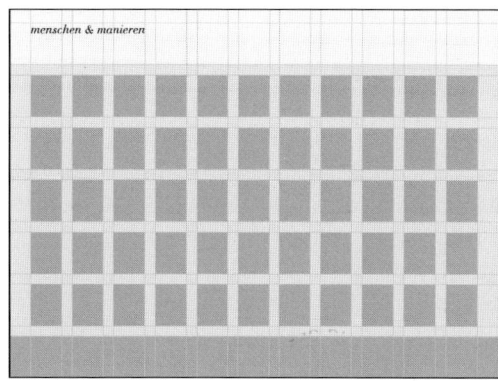
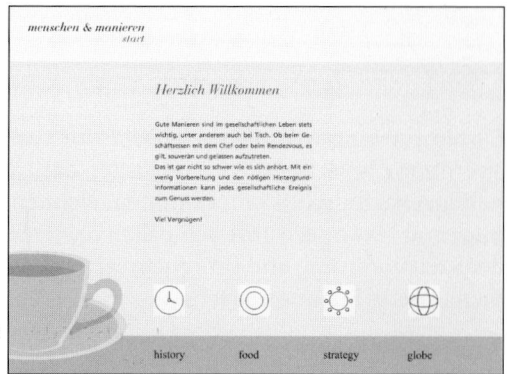

B-3-07-C: *Gestalten Sie eine Website, deren Hauptnavigation aus den sechs Menüpunkten besteht: „Wir über uns", „Forschung", „Heilmethoden", „Prophylaxe", „FAQ" und „Kontakt". Die Subnavigation von Forschung beinhaltet die drei Links „Humorforschung", „Stressforschung" und „Altersforschung". Entwerfen Sie ein Rasterlayout, das unterschiedliche Inhalte (Bilder, Texte) integriert. Die Navigationsleiste soll rein typografisch angelegt sein. Die Größe sollte 200 x 500 px nicht überschreiten. Realisieren Sie den Entwurf mit* Photoshop *oder einem vergleichbaren Programm .*

- **Variable Typografie im Webdesign**

Eines der prägnantesten Merkmale der Typografie im Internet ist die Variabilität in der Darstellung. Texte werden überwiegend in der Formatierungssprache HTML mithilfe von Browsern wie z.B. Microsoft Explorer oder Mozilla Firefox unterschiedlich dargestellt. Warum unterschiedlich? Weil eine Reihe von Faktoren wie die Rechnerplattform, der Browsertyp, die Monitorauflösung, installierte Fonts des Benutzerrechners und die gewählte Fenstergröße die Darstellung auf dem Screen beeinflussen.

Um das Layout von Grafik und Text besser in den Griff zu bekommen, eignet sich ein tabellenbasiertes Layout und ein Layout mithilfe von Containerelementen (<div>). Diese können entweder mit festen Pixelangaben oder in Prozenten in Abhängigkeit zur Größe des Browserfensters angegeben werden. Allerdings gelten innerhalb von Tabellen dieselben Bedingungen wie in einem HTML-Dokument ohne Tabellen. Der Schriftgrad und der Zeilenumbruch sind immer noch variabel.

Eine zuverlässige Formatierungserweiterung bieten die CSS-Angaben (Cascading Style Sheets), die eine verbindliche Bestimmung des Zeilenabstandes, des Einzugs, der Laufweite, beliebiger Schriftgrößen, Hintergründe und Positionierung erlauben. Allerdings kann dann der User bei absoluten Größenangaben ohne Zusatzprogramme nicht mehr aktiv eingreifen und z.B. den Schriftgrad im Browser vergrößern, was Anwender mit Sehschwächen sicher bedauern werden. Dieses kann vermieden werden über prozentuale anstelle absoluter Größenangaben.

Die Wahl der passenden Schrift ist im Webdesign nur in engen Grenzen möglich. Die Auswahl beschränkt sich auf die Fonts, die ein Besucher der Website in seinem System installiert hat. Das sind die gängigen Systemschriften wie z.B. Arial, Helvetica, Verdana und Times New Roman. Aber selbst bei der Wahl dieser Fonts haben Sie keine Garantie und sollten deshalb in der CSS-Schriftendefinition über „font-family" mehrere Schriften angeben. Als letzte Angabe ist eine „generische Schriftart" zu definieren, die die Schriftgruppe in z.B. „sans-serif" oder „serif" festlegt. So lädt der Browser eine Schriftart, die der angegebenen ähnlich ist.

Serifenlose Schriften sind am Bildschirm besser lesbar und sind deshalb den Antiquaschriften vorzuziehen. Verwendet man dennoch eine „serif", sollte der Schriftgrad nicht unter 11 Pixel liegen.

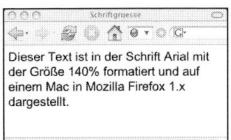

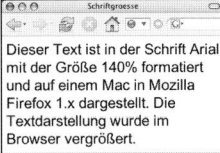

Abb. 62: Vergleich der Schriftgrößen und des Textumbruches bei unterschiedlichen Browsereinstellungen

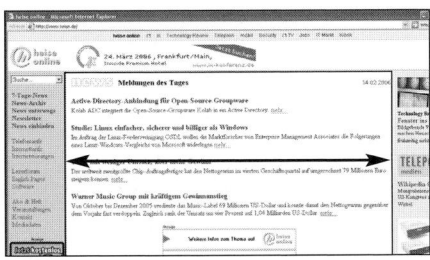 

Abb. 63: www.heise.de Flexible Satzbreite im Contentbereich.

Das Browserfenster ist immer ausgefüllt. Geeignet für Onlinemagazine und newsorientierten Content.

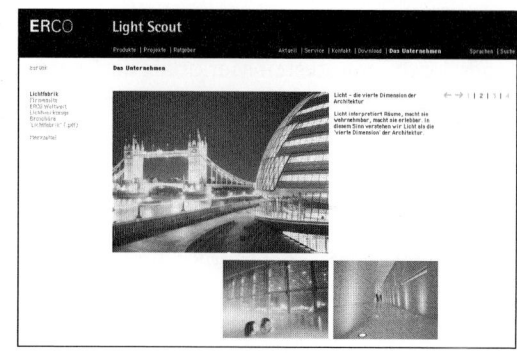

Abb. 64: Konsequentes
Rasterlayout bei
www.erco.de

In der Regel werden umfangreichere Websites über Content-Management-Systeme (Software zur Verwaltung von Webinhalten) entwickelt und gepflegt. Auf der Grundlage eines Corporate Designs wird mithilfe von Templates (Mustervorlagen) ein konsistentes Schema aufgebaut. Die Organisation der Texte, Bilder und anderer Medien erfolgt so in einem wiederkehrenden Raster.

Nach der Konzeption des Rasterlayouts erfolgt die Auswahl der Schrift. Es gibt Systemschriften, die speziell für den Bildschirm entwickelt wurden, wie die Verdana, Geneva, Chicago und die Arial. Leider sind bisher nur wenige Systemschriften bildschirmoptimiert. Spezielle Screenfonts (u.a. auch Pixelfonts) werden von Fontherstellern angeboten. Sie enthalten sog. **Hints**, das sind Angaben zur Kontrolle der Kontur und der Strichstärke. Sie regeln, wie die einzelnen Bereiche eines Buchstabens dem Bildschirmraster angepasst werden.

Text kann auf Webseiten auch in Form von Grafik dargestellt werden. Dann ist er zwar nicht editierbar, da er sich wie ein Bild verhält, aber Sie haben die freie Wahl der Schrift. Textgrafik wird oft bei der Navigation, bei Logos und bei Headlines eingesetzt. Suchmaschinen sind natürlich nicht in der Lage die Textgrafik zu erfassen. Da sich auch die Ladezeiten und der Pflegeaufwand erhöhen, ist sie sparsam einzusetzen. Auf jeden Fall sollte zusätzlich Alternativtext eingesetzt werden.

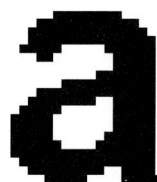

Abb. 65: Darstellung
von Schrift auf dem Bild-
schirm ohne und mit
Anti-Aliasing. Bei Gra-
fik-Text gibt es die Mög-
lichkeit die Umrisse der
Schrift zu glätten.

Wichtig!

Checkliste zur Fehlervermeidung von typografischen Fehlern	
Unterstreichungen	Nur für Links einsetzen, da sonst irreführend.
Italic	Die schräge Lage der Buchstaben korrespondiert nicht mit dem Pixelraster des Screens, deshalb nur sparsam einsetzen.
Serifenschriften	Die Lesbarkeit wird verschlechtert.
Größer als 10 pt	Vor allem bei schlecht lesbaren Fonts wie Serifenschriften.
Zeilenabstand	Ausreichend groß auf die Schrift abstimmen.
Blocksatz	Browser verfügen nicht über Trennprogramme.
Lange Textzeilen	Vermeiden Sie mehr als 55 Anschläge pro Zeile.
Hintergründe	Unruhige Backgrounds stören den darüber liegenden Text.

3.5 Schriftentwicklung und Klassifizierung

„Wie das Alphabet ursprünglich gegen die Piktogramme, so gehen gegen-
wärtig die digitalen Codes gegen die Buchstaben vor, um sie zu überholen."
Villém Flusser

Der geschriebenen Sprache ging die gesproche-
ne voraus. Sprache ermöglichte den Austausch
von Gedanken, die mehr als reine Willens-
bekundungen oder Warnmeldungen an die
Stammesmitglieder waren. In der mündlichen
Überlieferung gaben die Stammesältesten ihr
Wissen weiter, ohne sicher sein zu können,
dass ihre Nachkommen es richtig verstanden
hatten. Mit dem Einritzen von Bildern und Zeichen in Holz oder Stein nahm die Entwicklung
des Schreibens ihren Anfang.

Den Jägern und Sammlern der Steinzeit
genügten Piktogramme und bildhafte Darstellungen als Gedächtnisstützen (Mnemotechnische Zeichen). Zeugnisse ihrer Ausdrucksfor-
men sind z.B. die Höhlenmalereien von Las-
caux in Frankreich 12000 v. Chr. Wichtige
Ereignisse wie Jagdszenen wurden in Bildern
festgehalten.

Mnemotechnische Zeichen (Gedächtnisstützen) sind die Kerbhölzer, die Knoten-
schnüre der Inkas (vergleichbar mit dem Knoten im Taschentuch), Wegmarkierungen, wie
Steinhaufen, als Orientierungshilfe.

Nach der Eiszeit (etwa 10000 v. Chr.) entwickelten sich vor allem in
den warmen und fruchtbaren Regionen des östlichen Mittelmeers
Ackerbau und Viehzucht. Die zeitintensive Nahrungssuche der Jäger-
und Sammlergesellschaften ging in eine organisierte Form der Nah-
rungsbeschaffung über. Die Sesshaftigkeit und die neu gewonnenen zeitlichen Freiräume erlaubten es, die Lebensbedingungen zu verbessern. Es
entwickelten sich neue Berufe wie Töpfer und Schmied. Diese Handwer-
ker konnten ihre Produkte gegen andere Waren eintauschen. Später, mit
der Einführung des Pfluges und der künstlichen Bewässerung, konnten
sie sogar mehr Lebensmittel produzieren als verbraucht wurden. Fremde
Arbeitskräfte, meist Sklaven, wurden eingesetzt und bestellten die Felder.
Auf der ökonomischen Grundlage der Sklavenhaltergesellschaften entstanden ca. 4000 v. Chr. in Ägypten und in Mesopotamien die ersten
Wortbildschriften aus einfachen Bildzeichen.

Die erste formale Entwicklung der Schriftzeichen geht von den Piktogrammen aus und mündet in die Lautzeichen ein.

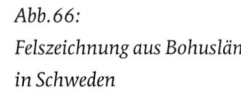

Abb.66:

Felszeichnung aus Bohuslän
in Schweden

Die in diesem Kapitel
beschriebene Zusammen-
fassung basiert u.a. auf
folgenden Quellen:
Kapr, A.: Schriftkunst
Clair, K.: Typografic
Workbook

Abi 2019 lernen

Abb. 67:
Zeichnungen in
altsteinzeitlichen Höhlen

Piktogramme (Bildzeichen)

Diese repräsentieren Gegenstände, Personen und Tiere. Das Bild eines Mannes wird heute z.B. als Zeichen für „Herrentoilette" eingesetzt. Die einfachen Bildzeichen sind der Ausgangspunkt für die nächste Entwicklungsstufe.

Ideogramme (Ideen- und Begriffszeichen)

Das sind Bildzeichen oder eine Kombination aus Bildzeichen, die für Tätigkeiten, Konzepte und Gefühle stehen. Eine Hand kann, je nachdem mit welchem Zeichen sie kombiniert wird, Geben, Nehmen oder Grüßen bedeuten, sodass die Hand als Zeichen lediglich auf andere Bedeutungen verweist. Im Gegensatz zu Piktogrammen müssen Ideogramme gelernt werden und besitzen ein stringentes formales System. Wir verwenden sie in der Kartografie, um Straßen oder Sehenswürdigkeiten auszuweisen.

Rebus

Die Rebus-Schreibung wird heute noch bei Bilderrätseln verwendet. Man benutzte für Wörter ähnlichen Klangs (sehen und Seen) dasselbe Zeichen, dadurch konnte man die Zahl der Zeichen reduzieren. Von der rebusartigen Schreibung war es ein kleiner Schritt zu den Lautbildzeichen.

Phonogramme (Lautzeichen)

Die Lautzeichen entwickelten sich aus den Ideogrammen. Sie stehen nicht mehr für einen Begriff, sondern für einen Laut. In der Übergangsphase zum Alphabet wurden sowohl Bildzeichen als auch abstrakte Lautzeichen wie z.B. bei den Hieroglyphen eingesetzt. In der ursprünglichen Form unserer Buchstaben ist der Bildcharakter immer noch lebendig, so bezieht das A seine Form und seinen Laut von aleph (hebräisch: Stier), dem Stier mit den gekrümmten Hörnern. Die Erfindung der Lautzeichen ist ein Meilenstein in der Geschichte der Medien.

Abb. 68: Entwicklung des
„A" - von der phönizischen
über die altgriechische bis
zur lateinischen Form

3.5.1   Die Geschichte der Schrift

Die Formen des Zusammenlebens von Menschen und die Organisationsform der Arbeit beeinflussten wesentlich die Entwicklung der Schrift als Kulturgut. Ohne Schrift ist keine Geschichtsschreibung, keine Gesetzgebung, kein umfangreicher Handel und keine Mathematik möglich. Erste Wortbildschriften entstanden im Schwemmland des Nils, im fruchtbaren Anbaugebiet zwischen Euphrat und Tigris und in China.

- **Hieroglyphen, Keilschrift und chinesische Bilderschrift**
Rund 3000 v. Chr. werden die ersten Hieroglyphen datiert, die sowohl als heilige Inschriften die Grabstätten zierten als auch in der Verwaltung eingesetzt wurden.

Abb. 69 : Schreibende Göttin

Bei den Hieroglyphen (hieros = heilig und glyphein = einmeißeln) werden Menschen, Tiere und Pflanzen abgebildet. Die enge Verbindung zwischen Malerei und Schrift verleiht den Grabinschriften eine große dekorative Wirkung, die von den konservativen Priestern über Jahrtausende hinweg unverändert beibehalten wurde. Ihre Dechiffrierung war ein langer Prozess. Erst 1822 gelang dies dem Franzosen Champollion mithilfe des Steins von Rosette. Ein und derselbe Inhalt wurde auf dem Stein in der demotischen, der griechischen Schrift und den Hieroglyphen dargestellt (siehe auch Kap. 4.1.4, Abb. 19).

Da der ägyptische Pharaonenstaat für seinen Verwaltungs- und Militärapparat einen großen Bedarf an schriftlichen Mitteilungen hatte, entwickelte sich eine kursive Profanschrift, die hieratische und die demotische Schreibschrift, die von angesehenen Berufsschreibern mit einem Pinsel auf Papyrusrollen geschrieben wurde. Der Schritt von der monumentalen Inschrift zur dokumentarischen Niederschrift war getan.

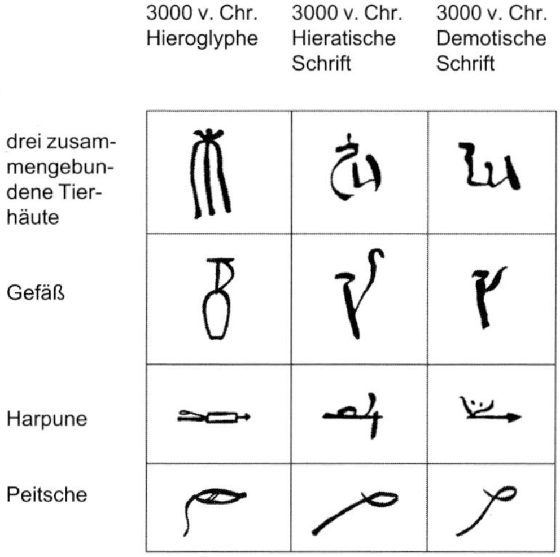

Parallel zur ägyptischen Schriftentwicklung entstand die Keilschrift in Mesopotamien, die auf dem gleichen Bilder-Prinzip beruht, auch wenn sie ganz anders aussieht. Mit eckigen Holzstäbchen wurden keilförmige Piktogramme in die noch weichen Lehmtafeln eingedrückt. Die Tafeln wurden dann in der Sonne getrocknet oder im Feuer gebrannt, wie die berühmte Gesetzestafel von Hamurabi.

Eine der wenigen Bilderschriften, die bis heute erhalten geblieben ist, ist die chinesische Schrift, die seit 4.000 Jahren in Gebrauch ist und einen Zeichenvorrat von ca. 10.000 Zeichen einsetzt. Um sich einen Basiszeichensatz anzueignen, müssen 3.000 Zeichen gelernt werden, im Gegensatz zu den 26 Buchstaben unseres Alphabets.

	3000 v. Chr. Hieroglyphe	3000 v. Chr. Hieratische Schrift	3000 v. Chr. Demotische Schrift
drei zusammengebundene Tierhäute			
Gefäß			
Harpune			
Peitsche			

Abb. 70: Vom Bildzeichen zum Schriftzeichen

Holz   Hain   Wald

Abb. 71: Chinesische Handschrift

- **Das phönizische Alphabet**
Die Konsonantenschrift der Phönizier ist ein Vorbote des alphabetischen Zeitalters. Zwar fehlen noch die Vokale, sodass die Bedeutung noch teilweise aus dem Kontext erschlossen werden musste und die ganze Wortgestalt erfasst wird. Aber die Schriftzeichen repräsentieren jetzt Laute und nicht Gegenstände oder Ereignisse. In den Lautschriften gibt es zum ersten Mal den direkten analogen Bezug zur gesprochenen Sprache.

3000 v. Chr.   *2000 v. Chr.*

Abb. 72: Hieroglyphen und sumerische Keilschrift   Abb. 73: Phönizische Konsonantenschrift

Aus den Schriften der semitischen Völker in der Gegend des Jordans, die in enger Handelsverbindung zu den Ägyptern standen, entwickelten sich um 1500 v. Chr. die phönizische und die aramäische Schrift, beides Konsonantenschriften. Die Vokale (a, e, i, o, u) werden durch Akzente ersetzt. Die phönizische Schrift ist die Mutter unseres lateinischen Alphabets. Die aramäische führte zur hebräischen, syrischen, indischen und arabischen Schrift weiter.

Richten wir unser Augenmerk auf das phönizische Seefahrer- und Handelsvolk in Teilgebieten des heutigen Libanon, Syriens und Israels. In den phönizischen Handelszentren zwischen Orient und Okzident lebten Kaufleute vieler Völker mit unterschiedlichen Schriftsystemen zusammen, die ein einheitliches Schriftsystem benötigten. Mit den phönizischen Münzen verbreitete sich auch ihre eingängige Konsonantenschrift. Die Innovation bestand aus der Abkehr von den Bilderschriften hin zur Lautschrift. Nicht länger ähnelte das Bild des Schriftzeichens dem Begriff, den es repräsentierte. Im lateinischen Alphabet wurde das Lautzeichenprinzip vervollkommnet und hat im Wesentlichen seit 2.000 Jahren Bestand.

▪ Das griechische Alphabet

Über die florierenden Handelsbeziehungen gelangte die Schrift der Phönizier zu den Ägäischen Inseln. Griechenland, ein unabhängiger und führender Handelsstaat, übernahm ca. 800 v. Chr. kurzerhand das komplette Alphabet, tauschte fünf Konsonanten gegen Vokale aus und er-

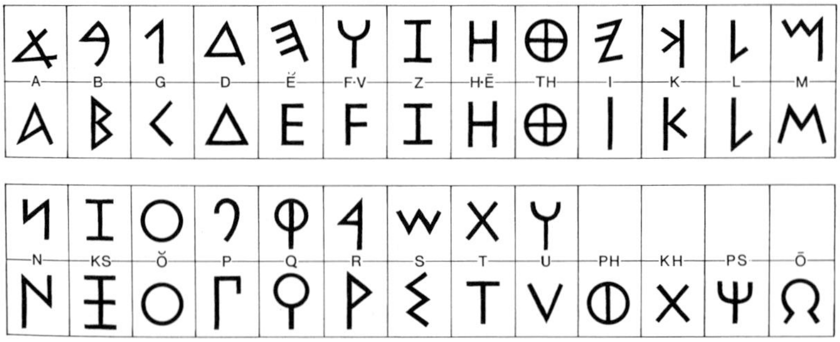

Abb. 74:
Vergleich phönizisches und
griechisches Alphabet

ΑΒΓΔΕΖΗΘΙ ABCDEFGHI
ΚΛΜΝΞΟΠΡ KLMNOPQR

800 v. Chr.	*600 v. Chr.*
Abb. 75: Griechische Vokalschrift	Abb. 76: Römische Monumentalschrift

gänzte Ypsilon und Omega. Das klassische Alphabet aus 24 Buchstaben war entstanden. Die Schreibrichtung von rechts nach links (wie noch heute bei der arabischen Schrift) wurde dann später, ca. 500 v. Chr., zuerst in eine furchenwendige verändert. Das heißt, eine Zeile läuft von rechts nach links, die nächste von links nach rechts, ebenso wie der Ochse auf dem Feld die Furchen zieht. In der griechischen Demokratie gehörten Lesen und Schreiben bereits zur alltäglichen Kommunikation. Später wurde die Schreibrichtung in unsere heutige Form verändert. Die Griechen benutzten bereits unterschiedliche Schriftarten: die klassische Monumentalschrift, eine Buchschrift und eine kursive Verkehrsschrift für die Handelskorrespondenz.

Die furchenwendige *Schreibweise ist für uns* schwer zu lesen

- **Das griechische Alphabet und die abendländische Kultur**
Mit dem griechischen Alphabet entstand unsere abendländische Kultur, die ohne es nicht möglich gewesen wäre. Philosophie, Rhetorik und Wissenschaft benötigen das Denken in abstrakten Begriffen und nachvollziehbaren Abfolgen. Die gesprochenen Laute und Silben werden nacheinander, linear, aufs Papier übertragen und vom Leser genauso dechiffriert. „Diese Alphabetisierung gewöhnt das Auge daran, sich auf einen Punkt auszurichten ... Analphabeten durchstreifen die ... Bilder eher mit dem Blick. Im Vergleich dazu gehen wir eine gedruckte Seite Zeile für Zeile durch." (McLuhan). Das Vokalalphabet der Griechen hat unsere Art des linearen, analytischen und abstrakten Denkens bis heute geprägt. Nach diesem Zeitabschnitt ist die Schriftentwicklung eher aus formalen Gründen interessant.

Abb. 77: Triumphbogen des Titus, Forum Rom, 81 n. Chr.

- **Das lateinische Alphabet**
Cirka 800 v. Chr. gelangte das griechische Alphabet, begünstigt durch die Gründung zahlreicher Handelsniederlassungen, zu den Etruskern, die nördlich von Rom lebten. Die römische Republik übernahm zuerst die Kultur der Etrusker, später auch die der Griechen.

ABCDEFGHI JKLMNOPQ

ABBCDEFG hILMMNO

500 v. Chr.

Abb. 78: Römische Rustika

300 n. Chr.

Abb. 79: Spätrömische und frühchristliche Unziale

Abb. 80: Inschrift der Trajanssäule, 113 n. Chr.

Sie passten das griechische Alphabet den Erfordernissen ihrer Sprache an und reduzierten es auf 21 Buchstaben (im Vergleich zum heutigen 26-teiligen Alphabet fehlen J, U, W, X, Y und Z). Die Buchstaben H und K waren selten. Später wurden unter dem Einfluss der griechischen Sprache, die nach der Eroberung Griechenlands durch die emigrierten Gelehrten und Künstler eine weite Verbreitung fand, die Buchstaben X und Y übernommen.

Die gebildeten Griechen und Römer ritzten (schreiben ist von lat. scribere = ritzen abgeleitet) ihre Notizen in der römischen Kursive auf Wachstafeln mit einem „Stilus" aus Holz. Mehrere Holztäfelchen wurden zu einem Notizbuch zusammengebunden. Das eigentliche Bücherschreiben wurde dann von Berufsschreibern mit einer angeschrägten Rohrfeder mit Tusche auf Papyrus oder Pergament ausgeführt. Als Buchschrift diente zum einen die Capitalis quadrata, welche die meißelbedingten Formen der Römischen Capitalis nachahmte, und zum anderen die derbere schmallaufende Capitalis rustika. Die größte Verbreitung erfuhr allerdings die Capitalis monumentalis, die die Größe des römischen Imperiums in Form von Inschriften auf den Triumphbögen manifestierte. In Stein gemeißelt, war sie die erste Serifenschrift. Sie ist eine beeindruckende Monumentalschrift, die bis heute unsere Großbuchstaben prägt.

Klarer noch als bei den Griechen wurden die geometrischen Grundformen Kreis, Quadrat und Dreieck in den einzelnen Schriftzeichen ausgeprägt. Mit dem schleichenden Niedergang des Römischen Reiches wurde der Gebrauch von Monumentalschriften eingeschränkt und neue Einflüsse wurden stärker. So erhielt die Unziale (unica = 1 Zoll), die den Kreis als formales Motiv hatte, ihren maßgeblichen Einfluss vom byzantinischen Rundbogenstil der frühchristlichen Architektur. Bei einer Federhaltung fast in der Waagerechten wurde sie zur Schnellschrift, die auf die Serifen verzichtete. Es traten vereinzelt Ober- und Unterlängen auf, die zu einer allmählichen Umwandlung der Versalschrift zur Minuskelschrift führte. Um 600 n. Chr. entstand die Halbunziale, die bis auf zwei Versalien nur noch aus Kleinbuchstaben bestand. Dabei bildete sich auch das runde „a", das vorher eine zusammengesetzte Form hatte.

αbcdefghı
klmnopqr

abcdefghı
jklmnopq

600 n. Chr.

Abb. 81: Frühchristliche Halbunziale

800 n. Chr.

Abb. 82: Karolingische Minuskel

• Die Nationalschriften

Mit dem Zerfall des Römischen Reiches im 5. Jahrhundert und der Ausbreitung des Christentums enstanden in den ehemaligen Provinzen des westeuropäischen Raums die Nationalschriften, die zwar auf der Halbunziale basierten, jedoch in Details stark voneinander abwichen. Herausragend sind ihre irischen und angelsächsischen Vertreter, die sich in den Schreibstuben der Klöster herausbildeten. So wie die Schreibkunst in den nächsten Jahrhunderten den Mönchen und höfischen Lohnschreibern vorbehalten war, gab es jetzt auch die Arbeitsteilung zwischen Text- und Initialschreibung. Das Initial (lat. initium = Anfang) verzierte die Kapitel mit einem kunstvoll ausgeformten Anfangsbuchstaben. In den Prachthandschriften benutzte man Gold- und Silbertusche.

Abb. 83: Südenglische Handschrift, 8. Jh. n. Chr., vorkarolingische Miniatur

Anstelle des ungleichmäßigen Papyrus war das beidseitig zu beschreibende Pergament getreten, das mit fein geschliffenen Rohr- und Kielfedern beschrieben wurde. Nicht nur die Schreibwerkzeuge entwickelten sich weiter – es entstand auch der Kodex: mehrlagige, zu einem Buch zusammengebundene Seiten mit einem lederbezogenen Buchdeckel. Diese waren weitaus besser zu lagern als die Papyrusrollen. Die Unziale und Halbunziale sind die Schriften des Frühchristentums und wurden bis ins 8. Jahrhundert benutzt.

• Die karolingische Minuskel

Karl der Große aus dem Geschlecht der Karolinger, der als erster Kaiser ein „vereintes Europa" regierte, war auch an der kulturellen Entwicklung seines Landes interessiert. Nach den Wirren der Völkerwanderung und den Zwistigkeiten zahlreicher Feudalfürsten besann man sich wieder auf die kulturellen Werte der Antike. Auch eine neue einheitliche Sprachlehre und Schrift entwickelte sich unter Karl dem Großen: die karolingische Minuskel. Eine schnell schreibbare und leicht lesbare Minuskelschrift mit rundem, vollem Charakter, die von einem irischen Mönch – Alkuin von Yorck – als einem der ersten namentlich bekannten Schriftkünstler geschaffen wurde. Die späte karolingische Minuskel wurde zunehmend enger geschrieben, die Rundformen wurden leicht gebrochen und die Buchstaben „W" und „J" ins Alphabet aufgenommen.

abcdefghijk lmnopqrils

abcdefghi jklmnopqr

- ### Die gotischen Schriften (engl. black letter)

Mit der Brechung aller Einzelteile der Buchstaben seit dem 13. Jahrhundert entstand die gotische Minuskel, die ein dunkleres Schriftbild mit neuen Ligaturen (oe, st) und kleinerem Zeilenabstand erzeugte. Zum ersten Mal passten sich die Versalien den Minuskeln im Duktus an und deuteten eine gemischte Schreibweise (aus Groß- und Kleinbuchstaben) an. Eine Vielzahl gotischer Schriften wie die weiche rundgotische Minuskel (Rotunda) entstanden in Italien, Frankreich und Spanien. In Deutschland kam die herbe, strenge Textur zur vollen Blüte. Ihren Namen erhielt die Textur, weil das Gesamtschriftbild wie ein eng gewobener Teppich kaum Zwischenräume stehen ließ. Die eingezwängten, vertikalen Formen behinderten das Lesen und befreiten sich erst in der lockeren gotischen Bastarda, die als Profanschrift äußerst beliebt war und in der Weiterentwicklung als Schwabacher und später als Fraktur das Zeitalter der Gotik überdauerte.

Abb. 86: Bastarda aus der Werkstatt J. Schönsperger, Harmonie von Schriftsatz und Holzschnitt, 1491

In der Renaissance kam es zu einer Schriftspaltung. Im Unterschied zu den lateinischen Ländern, die sich zur Antiqua bekannten, wurden in Deutschland weiterhin gebrochene Schriften verwendet. Die deutsche Schrift der Renaissance ist die schwungvolle Fraktur mit ausgeprägt verschnörkelten Initialen. Im 16. Jahrhundert verdrängte sie im deutschen Sprachraum alle anderen Schriften. Erst Ende des 18. Jh. begann sich die Antiqua durchzusetzen. Als Kanzleischrift für Urkunden und Handschrift (Sütterlin) hielt sich die Fraktur bis ins 20. Jahrhundert.

Heute haftet der „deutschen" Schrift der Geschmack des Nationalsozialismus an. Zuerst von den Nazis zur Nationalschrift erhoben, wurde sie 1941 verboten und als „Schwabacher Judenletter" bezeichnet. Ihre schlechte Lesbarkeit hatte sich vor allem im Ausland als unpraktikabel erwiesen.

abcdefghijk
lmnopqrstu

a b c d e f g h
ſ m n o v q r z

1500 n. Chr.

Abb. 87: Alte Schwabacher von Elsner + Flake lizensiert

1600 n. Chr.

Abb. 88: Fraktur von Johann Neudörffer

Gutenberg und die Erfindung des Einzeltypensatzes 1440

Als krönender Abschluss der gotischen Stilepoche wurde in der Schrift der klerikalen Textur ein kulturgeschichtlicher Meilenstein geschaffen: die Bibel Gutenbergs. Von 1452 bis 1455 arbeitete Johannes Gutenberg in Mainz mit bis zu sechs Setzern an der 42-zeiligen Bibel in zwei Bänden. Sie benutzten bewegliche Einzellettern, die sie aus einer Bleimetalllegierung gossen, um die 180 Exemplare im Hochdruckverfahren zu bedrucken. Als Druckpresse wurde eine Spindelpresse eingesetzt, wie sie beim Traubenpressen für Wein benutzt wurde. Das neue Druckverfahren löste den zeitaufwändigen Holztafeldruck ab. Im Reiberdruckverfahren wurden die eingefärbten und erhabenen Teile der in das Holz geschnittenen Zeichnung auf Papier oder Pergament übertragen. Die enorme Beschleunigung des neuen Satz- und Druckverfahrens verdrängte die klösterlichen Schreibstuben und überließ dem Buchdruckergewerbe das neue Medienmonopol. Bereits um 1500 gab es in Europa mehr als tausend Druckereien mit einer Produktion von 30.000 Werken.

Neben der technischen Innovation war es das Ziel der Produktion, Buchseiten herzustellen, die wie handgeschriebene Manuskripte aussehen sollten. Aber sie sahen perfekter aus. Zum ersten Mal sah man einen durchgängig ausgeglichenen Blocksatz mit gleichen Wortabständen im zweispaltigen Umbruch mit axial angeordneten Überschriften. Lediglich die Initialen und Randverzierungen wurden von den Miniaturmalern hinzugefügt, ein Jahr später wurden sie bereits im Zweifarbdruck mitgedruckt. Die Gutenberg-Bibel gilt auch heute noch als satztechnisches Meisterwerk. Seitdem ist der Bleisatz zum Maßstab der typografischen Ästhetik, vor allem in der Buchkunst, geworden.

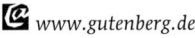 *www.gutenberg.de*

Gotisch

Rundgotisch

Schwabacher

Fraktur

Abb. 89: Vergleich

Abb. 90: Porträt Gutenbergs als Kupferstich, 1584

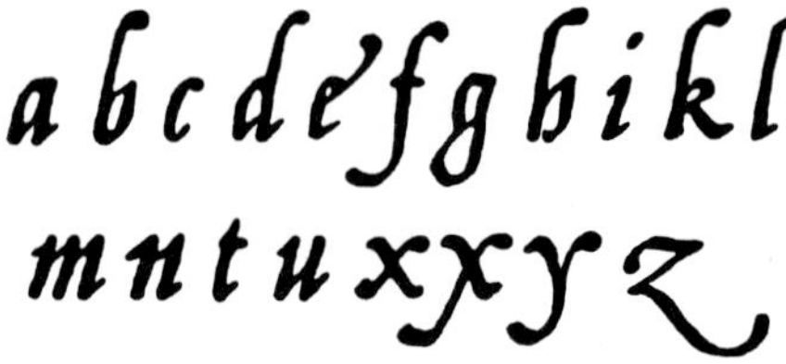

a b c d e f g h i
κ l m n o p q r

a b c d e f g h i k l
m n t u x y z

Abb. 91: Humanistische Minuskel   *Abb. 92: Humanistische Schreibschrift*

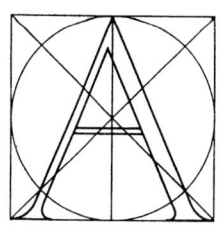

Abb. 93:
Versalkonstruktion
von
Damianus Moyllus,
Parma um 1483

Abb. 94:
aus „Divina Proportione",
Luca Paccioli, Venedig 1509

Abb. 95:
aus „Champfleury",
Geoffroy Tory, Paris 1554

- **Die humanistische Minuskel**

Die Erfindung des Buchdrucks entsprach dem Bedürfnis nach schnelleren Vervielfältigungsmethoden und massenhafter Verbreitung von neuen Ideen. Die Einengung durch das mittelalterliche mystische Weltbild wurde vom neuen humanistischen Bewusstsein der Renaissance (französisch: Wiedergeburt) abgelöst. Das Individuum sollte seinen Geist und Körper selbstständig und selbstbewusst am Ideal der Antike bilden. Die Renaissance hatte ihren Ursprung im Italien des 14. Jahrhunderts. Die blühenden, weltlich orientierten Städte Florenz, Mailand und Venedig spielten eine führende kulturelle Rolle. Die Perspektive und die Gesetze der Harmonie und Proportion bestimmten die bildenden Künste.

Das wieder erwachende Interesse an der Kunst und Kultur der Antike führte dazu, dass die karolingische Minuskel wiederentdeckt und als vermeintliche antike Schrift übernommen wurde. Sie wurde Antiqua genannt und ist bedeutend schneller zu schreiben und zu lesen als ihre gotischen Zeitgenossen. Da die humanistische Minuskel keine Versalien aufwies, bediente sie sich der römischen Kapitalis und entwickelte sich zur Renaissance-Antiqua. Majuskeln wurden für die Satzanfänge, Eigennamen und Initialen verwendet. Neue Formen kamen hinzu, wie der i-Punkt, die geschlossene Schlinge des „g" und der senkrechte Schaft des „a".

3.5.2 Schriftenklassifikation nach DIN-Norm

Im Laufe der nächsten fünf Jahrhunderte entstanden immer mehr Schriftformen, die bald nicht mehr zu überblicken waren. Es entstand das Bedürfnis nach einer einheitlichen Terminologie und international gültigen Standards. Die Klassifikation nach DIN 16518, die 1964 vom Deutschen Institut für Normung herausgegeben wurde, ist eine brauchbare Orientierungshilfe für den Umgang mit Schriften. Diese Norm klassifiziert zum einen nach geschichtlichen Gesichtspunkten, zum anderen nach Stilmerkmalen. Sie ist nicht immer nachvollziehbar und wird in der Fachliteratur (Bosshard, Kapr, Willberg) kritisch kommentiert. Da es aber nur diesen einen verbindlichen Standard gibt, wird im Folgenden davon ausgegangen.

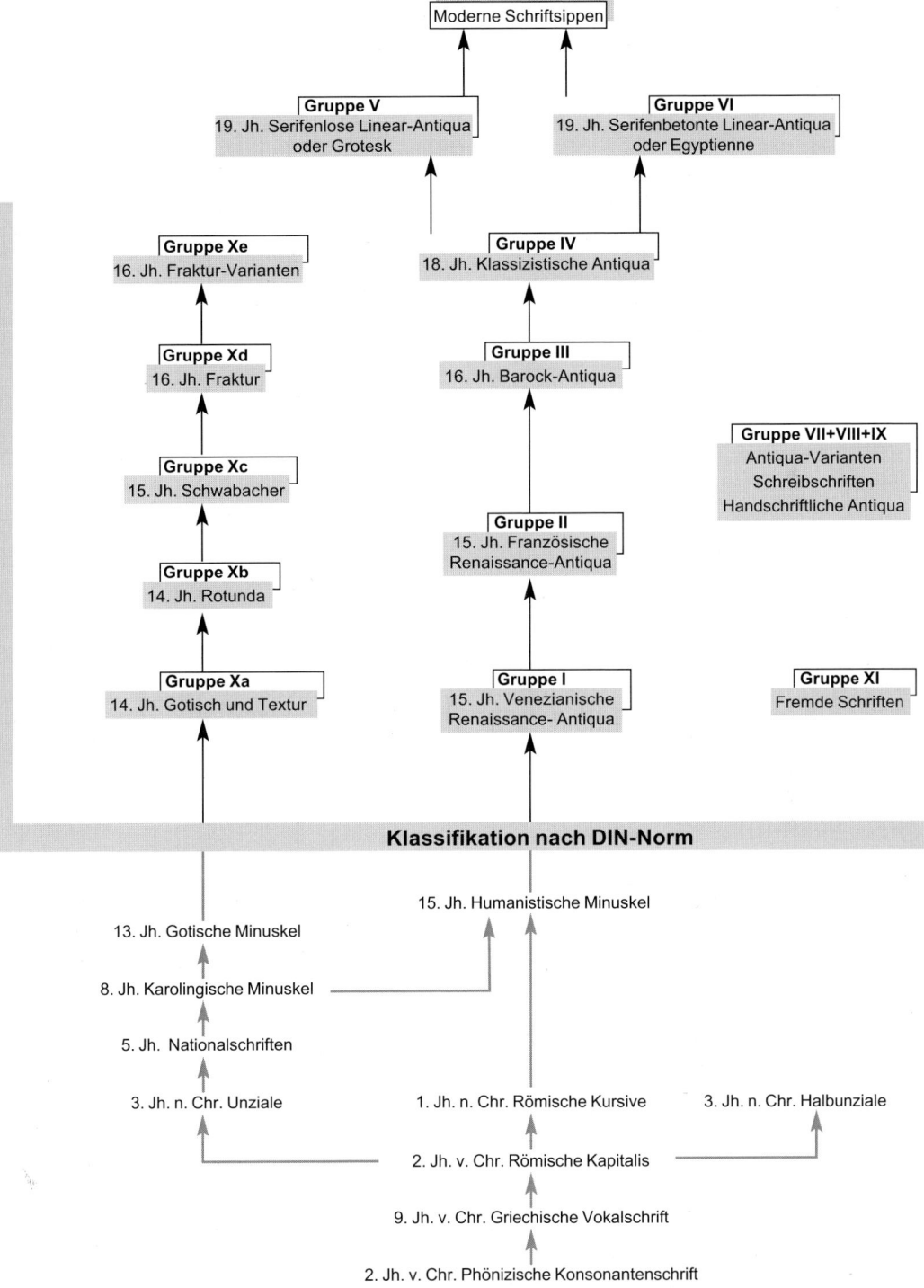

Moderne Schriftsippen

Gruppe V
19. Jh. Serifenlose Linear-Antiqua
oder Grotesk

Gruppe VI
19. Jh. Serifenbetonte Linear-Antiqua
oder Egyptienne

Gruppe Xe
16. Jh. Fraktur-Varianten

Gruppe IV
18. Jh. Klassizistische Antiqua

Gruppe Xd
16. Jh. Fraktur

Gruppe III
16. Jh. Barock-Antiqua

Gruppe VII+VIII+IX
Antiqua-Varianten
Schreibschriften
Handschriftliche Antiqua

Gruppe Xc
15. Jh. Schwabacher

Gruppe Xb
14. Jh. Rotunda

Gruppe II
15. Jh. Französische
Renaissance-Antiqua

Gruppe Xa
14. Jh. Gotisch und Textur

Gruppe I
15. Jh. Venezianische
Renaissance- Antiqua

Gruppe XI
Fremde Schriften

Klassifikation nach DIN-Norm

15. Jh. Humanistische Minuskel

13. Jh. Gotische Minuskel

8. Jh. Karolingische Minuskel

5. Jh. Nationalschriften

3. Jh. n. Chr. Unziale

1. Jh. n. Chr. Römische Kursive

3. Jh. n. Chr. Halbunziale

2. Jh. v. Chr. Römische Kapitalis

9. Jh. v. Chr. Griechische Vokalschrift

2. Jh. v. Chr. Phönizische Konsonantenschrift

Abb. 96: Stammbaum der Schriftentwicklung – vor der DIN-Norm und nach der DIN-Norm

GGGGGGG*GG*𝔊

Klassifizierung nach DIN-Norm

Gruppe I	Gruppe II	Gruppe III	Gruppe IV	Gruppe V	Gruppe VI
Venezianische Renaissance-Antiqua	Französische Renaissance-Antiqua	Barock-Antiqua	Klassizistische Antiqua	Serifenbetonte Linear-Antiqua	Serifenlose Linear-Antiqua

Gruppe VII	Gruppe VIII	Gruppe IX	Gruppe X, Xa, Xb, Xc, Xd, Xe	Gruppe XI
Antiqua-Varianten	Schreib-schriften	Handschriftliche Antiqua	Gebrochene Schriften	Fremde Schriften

Da die Vielfalt der Schriften verwirrend wirken kann, sind einfache Modelle für einen Überblick angebracht. Ein gutes Erkennungsmerkmal finden wir bei der Achse der Rundungen und dem Schrägstrich des „e". Achten Sie auch auf die Veränderung der Strichstärken.

| Gruppe I Venezianische Renaissance-Antiqua | Gruppe II Französische Renaissance-Antiqua | Gruppe III Barock-Antiqua | Gruppe IV Klassizistische Antiqua | Gruppe VI Serifenlose Linear-Antiqua |

Abb. 97:
Vergeich der Achsenstellung

Ein wichtiges Indiz zur Erkennung der Antiqua-Schriftgruppen von I bis IV und der serifenbetonten Linear-Antiqua Gruppe V sind die oberen und unteren Serifen.

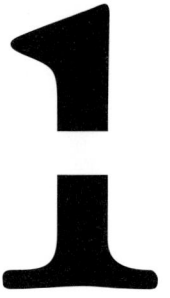

| Gruppe I + II Renaissance-Antiqua | Gruppe III Barock-Antiqua | Gruppe IV Klassizistische Antiqua | Gruppe V Serifenbetonte Linear-Antiqua |

Abb. 98: Vergleich der Serifen und Dachansätze bei den Schriftgruppen

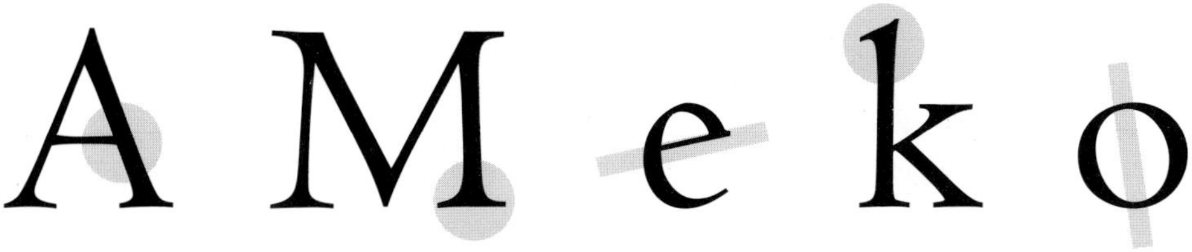

A M e k o

- *Haar- und Grundstrichstärken ähnlich*
- *Basis der Serifen ist konkav ausgerundet*
- *Querstrich des „e" liegt schräg*
- *schräger Dachansatz der oberen Serifen*
- *Achse der Rundungen nach links geneigt*

Zur Gruppe I gehören:
ITC Berkley Old Style, Centaur, Cloister, Guardi,
Jenson, Jersey, Stempel Schneidler, ITC Weidemann

- **Gruppe I: Venezianische Renaissance-Antiqua**

Die Buchdrucker und Stempelschneider (Schriftgestalter) der Renaissance waren hochangesehene Künstler und oft wohlhabende Verleger. Das mag damit zusammenhängen, dass die „schwarze" Kunst anfangs wie eine chemische Formel geheim gehalten wurde und nur von wenigen Buchkünstlern beherrscht. So ist der Schriftentwurf nicht mehr anonym – die Schrift erhält oft den Namen ihres Urhebers, wie z.B. Jensontype oder Garamond.

Auf der Suche nach kapitalträchtigen Auftraggebern schwärmten die deutschen Drucker in ganz Europa aus: Die erste Druckerei Italiens in Subiaco wurde von ehemaligen Mainzer Druckergesellen gegründet. Von den Franzosen und Italienern adaptiert, entwickelte sich die Stempelschneidetechnik weiter und Nicolaus Jenson schuf 1470 in Venedig die erste Antiqua-Druckschrift, die zu der Gruppe der venezianischen Renaissance-Antiqua gehört. Sie ist nach dem Vorbild der humanistischen Minuskel, die mit schräg angesetzter Breitfeder im Wechselzug geschrieben wurde, speziell auf den Buchdruck zugeschnitten. Die Federform bedingt die Schräglage der Rundungen und die kontrastierenden Strichstärken.

Aldus Manutius war der führende Drucker und Verleger Venedigs. Sein berühmtes Werk, die „Hypnerotomachia Poliphili" (Der Traum des Poliphilus) gab der Poliphilus-Antiqua, geschaffen von Francesco Griffo, ihren Namen. Dieser schuf auch die erste Drucktype einer kursiven Renaissance-Antiqua.

Abb. 99: Aldus Manutius, Typograf und Verleger der italienischen Renaissance (1449-1515)

iuſtitiã quã non a moſaica lege(ſeptima ei
Moyſes naſcitur)ſed naturali fuit ratione
atteſtatur. Credidit enim Habraam deo &

Abb. 100: Historische Jenson-Type, 1470

A M e k o

- *Haar- und Grundstrichstärken stärker differenziert*
- *Basis der Serifen ist konkav ausgerundet oder flach*
- *schräger, glatter Dachansatz der oberen Serifen*
- *Achse der Rundungen nach links geneigt*
- *Querstrich des „e" liegt gerade*
  (Hauptunterscheidungsmerkmal)

Zur Gruppe II gehören:

Albertina, Aster, Aldus, Bembo, Granjon, Minion, Palatino, Perpetua, Poppl-Pontifex, Post-Antiqua, Sabon, ITC Stone Serif, Trump-Mediäval, Veljodic, Vendôme, Weiß-Antiqua

Abb. 101:
Claude Garamond

- ### Gruppe II: Französische Renaissance-Antiqua

Die Weiterentwicklung der Druckkunst in der ersten Hälfte des 16. Jahrhundert fand in Frankreich statt. Claude Garamond war einer der ersten unabhängig arbeitenden Stempelschneider, der zuerst als Freiberufler die Druckereien belieferte, bevor er seine eigene Schriftgießerei gründete. Garamonds Entwürfe von 1532 überzeugen bis heute und wurden vielfach nachgeahmt. Er veredelte die Renaissance-Antiqua des Francesco Griffo und schuf auch eine echte Kursive. Damit war die Formentwicklung der Renaissance zur Blüte gelangt.

Die Garamond-Typen haben feinere Serifen, Haarstriche und ein helleres Gesamtbild als ihre venezianischen Vorläufer. Das „e" hat ein kleines hochstehendes Auge, das „a" einen kleinen Bauch. Das „g" und „Q" haben schöne Schwünge. Die Schriften im Garamond-Typus verbreiteten sich in der zweiten Hälfte des 16. Jahrhundert schnell in ganz Europa. Ihre gute Lesbarkeit, ihre Variantenvielfalt und Robustheit machen sie zu einer guten Leseschrift.

Die venezianische und französische Renaissance-Antiqua werden oft zusammen genannt, da ihre Unterscheidungsmerkmale kaum ins Auge fallen.

Abb. 102:
Garamond-Antiqua 1545

Væ partes in humano corpore solidiores & exteriores erant,quæ´q; ipsam machinam potissimum constituebant,satis iam explicatæ nobis videntur libro superiore.Sequitur,vt internas percurramus quæ maximè pertinent ad vitam, & ad earum facultatum quibus incolumes viuimus conseruatio= nem.In quo(quemadmodū instituimus) substan= tia,situs,forma,numerus,cónexio,earum partium de quibus sermo futurus est,breuiter exponenda.
Ad quod munus statim aggrediemur,si pauca prius de instituto ac de iudi=

Quid dictum libro superiore.

Quid secundo libro dicetur.

abcdefghijklmnopqrst uvwxyz
ABCDEFGHIJKLMN OPQRST UVWXYZ

Gruppe I: Venezianische Renaissance-Antiqua

Centaur v. Adobe, Bruce Rogers, 1928

- nach klassischem Vorbild der Jenson-Type
- ausgeprägter Handschriftcharakter
  mit wechselnder Strichstärke
- kleine x-Höhe
- elegant und zeitlos

Rogers (1870–1957) hatte die Centaur nach dem Vorbild der Jenson-Type zunächst mit der Feder gezeichnet, um den Schreibduktus der Breitfeder mit wechselnder Strichstärke in seine modernisierte Fassung zu übernehmen. Der Unterschied zwischen Grund- und Haarstrich ist gut herausgearbeitet. Die x-Höhe ist klein, sodass die Textzeilen wenig Abstand benötigen. Ihr unverbrauchtes, kräftiges Schriftbild eignet sich für Werksatz von Büchern und traditionsorientierte Publikationen. Rogers war zuerst Maler und Illustrator, bevor er sich mit Typografie beschäftigte und 1935 die Oxford Lettern Bible veröffentlichte.

abcdefghijklmnopq rstuvwxyz
ABCDEFGHJKLM NOPQRSTUVWX

Gruppe II: Französische Renaissance-Antiqua

Stempel Garamond v. D. Stempel AG, 1925, Linotype Library

- kleine Mittellänge
- breitlaufend
- Versalien sind kleiner als Gemeine
  mit Oberlängen
- robust und gut lesbar

Claude Garamond (1499–1561) war nicht wie viele der Drucker im 15.–16. Jahrhundert Stempelschneider, Setzer, Verleger, Lektor und Buchhändler in einer Person; er beschränkte sich auf das Entwerfen, Schneiden und Gießen.

Nach Robert Granjon, der mit Garamond zusammen an der Renaissance-Kursive gearbeitet hatte, ist die vergleichbare Schrift Granjon benannt. Die Garamond von Jean Jannon wurde auf der Pariser Weltausstellung als Original-Garamond vorgestellt. Jan Tschichold wollte eine „Ideal-Garamond" schaffen. Trotz seiner Reputation hatte Garamond keinen wirtschaftlichen Erfolg. Er starb in Armut.

Dass ein Lächeln positive Auswirkungen auf die Gesundheit haben kann, weiß der Volksmund schon lange. Jetzt sind auch Wissenschaftler davon überzeugt. Was ist unterhaltsamer, eineinhalb Stunden Wetterbericht oder Charlie Chaplins filmisches Meisterwerk „Moderne Zeiten"? Die Antwort dürfte den meisten nicht schwer fallen: Chaplin. Doch was ist gesünder? Nach Untersuchungen an zwei Dutzend Allergiepatienten sind japanische Wissenschaftler sicher: Chaplin. Wie die Forscher in der ersten Ausgabe der Fachzeitschrift „Journal of the American Medical Association" berichten, ließ der

Dass ein Lächeln positive Auswirkungen auf die Gesundheit haben kann, weiß der Volksmund schon lange. Jetzt sind auch Wissenschaftler davon überzeugt. Was ist unterhaltsamer, eineinhalb Stunden Wetterbericht oder Charlie Chaplins filmisches Meisterwerk „Moderne Zeiten"? Die Antwort dürfte den meisten nicht schwer fallen: Chaplin. Doch was ist gesünder? Nach Untersuchungen an zwei Dutzend Allergiepatienten sind japanische Wissenschaftler sicher: Chaplin. Wie die Forscher in der ersten Ausgabe der Fachzeitschrift „Journal of the American Medical Association" berichten, ließ der Konsum von „Moderne Zeiten" die

A M e k o

- *Haar- und Grundstrichstärken unterschiedlich*
- *Basis der Serifen flach und der Übergang zum Schaft ist wenig ausgerundet*
- *Dachansatz und Endungen schräg oder waagerecht*
- *Achse der Rundungen fast senkrecht*
- *Querstrich des „e" liegt gerade*

Zur Gruppe III gehören:
Baskerville, Bookman, Caslon, Cheltenham, Concorde, Fournier, Goudy, Janson, Times

• Gruppe III: Barock-Antiqua

Abb. 103: John Baskerville (1706-1775)

Die Barock-Antiqua wurde früher als „Übergangs-Antiqua" umschrieben, als Vermittlerin zwischen der Renaissance-Antiqua und der klassizistischen Antiqua. Deshalb sind auch ihre Merkmale nicht einheitlich und eindeutig definiert. Sie steht unter dem Einfluss des Kupferstichs, der im Barock zur führenden Reproduktionstechnik wurde. Anstelle des dynamischen Schreibzuges, den man mit der Breitfeder erreichte, trat jetzt der Stichel, der die Schrift in symmetrischen Kurven in eine polierte Kupferplatte eingräbt.

Die Anstöße zur Weiterentwicklung der Druckkunst kamen aus den Niederlanden, die im 17. Jahrhundert eine führende Rolle im Verlagswesen einnahmen. Ihre Schrifttypen wurden in deutsche, spanische und englische Druckereien exportiert. So ließen sich die ersten englischen Typenschneider von den holländischen Antiquaformen beeinflussen. William Caslons Schrift ist noch heute vor allem in den USA verbeitet. Die typisch englische Form der klassischen Barock-Antiqua wird allerdings John Baskerville zugeschrieben. Sie gilt als Vorbild für die Barock-Antiqua-Schriften des 20. Jahrhundert wie z. B. die Times, die von Stanley Morrison 1932 für den Zeitungsdruck entworfen wurde.

Im absolutistischen Frankreich schuf Pierre Simon Fournier, der 1737 das typografische Punktsystem erfand, eine nach ihm benannte Schrift, die in den Versalien schon Merkmale der klassizistischen Antiqua zeigt.

Abb. 104:
Baskerville-Antiqua, 1762

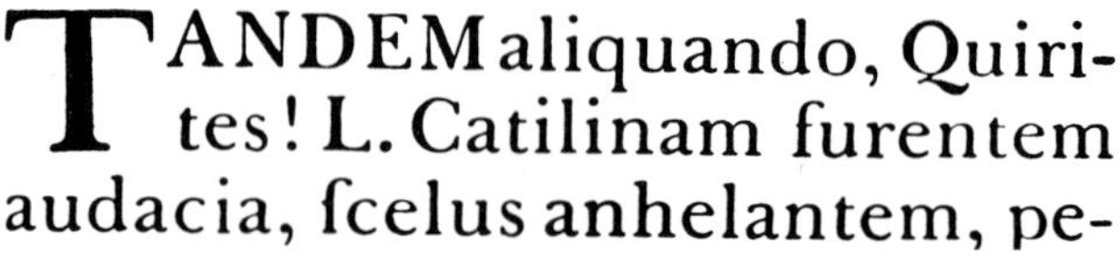

TANDEM aliquando, Quirites! L. Catilinam furentem audacia, fcelus anhelantem, pe-

abcdefghijklmnopq
rstuvwxyz
ABCDEFGHJKLM
NOPQRSTUVWX

abcdefghijklmnopq
rstuvwxyz
ABCDEFGHIJKLMN
OPQRSTUVWXYZ

Baskerville v. Adobe (o. EF od. Lino) (John Baskerville, 1750) | *Caslon v. Linotype Library (William Caslon, 1725)*

- *ausgeprägte Strichstärkenunterschiede*
- *offene Schlinge des „g"*

- *dreieckiger Dachansatz*
- *überstehender Scheitel des „A"*
- *feine Serifen*

John Baskervilles (1706–1775) Karriere begann als Schreiblehrer. Seine Schönschreibkunst ist noch in den originellen Formen der Baskerville zu spüren. Neben der Schriftkunst galt sein Lebensziel der Verbesserung des englischen Druckwesens: die satte Druckfarbe, die glatte Oberfläche des Papiers und die noch schärfere Schrifttype prägten seine hochwertigen Druckerzeugnisse. Trotzdem wurde er von seinen Landsleuten nicht im selben Maße anerkannt wie William Caslon. Sein Ruf verbreitete sich eher auf dem Festland. Er beeinflusste die Typografen Didot, Bodoni und Breitkopf.

William Caslon (1672–1766) knüpfte an die holländischen Barockschriften an und entwickelte sie, angereichert mit vielen Schnitten, weiter. Er machte sich weltweit einen Namen als virtuoser Schriftenschneider. Bis heute erfreut sich die Caslon großer Beliebtheit in England und auch in den USA, die ihre Unabhängigkeitserkärung in der Caslon setzen ließen.

Dass ein Lächeln positive Auswirkungen auf die Gesundheit haben kann, weiß der Volksmund schon lange. Jetzt sind auch Wissenschaftler davon überzeugt. Was ist unterhaltsamer, eineinhalb Stunden Wetterbericht oder Charlie Chaplins filmisches Meisterwerk „Moderne Zeiten"? Die Antwort dürfte den meisten nicht schwer fallen: Chaplin. Doch was ist gesünder? Nach Untersuchungen an zwei Dutzend Allergiepatienten sind japanische Wissenschaftler sicher: Chaplin. Wie die Forscher in der aktuellen Ausgabe der Fachzeitschrift „Journal of the American Medical Association" berichten, ließ der Konsum von „Moderne Zeiten" die Hautschwellungen der Allergiker zurückgehen. Das TV-Wetter hatte dagegen keine Auswirkungen

Dass ein Lächeln positive Auswirkungen auf die Gesundheit haben kann, weiß der Volksmund schon lange. Jetzt sind auch Wissenschaftler davon überzeugt. Was ist unterhaltsamer, eineinhalb Stunden Wetterbericht oder Charlie Chaplins filmisches Meisterwerk „Moderne Zeiten"? Die Antwort dürfte den meisten nicht schwer fallen: Chaplin. Doch was ist gesünder? Nach Untersuchungen an zwei Dutzend Allergiepatienten sind japanische Wissenschaftler sicher: Chaplin. Wie die Forscher in der aktuellen Ausgabe der Fachzeitschrift „Journal of the American Medical Association" berichten, ließ der Konsum von „Moderne Zeiten" die Hautschwellungen der Allergiker zurückgehen. Das TV-Wetter hatte dagegen

A M e k o

- *Haar- und Grundstrichstärken sehr unterschiedlich*
- *Serifen sind waagerecht angesetzt ohne Rundung*
- *Querstrich des „e" liegt gerade*
- *Dachansatz und Endungen waagerecht*
- *Achse der Rundungen steht gerade*

Zur Gruppe IV gehören:

Augustea, Bodoni, Caledonia, Centennial, Corporate A, Didot, Fairfield, Fleischmann, Melior, Nofret, Prillwitz Antiqua, Walbaum

Abb. 105:
Giambattista Bodoni

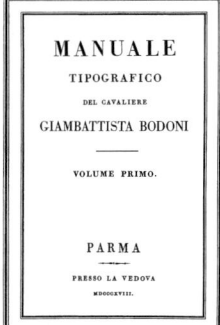

Abb. 106: Titel des
„Manuale Tipografico"
von Bodoni

- **Gruppe IV: Klassizistische Antiqua**

Der letzte große Entwicklungsschritt der Antiqua steht im Zeichen gesellschaftlicher Umwälzungen. Nach der Französischen Revolution konnte sich der Buchdruck wieder frei entfalten. Die Aufwärtsbewegung der Schrift atmet den Geist der Aufklärung. Die erste klassizistische Antiqua wurde von Firmin Didot 1783 in der Familiendruckerei geschnitten. Sein Vater ist der Erfinder des Didot-Punkts, der bis zu seiner Ablösung durch den englisch-amerikanischen Point im DTP-Satz in Gebrauch war.

Die Didot-Antiqua basiert auf der Romain du Roi (königliche Antiqua) und der Baskerville. Sie ist den exakten Handschriften des Kupferstichs verbunden und wirkt kalt und sachlich. Ihre Ausdrucksform ist bestimmt durch die starken Kontraste in der Linienstärke. Die Haarstriche und die kantigen Serifen sind so zart und feingliedrig, dass sie beim Druck wegzubrechen drohen. Die technisch-konstruierte Form verdrängt den weichen, organischen Duktus der früheren Antiqua, die mit der Breitfeder geschrieben wurde. Die Schrift wurde in Einzelformen wie z.B. Rundungen zerlegt, die dann auf eine Größe vereinheitlicht wurden.

Der Prototyp der klassizistischen Antiqua wurde in Italien von Bodoni konstruiert. Die Bodoni ist weniger streng, dafür eleganter. Bodoni widmet sich auch der Harmonie- und Proportionslehre und hält sie in seinem umfangreichen Schriftmusterbuch fest. Seine ästhetischen Vorstellungen der formalen Regelmäßigkeit, Einfachheit und Symmetrie sind bis heute lebendig.

In Deutschland sträubte man sich gegen die Adaption der romanischen Schriften. Die Fraktur war noch immer führend und beliebt, sodass eine deutsche Art der klassizistischen Antiqua erst 1810 von Justus Erich Walbaum geschnitten wurde.

Mit dem Klassizismus endet jene Zeit, die sich in längere kulturgeschichtliche Stilepochen einteilen lässt.

abcdefghijklmnop
qrstuvwxyz
ABCDEFGHJKLMN
OPQRSTUVWXYZ

abcdefghijklmnop
qrstuvwxyz
ABCDEFGHIJKLN
MOPQRSTUVWXY

Bodoni v. Linotype Library, Giambattista Bodoni, 1789

- *ausgeprägte Strichstärkenunterschiede*
- *Schaft und Schenkel beim „k" sind nicht verbunden*

Bodoni (1740–1830) war in der Druckerzunft so angesehen, dass sein Porträt in zahlreichen Werkstätten hing. Als „König der Drucker" schuf er einen Schrifttypus, der sich von der Schreibschrift befreit hatte und eine autonome Ästhetik zeigte. Im „Manuale Tipografico" erläuterte er den theoretischen Hintergrund seiner Herangehensweise: „Worin aber sollen wir sagen, dass das Schöne bestehe? Vielleicht in zwei Dingen vor allem: in der Harmonie, die den Geist befriedigt, indem sie zu erkennen gibt, dass alle Einzelteile eines Werkes sich einer Gesamtidee unterordnen, und in den Proportionen ... die die Phantasie erfreuen. "

Walbaum v. Adobe (Justus Erich Walbaum, 1810)

- *Rundungen z.B. „U" und „P" sind dem Rechteck angenähert*
- *waagerechte Verbindung beim „k"*
- *abgeflachte Serife beim „G"*

Justus Erich Walbaum (1768–1839) kam über das Schneiden von Formen und Münzen zum Stempelschnitt. In seiner Schriftgießerei enstand die Walbaum-Antiqua. Durch ihre geringeren Strichstärkenunterschiede wirkt sie wärmer und einfacher als die Bodoni. Obwohl sie eine gut lesbare Werksatzschrift ist, konnte sie sich nur kurzfristig gegen die klassizistische Unger-Fraktur durchsetzen.
Walbaums Schriften sind der Romantik und dem Biedermeier des 19. Jahrhunderts mehr verhaftet als der Zeit der Aufklärung.

Dass ein Lächeln positive Auswirkungen auf die Gesundheit haben kann, weiß der Volksmund schon lange. Jetzt sind auch Wissenschaftler davon überzeugt. Was ist unterhaltsamer, eineinhalb Stunden Wetterbericht oder Charlie Chaplins filmisches Meisterwerk „Moderne Zeiten"? Die Antwort dürfte den meisten nicht schwer fallen: Chaplin. Doch was ist gesünder? Nach Untersuchungen an zwei Dutzend Allergiepatienten sind japanische Wissenschaftler sicher: Chaplin. Wie die Forscher in der aktuellen Ausgabe der Fachzeitschrift „Journal of the American Medical Association" berichten, ließ der Konsum von „Moderne Zeiten" die

Dass ein Lächeln positive Auswirkungen auf die Gesundheit haben kann, weiß der Volksmund schon lange. Jetzt sind auch Wissenschaftler davon überzeugt. Was ist unterhaltsamer, eineinhalb Stunden Wetterbericht oder Charlie Chaplins filmisches Meisterwerk „Moderne Zeiten"? Die Antwort dürfte den meisten nicht schwer fallen: Chaplin. Doch was ist gesünder? Nach Untersuchungen an zwei Dutzend Allergiepatienten sind japanische Wissenschaftler sicher: Chaplin. Wie die Forscher in der aktuellen Ausgabe der Fachzeitschrift „Journal of the American

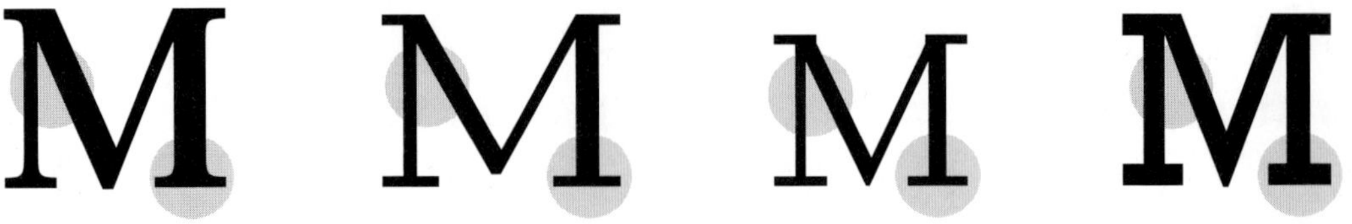

M M M M

Klassizistisch: Clarendon   *Zeitungsschrift: Candida*   *Renaissance: Joanna*   *Konstruiert: Rockwell*

- *Haar- und Grundstrichstärke gleich oder fast gleich*
- *Serifen sind waagerecht angesetzt*
  und wenig ausgerundet oder ganz rechtwinklig
- *Querstrich des „e" liegt gerade*
- *Dachansatz und Endungen schräg oder waagerecht*
- *Achse der Rundungen steht gerade*

Zur Gruppe V gehören:

klassizistisch: PMN Caecilia, Clarendon, Glypha, Impressum
Zeitungsschriften: Candida, Century, Excelsior, Nimrod, Swift
Renaissance-Antiqua: Joanna, Lino Letter, FF Scala, FF The Serif
konstruiert: Beton, City, Lubalin Graph, Memphis, Rockwell

Abb. 107:
Englisches Poster aus der
Zeit der engl. Revolution

- **Gruppe V: Serifenbetonte Linear-Antiqua (Slab serif)**

Mit der industriellen Revolution entfernte sich die Schriftentwicklung vom Buch und konzentrierte sich auf die neuen Massenmedien: Zeitung, Plakat und Werbung. Diese verlangten nach schlagkräftigen Formen. So entstand 1815 in England die erste Egyptienne, die ihren Namen der damaligen Begeisterung für Ägypten verdankt. Auffällig und werbewirksam wurden die Serifen und Haarstriche fast auf die Breite der Grundstriche verstärkt. Die Balkenserifen bildeten klotzige rechteckig angesetzte Sockel, die einen schweren Gang hatten und wenig Lesekomfort boten. Bei der jüngeren Clarendon, die sich von der klassizistischen Antiqua ableitet, sind die Balkenserifen lesefreundlicher ausgerundet.

Die Experimentierfreude wurde durch die Erfindung der Lithografie unterstützt, da hier die Schrift direkt auf den Druckstein gemalt oder gezeichnet wurde, ohne dass ein formbestimmendes Werkzeug wie die Bleiletter benötigt wurde. Es kam zu kuriosen Formen. Die Italienne oder Tuscanienne (Westernschrift) sind reine Dekoschriften.

Die Schriften dieser Gruppe weisen vier Untergruppen auf, die sich hauptsächlich in den Serifen voneinander unterscheiden:

Abb. 108:
Ornamentschriften, 1846

- **abgeleitet von der klassizistischen Antiqua** (Egyptienne):
  Serifen mit Kehlung und Strichstärkenunterschiede
- **Zeitungsschriften:**
  Serifen ohne Kehlung
- **abgeleitet von der Renaissance-Antiqua:**
  Serifen ohne Kehlung, zu finden in modernen Schriftsippen
- **konstruierte Schriftform:**
  Grund-, Haarstrich und Serife einheitlich, Schriftformen basieren auf derselben Konstruktion.

Alle diese Variationen sind ausschließlich als Akzidenz- oder Displayschriften – nicht als Leseschrift – zu verwenden.

abcdefghijklmnop
qrstuvwxyz
ABCDEFGHIJKL
MNOPQRSTUVW

abcdefghijklmnop
qrstuvwxyz
ABCDEFGHIJKLM
NOPQRSTUVWXYZ

Clarendon v. Linotype Library, Hermann Eidenbenz, 1953

- *deutliche Strichstärkenunterschiede*
- *zum Teil schräge Dachansätze der oberen Serifen*

Die Clarendon ist die bekannteste Vertreterin der „englischen Egyptienne". Ihre Strichstärkenunterschiede erinnern deutlich an den klassizistischen Ursprung. Hermann Eidenbenz hat sie 1953 nach dem historischen Vorbild kreiert.

Rockwell v. Adobe, Frank Pierpont, 1933

- *doppel- und einseitige Serifen*
- *weit ausgeschwungener Anstrich beim „a"*
- *Rundung des „G" ohne Fuß*

Frank Pierpont (1860–1937), der für die Firma Monotype tätig war, lehnte seine Rockwell der Clarendon an. Er machte sich außerdem einen Namen mit der Plantin, die zu der Gruppe der französischen Renaissance-Antiqua zählt.

Dass ein Lächeln positive Auswirkungen auf die Gesundheit haben kann, weiß der Volksmund schon lange. Jetzt sind auch Wissenschaftler davon überzeugt. Was ist unterhaltsamer, eineinhalb Stunden Wetterbericht oder Charlie Chaplins filmisches Meisterwerk „Moderne Zeiten"? Die Antwort dürfte den meisten nicht schwer fallen: Chaplin. Doch was ist gesünder? Nach Untersuchungen an zwei Dutzend Allergiepatienten sind japanische Wissenschaftler sicher: Chaplin. Wie die Forscher in der aktuellen Ausgabe der Fachzeitschrift „Journal of the

Dass ein Lächeln positive Auswirkungen auf die Gesundheit haben kann, weiß der Volksmund schon lange. Jetzt sind auch Wissenschaftler davon überzeugt. Was ist unterhaltsamer, eineinhalb Stunden Wetterbericht oder Charlie Chaplins filmisches Meisterwerk „Moderne Zeiten"? Die Antwort dürfte den meisten nicht schwer fallen: Chaplin. Doch was ist gesünder? Nach Untersuchungen an zwei Dutzend Allergiepatienten sind japanische Wissenschaftler sicher: Chaplin. Wie die Forscher in der aktuellen Ausgabe der Fachzeitschrift „Journal of the American Medical Association" be-

aG aG aG aG

Klassizistisch: Helvetica *Renaissance: Meta* *Amerik.: Franklin Gothic* *Konstruiert: Futura*

2000 | Hauptmerkmale der serifenlosen Linear-Antiqua

- *Haar- und Grundstrichstärken fast gleich*
- *ohne Serifen*

Zur Gruppe VI gehören:
klassizistisch: Akzidenz Grotesk, Folio, Helvetica, Univers
Renaissance: Formata, Gill, Meta, Stone, Syntax
amerikanisch: Antique Olive, Franklin Gothic, Trade Gothic
konstruiert: Avant Garde, ITC Bauhaus, Eurostile, Futura

Abb. 109: Adrian Frutiger
erklärt seine Univers, 1964

ABCDEFGHIJKLMN
OPQRSTUVWXYZ
abcdefghijklmnopq
rstuvwxyz 123456
7890   (&£.,:;'!?-*"")
**ABCDEFGHIJKLMN
OPQRSTUVWXYZ
1234567890**

Abb. 110: Underground
Sans Serif von
Edward Johnston, 1916

Gruppe VI: Serifenlose Linear-Antiqua (Grotesk/Sans-Serif)

Ende des 19. Jahrhundert hatte die Schriftentwicklung einen Einbruch erlitten. Dem Druckgewerbe fehlte die Inspiration zur Erneuerung, es erlebte eine dekadente Periode. Neuen Wind brachten die Architekten, Künstler und Dichter des Historizismus und des Jugendstils. William Morris war ebenfalls Schriftsteller und Dichter, bevor er sich ganz im Sinne der Arts-and-Crafts-Bewegung mit Kunsthandwerk beschäftigte. Sein Schriftschaffen ging zurück zur Buchkunst der Renaissance und beeinflusste das Schriftschaffen Europas und Amerikas.

Als Akzidenzschriften angelegt, entstanden in England die ersten serifenlosen Linear-Antiquaschriften. Erfordernisse der Werbung, der Informationsmedien und der Drucktechnologie bestimmten den Schriftcharakter der Grotesk. Zuerst konnnte sich die Schrift schwer durchsetzen, man fand sie lächerlich und seelenlos (grotesk/gothic). Bald aber übertrumpfte sie alle anderen Schriftgruppen. Es begann Ende des 19. Jahrhundert mit der Akzidenz-Grotesk, Franklin Gothic und News Gothic. Es folgten in den 20er-Jahren viele unterschiedliche Sans-Serifs, wie sie auch genannt werden, sodass eine Einteilung in die vier folgenden Gruppen sinnvoll ist.

Die Grotesk-Schrift in Anlehnung an die klassizistische Antiqua ist die erste ihrer Art. Die von der Renaissance beeinflusste Sans-Serif wirkt organischer und eher handgemacht und hat zahlreiche Mitglieder, wie die Helvetica (1957) von Max Miedinger und die Univers (1957) von Adrian Frutiger. Die amerikanische Grotesk zeichnet sich durch eine hohe Mittellänge aus. Ihr Prototyp ist die kräftige Franklin Gothic (1904) von Morris Fuller Benton. Die konstruierte Variante der Grotesken ist funktionalistisch kalt – meist schlechter lesbar. Ausdruck und Lesbarkeit sollten zugunsten der Reduktion auf geometrische Grundformen weichen. Die Futura (1928) von Paul Renner ist mit fast gleich starken Strichen streng konstruiert und einer der wichtigsten Vertreter.

abcdefghijklmnop qrstuvwxyz ABCDEFGHIJKLM NOPQRSTUVWX

Univers v. Linotype Library, Adrian Frutiger, 1957

- *perfekte Großfamilie*
- *die winkligen Schenkel des „K" berühren kaum den Hauptstrich*

Adrian Frutigers (geb. 1928) Karriere begann als Schriftsetzer in seinem Heimatland, der Schweiz. Die „Schweizer Typografie" ist übrigens ein stehender Begriff für klare, sachliche Typografie ohne überflüssige Schnörkel. In Paris wurde er von der Schriftgießerei Deberny & Peignot engagiert und entwarf neben anderen Schriften auch die Univers. Eine Großfamilie mit 21 Schnitten, die keine Namen, sondern Ziffern tragen. Aus der Basisform Univers 55 wurden alle weiteren Schnitte konzipiert. Im Dienste der Lesbarkeit wurden, abgeleitet von der klassizistischen Antiqua, feinste Nuancen moduliert und Strichstärken variiert anstatt geometrisch konstruiert. Ihre rationale Eleganz wird vor allem im Informationsdesign geschätzt.

abcdefghijklmnop qrstuvwxyz ABCDEFGHIJKLMN OPQRSTUVWXYZ

Meta v. Fontshop, Erik Spiekermann, 1991

- *schmale Gesamtformen*
- *kurze, abgerundete Abstriche*
- *offene Schlinge des kleinen „g"*

Erik Spiekermann (geb. 1947) hat sich international einen Namen in Sachen Corporate Design und Fontentwicklung gemacht. Die Schrift Meta ist ein absoluter Liebling der Neunziger geworden. Ihr klares, gleichmäßiges Schriftbild eignet sich gut für informelle Texte, aber auch für den Werksatz.

Dass ein Lächeln positive Auswirkungen auf die Gesundheit haben kann, weiß der Volksmund schon lange. Jetzt sind auch Wissenschaftler davon überzeugt. Was ist unterhaltsamer, eineinhalb Stunden Wetterbericht oder Charlie Chaplins filmisches Meisterwerk „Moderne Zeiten"? Die Antwort dürfte den meisten nicht schwer fallen: Chaplin. Doch was ist gesünder? Nach Untersuchungen an zwei Dutzend Allergiepatienten sind japanische Wissenschaftler sicher: Chaplin. Wie die Forscher in der aktuellen Ausgabe der Fachzeitschrift „Journal of the American Medical

Dass ein Lächeln positive Auswirkungen auf die Gesundheit haben kann, weiß der Volksmund schon lange. Jetzt sind auch Wissenschaftler davon überzeugt. Was ist unterhaltsamer, eineinhalb Stunden Wetterbericht oder Charlie Chaplins filmisches Meisterwerk „Moderne Zeiten"? Die Antwort dürfte den meisten nicht schwer fallen: Chaplin. Doch was ist gesünder? Nach Untersuchungen an zwei Dutzend Allergiepatienten sind japanische Wissenschaftler sicher: Chaplin. Wie die Forscher in der aktuellen Ausgabe der Fachzeitschrift „Journal of the American Medical Association" berichten, ließ der Konsum von „Moderne Zeiten" die Haut-

Arnold Böcklin   *Englische Schreibschrift*   *Mistral*   *Alte Schwabacher*

Antiqua-Varianten	Schreibschriften	Handschriftliche Antiqua	Gebrochene Schriften
zur Gruppe VII gehören:	*zur Gruppe VIII gehören:*	*zur Gruppe IX gehören:*	*zur Gruppe X gehören:*
Neuland, Eckmann	Linoscript, Medici Script,	Kaufmann, Tekton,	fette Fraktur, San Marco,
ITC Souvenir	Snell Roundhand	Brushscript	fette Gotisch

Abb. 111: www.hi-type.de

- **Gruppe VII: Antiqua-Varianten**

Bei der DIN 16518 ist folgende Definition nachzulesen: „Zu den Antiqua-Varianten gehören Antiquaschriften, die den Gruppen I bis VI, VIII und IX nicht zugeordnet werden können, weil ihre Strichführung vom Charakter dieser Gruppen abweicht. Den Kern der Gruppe bilden Versalschriften für dekorative und monumentale Zwecke." Die Grenzen sind fließend in diesem Sammelbecken für dekorative Headlinefonts. Viele der aktuellen Fonts wie die amorphe Blur von Neville Brody oder die Serpentine, die für die Techno-Flyer neu entdeckt wurden, gehören in diese Gruppe.

Abb. 112:
After-Eight-Packung

- **Gruppe VIII: Schreibschriften**

Wie der Name schon sagt, bestimmt der Schreibfluss der Feder oder des Pinsels die Form. Nach DIN sind es „Drucktype gewordene lateinische Schul- und Kanzleischriften". Die Druckschriften hatten sich über Jahrhunderte hinweg Inspiration von der Kalligrafie geholt. Lockerer und frecher sind Reklame-Schriften, die im Zeitalter der Massenmedien für den schnellen Konsum stehen.

- **Gruppe IX: Handschriftliche Antiqua**

Die meist senkrechten Antiquaschriften tragen eindeutige Schreibmerkmale, da sie das Alphabet in einer persönlichen Weise handschriftlich abwandeln. Eingesetzt werden sie z.B. in Comics, trendigen Flyern und verspielten Headlines.

Frankfurter Allgemeine

Abb. 113: Zeitungskopf der
Tageszeitung „Frankfurter
Allgemeine"

- **Gruppe X: Gebrochene Schriften**

Diese Gattung wird weiter vorne in diesem Kapitel ausführlich besprochen. Sie entstand im 13. Jahrhundert und wird bis heute für Zeitschriftenköpfe, Heimatblätter eingesetzt. Man unterscheidet fünf Untergruppen: Xa Gotisch, Xb Rundgotisch, Xc Schwabacher, Xd Fraktur, Xe Fraktur-Varianten.

רוֹדֵף כָּבוֹד וּבְרָדְפוֹ אַחֲרָיו׳ יוֹסִיף לְהִתְרַחֵק מִמֶּנּוּ׳ כִּי רַבִּים
יִהְיוּ מְשַׂנְאָיו וְרַבִּים מְקַנְאָיו׳ גַּם יֵשׁ נִבְהָל לַהוֹן׳ הָאוֹמֵר׳
כִּי חֶפְצוֹ לְהֵיטִיב לְנַפְשׁוֹ בְּרכוּשׁוֹ׳ וְהוּא רוֹדֵף עֹשֶׁר׳ אַךְ

Платон не слишком благосклонно относился к величайшему и на
Платон не слишком благосклонно

Hebräisch	*Kyrillisch*

- **Gruppe XI: Fremde Schriften**

Die lateinische Schrift wird zwar weltweit am meisten benutzt, aber natürlich gibt es auch die außereuropäischen Schriften. Die chinesischen Schriftzeichen stehen in der Verbreitung an der Spitze, gefolgt von kyrillischen, indischen und arabischen Schriften.

Die Kunst der Kalligrafie, die in unserem Kulturkreis keine Rolle mehr spielt, ist in der arabischen Schrift lebendig geblieben und ein Bestandteil der Alltagskultur. Es gibt kaum formenreichere Handschriften voller verschlungener Arabesken als die des Islam.

Bemerkenswert bei den fremden Schriften ist auch die Leserichtung. Die Japaner und Chinesen lesen von oben nach unten. Arabische, hebräische und manche indischen Schriften werden von rechts nach links gelesen. Erhalten geblieben sind auch Konsonantenschriften wie Arabisch, Kufi und Hebräisch. Die Formenvielfalt der außereuropäischen Kulturen lässt sich schwer beschreiben, besser ist es, sie einfach zu betrachten.

Auch zum Kennenlernen unserer Schriften empfiehlt sich neben der Kategorisierung, das Material Schrift auszuprobieren und in praktischen Übungen einzusetzen.

Abb. 114:
Arabische Druckschrift:
Naskhi

الجاهزة

B-3-08-M: In dieser Übung lernen Sie die typischen Formen der Schriftgruppen spielerisch kennen. ● *Auf der CD-ROM stehen Ihnen unterschiedliche Alphabete zum Ausdrucken zur Verfügung. Wählen Sie einen Einzelbuchstaben aus und schneiden Sie diesen aus mind. sechs Schriftgruppen aus. Zerschneiden Sie die sechs Buchstaben mithilfe von wenigen Schnitten und montieren Sie die Teile, sodass neue prägnante Gesamtformen entstehen.*

Abb.115:
Teilnehmerarbeit:
Der Buchstabe „Q" wurde
in zwei Teile geschnitten
und neu montiert. Welcher
Buchstabe wurde im
Beispiel unten eingesetzt?

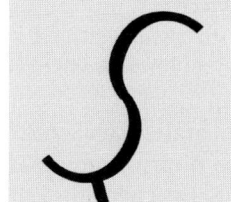

ɒ ǝqɒʇsɥɔnꓭ ɹǝ◌ :ʇɹoʍʇu∀

B-3-09-M: In der zweiten Übung analysieren Sie die Merkmale der Schriftgruppen anhand von Ausschnitten (auch geeignet als Übung am PC).

Abb. 116:
Teilnehmerarbeit

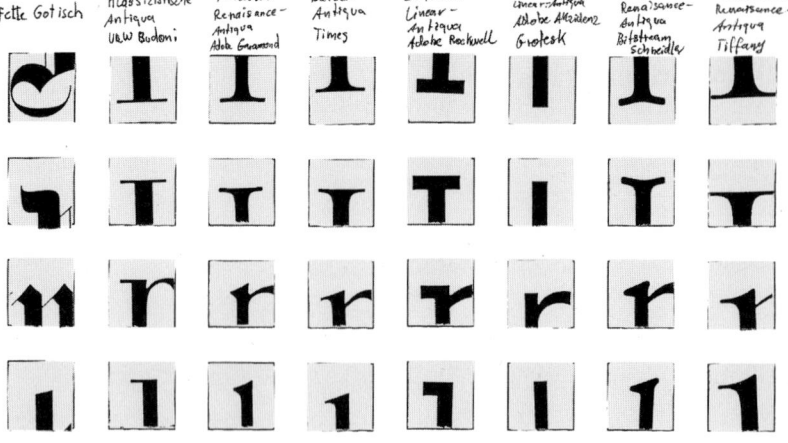

Schriftsippen

Die Familienmitglieder der Schriftsippen können sehr unterschiedlich aussehen. Es gibt welche mit Serifen und andere haben keine oder liegen dazwischen, wie z.B. die semi serif der Rotis von Otl Aicher. Es sind junge Sippen, die erst seit ca. 30 Jahren auf dem Markt sind. Aber sie sind erfolgreich und befinden sich auf dem Typovormarsch.

Schriften zu mischen ist nicht so einfach, hier sollte man schon ein stilsicheres Händchen haben. Bei den Schriftsippen stellt sich diese Frage gar nicht. Da bei ihnen alles aus einem Guss ist, kann man sie für Headlines, Sublines und die Copy bedenkenlos mischen. So ist alles aus einer Hand.

Auch große Unternehmen schätzen die visuelle Einheit der Schriftsippen bei gleichzeitig möglicher Differenzierung. Die Corporate ASE von Kurt Weidemann, die er 1990 für den Daimler-Benz-Konzern kreiert hat, wird seitdem konsequent eingesetzt. Corporate Typography ist ein Sektor des Schrifteinsatzes, der pedantisch und präzise für alle Unternehmensbereiche und visuellen Medien konzipiert und kontrolliert wird (siehe auch Teil C, Kap. 5).

Mercedes-Benz

Abb. 117: Mercedes-Benz-Logo

Lucida Lucida
Lucida *Lucida*
Lucida Lucida

Abb. 118: Lucida von Charles Bigelow und Chris Holmes, 1985, Adobe. Die Sippe hat einen Sans-Serif- und einen Serifstrang und ist eine robuste Type.

Arbeitsfragen zum Verständnis:

1. Wo befindet sich die Wiege unserer lateinischen Schrift?
2. Was sind Antiqua-Schriften? Welche Schriftgruppen gehören dazu?
3. Was verstehen wir unter einer Grotesk-Schrift?
4. Mit welcher Schriftgruppe beginnt die Klassifizierung nach DIN-Norm und in welchem Jahrhundert?
5. Welche Schriftgruppe besitzt folgende Hauptmerkmale: unterschiedliche Strichstärken und feine, waagerecht angesetzte Serifen?

Antworten:
1. In Griechenland 2. Die „alten" Schriften mit Serifen: Gruppe I, II, III und IV 3. Schnörkellose Schrift ohne Serifen 4. Gruppe I: Venezianische Renaissance-Antiqua, 15. Jh. 5. Gruppe IV: Klassizistische Antiqua

schriftcharakter

Schriftcharakter

Schriftcharakter

SCHRIFTCHARAKTER

Schriftcharakter

Schriftcharakter

Schriftcharakter

SCHRIFTCHARAKTER

SCHRIFTCHARAKTER

Schriftcharakter

Schriftcharakter

Schriftcharakter

3.6 Schriftcharakter und Typotrends

„Schrift ist das Kleid der Sprache." Erik Spiekermann

Schrift transportiert Text und Bild. Wenn wir mit Typografie umgehen – selbst wenn wir nur einen Brief schreiben – geben wir eine informative und eine emotionale Botschaft. Ein Geschäftsbrief hat eine andere Form als ein Liebesbrief. Für den Geschäftsbrief kann man bedenkenlos die Alltagsschrift Arial einsetzen, falls Sie dieselbe Type für den Liebesbrief nehmen, übernehme ich keine Garantie für das Ergebnis. Wenn Sie jetzt ein Patentrezept erwarten, kann ich Ihnen leider auch nicht weiterhelfen. Nur Sie alleine kennen Ihr Gegenüber.

Im Kommunikationsdesign sprechen wir von Zielgruppen. Man könnte auch die Frage stellen: Welcher Schriftcharakter passt zu welcher Persönlichkeit? Schauen Sie sich die unten dargestellten unterschiedlichen Persönlichkeitstypen an und beschreiben Sie sie. Wählen Sie dann die passenden Schriften auf der gegenüberliegenden linken Seite aus.

Abb. 119:
Welche Typen von
Menschen sind das?
Beschreiben Sie die
Persönlichkeitsmerkmale
und ordnen Sie jedem
Charakter eine von den auf
der gegenüberliegenden
linken Seite dargestellten
Schriften zu.

Lösungsvorschläge:
a = 2 oder 7
b = 4 oder 2
c = 9
d = 6 oder 10
e = 1 oder 3
f = 8
g = 11
h = 12
i = 5 oder 7

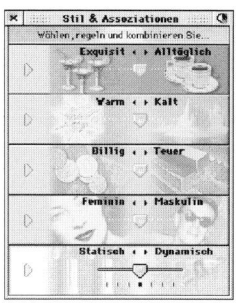

Abb. 120: Auf der CD-ROM FontExplorer von Linotype Library können Sie sich Schriften nach bestimmten Kriterien anzeigen lassen wie z.B. style & moods. www.linotypelibrary.com

Abb. 121: Nivea-Logo

Trotz oder gar aufgrund der unübersichtlichen Schriftenvielfalt werden fast immer dieselben Schriften benutzt. Typo-Analysen im Anzeigenbereich von Zeitschriften haben gezeigt, dass bei der Mehrheit von Anzeigen nur wenige Schriften, wie z.B. Futura, Helvetica, Garamond, Univers und Times eingesetzt werden. Woran liegt das? An unserer Trägheit und Risikovermeidung? Ich glaube nicht. Wir sehen zwar viele unterschiedliche Schriften en passant, aber wir kennen sie nicht. So wie Leute, die wir schon mal flüchtig gesehen haben, aber deren Leben wir nicht kennen. Jede Schrift hat ihr eigenes „Gesicht", das es zu entdecken gilt.

Diese Feststellung wirft die Frage auf, ob es keine Regeln gibt, nach denen man sich richten kann. Es gibt Psychogramme von Schriften, aus denen so genannte Anmutungsqualitäten hervorgehen. Es gibt auch Listen, die Schriften den Online- oder Offlinemedien zuordnen. Hierbei spielen dann auch Kriterien wie Lesbarkeit, Fernwirkung und Robustheit eine Rolle. Aber nur Sie alleine können darüber entscheiden, was Sie Ihrem Kunden vorschlagen möchten.

Mit einer Ausnahme: Der Auftraggeber hat bereits ein CD. Das Corporate Design ist das visuelle Erscheinungsbild einer Firma, das neben dem Logo, den Styleguides und den Hausfarben auch die Hausschrift genau festlegt. Corporate Type ist hier das Schlagwort, das mehrere typografische Funktionen erfüllt: von der eigens für das Unternehmen kreierten Hausschrift über den Bildschirm bis hin zur stilistischen Übertragung in Fremdsprachenfonts für das internationale Marketing.

Schauen wir uns die Marke Nivea an. Seit über 70 Jahren ist das Logo auf dem Markt. Die Schrift Nivea Bold kam erst 1992 dazu. Sie transportiert das Image von Nivea in jeder Textbotschaft unterschwellig mit. Das nennt man Brand-Typography. Weitere Firmen mit einem starken Branding sind IBM, Marlboro, Becks und neuerdings das e-on, das für neue Energie steht. Das amorphe und trendige Schriftzeichen, entworfen von der Düsseldorfer Agentur KW43, kann man sich regelrecht von Wasser umspült oder von Wind umweht vorstellen.

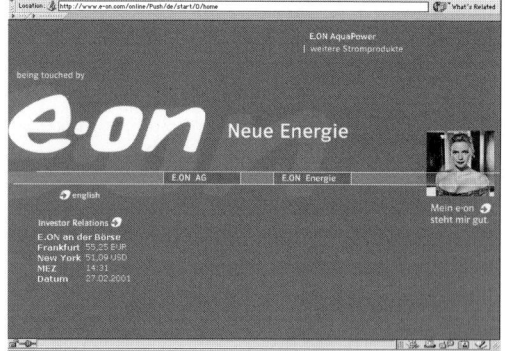

Abb. 122: www.e-on.com. Auf der Website hebt sich das Logo in Weiß vom roten Background ab.

Abb. 123: Becks-Anzeige, ein starkes Branding erlaubt einen spielerischen Umgang mit dem Logo.

Polaritätspaare können bei der Suche nach der passenden Schrift helfen. So ähnlich wie beim „Ostereier-Suchspiel", wo wir uns nach heiß oder kalt orientieren, haben wir jetzt umfangreichere Gegensatzpaare, die uns auch helfen, Emotionen zu klären. Wie sieht eine statische Schrift im Gegensatz zu einer dynamischen aus? Die statische hat gerade stehende Typen, vielleicht mit Serifen, die sockelartig das Gewicht nach unten setzen. Die dynamische kann kursiv oder handgeschrieben daherkommen.

 B-3-10-M: Suchen Sie aus Zeitschriften

Schriften heraus, die zu folgenden Begriffspaaren passen:

1) konservativ – trendy

2) elegant – rustikal

3) sportlich – intellektuell

4) technisch – organisch

5) aggressiv – romantisch

6) high budget – low budget (wertvoll – preiswert)

Dann kleben Sie die Schriftschnipsel in ein DIN-A6-Heft mit insg. 16 Seiten, sodass die Begriffspaare jeweils auf einer Doppelseite stehen. Das Cover des Hefts und die ersten beiden Innenseiten können frei gestaltet werden.

So wie Farbe berührt auch Musik unsere Gefühle unmittelbar. Jeder hat seinen eigenen Geschmack. Ob Hard Rock, Oper oder Ambience, jede Musikrichtung hat ihren eigenen Rhythmus und ihre eigene Stimmung. Auch Schriften wecken in uns Emotionen und wirken im Unterbewusstsein.

 B-3-11-M:

Welche Schrift passt zu welchem Dienstleister?

- *Blumenladen*
- *Computerhandel*
- *Touristik*
- *Luxus-Hotelkette*
- *Versicherung*
- *Bäcker*
- *Varieté*
- *Interiordesign*
- *Techno-Club*
- *Spielzeugladen*
- *Bestattungsunternehmen*
- *Medienagentur*
- *Kinokette*

Suchen Sie sich einen aus. Bevor Sie anfangen, sollten Sie das Kommunikationsziel mit Adjektiven umschreiben. Übung auf CD ⬤.

Abb. 124: Teilnehmerarbeit

Schriftmischung

Das Mischen von Schriften ist genau wie der Charakter einer Schrift dem Trend unterworfen. Was heute hip ist, kann morgen todlangweilig sein. Aber es gibt dennoch ein paar Regeln, die Bestand haben.

- **Suchen Sie bei der Schriftmischung nach Kontrasten.**
  Bei einer Antiqua- und Groteskschrift besteht der Unterschied in der Struktur der Schrift. Bei einer fetten und mageren Schrift spricht man von Gewichtskontrast. Bei einer (kursiven) Schreibschrift und einer gerade stehenden ist ein Richtungskontrast vorhanden.

- **Bei großer formaler Ähnlichkeit rivalisieren die Schriften.**
  Vermeiden Sie es, Schriften aus einer Schriftenklassifikationsgruppe zu mischen. Sicher kann man Ausnahmefälle finden, die zusammenpassen, aber dazu gehört viel Erfahrung. So passt die Helvetica nicht zur Avantgarde, weil sie sich zu ähnlich sind und aus einer Stilepoche stammen.

- **Schriften aus einer Sippe oder Familie passen immer zusammen.**
  Unter anderem deshalb haben Unternehmen oft ihre eigene Hausschrift als Schriftsippe wie z.B. die Corporate ASE von DaimlerChrysler. Sie ermöglicht eine Differenzierung von Produkt- und Medienbereichen, da sie sowohl Antiqua- wie Groteskschriften beinhaltet.

- **Nicht mehr als zwei bis drei Schriften verwenden.**
  Auch hier gilt das Gestaltungsprinzip „Weniger ist mehr".

Mit etwas Übung werden Sie nach und nach ein Gefühl für das richtige Mischungsverhältnis bekommen. Schauen Sie sich bewusst Beispiele in den Medien an und sammeln Sie Positiv- und Negativbeispiele.

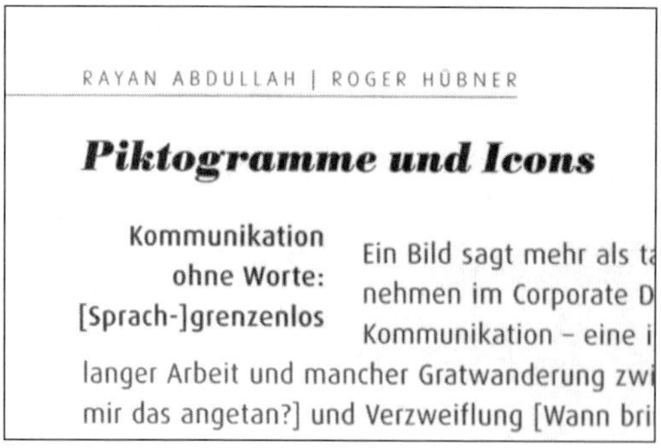

Abb. 125: Im Gesamtverzeichnis des Verlages Hermann Schmidt wird eine Antiqua-Kursive zu Grotesk-Lauftext und gesperrten Versalien gut in Kontrast gesetzt.

Abb. 126: Eine Schreibschrift im auffälligen Kontrast zu einer schmalen Schrifttype, die wie ein Stempel in Versalien gesetzt ist (Teilnehmerarbeit).

3.7 Typo kreativ

„Software lässt einen per ‚Mausklick' nicht wirklich innovativ werden."
frei nach John Maeda

Ein Gefühl für Schrift zu entwickeln, das ist das Thema bei den freien Übungen. Schrift als formbares Material zu sehen und damit spielerisch umzugehen bringt einen neuen kreativen Aspekt in die Schriftgestaltung (siehe Film auf CD ⬤). Mit eigenen Ideen, die auf unserem kreativen Potenzial basieren, kommen wir langfristig weiter als mit vorgefertigten Programmtechniken. In den folgenden Übungen ist der Prozess wichtiger als das Resultat.

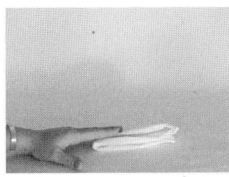 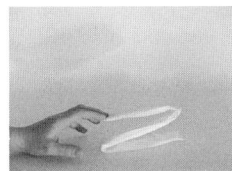  

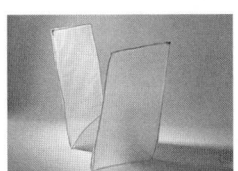   

B-3-12-M: „Dreidimensionale Buchstaben". Alles, was Sie für dieses Alphabet benötigen, sind Draht, eine Zange, Kleber und Transparentpapier. Die Inszenierung mit Licht bringt Atmosphäre. Aus unterschiedlichen Blickwinkeln fotografierte Einzelbilder lassen sich schnell in Flash oder in Macromedia Director zu einer beeindruckenden Animation zusammensetzen.

Abb. 127:
Dreidimensionales
Gestalten

B-3-13-M: „Alphabetentwicklung". Ein Alphabet als Ausgangsbasis steht Ihnen auf der ⬤ CD zum Ausdrucken zur Verfügung. Lassen Sie sich ein System einfallen, wie Sie die Lettern transformieren wollen. Im nebenstehenden Beispiel ist der Kreis als Maske das syntaktische Mittel zur Formfindung. Loten Sie die Grenzen der Lesbarkeit aus und achten Sie auf einheitliche Formen, damit die neuen Buchstaben zum Alphabet zusammenwachsen.

Abb. 128: Alphabetentwicklung – der Kreis als „Lochmaske"

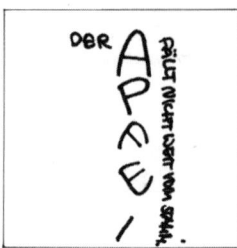
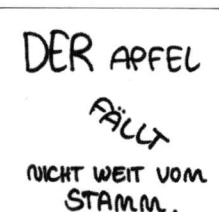

Abb. 129: Sprichwörter visualisieren

B-3-14-M: *Sprichwörter sind ein unerschöpflicher Quell von Volksweisheiten, die kurz und bündig Erfahrungen auf den Punkt bringen. Wie bei Claims in der Werbung gibt es einen Sprachrhythmus und Worte, die wichtiger sind als andere. Suchen Sie sich ein Sprichwort aus, das Ihnen gefällt und scribblen Sie munter drauflos.*

B-3-15-T: *„Animiertes Alphabet". Im Team macht diese Übung besonders viel Spaß, da alle an einem Strang ziehen. Jeder bekommt einen Buchstaben, am besten man fängt bei A an und zählt durch. Falls das Team kleiner als 26 Personen ist, geht's einfach vorne wieder weiter, bis alle 26 Buchstaben verteilt sind. Jetzt sucht sich jeder eine Schrift heraus, die ihm gefällt. Je vielfältiger die Schriften sind, desto besser. Jeder stellt seine Letter dem Nachfolger im Alphabet per Netzwerk zur Verfügung. So hat jeder zwei unterschiedliche Buchstabentypen. Der Erste entwickelt ein Storyboard für eine Transformation von seinem A zum B vom Nachbarn, der Zweite von seinem B zum Nachbar-C usw. In* FREEHAND *werden die Animationen mithilfe der Ebenen (alle Standbilder sitzen dabei passgenau übereinander) vorbereitet und als SWF-Files exportiert. So kann sich jeder seine Animation im Flash Player anschauen und korrigieren. Am Schluss werden in Flash alle Einzelanimationen zu einem animierten Alphabet zusammengesetzt.* (siehe CD-ROM)

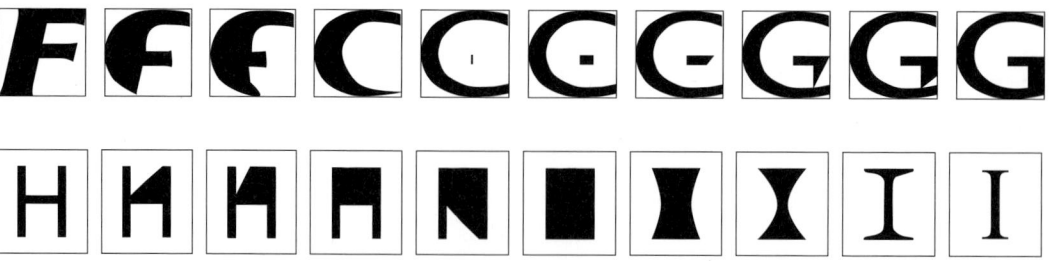

Abb. 130: Filmsequenzen aus einem animierten Alphabet, Teilnehmerarbeit

3.8 Checkliste zur Fehlervermeidung

Lesbarkeit: Print / Screen

Versalsatz und Negativ-Schrift sperren.

Copytext möglichst in normalen (regular, book) Schriftschnitt setzen.

Schrift nicht mehr als um 15 % verzerren.

Lesetexte nicht mit Effekten (Schatten, Outline) versehen.

Zeilenabstand in Abhängigkeit zur optischen Schriftgröße wählen (min. 120 %).

Zeilenlänge sollte zwischen 30 und 70 Anschlägen pro Zeile liegen.

Lesbarkeit: nur Screen

Screen-Fonts ab 12 pt, die als GIFs angelegt sind, mit Anti-Aliasing glätten.

Bildschirmoptimierte Fonts (Arial, Verdana, Chicago) verwenden.

Schriftgrad sollte nicht kleiner als 10 pt sein.

Bei kleinen Schriftgraden (10–18 pt) robuste oder bildschirmoptimierte Fonts einsetzen. Feine Serifen und Strichstärken brechen sonst weg.

Achten Sie darauf, dass sich der Text von Hintergrundfarbe und -muster absetzt.

Auszeichnungen und Aufzählungen: Print / Screen

Bei wissenschaftlichen und differenzierenden Texten: kursiv und Kapitälchen.

Möglichst echte Kapitälchen-Fonts (Small Caps) verwenden.

Versalwörter im Fließtext (z.B. USA) um ca. 10 % verkleinern und leicht sperren.

Unterstreichen vermeiden. Es stört den Lesefluss und zerschneidet die Unterlängen.

Bei Aufzählungen bei einem Zeichen (z.B. •) bleiben.

Auszeichnungen: nur Screen

Unterstreichen nur bei Links, ansonsten besteht Verwechslungsgefahr.

Kursiven Schriftschnitt vermeiden.

Schreibregeln: Print / Screen

Richtige Anführungszeichen und Apostrophe verwenden.

Zwischen Trenn-, Binde- und Gedankenstrich unterscheiden.

Die echte Ellipse verwenden.

Bei Ziffern im Copytext, falls möglich, Mediäval-Ziffern verwenden.

Telefonnummern, BLZ, Kontonummern richtig trennen. Der Abstand ist kleiner als ein Wortabstand: ca. 1/4 bis 1/6 Geviert.

Absatzregeln: Print/Screen

Blocksatz unter 45 Anschlägen pro Zeile vermeiden.

Zeilenfall beim Flattersatz und Rausatz kontrollieren: Treppeneffekt.

Nicht mehr als drei Trennungen in Folge.

Schusterjungs und Hurenkinder vermeiden.

Die Einzugslänge sollte ca. ein Geviert/em sein.

Achten Sie auf sinngemäßen Zeilenfall, vor allem bei Headlines.

Nach einer Überschrift sollte kein Einzug folgen.

Bei Text im Rahmen auf ausreichend großen Abstand zum Text achten.

Absatzlinien nicht zu dicht an die Unterlängen bzw. Oberlängen setzen.

Absatzregeln: nur Screen

Bei Auflistungen: Einzug oder Tabellen verwenden.

Keinen Blocksatz (CSS) verwenden.

Bei Tabellen mit Linien (border) den Text mit Einzug versehen.

Schriftanmutung und Schriftmischung: Print / Screen

Die Schrift soll zum Kommunikationsziel und zur Zielgruppe passen.

Schriftmischung ist innerhalb einer Schriftgruppe und -sippe gefahrlos.

Nicht mehr als zwei bis drei unterschiedliche Schriften verwenden.

Eine solide Regel besagt, dass eine Groteske gut zu einer Antiqua passt.

Typotrends verfolgen, um Schriftwirkungen einschätzen zu können.

Schriftanmutung und Schriftmischung: nur Screen

Antiquaschriften kommen erst bei größeren Schriftgraden zur Geltung. Strichstärkenunterschiede und Rundungen der Serifen gehen bei 72 dpi verloren.

Anmutungsqualitäten von Screenschriften sind durch das Verhältnis von Versalhöhe zu x-Höhe, Laufweite, Schriftbreite und Grauwert der Zeile bestimmt.

Textorganisation: Print / Screen

Hierarchien, wie Head, Subhead, Copy durchgängig beachten.

Bei mehreren Seiten ein Rasterlayout anstreben.

Feste Positionen von verwandten Inhalten berücksichtigen.

Durch Weißräume die Seite ordnen und strukturieren.

Textorganisation: nur Screen

Laufweite und Zeilenabstände großzügiger als im Printbereich anlegen.

Der Content bestimmt das Pagelayout. Soll alles auf einen Blick und konsistent zu erfassen sein, ist Blättern ratsam.

Entwickeln Sie von Anfang an ein Musterlayout, das auf einem Raster basiert.

4 Die Zeichen

4.1 Kommunikationsprozess: Der Austausch von Zeichen

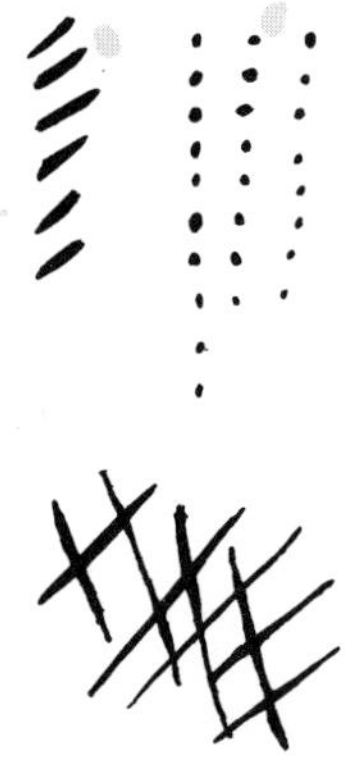

Der Mensch hat seit seinen frühen Entwicklungsstufen das Bedürfnis nach Kommunikation. Die Äußerung von Wünschen oder Befehlen, die Feststellung von Tatsachen erfolgten durch Gesten und Laute. Später wurden sie auch durch dauerhafte Markierungen und Bemalungen auf Knochen, Steinen und Ton, über deren Bedeutung man heute nur Vermutungen anstellen kann, visualisiert. Schriftsysteme, deren Zeichnungen oder Zeichen einen direkten Bezug zu gesprochenen Silben und Worten haben und das Gedachte dauerhaft festhalten, sind dagegen eine sehr junge Form der Kommunikation (ca. 7.000 Jahre alt). Es war notwendig – und ist es noch heute –, dass über die Bedeutung solcher Gesten, Laute und Markierungen eine Vereinbarung innerhalb einer Gruppe getroffen wird.

Die Übermittlung einer Nachricht bzw. Information setzt dann voraus, dass es einen Sender (im Sinne von „Absender") dieser Nachricht und einen Empfänger dieser Information gibt. Man sagt oder zeigt jemandem etwas mit der Erwartung, dass es verstanden wird, also dass der Empfänger diese Nachricht „begreifen" kann.

Abb. 01: Auf Knochen eingekerbte Einschnitte, Punktreihungen und Kreuzkerben-Muster, 50.000 Jahre alt

Stellen Sie sich bitte folgende Situation vor: Er/Sie zwinkert mit dem Auge. Schreiben Sie mögliche Bedeutungen dieses „Zeichens" auf. Dann stellen Sie sich vor, welche Wirkung diese Nachricht auf den Empfänger / die Empfängerin haben könnte und wie die entsprechenden Reaktionen sein könnten.

1. _____

2. _____

3. _____

Für die Vermittlung der Nachricht werden Zeichen ausgetauscht. Aber was sind Zeichen?

Abb. 02: Zeichen sind Nachrichtenträger.

Semiotik ist die Theorie der sprachlichen Zeichen; in der visuellen Kommunikation werden Zeichen unter semiotischen Aspekten untersucht

Zeichen sind Verständigungsmittel, die zwischen Kommunikationspartnern ausgetauscht werden. Zeichen sind Stellvertreter für etwas anderes. Sie übermitteln Nachrichten in Form von Gestik (wie bei unserem vorherigen Beispiel), von Sprache, Bildern, Tönen und auch in Form von elektrischen Impulsen, wenn die Vermittlung von Informationen zwischen Geräten stattfinden soll. Zeichen sind Bedeutungsträger, die eine wahrnehmbare Form haben, damit die zu übertragende Nachricht nicht nur im Gedanken des Senders bleibt, sondern auch beim Empfänger ankommen kann. Durch Zeichen können Gedanken oder Begriffe „sichtbar" werden, d.h., sie können sinnlich wahrnehmbar sein.

Zeichen werden mit einer bestimmten Absicht zu einem bestimmten Zweck verwendet und sie haben eine Wirkung: Sie können beim Empfänger Reaktionen wie Denken, Fühlen oder Handeln auslösen.

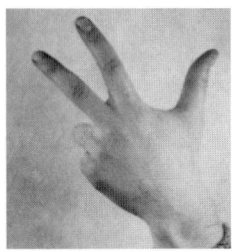

Abb. 03: Im Ausland „mit den Händen" reden

4.1.1 Der syntaktische Aspekt der Zeichen: Wie wird etwas dargestellt?

Zeichen haben notwendigerweise eine wahrnehmbare Form, die die Sinne des Empfängers erreichen bzw. ansprechen kann, wie in unserem Beispiel die Gestik des Augenzwinkerns, das visuell wahrgenommen wird.

Bei uns Menschen findet man als Mittel der Kommunikation überwiegend sichtbare, hörbare und tastbare Zeichen:

- **visuelle Zeichen** wie Gesten, Piktogramme, Ideogramme, Buchstaben, Worte, Bilder, Architektur, Gebärdensprache usw.;
- **auditive Zeichen** wie alle gesprochenen Sprachen, Töne wie etwa Warntöne, Laute und Musik etc. und
- **taktile Zeichen** wie z.B. die Blindenschrift oder Berührungen wie etwa ein Händedruck.

Aber auch Riechen und Schmecken lösen etwas in uns aus und, wenn „die Liebe durch den Magen geht", hat uns jemand ein Zeichen gegeben.

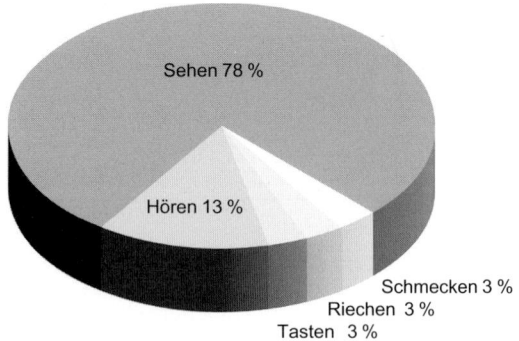

Abb. 04: Die Sinneswahrnehmung bei Menschen erfolgt: 78 % durch Sehen , 13 % durch Hören, 3 % durch Tasten, 3 % durch Riechen und 3% durch Schmecken (nach Ruth Schwarzes Erkenntnissen aus dem Buch „Gestaltungslehre").

Wir werden uns im Bereich der visuellen Kommunikation auf die visuell wahrnehmbaren Zeichen beschränken.

Die wahrnehmbaren Komponenten eines visuellen Zeichens sind seine Form, sein Helligkeitsgrad, seine Farbe, die Beschaffenheit seiner Oberfläche und seine Bewegung. Dazu kommen die Ordnungsfaktoren, nach denen die visuellen Elemente des Zeichens angeordnet sind. Alle diese Komponenten stehen zueinander in Beziehung und bedingen sich gegenseitig. Das Zeichen ist eine aus oft mehreren Elementen zusammengesetzte Form. Die Form und die Anordnung der Elemente ist die **syntaktische Dimension des Zeichens**. Die Frage nach der Syntax eines visuellen Zeichens lautet: Wie wird etwas dargestellt?

Das Beispiel in Abb. 05 zeigt, wie unterschiedliche formale Anordnungen der Elemente die Aussage eines Zeichens ändern können.

Die verschiedenen syntaktischen Elemente des Zeichens Form, Helligkeit, Farbe, Material und Bewegung sowie der Ordnungsgrad und die Ordnungsfaktoren Größe, Abstand, Position und Richtung ermöglichen unterschiedliche Aussagen (siehe auch Kapitel B.1, „Die Form“).

Abb. 05: Piktogramm für „Coffee Shop" (oben) und Logo des Berliner Szenelokals Café Hackbarths (unten). Die Elemente der Zeichen sind gleich, aber die unterschiedliche Position bzw. Reihenfolge ändert die Aussage.

Abb. 06: Volksfest in Marokko; kreisförmige Anordnungen bei Versammlungen sich besprechender Menschen („runder Tisch")

Abb. 07: Militär; musterförmige Anordnungen, die mengenmäßigen Überblick verschaffen

4.1.2 Der semantische Aspekt der Zeichen: Was wird dargestellt?

Zeichen stehen z.B. für einen Gegenstand, ein Gefühl, einen Gedankenkomplex usw. Sie verweisen und beziehen sich auf etwas anderes als sich selbst. Sie werden gesendet, um etwas mitzuteilen. Sie sind Bedeutungsträger. Der Inhalt oder die Aussage eines Zeichens ist seine **semantische Dimension**. Die Fragestellung nach der Aussage eines Zeichens lautet : Was wird dargestellt?

Nehmen wir wieder unser Beispiel des Augenzwinkerns: Die Bedeutung dieses Zeichens im Café könnte ein Flirt sein, aber das gleiche Zeichen in anderem Zusammenhang – etwa beim Kartenspiel – könnte bedeuten, dass ein Mitspieler uns auf ein besonderes Blatt hinweisen will. Die Bedeutung und Deutung eines Zeichens steht immer in enger Beziehung

Sinn ist immer vom Kontext abhängig: Ein Zeichen kann in verschiedenen Kontexten jeweils etwas anderes bedeuten

mit seinem Kontext. Der Kontext insgesamt wird durch das Zusammenspiel aller benachbarten Zeichen bestimmt.

Folgende Beispiele zeigen, wie die Aussage eines Zeichens variiert, wenn der Kontext, mit dem es in Beziehung steht, anders ist. Die Farbe „Rot" kann „Stopp" im Kontext einer Ampel, „Gefahr" im Kontext von Verkehrssignalen und „warm" im Kontext einer Wetterkarte bedeuten. Ein Punkt bedeutet „Stadt" auf einer Landkarte, zwischen zwei Zahlen ist er ein „Multiplikationszeichen", er kann ein wichtiges Merkmal des Buchstabens „i" und „Punktuationszeichen" am Endes eines Satzes sein.

  1.1 i

Abb. 08: Der Punkt als Stadt auf einer Landkarte, als Multiplikationszeichen in der Mathematik, als wichtiges Merkmal des Buchstabens „i"

Abb. 09: I-Ging-Hexagramme und Spaltenicon im Textbearbeitungsprogramm Microsoft WORD: Niemand würde auf die Idee kommen, dass sich hinter dem Spaltenicon von WORD sämtliche I-Ging-Hexagramme verbergen könnten.

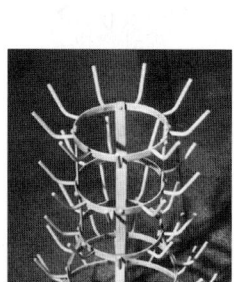

Abb. 10: Flaschentrockner, („ready-made" von Marcel Duchamp). Das so gennante „ready-made" ist ein Objekt, das aus seinem gewöhnlichen Kontext herausgenommen und zum Kunst-Objekt erklärt wird.

Zeichen gleicher Form können Verschiedenes bedeuten. Der Sechsspitzen-Stern als Sheriffstern ist Zeichen für die Polizei in manchen Staaten der USA, als Davidstern ist er das Symbol des jüdischen Volkes und als Berufszeichen das der Freimaurer.

Abb. 11: Sechsspitzen-Stern: als Sheriffstern, als Davidstern, als Berufszeichen der Freimaurer

Zeichen mit verschiedenen Formen können den gleichen Inhalt ausdrücken. Das bedeutet, sie können durch andere ersetzt werden und die Bedeutung bleibt trotzdem erhalten. So kann ein die Richtung weisender ausgestreckter Zeigefinger etwa durch einen Pfeil ersetzt werden.

Abb. 12: Die ausgestreckte Hand in der Buchkunst bedeutet „bitte weiterblättern"

4.1.3 Der pragmatische Aspekt der Zeichen: Welchen Zweck und welche Wirkung haben die Zeichen?

Zeichen haben eine Wirkung auf den Empfänger – wenn er sie wahrgenommen und verstanden hat – und können eine Reaktion auslösen. Denken Sie an unser Beispiel des Augenzwinkerns am Anfang des Kapitels.

Zeichen können absichtlich zu einem bestimmten Zweck eingesetzt werden, um den Empfänger zu beeinflussen. So wirkt beispielsweise die politische und religiöse Propaganda auf den Willen des Empfängers ein durch Befehle wie „Kämpfe mit uns!" oder „Folge mir!". Die Werbung wiederum versucht, das Gefühl durch Suggestion zu beeinflussen. Dadurch wird die Bereitschaft zu Kauf und Konsum angeregt.

Die wissenschaftlichen und technischen Zeichen sprechen eher das Denken des Empfängers an. Sie versuchen nicht, etwas zu befehlen oder Gefühle zu beeinflussen, sondern sie dienen der Beförderung von Sachwissen.

Die Verkehrssignale und Zeichen in Produktionsstätten werden an solchen Stellen angebracht, wo das unmittelbare Reagieren des Betrachters auf eine Gefahr, ein Verbot oder eine Anweisung erfolgen soll.

Die praktische Anwendung eines Zeichens und die Wirkung auf den Empfänger ist seine **pragmatische Dimension** und die Frage danach lautet: Welche Absicht hat der Sender des Zeichens und welche Reaktion soll und kann das Zeichen beim Empfänger auslösen?

Abb. 13: Zeichen lösen unterschiedliche Reaktionen aus. Verkehrssignal (oben) und Gefahrenschutzsignal (unten).

Abb. 14: Politisches Propagandaplakat: „Werktätige Frauen. Kämpft mit uns!", um 1930

Abb. 15: Politisches Propagandaplakat: „Totaler Krieg!", um 1945

Man kann also das Zeichen aus drei verschiedenen Dimensionen betrachten: als formales Mittel (seine syntaktische Dimension), als Bedeutungsträger (seine semantische Dimension) und als Reaktionsauslöser (seine pragmatische Dimension).

Diese drei Dimensionen bilden einen Komplex, mit dem der Designer immer wieder konfrontiert wird. Er soll eine adäquate Form für eine bestimmte Botschaft finden, die den Empfänger erreichen kann und die gewünschte Wirkung ausübt.

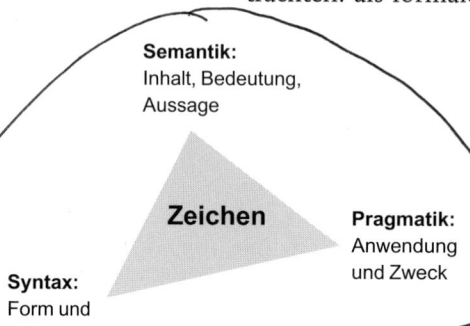

Semantik:
Inhalt, Bedeutung, Aussage

Zeichen

Pragmatik:
Anwendung und Zweck

Syntax:
Form und Gliederung

Drei Dimensionen des visuellen Zeichens

Syntax	Semantik	Pragmatik
Form, Farbe, Helligkeit, Textur, Bewegung und Anordnung des Zeichens	Inhalt, Aussage, Bedeutung des Zeichens	Zweck, Anwendung und Wirkung des Zeichens

Als Beispiel die Ampel:

Syntax	Semantik	Pragmatik
Farbe Rot	Stopp	Der Empfänger bleibt stehen

B-4-01-M: „Syntax": Versuchen Sie mehrere Variationen in der Anordnung (Syntax) der nebenstehend dargestellten Elemente. Überlegen Sie sich, welche Aussage durch die jeweilige neue Anordnung zum Ausdruck kommt. (Technik: geschnittenes Schwarzpapier)

B-4-02-C: „Syntax". Zeichnen Sie die Formen in FREEHAND und ordnen Sie sie in verschiedenen Variationen an.

B-4-03-M: „Kontext". Versuchen Sie den Bedeutungszusammenhang eines Gegenstandes zu verändern, indem sie ihn in einen anderen Kontext stellen. Mithilfe der Collage-Technik oder des Zeichnens platzieren Sie dasselbe Bildelement auf zwei verschiedenen Hintergründen (in einem anderen „Kontext"), sodass daraus zwei verschiedene Aussagen resultieren. Beschreiben Sie den Sinn beider.

4.1.4 Zeichensysteme

Zeichen stehen nicht allein, sondern sind meistens in ein Zeichensystem eingebunden wie z.B. Fachsymbole in der Wissenschaft, Musiknoten, Landkartenlegenden, die verschiedenen Schriftsysteme.

Zeichensysteme können in andere Zeichensysteme übertragen werden. Sie haben dann zwar eine andere Form, drücken aber den gleichen Inhalt aus. Bei beiden Systemen muss man den Code erlernen.

Der **Zeichenvorrat** ist der Gesamtbestand an Zeichen eines bestimmten Individuums oder einer Gruppe und ist von deren Wissensumfang abhängig. Art und Ausprägung dieses Zeichenvorrats werden von der gesellschaftlichen Position und dem Kulturkreis dieser Person oder Gruppe und der Zeit, in der sie leben, beeinflusst.

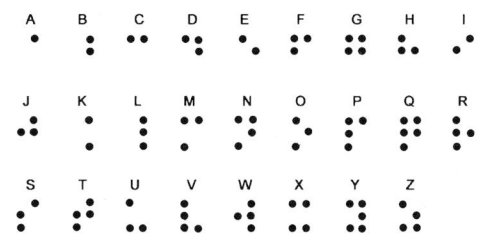

Abb. 16: Das Blindenalphabet ist die Transkription von sprachlichen in taktile Zeichen.

Abb. 17: Musiknoten sind die Übersetzung von auditiven in visuelle Zeichen.

Abb. 18: Zeichenrepertoires verschiedener Kulturen: Maya-Monatszeichen, frühphönizische Inschrift aus Biblos, ägyptische Hieroglyphen

Abb. 19: Rosettestein, der die ägyptischen Hieroglyphen entschlüsseln half. Er trägt eine dreisprachige Inschrift aus dem Jahr 196 v. Chr.: in altägyptischen Hieroglyphen, in demotischer Schrift und in Altgriechisch.

4.1.5 Code

Code: Regeln, die dem Zeichen eine Bedeutung zuordnen

Damit die Verständigung zwischen Kommunikationspartnern (Menschen, Tieren oder Geräten) stattfinden kann, muss beim Sender und Empfänger von Zeichen ein **gemeinsamer** Code vorhanden sein. Den Code zu kennen bedeutet, die Regeln, die dem Zeichen eine Bedeutung zuordnen, zu kennen. Der Computer verhält sich ähnlich. Sein Betriebssystem muss die Zeichenfolge decodieren, um eine Anweisung richtig ausführen zu können.

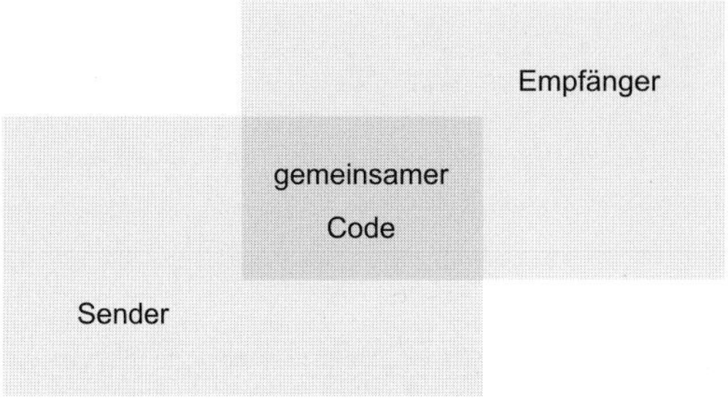

Empfänger

gemeinsamer Code

Sender

Ein Kommunikationsprozess, bei dem es zwischen den Beteiligten keinen gemeinsamen Code gibt, wird zu einem bloßen Reiz-Reaktions-Prozess, da der Inhalt der Nachricht nicht verstanden werden kann.

H A L T

···· ·– ·–·· –

0100100001000001010011000101010100

Abb. 20: Übertragung von Zeichensystemen: Alphabet, Morse-Alphabet, ASCII-Code

a	·–
ä	·–·–
å	·––·–
b	–···
c	–·–·
ch	––––
d	–··
e	·
é	··–··
f	··–·
g	––·
h	····
i	··
j	·–––
k	–·–
l	·–··
m	––
n	–·
ñ	––·––
o	–––
ö	–––·
p	·––·
q	––·–
r	·–·
s	···
t	–
u	··–
ü	··––
v	···–
w	·––
x	–··–
y	–·––
z	––··

Abb. 21: Telegrafischer Code: Das Morse-Alphabet von 1838

A	01000101	a	01100001	0	00110000
B	01000010	b	01100010	1	00110001
C	01000011	c	01100011	2	00110010
D	01000100	d	01100100	3	00110011
E	01000101	e	01100101	4	00110100
F	01000110	f	01100110	5	00110101
G	01000111	g	01100111	6	00110110
H	01001000	h	01101000	7	00110111
I	01001001	i	01101001	8	00111000
J	01001010	j	01101010	9	00111001
K	01001011	k	01101011		
L	01001100	l	01101100		
M	01001101	m	01101101		
N	01001110	n	01101110	.	00101110
O	01001111	o	01101111	,	00101100
P	01010000	p	01110000	:	00111010
Q	01010001	q	01110001	;	00111011
R	01010010	r	01110010	!	00100001
S	01010011	s	01110011	?	00111111
T	01010100	t	01110100	+	00101011
U	01010101	u	01110101	-	00101101
V	01010110	v	01110110	=	00111101
W	01010111	w	01110111	(	00101000
X	01011000	x	01111000	)	00101001
Y	01011001	y	01111001	„	00100010
Z	01111010	z	01111010	/	00101111

Abb. 22: Transkriptionssystem ASCII (American Standard Code of Information Interchange)

4.1.6 Zielgruppe

Der Designer muss beim Entwurf des Kommunikationsprozesses seine Zielgruppe im Auge behalten, d.h., er hat den Code des Empfängers zu berücksichtigen. Eine dem Designprozess vorausgehende „Zielgruppenanalyse" beinhaltet u.a. Alter, Geschlecht, Bildungsniveau, Einkommen, Freizeitverhalten wie Sport oder Kultur, Lifestyle usw. der Gruppe. So kann die Zielgruppe besser eingeschätzt und der Entwurfsprozess „zielgruppenorientiert" ausgerichtet werden.

Die Zielgruppenanalyse sorgt dafür, dass die Ansprache gelingt

B-4-04-M: *„Zielgruppe": Bilder erzeugen Assoziationen: Stellen Sie sich vor, welche Gruppen von Menschen sich für die folgenden Bilder interessieren könnten. Versuchen Sie ein Profil dieser Gruppen zu erstellen, z.B. nach Alter, Bildungsgrad oder Freizeitverhalten.*

1.

2.

3.

4.

4.1.7   Bedingungen für einen Kommunikationsprozess

Folgendes Schema könnte die optimalen Bedingungen für die Übermittlung von Informationen repräsentieren:

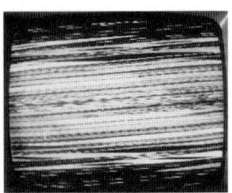

Abb. 23: Fernsehstörungs-
bild: Hier wird die Störung
des Kommunikations-
kanals sichtbar.

Stellen wir uns aber folgende Situation vor: Ein Autounfall ist passiert.
- Die Quelle ist das Unfall-Ereignis.
- Der Sender ist sehr aufgeregt und will unbedingt erzählen, was er gesehen hat.
- Der Kanal ist die Luft, die die Stimme des Senders (das „Medium") transportieren kann und leider herrscht gerade ein lauter Sturm.
- Die Botschaft ist der Inhalt der Nachricht (die zu vermittelnden Unfallereignisse).
- Der Empfänger ist Ausländer und versteht die Sprache des Landes, wo der Unfall stattgefunden hat, leider nicht. Es ist sowieso so laut, dass niemand die Stimme des Senders deutlich hören kann.

In diesem Falle gelingt die Kommunikation also nicht. Voraussetzung dafür, dass ein Kommunikationsprozess stattfinden kann, ist also zunächst einmal ein gemeinsamer Code von Sender und Empfänger – in unserem Beispiel eine gemeinsame Sprache. Es darf aber auch keine Störung – gewissermaßen keinen Sturm – im Kanal geben, der die zu transportierenden Zeichen beeinträchtigen könnte.

Folgendes Schema kann das Gelingen eines Kommunikationsprozesses genauer darstellen:

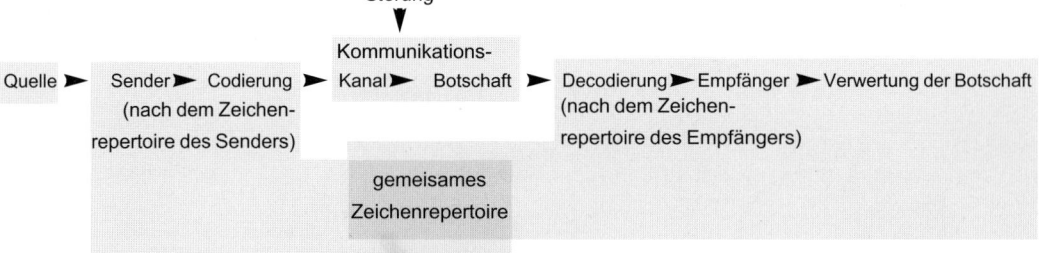

In einfacher Form könnte dieses Schema ein „Gespräch" oder einen Informationsaustausch zwischen zwei Personen oder Geräten darstellen:

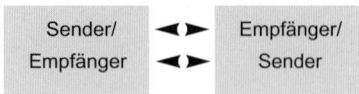

Bei herkömmlichen Medien der visuellen Kommunikation wie etwa Buch, Plakat, Broschüre etc. werden die Botschaften **unidirektional** gesendet (also vom Sender zum Empfänger). Ein gegenseitiges Senden und Empfangen von Informationen ist nicht möglich.

Bei **interaktiven** Anwendungen dagegen, wie beispielsweise einer Internet-Seite, kann dies aber stattfinden. Die gesendeten Inhalte können auch vom Empfänger beeinflusst werden (z.B. in Form von E-Mails mit Feedback-Äußerungen). Dadurch ergibt sich eine zweiseitige „Strömung".

Es gibt zahlreiche Beispiele im World Wide Web – z.B. in Form von Foren und Chatrooms –, bei denen eine wechselseitige Position von Sender und Empfänger innerhalb des Kommunikationsprozesses stattfindet. So auch z.B. beim Internetprojekt **www.shoa.de.** Hierbei handelt es sich um ein wissenschaftlich-pädagogisches Informationsportal, das sich mit der Geschichte des Holocausts und ihrer Nachwirkungen bis in die Gegenwart befasst. Die Seite ist eine Plattform für themenbezogene Inhalte in Form von Artikeln, Bild- und Videobeiträgen, die jederzeit abrufbar sind. Der User bzw. Empfänger kann Fragen bezüglich der Thematik stellen, Meinungen äußern, Kritik üben und nach Prüfung durch den Anbieter auch eigene Beiträge auf der Plattform publizieren. Es wird ihm die Möglichkeit geboten, auf die dargestellten Informationen zu „antworten" und somit zum Inhalt der Seite beizutragen. Durch diese Interaktionsmöglichkeiten findet ein Dialog statt, das heißt ein gegenseitiges Senden und Empfangen von Informationen.

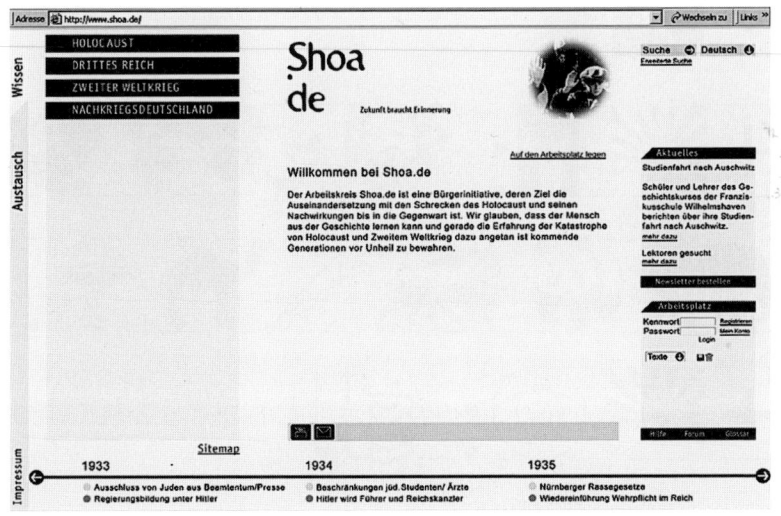

Abb. 24: shoa.de, Internet-Portal über den Holocaust, Teilnehmer-Abschlussarbeit.

Der User bzw. Empfänger kann als Sender mit seinen eigenen Bildern und Texten „antworten" und zum Inhalt des Portals beitragen.

„Die Schöpfung"

Am Anfang schuf Gott
Himmel und Erde ...

... und Gott sprach:
„Seid fruchtbar

und mehret Euch!"

Da ward aus Abend und
Morgen der fünfte Tag.

Und Gott sprach:
„Die Erde bringe hervor
lebendiges Getier."

Und es geschah so.

Und Gott machte
die Tiere des Feldes

und das Vieh und
alles Gewürm, ein jedes
nach seiner Art.

Und Gott sah,
dass es gut war.

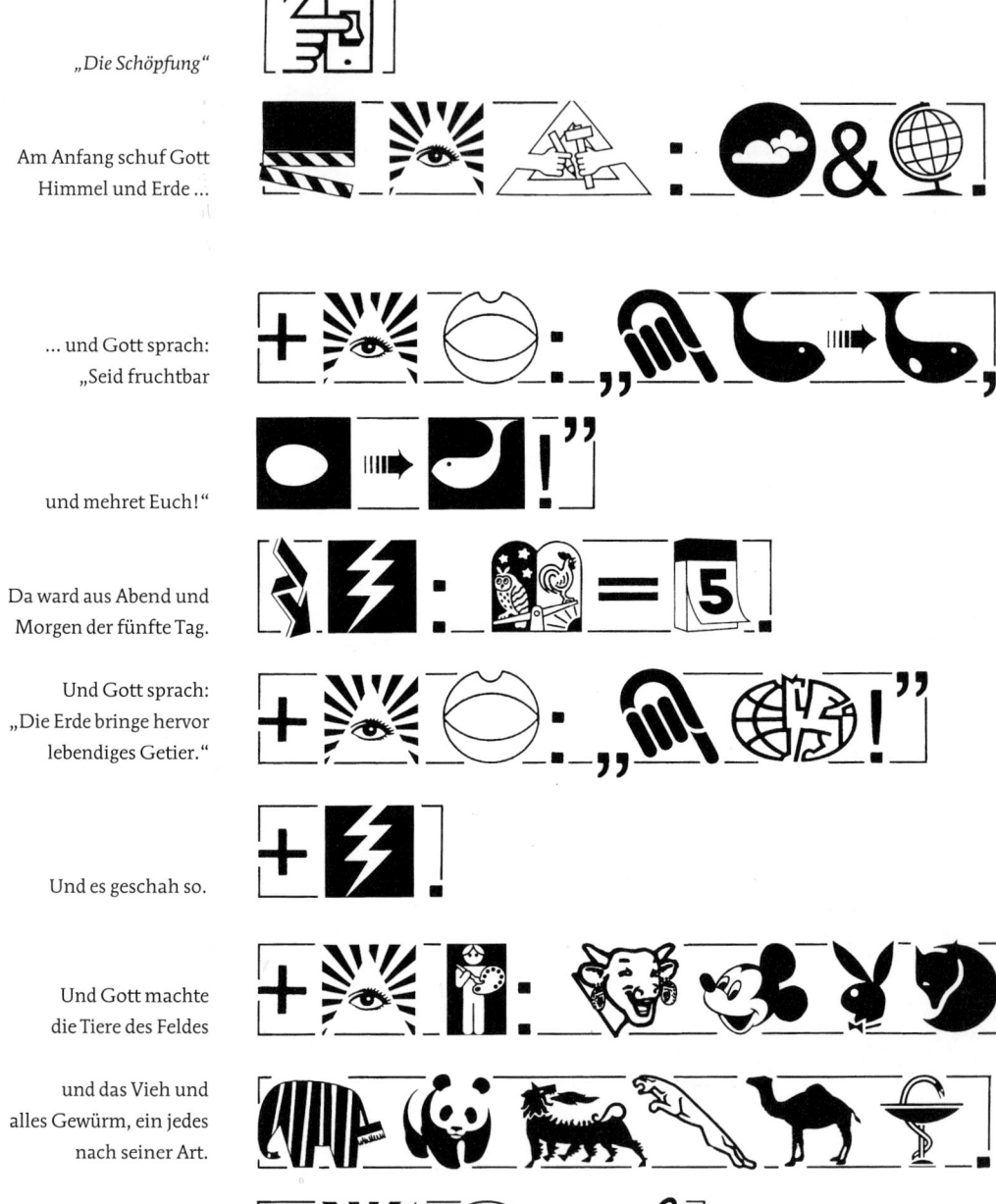

Abb. 25: Bildsprache buchstäblich:
Auszüge aus „Genesis", von Juli Gudehus

4.2 Visuelle Zeichenarten:
Das Zeichenrepertoire der visuellen Sprache

Das Kommunikationspotenzial der visuellen Zeichen macht die visuelle „Sprache" überhaupt erst möglich. Durch die Globalisierung der Kommunikation entsteht ein größeres Bedürfnis nach einer verlässlichen Bildsprache. In der visuellen Kommunikation hat man es mit einem Repertoire von Bildzeichen zu tun, die infolge eines bestimmten Ausdrucksbedarfs der Menschen entstanden sind. Bildzeichen können das Abstrakte sichtbar machen oder eine realitätsbezogene Abbildung darstellen. Zeichen sind außergewöhnlich lebendig. Sie behaupten sich formal durch geschichtliche Abläufe, wechseln oft ihre Funktion und Bedeutung, abhängig vom Zweck ihrer Anwendung und den historischen Umständen.

Im Repertoire der visuellen Zeichen im Kontext der visuellen Kommunikation findet man verschiedene visuelle Zeichenarten und man kann sie nach ihrer Funktion klassifizieren.

• Bild – im Sinne von Abbildung

Das Zeichen (Bild) bildet sein Objekt (aus der äußeren Realität oder der menschlichen Fantasie) mit einem hohen Übereinstimmungsgrad ab. Zu den Bildern gehören Fotografie, gegenständliche Gemälde, Grafik, 3-D-Modelle. Sie haben zwei Dimensionen, können aber durch visuelle Effekte wie Perspektive, Schattierungen und Lichtreflexe, die Position und die Größe ihrer Elemente sowie Schärfe-Unterschiede das Gefühl von Tiefe und Plastizität wiedergeben. Sie können unmittelbar kommunizieren und ohne besondere Vorkenntnisse verstanden werden.

> :-)   :-(;-)
>
> *Emoticons (Emotional Icons) sind Zeichen, mit deren Hilfe man in E-Mails emotionale Mitteilungen machen kann. Sie bestehen nur aus ASCII-Zeichen und sollen um 90° gedreht betrachtet werden*

> Bilder haben lediglich zwei Dimensionen, können aber gewissermaßen Tiefe und Plastizität „vortäuschen"

Abb. 26: Canaletto „Der Canale Grande", Windsor Castle, Royal Collections

Abb. 27: Teller, Schüssel und Schälchen täuschend echt auf eine Tischdecke gedruckt (Kenji Kawakami: Chindogu oder 99 (un)sinnige Erfindungen)

• Icon

Der Begriff „Icon" wird in Rahmen der Semiotik – der Lehre der Zeichen – für diejenigen Zeichen verwendet, die dem Objekt, auf das sie sich beziehen, visuell ähnlich.

> Icons können Beschriftung ersetzen

Wichtiges Kapitel!

In der Computer-Umgangssprache werden alle Bildzeichen auf dem Bildschirm, die keine Fensterrahmen, Cursor oder Beschriftungen sind, Icons genannt. Ein Icon kann die Beschriftung ersetzen. Auf dem Bildschirm werden Dateien, Programme, Statusanzeigen, Befehle zum Ausführen von Aktionen usw. mit Icons dargestellt. Oft ist ihre Deutung innerhalb einer Metapher möglich wie z.B. ein Ordner auf „dem Schreibtisch" oder „der Arbeitsplatz". Icons erleichtern die Arbeit der Anwender, weil sie sich visuell stärker voneinander unterscheiden als Buchstaben und ihre Bedeutung so schneller und auch ganzheitlicher erfasst wird. Sie spielen eine wichtige Rolle im Informationsdesign und unterstützen eine intuitive Benutzerführung. Voraussetzung ist allerdings, dass mit einfachen, also nicht zu komplexen Bildzeichen gearbeitet wird.

Icons werden auch in Büchern oder Broschüren als Übersichten von Produkteigenschaften oder als Themen-Indikatoren für Inhaltsverzeichnisse und Kapitelüberschriften verwendet.

Computerübung

Manuelle Übung

Teamübung

Icons als Indikatoren:
Übungsarten in
diesem Buch

Abb. 28: Das Icon als Gestaltungselement in einer Anzeige von Peacock

• Piktogramm

Piktogramme können
sachlich informieren

Vorläufer des Piktogramms findet man schon im Schriftsystem der Sumerer, Hethiter, Ägypter und Chinesen. Piktogramme sind bildnerische Zeichen von Gegenständen aus der Umwelt, in ihrer Form auf die wesentlichen Merkmale reduziert, die den Nachvollzug des Zeichens garantieren. Aus dem Lateinischen „pictus" (Bild) und dem griechischen „gramm" (Geschriebenes) zusammengesetzt, bedeutet Piktogramm das „geschriebene Bild".

Als Bildzeichen haben Piktogramme gegenüber der verbalen Sprache den Vorteil, eine international verständliche Sprache zu sein.

Piktogramme können Begriffe wie „zerbrechlich" oder „radioaktiv" visuell darstellen und als Signal wirken. Oft ist ihre Bedeutung international fest vereinbart. In unserer immer komplizierter werdenden Umwelt setzt man zunehmend Piktogramme als Orientierungshilfe im öffentlichen Raum ein, wie z.B. in Bahnhöfen, Flughäfen und Krankenhäusern. Durch ihre charakteristische, vereinfachte Form heben sie sich ab von den komplexen, vollen Details und Schattierungen städtischer Landschaften.

Piktogramme können rasch informieren – über die Position des Ortes, der gesucht wird, oder die Dienstleistung, die angeboten wird – oder sie können vor Gefahren warnen oder Anweisungen für die Bedienung von Geräten geben. Piktogramme können Blickfang und blitzartige Informationsvermittler auf einer Seite voller Text sein und dadurch dem Leser schnelle Orientierungshilfe geben.

Piktogramme können rasch informieren

Abb. 29: Altägyptisches Schriftzeichen für „Mann"

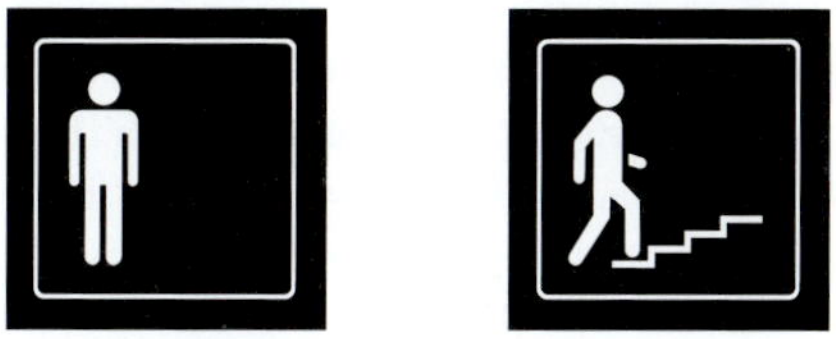

Abb. 30: Piktogramme der Schweizerischen Bundesbahnen, 1980

• Symbol

Visuelle Symbole sind Zeichen, die der Mensch seit seinen frühen Entwicklungsstadien verwendet hat, um eine Fülle von Bedeutungen magischer, kultischer Art darstellen zu können. Symbole können das unsichtbar Abstrakte sichtbar machen. Symbole haben nach ihrer strengen Definition keinen direkten formalen Bezug zu oder Ähnlichkeit mit dem „Objekt", das sie vertreten. Religiöse und politische Symbole nehmen aber oft die Form eines aus der Geschichte einer Gruppierung signifikanten Objektes an, um ein Konglomerat von Bedeutungen auszudrücken, wie etwa das Kreuz, das Hauptsymbol des Christentums. Das Anti-Atom-Symbol beispielsweise zeigt als Appell zum Frieden einen umgedrehten Atompilz, kann aber auch als Symbol die Hippie-Generation vertreten. Symbole der Wissenschaft wie z.B. der Mathematik entstehen, wenn nach Vereinbarung eine beliebige Form mit einer Bedeutung zusammengebracht wird. Der Begriff Symbol wird in der Umgangssprache auch als Bezeichnung für die Icons auf dem Bildschirm verwendet.

Symbole können einen Komplex von Bedeutungen vermitteln

 $\Sigma = + -$

Abb. 31: Einige Symbole der Mathematik

Abb. 32: Anti-Atom-Symbol (Friedenssymbol)

• Schrift-Zeichen

Schrift kann Gedanken speichern und sie anderen zugänglich machen

Der Mensch hat angefangen zu schreiben, als es gelang, Gedanken miteinander kombinierbaren und in Reihenfolgen setzbaren Zeichen zuzuordnen. Die Gedanken konnten so durch die Schrift gespeichert werden und blieben für andere Menschen zugänglich. Im Verlaufe ihres Gebrauchs haben sich Schriftsysteme in vielen Kulturen weiterentwickelt. Über Schriftsysteme, Ursprung und Gebrauch wurde ausführlich in Kapitel 3 „Die Typografie" gesprochen.

Abb. 33: Entwicklung des Buchstabens „A" von der sumerischen Bilderschrift für „Rindskopf" um 3500 v. Chr. über nordsemitisch „aleph" für „Rind" um 1200 v. Chr. und altgriechisch „Alpha" um 900 v. Chr. bis zum „A" des lateinischen Alphabets um 100 v. Chr.

• Wappen, Fahne

Wappen drücken Gruppenzugehörigkeit aus

Wappen fungierten im Mittelalter u.a. als Zugehörigkeits- und Erkennungsmerkmal für die Stände. Die Ritter sollten von Ferne gut erkennbar und unterscheidbar sein im Kampf und beim Spiel. Die leuchtenden Sippenfarben, charakteristische Figuren, oft ein Tier, und die formale Vereinfachung dienten dem raschen Erkennen. Die Vermittlung von Zugehörigkeitsgefühl, das Auftreten in der Öffentlichkeit und das Bestreben, durch visuelle Unterscheidungsmerkmale besser identifiziert zu werden, findet man heute im Corporate Design von Firmen und Institutionen und in Spielmannschaftsausrüstungen wieder. Ferner übernehmen die Symbole von religiösen, politischen und anderen Gruppierungen als Emblem auch die Funktion der Stärkung des Gruppenzugehörigkeitsgefühles.

 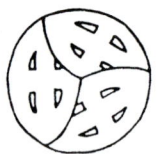 

Abb. 34: Wappen des Bezirkes Berlin-Kreuzberg

Abb. 35: Japanisches Familienwappen

Abb. 36: Fahne der Europäischen Gemeinschaft

• Signal

Signale fordern das unmittelbare Reagieren

Die Verkehrssignale und andere Warnzeichen in Arbeitsbereichen werden dort angebracht, wo sie auf das unmittelbare Reagieren des Betrachters auf eine Gefahr, ein Verbot oder eine Anweisung abzielen. Sie sollen Blickfänger sein, d.h. sich von der Umgebung abheben, die Aufmerksamkeit auf sich lenken und rasch die Information übermitteln können.

Die Farbe ist das wichtigste Merkmal der visuellen Signale.

Signale in auditiver Form findet man z.B. bei den Warntönen in Anwendungsprogrammen oder im Straßenverkehr (Autohupe).

Abb. 37: Signal für „giftig"

Abb. 38: Schifffahrtssignal für „Ende einer Verbotstrecke in einer Richtung"

• **Markenzeichen, Signets**

Als sich der Handel im Mittelmeerraum ausbreitete (ab etwa 800 v. Chr.), entwickelte sich zunehmend die Verwendung von Identifikationszeichen wie Töpfer-, Steinmetz- und Goldschmiedemarken. Andere Vorläufer von Markenzeichen waren die Brandmarken auf Nutztieren, die die Identität ihrer Besitzer garantierten und dadurch auch die Unverwechselbarkeit der Tiere auf dem Markt gewährleisteten. Solche Identifikations- oder Besitzzeichen hatten die pragmatische Funktion, die Ware, den Besitzer oder den Hersteller zu identifizieren. Darüber hinaus konnten diese Zeichen auch den Qualitätswert der Produkte eines bestimmten Züchters oder Handwerkers darstellen.

> Signets stehen stellvertretend für Identität und Qualität

Die verwendeten Zeichen haben sich eher als Bildzeichen denn als Wortzeichen etabliert, um auch über Ländergrenzen hinaus verstanden zu werden.

Markenzeichen werden heute auch Signets genannt. „Signet" war ursprünglich die Bezeichnung für Drucker- und Verlegerzeichen, die am Ende des Buches – später auf dessen Titel – angebracht waren und die Qualität seines Produkts garantierten.

Diese Vorläufer der Markenzeichen haben mit unseren heutigen Firmenmarken oder Signets gemeinsam, dass beide in einer vereinfachten, reduzierten Form eine sehr komplexe Aussage darstellen:

- die Identifikation oder Kennzeichnung des Herstellers bzw. Dienstleisters,
- die gleich bleibende Qualität des Produktes und
- die Abgrenzung von der Konkurrenz.

Abb. 39: Vorläufer des Signets: *gotische Steinmetzmarke*

Abb. 40: Identität einer Branche, *das Apothekenzeichen*

• Diagramm

Diagramme sind visualisierte Zahlen oder Funktionsabläufe

Diagramme (englisch „charts") können Funktionsabläufe oder Sachverhalte darstellen. Sie gehören zu den beliebtesten Formen, Zahlen zu visualisieren.

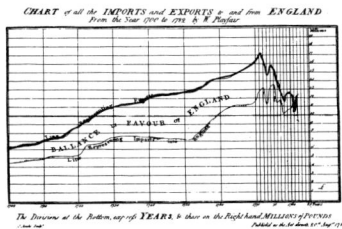

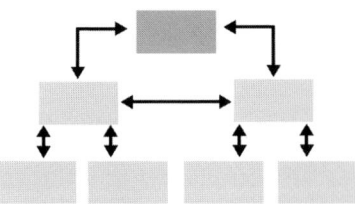

Abb. 41: Liniendiagramm (William Playfair, 1786). Erstmals werden Wirtschaftsdaten im Zeitkontext visualisiert

Abb. 42: Flussdiagramm

• Karte

Karten sind die Darstellung von Topografie und Statistiken

Karten und Grundrisse sind topografische Darstellungen. Sie zeigen anhand noch erkennbarer Formen etwa die Silhouette eines Kontinentes, die Straßen und Blöcke einer Stadt oder den Grundriss eines bestimmten Gebäudes und bilden Funktionskomplexe wie Statistiken ab.

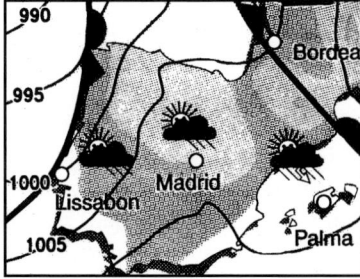

Abb. 43: Eine der ältesten bisher bekannten „Landkarten" (Anatolien)

Abb. 44: Wetterkarte

Tabellarische Zusammenfassung der visuellen Zeichenarten

Visuelles Zeichen	Funktion/ Aufgabe	Ähnlichkeitsgrad mit seinem Objekt	Informations- verarbeitung
Abbild	abbilden/ illustrieren	++	direkt, ohne Vorkenntnisse
Icon	Beschriftung ersetzen / Inhaltsüberblick	+	direkt, mit Ausnahmen über einen Lernprozess
Piktogramm	orientieren/warnen hinweisen/leiten	+	direkt, mit Ausnahmen über einen Lernprozess
Symbol/ Wahrzeichen	politische und religiöse Inhalte darstellen / Appellcharakter	-	indirekt, über einen Lernprozess
Wissenschaftliche Symbole	Sachwissen darstellen	-	indirekt, über einen Lernprozess
Schriftzeichen	lineares Aufzeichnen und Wiedergeben von Information	-	indirekt, über einen Lernprozess
Wappen/ Fahne	Gruppenzugehörigkeit ausdrücken	-	indirekt, über einen Lernprozess
Signal	gebieten, warnen	-	indirekt, über einen Lernprozess
Signet/ Markenzeichen	Synthese aus Identität und Qualität darstellen	-	indirekt, über einen Lernprozess
Diagramm/ Chart	Funktionen und Statistiken darstellen	+	direkt
Karte/ Grundriss	Topografie und Statistik darstellen	-/+	direkt, über einen Lernprozess

Abb. 45: Wo ist der Ausgang?

4.3   Zeichenentwurf: Wege zur Formfindung

Beim Entwerfen eines neuen Zeichens sucht der Designer Lösungen für folgende Probleme:

1. Ziel-Definition: Die Zeichenaussage soll definiert werden

Die Nachricht oder Aussage, die das neue Zeichen transportieren wird, soll definiert werden (Was wird dargestellt?). Aus dem Briefing mit dem Kunden und eventuell eigenen Brainstorming-Resultaten werden die inhaltlichen Stichpunkte gesammelt, die das Zeichen oder die Zeichenfamilie ausdrücken soll. Mit einer gegliederten Auflistung bringt man die gesammelten Inhalte in eine Ordnung.
Zeichen übermitteln Informationen und sollen unmissverständlich sein!

2. Kreativ-Phase: Die Zeichenform soll gefunden werden

Die Zeichenform soll nun gefunden werden (Wie wird etwas dargestellt?). Die Darstellung der Nachricht bzw. der Aussage soll kurz und prägnant sein, d.h. deutlich und treffend, damit sie unverwechselbar wird, sich ins Gedächtnis einprägt und wieder abrufbar wird.

Checkliste für eine gelungene formale Lösung

	ja	nein
Gibt es eine klare gestalterische Idee?	☐	☐
Besitzt es Blickfangwirkung? Lenkt es die Aufmerksamkeit auf sich?	☐	☐
Ist es prägnant? Das heißt, ist es deutlich und zutreffend?	☐	☐
Ist eine Fernwirkung vorhanden, d.h., ist es aus der Ferne gut erkennbar?	☐	☐
Besitzt es ästhetische Qualität?	☐	☐
Ist das Verhältnis von Spannung und Ruhe ausgewogen?	☐	☐
Haben Sie auf überflüssige Details verzichtet?	☐	☐
Ist der formale Komplexitätsgrad ausgewogen?	☐	☐
Ist es einprägsam und grafisch reizvoll?	☐	☐

! Die Fernwirkung von Zeichen lässt sich testen, indem man sie in PHOTOSHOP mit dem Filter „Gauß'scher Weichzeichner" unscharf macht.

3. Test-Phase: Die Zeichenwirkung soll unter Berücksichtigung der Ziel-Definition untersucht werden

Wirkungsvolle Zeichen erregen beim Betrachter Aufmerksamkeit, erwecken Interesse und begünstigen das Handeln (Was soll erreicht werden?), wie z.B. eine Richtung einzuschlagen, eine Dienstleistung in Anspruch zu nehmen oder ein Produkt zu konsumieren!

Checkliste für ein wirkungsvolles Zeichen

	ja	nein
Ist es passend und angemessen für die Idee bzw. das Produkt, das es vertritt?	☐	☐
Besitzt es eine gewisse Affinität bzw. bewegt es sich im gleichen Klima?	☐	☐
Ruft es keine Deutungsmissverständnisse hervor?	☐	☐
Ruft es keine unerwünschten falschen Assoziationen z.B. mit anderen Branchen hervor?	☐	☐
Ist es verständlich und attraktiv für die Zielgruppe, sodass sie sich angesprochen fühlt?	☐	☐
Kann es die Neugier und Aufmerksamkeit des Empfängers über die für die zu übermittelnde Nachricht notwendige Zeit aufrechterhalten?	☐	☐

Bei dem Entwurf von Zeichen hat der Designer ein Repertoire von Möglichkeiten, verschiedene formale Wege einzuschlagen.

4.3.1 Der Weg der Abstraktion

Der Abstraktionsprozess ist ein „Denkvorgang", der die Form des Gegenstandes reduziert und interpretiert. Der visuelle Abstraktionsprozess findet im Kopf statt! Mit der Reduktion visueller Daten durch Vereinfachen, Verändern oder Weglassen von Elementen einer Form, um zu ihrem Wesentlichen zu gelangen, lassen sich interessante und zeichenhafte Darstellungen entwerfen. Abstrahierte Formen haben den Vorteil – solange die Verständlichkeit bzw. Erkennbarkeit des Zeichens durch einen zu großen Abstraktionsgrad nicht leidet –, dass sie sich durch ihre hohe Prägnanz von ihrer Umgebung abheben und ihre Bild-Information schneller übermitteln können.

Abstrakte Zeichen heben sich gut von komplexen Umgebungen ab

Abb. 46: Logo von Agip Abb. 47: Piktogramm für Abb. 48: Logo des Playboy
Post (Olymp. Mexiko 1968)

Manche Objekte, wie beispielweise ein Stuhl oder Tiere wie der Elefant, besitzen charakteristische formale Merkmale, die auch nach einem Reduktionsprozess ihre Erkennbarkeit noch garantieren können. Individuelle Gesichter dagegen sind schwieriger zu abstrahieren. Comiczeichner finden gelungene Lösungen durch geschickt gesetzte Striche.

Der **Abstraktionsgrad** einer bestimmten Form steht in enger Beziehung zu dem Grad von Partikularität bis Universalität. Eine sehr reduzierte Form kann alle Individuen einer Gattung darstellen.

Abb. 49: Gesichtsabstraktion: Von der Partikularität zur Universalität

Stilistische Merkmale wie eckige Linien, runde, weiche Konturen, Flächenkontraste oder räumliche Effekte können zu ganz verschiedenen Anmutungen und entsprechender Wirkung des Zeichens führen.

Abb. 50: Piktogramm *Abb. 51: Piktogramm* *Abb. 52: Piktogramm*
(Olympiade Mexiko 1968) *(Winterolympiade* *(Intersport 1979)*
Grenoble 1968)

Visuelle Abstraktionen sind auch in der Lage, Abstraktes, Ungegenständliches zu visualisieren. Sinnesempfindungen können hervorgerufen werden: haptische Empfindungen wie weich, hart, sanft, rau, kalt, warm usw., auditive Empfindungen wie melodisch oder rhythmisch, laut oder leise usw. Abstrakte Formen können mit Gefühlen assoziiert werden wie Geborgenheit, Angst vor Gefahr, Sicherheit usw.

Abb. 53: Das fiktive Klangzeichen „Malumba" wurde von Testpersonen mit der runden grafischen Figur und „Takete" mit der eckigen Form assoziiert.

Zeichnung

Zeichen

B-4-05-M: „*Zeichnung-Zeichen*". *Mit dieser Übung soll der Unterschied zwischen „Zeichnung" und „Zeichen" deutlich werden und sollen die gestalterischen Möglichkeiten der Abstraktion ausprobiert werden.*

- *Nehmen Sie ein natürliches oder hergestelltes Objekt aus Ihrer Umgebung als Modell und versuchen Sie, es realistisch mit Bleistift zu zeichnen, um die Form und die markanten Merkmale des Objektes zu erfassen.*
- *Mit den notwendigen Schritten reduzieren, „abstrahieren" Sie nun die gezeichnete Form auf ihr Wesentliches, ihre markanten Merkmale mithilfe von Skizzen.*
  1. *Variante: Setzen Sie die gezeichnete Form einmal mithilfe von Linien, einmal mit Flächen um.*
  2. *Variante: Versuchen Sie drei Varianten nach stilistischen Merkmalen wie z.B. eckig, spitz, weich, rund, flächig oder räumlich usw. zu entwerfen.*

B-4-06-C: „*Zeichnung-Zeichen*". *Zeichnen Sie Ihre besseren Lösungen z.B. mit FREEHAND.*

4.3.2 Grundformen als Ausgangsform

Mit der Verwendung der Grundformen Quadrat, Dreieck und Kreis als Fläche oder Rahmen als Ausgangsform oder mit der Kombination aus zwei oder mehr Formen kann man prägnante Piktogramme oder einprägsame Markenzeichen entwerfen.

Abb. 54: Arbeitsgemeinschaft der Industrie und Handelskammern Baden-Württemberg (Designer: Herbert Kapitzki)

Abb. 55: Herren-Konfektion

Durch das Wegnehmen bestimmter Bereiche kann ein positiv-negativ formales Spiel erzeugt werden.

Abb. 56: Union of Oil and Soap Industries   *Abb. 57: Duales System, Recycling*

Durch Teilungen oder Halbierungen und Verschiebungen werden neue Aussagen erreicht.

 B-4-07-M: „Grundformen". Teilen Sie eine Grundform aus Schwarzpapier und erzeugen Sie durch Wegnehmen oder Verschieben der Teile verschiedene Eindrücke, wie strudeln, explosiv, stabil, fließend usw.

B-4-08-C: „Grundformen" z.B. in FREEHAND

4.3.3 Der mathematische Weg der Formentwicklung

Normalerweise verwenden Designer als Basis beziehungsweise als Vorlage für Seitenlayouts und Zeichensysteme, wie Schriften und Piktogramme, ein grundlegendes Raster-Netz.

Im Rahmen des Entwurfs von Zeichensystemen ist die gestalterische Einheitlichkeit – gewissermaßen ein gemeinsamer Nenner – aller zum System zugehörigen Zeichen von maßgebender Bedeutung. Bei der Signetentwicklung kann ein Raster ebenfalls äußerst hilfreich sein. Ein Raster bietet innerhalb einer einheitlichen Struktur individuellen Spielraum für die Formgebung.

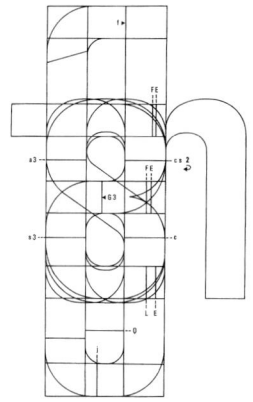

Abb. 58: Aufbau-Raster für den Entwurf eines Alphabets

Abb. 59: Beispiel eines Basisrasters für
Piktogrammentwurf

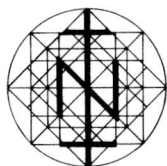
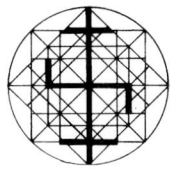

Abb. 60: Steinmetzraster. Nach Franz Rziha
hatte jede Bauhütte ein Grundschema, auf dem
die Zeichen der Mitglieder aufgebaut wurden.

Durch programmatische Addition und Substraktion und/oder Rotation
einzelner Module auf einem Raster kann man interessante rhythmische
Muster erzeugen. Ausgewählte einzelne Bereiche des Musters können für
die Entwicklung von Markenzeichen verwendet werden.

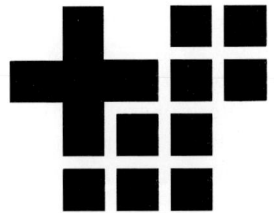

 www.ideo.com

Abb. 61: Bauvorhaben-Housing

Abb. 62: Anzeigenagentur

Das Hinzufügen kleiner Irritationen wie Verschiebungen oder Drehun-
gen einzelner Teile in der Struktur kann zur Aussage oder zur Verstärkung
der Blickfangwirkung eines Zeichens beitragen.

In den Reihungen oder Anordnungen von Punkten, Linien oder
Flächen in Formationen spielen in Bezug auf die Aussage eines Zeichens
die Ordnungsfaktoren Richtung und Abstand zwischen den einzelnen
Elementen eine große Rolle. Senk- und waagerechte Anordnungen können einen stabilen oder statischen Eindruck vermitteln und Assoziationen wie Sicherheit, Bodenständigkeit usw. hervorrufen. Die diagonalen
Anordnungen vermitteln dynamische bzw. labile Eindrücke und können
räumliche Effekte oder den Eindruck von Bewegung erzeugen.

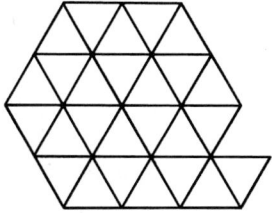

Abb. 63: R. L. Williams: Broadcasting Quadracycle

Abb. 64: UAC International

Mit wellenförmigen Formationen kann man den Eindruck des Fließenden erzeugen. Radförmige Anordnungen dagegen wirken rotierend bzw. ausstrahlend.

Abb. 65: Verner Pantons Textilmusterdesign

! Pixelorientierte Programme bauen das Bild auf einem quadratischen Raster auf, jedes Kästchen des Rasters ist ein so genanntes **Pixel**, das je nach Farbtiefe des Bildes und des Monitors von Schwarz und Weiß bis hin zu Millionen von Farben darstellen kann. Vergrößern Sie mit der Lupe ein beliebiges Bild und beobachten Sie die Struktur. Programme wie RES-EDIT für MAC oder u.a. ICONMAKER für PC bieten einen Raster, auf dem man mit einem digitalen Bleistift einzelne Kästchen mit Farbe ausfüllen kann, um so eigene Icons zu entwerfen.

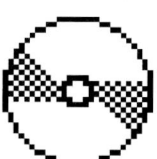 

B-4-09-M: „Raster". In einem einfachen Raster verstecken sich unzählige neue Zeichen! Zeichnen Sie einen Raster auf kariertes Papier und füllen Sie einige Kästen des Rasters mit Flächen oder betonen Sie manche Linien des Rasters.

B-4-10-C: „Raster". Auf der Grundlage eines Rasters drehen, verschieben und/ oder sparen Sie einige Module aus, um ein Zeichen mit der Anmutung „dynamisch und luftig" zu gestalten.

B-4-11-C: „Logo auf Raster". Versuchen Sie, ein bekanntes Logo Schritt für Schritt in sechs Abläufen auf einen Raster aufzubauen, um es später in FREEHAND für eine Logo-Animation vorzubereiten.

4.3.4   Von A bis Z, der Pfad der Buchstaben

Durch Weglassen, Ergänzen und/oder Umzeichnen von markanten Details einzelner Buchstaben lassen sich prägnante Zeichenformen erzeugen.

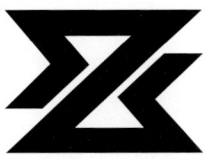

Abb. 66: Apel, Sinovic Design   *Abb. 67: PGH Präzisions-*   *Abb. 68: Hotel Zürich AG*
                                    maschinen, Berlin-Köpenick

Der ganze Name (genannt Schriftzug) wird oft als Markenzeichen verwendet, wobei der Schriftcharakter bzw. die Anmutung, die die ausgewählte Schriftart vermittelt, eine sehr große Rolle in der Aussage des Zeichens spielt. (Beispielsweise wird in der Kosmetik-Branche oft die Schrift „Optima" verwendet.)

Im nächsten Kapitel 3 über Typografie erfahren Sie Näheres über Anmutung und Schriftcharakter verschiedener Schriftarten, Schriftschnitte usw.

Abb. 69: Eaton Corporation   *Abb. 70: Allan Fleming, Canada*

B-4-12-M: *„Formale Unterschiede". Einstiegsübung! Mit dieser Übung sollen der Blick für formale Unterschiede, die Erkennung von visuell umgesetzten Inhalten und die Sensibilität für die mögliche Wirkung eines Zeichens geübt werden. Auch als Teamarbeit geeignet.*

- *Suchen Sie bitte in Zeitungen, Illustrierten oder Zeitschriften Beispiele von Markenzeichen oder Piktogrammen, die sich auf folgende formale Schwerpunkte beziehen:*
  - *Drei Zeichen, die auf der Reduktion oder Stilisierung eines noch erkennbaren Objektes, eines Tiers und eines Menschen basieren.*
  - *Drei Zeichen, die auf der Basis eines Rasters konstruiert sind.*
  - *Drei Zeichen, die sich aus den Grundformen Quadrat, Kreis und Dreieck ableiten.*
  - *Drei schrift- oder buchstabenbezogene Zeichen.*

- *Schneiden Sie diese Zeichen bitte aus.*
- *Versuchen Sie nun, den gefundenen Zeichen eine mögliche Aussage wie kulturell, politisch, religiös, sportlich, ökologisch, technisch, technologisch usw. zuzuordnen.*
- *Beschreiben Sie nun die Anmutung, die jedes Zeichen ausstrahlt, mit zwei oder drei Begriffen wie z.B.: innovativ, alt, neu, tradiert, modern, elegant, grob, dynamisch, statisch, aktuell, zeitlos, futuristisch, pragmatisch, nostalgisch, frisch, nüchtern, sicher, schlicht, trendy, etabliert usw. Auch mehrere Begriffe sind möglich.*
- *Wenn Sie fertig sind, organisieren Sie die Bild- und Textinformation in einer Tabelle oder einem Schema.*

Im Rahmen dieser Übung kann man auch umgekehrt vorgehen, indem nach vorgegebenen Begriffen die ihrer Anmutung entsprechenden Zeichen gesucht werden.

 B-4-13-M: „Methode". Versuchen Sie mit jeder der vorgestellten Entwurfsmethoden
- *Abstraktion,*
- *mit einer Formation auf einem Raster,*
- *mit Grundformen als Ausgangsform,*
- *mit Buchstaben bzw. Zahlen*

die Begriffe „fliegen" oder „hören" zu visualisieren.

4.4   Zeichen in der Praxis

4.4.1   Das einzigartige Signet

Markenzeichen bzw. Signets beziehen sich auf einen Namen, eine Firma oder Institution, eine Branche, ein Produkt oder eine Leistung. Sie sind ihre „Stellvertreter" und sollen „repräsentativ" sein. Es gibt eine Wechselwirkung zwischen der Form und Aussage eines Signets und der Firma oder Institution, die dadurch vertreten wird: Ein Markenzeichen wird mit Qualität assoziiert, wenn die Leistungen der Firma oder Institution, die es vertritt, auch Qualität ausstrahlen (englisch „image").

Was soll ein Signet leisten?
- Als Zeichen einen Komplex aus Identität und Qualität vertreten;
- den Kontakt mit dem Kunden oder Verbraucher herstellen;
- Originalität und unverwechselbare Identifizierung erreichen;
- wiedererkennbar sein, es soll einprägsam und unvergesslich, leicht erinnerlich sein;
- wieder abrufbar sein in einem anderen Kontext;
- skalierbar, größenunabhängig sein, im kleineren und im größeren Format noch gut erkennbar sein;
- dem Zeitgeist entsprechen – bei Logos junger oder neuer Firmen –, zeitlos wirken bei großen, etablierten Konzern-Logos.

Markenzeichen werden generell in folgende Kategorien eingeteilt:

- **Bildmarken** sind gegenständliche, abstrahierte oder stilisierte Darstellungen oder eine abstrakte, meistens geometrische Form ohne Text. Sie haben eine gute Merkfähigkeit, benötigen aber eine lange Penetration, um Identität zu erreichen.

Bildmarken

Abb. 71: Lenkrad von Mercedes Benz   *Abb. 72: Signet der Deutschen Bank von Anton Stankowski*

- **Wortmarken** (englisch „logo") bestehen aus dem Namen der Firma oder des Produktes (auch Schriftzug genannt) oder aus ihren Anfangsbuchstaben. Ihr Vorteil ist eine persönlichere Aussage als bei Bildzeichen, sie sind aber schlechter zu merken.

Wortmarken

Abb. 73: Signet von IBM   *Abb. 74: Signet von ASICS corp., Japan*

- **Bild-Wortmarken** bestehen aus einer Kombination beider. Ihr Vorteil ist eine Verstärkung der Merkfähigkeit durch Bild und Text.

Bild-Wortmarken

Abb. 75: Versicherungsfirma

Ab den 60er-Jahren wurden insbesondere Piktogramme und Markenzeichen mit extremem Abstraktionsgrad und formalem harten Kontrast in Schwarz-Weiß gestaltet. In den letzten Jahren und insbesondere seit der Verbreitung des Internets sieht man Markenzeichen auch mit feineren und komplexeren Strukturen und interessanten Farbkombinationen, die häufig durch Animation bereichert werden. Ein gelungenes Beispiel eines dem Zeitgeist entsprechenden Logos ist das animierte Interferenzbild (Moiré-Effekt) für die Expo 2000 in Hannover.

Abb. 76: Expo 2000 Hannover

Abb. 77: Loveparade

Frühromanik

um 1150

um 1320

um 1500

1871 Reich

1871 Kaiser

1919–1933

Nationalsozialismus

BRD-Wappen

Bundeswappen

Bundesregierung

Überarbeitung des alten Bundesadlers von Rayan Abdulah, Metadesign für die Bundesregierung, 1997

Abb. 78: Einige Vorfahren des deutschen Adlers

Abb. 79: Das Internet-Kunstprojekt „Logo.gif" von Markus Weisbeck war eine Farbsuchmaschine, die nach der im Netz am häufigsten vorkommenden Bilddatei logo.gif suchte. Heute kann man genauso die Bildsuchmaschine vom Google dafür verwenden.

Checkliste zur Tauglichkeitsüberprüfung eines Logos

Zwei-Farben-Logo für
dunkle Hintergründe

Online-Logo

MEDIA
SERVICE
GROUP

Präge-Logo

Abb. 80: Logovarianten
für unterschiedlichen
Medieneinsatz
(Designerin
Susanne P. Radtke)

	ja	nein
Ist das Logo 3-dimensional darstellbar?	☐	☐
Ist das Logo auch bei extremer Verkleinerung noch gut lesbar?	☐	☐
Wirkt das Logo auch bei extremer Vergrößerung noch optisch gleich?	☐	☐
Kann man das Logo in Schwarz/Weiß (Strich) umsetzen? (wichtig für Zeitungsanzeigen, Telefax usw.)	☐	☐
Kann man das Logo in positiv-negativ umsetzen? (erweitert die Möglichkeiten bei Schwarz/Weiß-Anzeigen)	☐	☐
Sind beim Logo wirklich nur die notwendigen Farben verwendet? (wichtig für Druck, jede Farbe mehr kostet Geld)	☐	☐
Bemerkt man im Logo bei spontaner Betrachtung einen Eyecatcher (Blickfang)?	☐	☐
Passt die Schrift des Logos zur Branche?	☐	☐
Können die Farben des Logos auf das komplette Corporate Design übertragen werden? (Hausfarbe, Inneneinrichtung, Fahrzeuge usw.)	☐	☐
Hebt sich das Erscheinungsbild von dem der Mitbewerber ab?	☐	☐
Sagt das Logo etwas über das Leistungsangebot aus? (Sind die Institutionsleistungen herausgestellt?)	☐	☐
Ist das Logo auch ohne Leistungszusatz werblich einsetzbar? (Sind Name und Leistungsaussage voneinander unabhängig?)	☐	☐
Ist das Logo wettbewerbsrechtlich unanfechtbar?	☐	☐
Ist das Logo aus der Ferne leicht erkennbar?	☐	☐
Ist das Logo aus geringer Entfernung leicht erkennbar?	☐	☐
Ist das Logo rasch auffassbar? (ohne irgendwelche Verzerrungen)	☐	☐
Ist das Logo leicht merkfähig? (Wird das Logo gut erinnert?)	☐	☐
Ist das Logo auf allen nur erdenklichen Werbemitteln einsetzbar?	☐	☐
Ist das Logo in eine „noblere" Variante für die Geschäftsleitung umwandelbar?	☐	☐
Ist das Logo zeitgemäß, aber keine modische Erscheinung? (Ist es langfristig einsetzbar, also zeitlos?)	☐	☐
Entspricht das Logo dem angestrebten Corporate Image?	☐	☐
Ist das Logo frei von drucktechnischen Schwierigkeiten?	☐	☐
Ist die Leistungsaufzählung nach Schwerpunkten geordnet? (Das Wichtigste steht am Anfang.)	☐	☐

nach Michael Siegle, Logo, Grundlagen der visuellen Zeichengestaltung

B-4-14-M: „Redesign". Arbeitsblatt 5 auf der CD zum Ausdrucken. Versuchen Sie eine zeitgemäße Anpassung einer traditionellen Marke zu entwerfen. ● *Auf der CD befindet sich als Vorlage das Signet von „India Gewürze".*

4.4.2 Piktogramme, die Teamspieler

Piktogramme werden benötigt, wenn folgende Funktionen erfüllt werden sollen:

- informieren, orientieren, leiten oder warnen vor Gefahren,

unter den Voraussetzungen:
- Verständlichkeit im internationalen Kontext,
- Interpretierbarkeit unabhängig vom Bildungsniveau.

Piktogramme bilden „Familien" innerhalb bestimmter Informationssysteme. Sie sind in Zeichensysteme eingebunden und man kann sie in zwei große Kategorien nach ihrer Funktion einordnen:

Piktogrammfamilien

- **die standardisierten oder genormten Zeichen für technische Zwecke** wie z.B. für die Bedienung von Geräten, in der Kartografie und Wetterkartografie, in der Botanik, in Verzeichnissen für Tourismus, Fahrplänen, Lexika usw. Oft vertreten sie abstrakte Inhalte und ihre Bedeutung muss dann gelernt werden.

Standardisierte oder genormte Zeichen für technische Zwecke

Abb. 81: Standardisierte Piktogramme: einige technische Zeichen für Elektrik

Abb. 82: Standardisierte Piktogramme: einige technische Zeichen für Metereologie

Abb. 84: Piktogramm für Produkteigenschaften: aus Wolle (The Wool-Bureau Inc.)

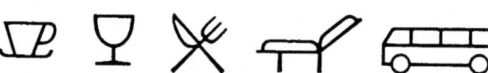

Abb. 83: Piktogrammfamilie für Tourismus

- **die systematisierten Bildzeichen für Orientierungszwecke** wie z.B. in großen öffentlichen Gebäuden wie Universitäten, Krankenhäusern, Kaufhäusern, Bahnhöfen und Flughäfen, Sportveranstaltungsgebäuden oder zur Orientierung innerhalb der Struktur einer komplexen interaktiven Anwendung (als Icons oder als Navigationselemente).
Ein Leit- und Orientierungssystem besteht aus Piktogrammen, die auf einem einheitlichen Gestaltungsraster aufgebaut sind. Sie vertreten meistens konkrete Inhalte, die rasch erkannt bzw. gedeutet werden sollen.

Systematisierte Bildzeichen für Orientierungszwecke

Abb. 85: Piktogrammentwicklung für die Firma „HouseCareService" (Teilnehmer-Teamarbeit)

Piktogramme sind
pragmatische Team-
spieler im logistischen
Einsatz

Piktogramme sind pragmatische Teamspieler im logistischen Einsatz. Als Teamspieler besitzen sie stilistische und formale Einheitlichkeit, einen „gemeinsamen Nenner" wie die Linienstärke, den Kontrast, die Proportionen von Formen im Verhältnis zur Grundfläche oder Rahmen usw. Der Ähnlichkeitsgrad der Zeichen eines Systems wird durch die gemeinsamen stilistischen Merkmale ihrer Formen erhöht wie z.B. runde oder eckige Formen, geometrisch konstruiert oder mit Handduktus gezeichnet und durch den Komplexitätsgrad in der Zusammensetzung ihrer grafischen Elemente.

Abb. 86: Einige Piktogramme aus dem Orientierungssystem der Olympiade von Mexico 1968

*Abb. 87: Einige Piktogramme der Winterolympiade in Grenoble,
leuchttafeltauglich redesigned, 1984*

Piktogramme werden auf
einem Raster entworfen

Piktogramme werden auf einem Raster entworfen, der einen eingegrenzten Spielraum für die Formgebung bietet und dadurch die gestalterische Einheitlichkeit aller Zeichen eines Systems erhöht. Piktogramme werden auf das illustrativ Wesentliche reduziert und auf das für die Informationsvermittlung bildnerisch Notwendigste abstrahiert.

Checkliste zur Tauglichkeitsüberprüfung von Piktogrammen

	ja	nein
Konzentrieren sie sich auf das Wesentliche der zu vermittelnden sachlichen Informationen?	☐	☐
Garantieren sie in ihrer Formgebung die Wiedererkennbarkeit des Bezeichneten?	☐	☐
Haben sie einen formal reduzierten Charakter durch Abstrahierung erhalten und wirken sie zeichenhaft und prägnant?	☐	☐
Heben sie sich von der Umgebung ab und wirken als Blickfang?	☐	☐
Sind alle „aus einem Guss", d.h., verfügen sie über eine gestalterische Einheit?	☐	☐
Sind sie unabhängig von ihrer Größe einsetzbar (skalierbar)?	☐	☐
Beinhalten sie keinerlei Diskriminierung, weder politischer, rassistischer, sexistischer noch religiöser Art?	☐	☐

❗ Testen Sie immer die Aussagekraft bzw. Verständlichkeit Ihrer entworfenen Piktogramme bei Laien. Achten Sie auch auf unerwünschte freie Assoziationen, die Ihre Zeichen hervorrufen könnten!

✏ *B-4-15-M: „Orientierungssystem". Entwicklung eines piktogrammbasierten Orientierungssystems für die Website eines Baumarkts.*

- *Die Abteilungen sind: Werkzeuge, Beleuchtung, Farben und Lacke, Garten, Eisenwaren, Holzwaren.*
- *Die Verständlichkeit des Zeichens - also die Identität zwischen der Form und der Bedeutung - ist ein Designziel.*
- *Finden Sie ein Objekt als Stellvertreter des jeweiligen Bereiches und stilisieren oder abstrahieren Sie die ausgewählten Motive.*
- *Versuchen Sie nun, einen Stil (einen „gemeinsamen Nenner") für die „Familie" zu finden: Linien gleicher oder verschiedener Stärke, schwarze und weiße Flächen, eckige oder runde Formen etc.*
- *Skizzieren Sie jedes Piktogramm auf dem gleichen Raster. Diese Methode erhöht die Erscheinungseinheitlichkeit der Formen und Größen der Zeichen.*
- *Die Wirkung und Verständlichkeit der entworfenen Zeichen wird bei Laien getestet und dementsprechend wird die Form der Zeichen optimiert.*

🖱 *B-4-16-C: „Vom Scribble zur Reinzeichnung". Fertigen Sie eine Reinzeichnung Ihrer besten Scribbles aus den vorherigen Übungen in FREEHAND an.*

👥 *B-4-17-T: „Signet- und Piktogrammentwurf". Miniprojekt in Teamarbeit: Signet- und Piktogrammentwicklung für die Firma „HouseCareService" mit folgenden optionalen*

Service-Bereichen: Gartenservice, Objektschutz, Catering, Babysitting, Reinigungsservice.

- *Entwickeln Sie ein Firmensignet aus den einfachen geometrischen Grundformen Kreis, Dreieck oder Rechteck.*
- *Aus den fünf Service-Bereichen wählen Sie bitte drei aus. Passend zum Stil und der Anmutung des Logos werden drei Piktogramme entwickelt.*
- *Das Signet und die Piktogramme sind in S/W anzulegen. Bitte keine Farbe verwenden.*
- *Achten Sie auf eine gute Fernwirkung der Zeichen. Sowohl groß als auch klein sollen sie gut erkennbar (prägnant) sein.*
- *Eine klare und eindeutige Aussage ist das Designziel.*

Herangehensweise:

- *Teambildung (max. 3 Personen)*
- *Wählen Sie im Team drei Service-Bereiche aus.*
- *Ein Brainstorming schließt sich an.*
- *Entwürfe in Form von Scribbles anlegen.*
- *Abstimmung im Team über den Stil des Signets und der drei Piktogramme für die Service-Bereiche*

Motto: Alles aus einem Guss!

B-4-18-C: „Vom Scribble zur Reinzeichnung". Ausgewählte Scribbles aus den vorherigen Übungen werden in eine Reinzeichnung umgesetzt. Ein kurzer Text zur Erläuterung ist wünschenswert.

4.4.3 Schalter als Interaktionswerkzeug

Schalter und Schaltflächen (englisch „button") sind neben hervorgehobener Beschriftung (Hyperlinks) und komplexen „Imagemaps" eine der Formen für die Gestaltung der Navigationselemente in Anwendungen für das Internet oder CD-ROM.

Durch Schalter oder klickbare Icons

Wirkung von Schaltern
- kann eine komplexe Struktur übersichtlich dargestellt werden,
- können die Unterthemen erreichbar gemacht werden,
- kann die Orientierung des Anwenders (englisch „user") durch eine visuell klare Gliederung der Inhalte und durch die Anzeige der Zustandsänderungen verbessert werden und
- können Aktionen wie „zurück" oder „weiter" durchgeführt werden.

Wenn die Struktur der Anwendung festgelegt ist und die Unterthemen definiert sind, sucht man Motive, die dieses Informationsgebiet darstellen können. Es kann ein Gegenstand sein, ein zum Thema analoges Element oder es können Motive sein, die innerhalb einer bekannten Metapher ihren Sinn bekommen. Eine Metapher kann der Schlüssel für die visuelle Interaktion sein, indem sie dem Betrachter ein vertrautes Szenario anbietet.

Unterschiede zwischen Signets und Piktogrammen

Formale (syntaktische) Anforderungen		Signet	Piktogramm
Prägnanz und Wiedererkennbarkeit	„kurz und prägnant", eindeutig, zutreffend, einfach, Konzentration auf das Wesentliche, keine überflüssigen Details, Berücksichtigung der „Gestaltgesetze" als verankerte Wahrnehmungsprinzipien	++	++
Fernwirkung	gut erkennbar durch ausgeprägtes Figur-Grund-Verhältnis, hohe Hell-dunkel-Kontrastwirkung, ausreichend große Abstände der Einzelelemente, eindeutige Größenverhältnisse	++	++
Skalierbarkeit	größenunabhängig darstellbar, Schriftgrößen und Linienstärken beachten	++	+
Positiv-/Negativumsetzung	sowohl schwarz auf weiß als auch weiß auf schwarz gut zu erkennen, Farben müssen in S/W umsetzbar sein	++	–
Rasterbasis	Zeichen, vor allem Piktogramme, basieren oft auf einem Raster oder haben andere gemeinsame formale Nenner	+	++

Inhaltliche (semantische) und pragmatische Anforderungen		Signet	Piktogramm
Blickfang (Eyecatcher)	auffallend, hebt sich vom Umfeld ab	++	++
Originalität	hoher Neuigkeitswert, erinnert nicht an andere Zeichen	++	– –
Anmutung	angemessen, relevant und attraktiv für die angesprochene Zielgruppe, basierend auf deren stilistischem Repertoire, branchenspezifisch	++	–
Informationsdichte	verschiedene Informationen werden gleichzeitig transportiert	++	– –
Aktualität	zeitgemäß und modern	+	–
Corporate Design (s. S. 265)	passend zur Philosophie des Unternehmens	++	+

HouseCare
Service

Abb. 88: Signet- und Piktogrammentwicklung für die Firma „HouseCareService" (Teilnehmer-Teamarbeit)

Macintosh   Dos-Rechner   Software   Hardware   Service   Warenkorb   Email

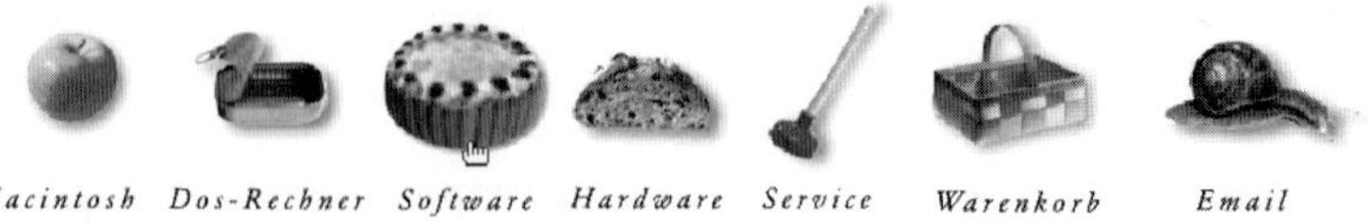

Abb. 89: Entwurf von Schaltern für eine fiktive Computerhaus-Website
„Die Küche als metaphorischer Ort" im Rahmen eines Teilenehmerprojektes

Schalter sollen wie Piktogramme einen gemeinsamen Nenner, also eine gestalterische Einheitlichkeit haben.

Die Besonderheit von Schaltern liegt in ihrer Zustandsänderung

Bei der Gestaltung von Schaltern liegt die Besonderheit in ihren Zustandsänderungen:

- **Passiver Zustand:** Die Schalter führen momentan keine Aktion durch oder können erst mit der Maus durch „rollover" aktiviert werden.
- **Aktiver Zustand:** Die Schalter stellen Bereitschaft dar.
- **Besuchter Zustand:** Die Schalter zeigen dem User, dass der durch sie dargestellte Bereich schon besucht wurde.

Die Anzeige von Zuständen kann durch syntaktische Änderungen erreicht werden, d.h. in der Form, der Farbe, der Helligkeit, der Größe, dem Abstraktionsgrad oder der Schärfe, mit räumlichen Effekten wie erhaben oder eingraviert, mit Schatten oder mit Bewegungseffekten.

Bei der Gestaltung von Schaltern kann der Gestalter sich aus einer breiten Palette von Möglichkeiten bedienen:

- farbig oder s/w, Fotografie, Bilder,
- abstrahierte, vereinfachte Zeichnungen. Sie eignen sich für technische Motive oder schlichte, nüchterne Anmutung.
- Karikatur, hier werden die Details des Motivs übertrieben, um eine verspielte, witzige Anmutung zu geben.
- Kontur oder Umriss als eine der einfachsten Darstellungsmöglichkeiten. Sie kann angewendet werden, wenn das Motiv ein bekanntes Objekt mit einem charakteristischen Profil ist.
- Die Silhouette oder der ausgefüllte Umriss wirken flächig und benötigen auch ein gut erkennbares Profil.

B-4-19-M: „Zustandsänderung". Skizzieren Sie die zwei Zustandsänderungen passiv und aktiv für Ihre Baumarkt-Piktogramme (Übung B-4-15-M). Sie können durch syntaktische Änderungen erreicht werden, d.h. in der Form, der Farbe, der Helligkeit, der Größe, dem Abstraktionsgrad oder der Schärfe oder mit räumlichen Effekten wie erhaben oder eingraviert, mit Schatten oder mit Bewegungseffekten. Ordnen Sie die skizzierten Schalter in zwei Spalten je nach Zustand.

B-4-20-C: *„Zustandsänderung". Setzen Sie die zwei Zustandsänderungen für Ihre Baumarkt-Piktogramme in* FREEHAND *oder* PHOTOSHOP *um. Die Zustände passiv und aktiv können durch syntaktische Änderungen erreicht werden, d.h. in der Form, der Farbe, der Helligkeit, der Größe, dem Abstraktionsgrad oder der Schärfe oder mit räumlichen Effekten wie erhaben oder eingraviert, mit Schatten oder mit Bewegungseffekten.*

4.4.4 Infografik, die Visualisierung von Informationskomplexen

Infografiken sind grafisch aufbereitete und präsentierte Informationen, die den Vorteil der schnellen und gebündelten Informationsübermittlung bieten. Statistiken, Zahlen- und Sachbeziehungen oder geografische Verhältnisse lassen sich übersichtlich und prägnant durch Infografiken visualisieren.

Infografiken setzen sich aus grafischen und textlichen Elementen zusammen und sollten so gestaltet sein, dass sie als Einheit wahrgenommen werden. Sie haben einen hohen Aufmerksamkeitswert und werden eingesetzt, damit sich die dargestellten Daten schneller vermitteln und leichter erfassen lassen. Es geht nicht in erster Linie um die Detailgenauigkeit der Daten, sondern um das Sichtbarmachen von Prozessen, Tendenzen, Größenverhältnissen und Vergleichen.

Praxisbeispiele:
www.infochart.de
www.globus-infografik.de
und in fast jeder Tageszeitung und Zeitschrift

Die gebräuchlichsten Infografik-Arten sind:

- **Erklärungsbilder**
  Wie funktioniert etwas? Wie ist etwas organisiert? Wie stehen einzelne Sachverhalte miteinander in Beziehung? Wie ist der zeitliche Ablauf? Wo befinden sich die Bestandteile? Wann haben diese Ereignisse stattgefunden? Die Wie-, Wann- bzw. Wo-Fragen werden „visuell" beantwortet.

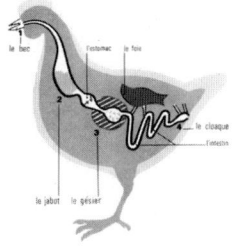

Abb. 90: Durch die Illustration wird das Verdauungssystem der Henne erklärt. (Aus einem französischen Schulbuch. Designer: Claude le Gallo und Daniel Lointier).

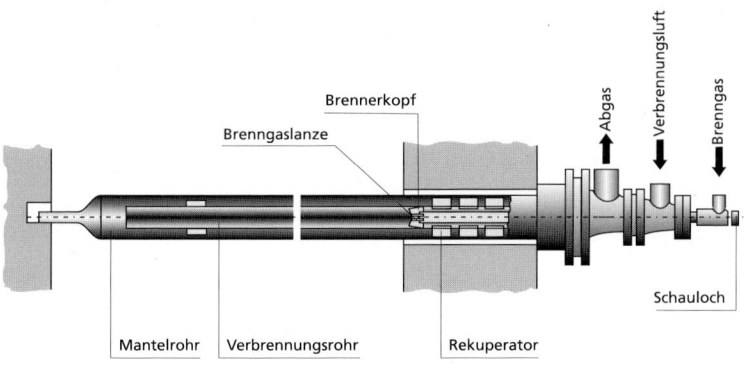

Abb. 91: Schnittzeichnung eines Wärmestrahlrohres mit der Darstellung eines Vorgangs

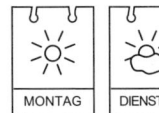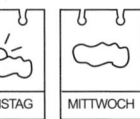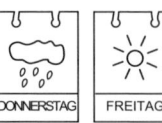

*Abb. 92: Darstellung von
fünf Tagestrends*

Mithilfe von Visualisierungen lassen sich Sachverhalte erklären, indem Struktur und Organisation einer Gegebenheit dargestellt werden. Sie eignen sich auch sehr gut zur Veranschaulichung von Zeitabläufen oder Ereignissen im Zeitablauf, bei denen die Darstellung der Schritte eines Vorgangs wichtig ist. Für jede Phase des Ablaufes werden Momentaufnahmen exemplarisch gezeigt.

- **Netzbilder**
  Häufig müssen Strukturen, Relationen oder Prozesse visualisiert und Beziehungen zwischen den einzelnen Bestandteilen einer Gesamtheit dargestellt werden. Hierzu eignen sich Netzdarstellungen wie insbesondere Flussdiagramme, Organigramme und Netzdiagramme (siehe auch Kapitel B.1.2 „Ordnungssysteme").

Netzdiagramme bestehen aus einer Netzdarstellung mit Linien, oft farbcodiert und grafisch vereinfacht, die u.a. in der Visualisierung von Verkehrsnetzen Anwendung findet.

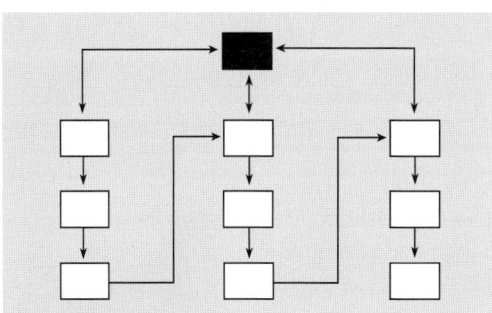

Abb. 93: Flussdiagramm

Abb. 94: Organigramm des multinationalen Konzerns Esselte, das die Hauptgeschäftszweige darstellt (Designer: Mervin Kurlansky und Sue Horner)

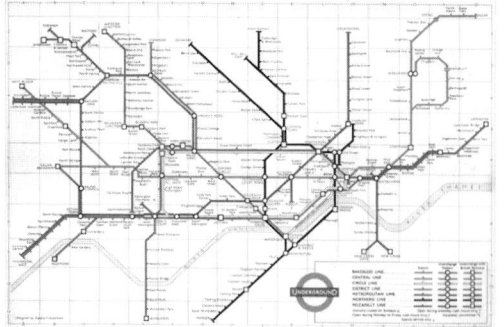

Abb. 95: Übersichtsplan des Untergrundbahn-Liniennetzes in London. Das Netzdiagramm wurde 1933 von Henry Beck entworfen und von ihm und später von anderen Grafikern immer weiter ausgearbeitet. Es besteht aus einer Netzdarstellung mit horizontalen, vertikalen, diagonalen farbcodierten Linien und Knoten. Die hier gezeigte Version ist aus dem Jahr 1960 (siehe auch die Farbversion im Farbteil, Abb. 30).

Flussdiagramme (Flowcharts) sind eine spezielle Art von Netzen, die den Verlauf von Prozessen darstellen, indem sie Abfolge und Logik der Abläufe mithilfe von geordneten Feldern und Pfeilen visualisieren. Flussdiagramme schaffen Übersicht. Dadurch wird die Erfassung von komplexen Vorgängen wie Produktionsabläufen oder Lernprozessen erleichtert. In der Konzeption von interaktiven Anwendungen sind sie nicht mehr wegzudenken, da sie die Gliederung der Inhalte bzw. die Struktur der Verlinkungen veranschaulichen (siehe auch Kapitel C.3 „Die Gestaltung des einzelnen Screens").

Organigramme stellen Organisationsstrukturen, Hierarchien und Abstammungen dar. Das Netz fängt bei einem Ausgangselement an und verzweigt sich. Organigramme zeigen eine hierarchische Struktur, die der eines Baumes entspricht. Diese Anordnung ist auch als Baummodell bekannt. Ein Beispiel dieser baumartigen Struktur ist die in der Ahnenforschung gebräuchliche Anordnung der Generationenfolge in einem Stammbaum.

Folgende Übersicht dient als Anregung, eigene Netzkonstruktionen zu konzipieren und entsprechend ihrer Inhalte und deren Beziehungen untereinander zu variieren.

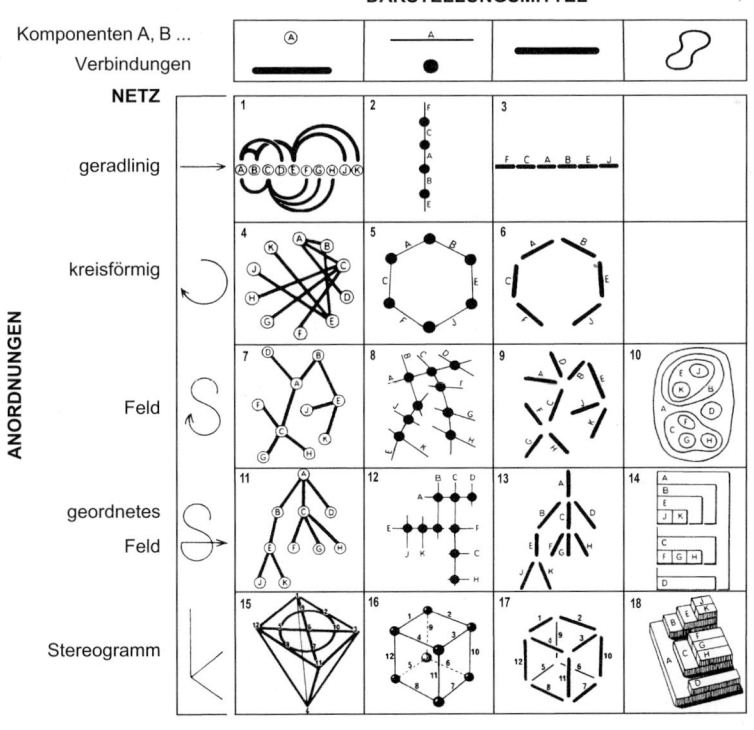

Abb. 96: Übersicht von 18 verschiedenen Netzkonstruktionen.

Sie ergeben sich aus der Kombination von fünf Anordnungen und drei Darstellungsmitteln inklusive deren Mischformen (nach Jacques Bertin).

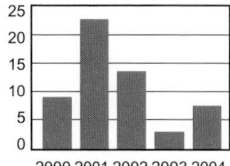

Abb. 97: Säulendiagramm

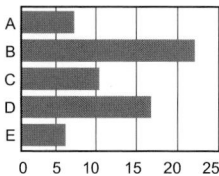

Abb. 98: Balkendiagramm

Abb. 99: Balkendiagramm
mit sich wiederholenden
Piktogrammen,
welche die Fischfangmenge
repräsentieren

- **Zahlenbilder**
  Sie visualisieren aus Zahlenmaterial gewonnene Information und machen Trends oder Vergleiche deutlich. Zahlentabellen werden gelesen, Schaubilder bzw. Diagramme dagegen mit einem Blick erfasst.

  Säulen- und Balkendiagramme eignen sich zur vergleichenden Darstellung von Zeitreihen und Rangfolgen. Säulendiagramme beschreiben, wie verschiedene Positionen sich über die Zeit verändern. Mit Balkendiagrammen dagegen lassen sich am besten Rangfolge-Vergleiche einzelner Objekte zu einem gegebenen Zeitpunkt darstellen. Diese Diagrammarten bestehen in der Regel aus einem rechtwinkligen Koordinatensystem (mit horizontaler X-Achse und vertikaler Y-Achse), mit dessen Hilfe das Schaubild strukturiert wird.

  Die Balken bzw. Säulen können flächig oder dreidimensional sein. Wenn mehr als ein Fall im Schaubild dargestellt werden soll, werden die verschiedenen Fälle durch Farbe, Schraffur oder Helligkeit unterschieden. Die Balken bzw. Säulen können auch durch Piktogramme ersetzt werden, die den Inhalt thematisieren und auf visueller Ebene einen Bezug zum Thema herstellen. Ein unterteiltes Säulen- bzw. Balkendiagramm kann Prozente eines Ganzen darstellen. Die einzelnen Parameter innerhalb der Gesamtheit (Säule bzw. Balken) werden als Unterteilungen in jeweils einer Farbe oder Schraffur dargestellt.

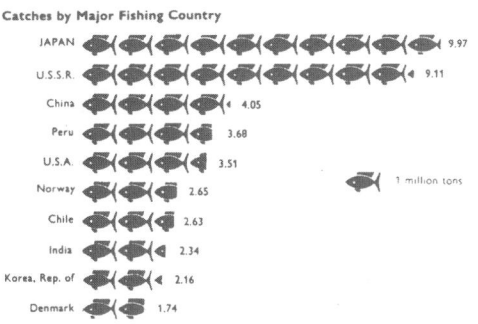

  Kurvendiagramme, auch Liniendiagramme genannt, werden eingesetzt, um den Trend von Zahlenverläufen, wie z.B. einer Statistik im Zeitverlauf, zu repräsentieren. Die Kurve ist der Bestandteil des Schaubildes, der die Aussage trägt. Sie entwickelt sich durch ein rechtwinkliges Koordinatensystem. Dies – als Hintergrundnetz – soll orientieren, aber nicht ablenken. Deshalb muss die Linie der Kurve stärker sein als die des Gitternetzes. Beim Vergleich zwischen zwei oder mehreren Objekten müssen für die Kurven verschiedene Linienstärken oder Farben verwendet werden. Im Fall von mehr als drei Vergleichswerten (in Kurven dargestellt) und, um die Übersicht in einem Wirrwarr von Linien nicht zu verlieren, zerlegt man das Kurvendiagramm in mehrere einzelne Vergleichsdiagramme. Eine Ableitung von Kurvendiagrammen sind die **Flächendiagramme**. Sie las-

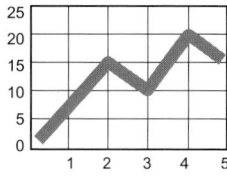

Abb. 100: Kurvendia-
gramm

sen sich durch das Einfärben oder Schraffieren der Fläche zwischen Kurve und Basislinie herstellen.

Kreisdiagramme, auch Kuchen- bzw. Tortendiagramme genannt, sind für die Darstellung von Prozenten geeignet. Der Kreis wirkt als etwas Vollständiges, als ein Ganzes. Seine Fläche repräsentiert die Gesamtgröße und wird proportional nach den prozentualen Anteilen aufgeteilt. Wegen unserer Lesegewohnheiten sollte der wichtigste Sektor an der 12-Uhr-Linie angesiedelt sein.

■ Faustregel: In einem Kreisdiagramm sollen nicht mehr als sechs Bestandteile dargestellt werden. Sind es mehr, wählen Sie die fünf wichtigsten und fassen Sie die übrigen als „Sonstige" zusammen.

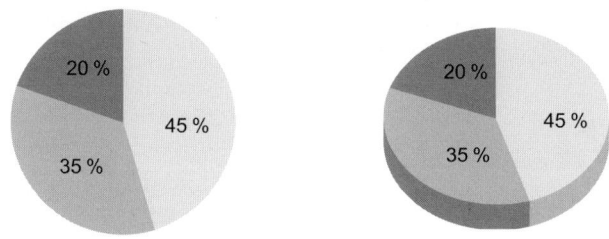

Abb. 101: Kreisdiagramm und Kreisdiagramm mit 3-D-Effekt

Punktediagramme, auch Streudiagramme genannt, können visualisieren, ob die Relation zwischen zwei Variablen dem erwarteten Muster folgt. Durch deren Vergleich wird deutlich, ob es eine Korrelation gibt und die Erwartung sich bestätigt. Obwohl diese Diagrammart eine zunehmende Anwendung in Präsentationen, Berichten usw. erfährt, hat sie den Nachteil, oft unübersichtlich zu wirken. Es bedarf einer Erklärung, wie das Schaubild zu lesen ist.

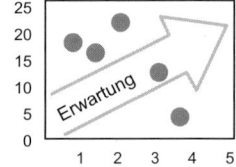

Abb. 102: Punktediagramm.

Die Punkte entsprechen den tatsächlichen Resultaten. In unserem Beispiel hat nur ein Wert Korrelation mit dem zu erwartenden Resultat.

■ Excel, Powerpoint und andere Software erzeugen automatisch aus einer Zahlentabelle ein Zahlenbild. Sie sind nur nicht in der Lage, automatisch die wichtigsten Voraussetzungen einer gelungenen Infografik herzustellen: Klarheit, Einfachheit, unverfälschte Proportionsverhältnisse und Attraktivität. Beschriften Sie Ihre Grafik daher klar und eindeutig, d.h., präzisieren Sie die Aussage des Titels und vergessen Sie nicht, die Werte anzugeben, die die X- und Y-Achse des Koordinatensystems und alle vorhandenen Elemente darstellen sollen. Halten Sie sie einfach und übersichtlich, indem Sie komplexe Aussagen teilen, z.B. in zwei zusammenhängende Grafiken. Bewahren Sie die richtigen Proportionsverhältnisse der Achsen, um keinen verfälschten Eindruck zu erzeugen. Und nicht zuletzt: Gestalten Sie Ihre Grafik dem Einsatz entsprechend, also z.B. anspruchsvoll für den Jahresbericht, einfach für einen internen Bericht.

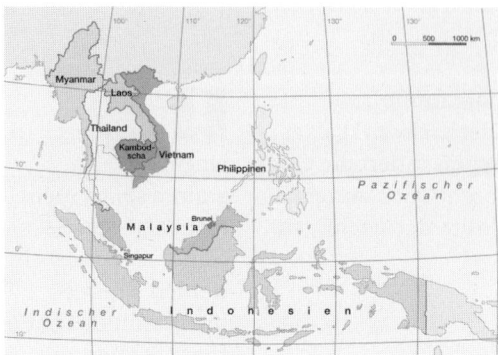

Abb. 103: Geopolitische Karte von Südostasien

▪ Karten

Karten sind eine im Maßstab verkleinerte und verebnete Grundrissdarstellung mit Erläuterungen bzw. einem Modell räumlicher Informationen, das inhaltlich begrenzt ist. Karten können streng topografisch sein und dem Betrachter zur Orientierung im Raum verhelfen. Thematische Karten hingegen beschränken sich auf ein festgelegtes Thema wie z.B. Wetterkarten, geopolitische Karten, Karten für Verwaltungszwecke, für die Wirtschaft, für Themen der Geologie, der Astronomie, des Verkehrs usw.

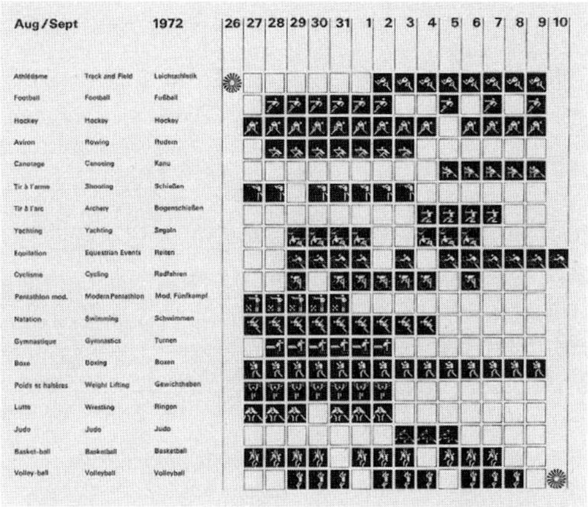

▪ Tabellen

Tabellen werden zu Infografiken, wenn sie mit grafischen Elementen wie z.B. Piktogrammen veranschaulicht werden. Die Information wird durch das Bildzeichen schnell und gegebenenfalls auch international erfassbar. Die gesamte Darstellung gewinnt an Übersichtlichkeit.

Abb. 104: Zeitplan der Olympischen Spiele in München, 1972. Die Tabelle informiert über die Termine der verschiedenen Wettbewerbe. Die verwendeten Piktogramme waren Bestandteile des Orientierungssystems auf dem Gelände (Designer: Otl Aicher und das Team für visuelle Gestaltung, Olympisches Komitee).

Tabellarische Zusammenfassung der Infografik-Arten

Infografik-Art	Funktion der Visualisierung	Anwendungsfelder	Darstellung	Beispiel
Erklärungsbilder				
	Darstellung der Schritte eines Vorganges oder Zeitablaufes als Momentaufnahme	Lehre, Technik, Wissenschaft, Industrie	Illustration, Schnittzeichnung mit z.B. Pfeilen, Text und/oder Zeitangabe	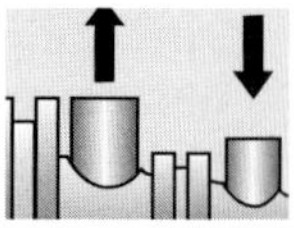
	Durchleuchtung struktureller Organisation von Sachverhalten	Lehre, Technik, Wissenschaft, Industrie	Illustration, Schnittzeichnung mit Textangabe	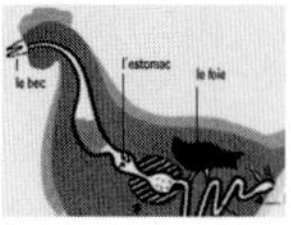

Tabellarische Zusammenfassung der Infografik-Arten (Fortsetzung)

Infografik-Art	Funktion der Visualisierung	Anwendungsfelder	Darstellung	Beispiel
Netzbilder				
Netzdiagramme	Veranschaulichung von Strukturen und Beziehungen	Verkehr, Wissenschaft	Netzbild mit Kreuzungen oder Knoten	
Flussdiagramm (Flowchart)	Darstellung von Prozessverläufen	Interaktive Medien, Technik, Industrie	Netzbild mit Verbindungspfeilen	
Organigramm (Baummodell)	Überblick über Abstammung, Hierarchie- oder Organisationsstrukturen	Verwaltung, Genealogie, Unternehmen	Netzbild mit Ausgang und Verzweigungen	
Zahlenbilder				
Säulendiagramm, Balkendiagramm	Darstellung von Information aus Zahlenmaterial, Vergleich von Statistiken	Wissenschaft, Wirtschaft	Säulen, Balken bzw. Piktogramme auf einem rechtwinkligen Koordinatensystem	
Kurven-/Liniendiagramm	Veranschaulichung der Trends von Zahlenverläufen, Statistiken im Zeitverlauf	Wissenschaft, Wirtschaft, Börse	Kurven/Linien auf einem rechtwinkligen Koordinatensystem	
Punkte-/Streudiagramm	Verdeutlichung des Verhältnisses (Korrelation) zwischen erwarteten und tatsächlichen Werten	Wirtschaft, Wissenschaft	Punkte und ein(e) „Erwartungslinie oder -pfeil" auf einem rechtwinkligen Koordinatensystem	
Kreis-/Torten-/Kuchendiagramm	Darstellung von Prozenten eines Ganzen	Wirtschaft, Wissenschaft	Nach Prozenten proportional aufgeteilter Kreis oder Scheibe	
Karten /Grundrisse				
	Darstellung von räumlichen Informationen und Statistiken	Kartografie, Meteorologie, Geopolitik, Astronomie usw.	Im Maßstab verkleinerter Grundriss mit topografischen und/oder thematischen Informationen	
Tabellen				
	Übersicht über Informationen, schnell und international erfassbar	Orientierungssysteme	Tabellarische Anordnung von Informationen und Bildelementen	

Teil C

Die Konzeption digitaler Medien

1 Digitale Medien

„Die Menschen werden plötzlich nomadische Informationssammler … "
McLuhan

Informationsrevolution und Digitalisierung: Das sind die Schlüsselwörter, welche die epochalen Veränderungen seit den 70er Jahren des 20. Jahrhunderts umschreiben. Heute bilden die digitalen Medien die Grundlage unserer Informationsgesellschaft und sind aus unserem persönlichen und beruflichen Alltag nicht mehr wegzudenken: Computer, Fernsehen, Radio, CD-ROM, DVD, mobile Endgeräte sind selbstverständlicher Bestandteil unserer täglichen Mediennutzung.

Dabei ist gerade die Kommunikation über digitale Medien gar nicht so selbstverständlich, wie es scheint: Denn die Inhalte kommen tatsächlich nur an, wenn sowohl auf der Empfängerseite als auch auf der Senderseite Technik eingesetzt wird. Für die Online-Medien gilt sogar, dass zusätzlich zu den rein technischen Voraussetzungen auch spezielle Übertragungsprotokolle vorhanden sein müssen, damit ankommt, was ankommen soll. Ein Blick auf die Geschichte der Medien zeigt, wie der technische Aspekt immer stärker an Bedeutung gewinnt und sich auf die Medienrezeption auswirkt:

Medienarten	Sender/Empfänger	Rezeption
Primärmedien		
Sprache, Gestik, Mimik	Sender: Menschliche Werkzeuge Empfänger: Menschliche Werkzeuge	Beliebiger Ort, beliebige Zeit, physische Nähe, Kleingruppen-Kommunikation
Sekundärmedien		
Printprodukte wie Zeitung, Buch, Zeitschrift	Sender: Technikeinsatz, Empfänger: Menschliche Werkzeuge	Beliebiger Ort mit Lichtquelle, beliebige Zeit, Lesefähigkeit, Übergang zum Massenmedium
Tertiärmedien		
Elektron. Medien wie Hörfunk, Film, Fernsehen	Sender: Technikeinsatz, Empfänger: Technikeinsatz	Technische Ausstattung, Medienkompetenz, Massenkommunikation
Quartärmedien		
Digitale Medien, Online-Medien	Sender: Technikeinsatz, Übertragungsprotokoll Empfänger: Technikeinsatz, Übertragungsprotokoll	Technische Ausstattung, Online-Zugang, Medienkompetenz, mediale Nähe, Massenkommunikation

Jun-96 Sep-96 Dec-96 Mar-97 Jun-97 Sep-97 Dec-97 Mar-88 Jun-98 Sep-98 Dec-98 Mar-99 Jun-99 Sep-99 Dec-99 Mar-00 Jun-00

Abb. 01: Anzahl der Websites

Wenn wir von digitalen Medien im Zusammenhang mit visueller Mediengestaltung sprechen, dann meinen wir in erster Linie die folgenden computerbasierten Medien mit ihren jeweils typischen Anwendungsfeldern.

Digitale Medien	Beschreibung	Anwendungsfelder
WWW	Sog. Online-Angebote	Unternehmenspräsenzen, Online-Shops, Online-Magazine
CD-/DVD-ROM	Wechselspeichermedien bzw. Datenträger als sog. Offline-Angebote	Spiele, Training, Lernen, Kataloge, Firmenpräsentationen, Nachschlagewerke
Kiosksysteme	Sog. Terminals mit den Funktionen „Point of Information" oder „Point of Sale"	Bahnhöfe, Messen, Banken, Verkehrsbetriebe, Flughäfen, Museen, öffentlicher Stadtraum
Mobile Endgeräte	Portable Systeme wie Handhelds und Handys auf der Basis mobiler Netze (GPRS, UMTS, WLAN)	Reise, Nachrichten, Finanzen, Gesundheit, Arbeit

Es gibt mobile und stationäre Systeme. Durch den technischen Fortschritt werden die Grenzen zwischen den Systemen in Zukunft verschwimmen und multifunktionale, mobile Endbenutzergeräte den Vorrang haben.

Was verbindet diese Medien aber schon heute miteinander und inwiefern lassen sie sich als „digitale Medien" zusammenfassen? Es sind vor allem drei Merkmale, die die Besonderheit dieser digitalen Medien ausmachen und bei ihrer Gestaltung eine herausragende Rolle spielen:

Merkmale digitaler Medien	
Hypermedialität	Die digitalen Medien zeichnen sich durch die besondere Art ihrer Verknüpfung aus.
Interaktivität	Die Medien sind für den Nutzer aktiv und dialogisch nutzbar und unterstützen ihn bei der Verarbeitung von Informationen, wobei der Grad der Interaktionsfreiheit bei den einzelnen Medien variiert.
Multimedialität	Digitale Medien basieren auf der Integration verschieden kodierter Medien: Bild, Text, Ton, Video, Animation.

Schauen wir uns diese Bereiche nun im Einzelnen an:

1.1   Hypertext und Hypermedia

Websites, CD-ROMs und auch Kiosksysteme sind von ihrer Struktur her ein Netzwerk von informationstragenden Knoten. Einzelne Seiten sind dabei die kleinsten Informationseinheiten oder Knoten dieses Zusammenschlusses von Knoten, der auch als Chunk bezeichnet wird. Knoten sind durch Verknüpfungen oder Links miteinander verbunden.

Die Links selber sind keine Knoten, sondern sie sind sozusagen Go-to-Befehle, mit denen man von einem Knoten zum nächsten gelangt. Jeder Knoten weist also über sich hinaus (griech. hyper = über) und ist Bestandteil einer großen, miteinander verbundenen Knotenmenge. Diese Menge wird als Hypertext oder Hypermedia bezeichnet. Der Begriff Hypertext wird dann verwendet, wenn die Grundelemente hauptsächlich aus Text und zu einem geringeren Teil aus Grafik und Bild bestehen. Hypermedia schließt auch die Verwendung von Ton, Animation, Video und ähnlichen Elementen ein.

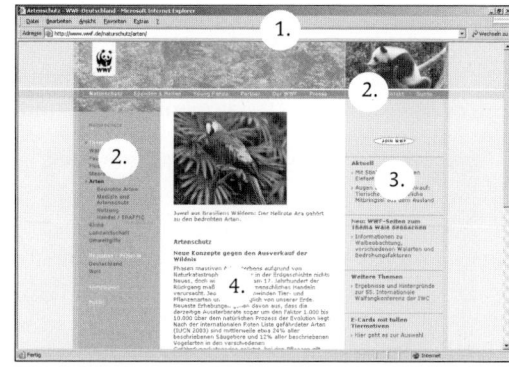

Abb. 02: Bestandteile eines Knotens, www.wwf.de

1. Name des Knotens
2. Navigationslinks
3. Inhaltliche Links zu anderen Knoten
4. Eigentlicher Knoteninhalt

Hypertext/Hypermedia ist aber nicht gleich Hypertext oder Hypermedia. Vielmehr weist er unterschiedliche Verknüpfungsstrukturen auf, die dem jeweiligen Einsatzzweck angepasst sind. Es lassen sich sechs verschiedene Arten der Verknüpfung unterscheiden, die in Hypertextsystemen vorkommen: Das **lineare, sequenzielle Modell** ist nach dem Prinzip der aneinander gereihten Kette aufgebaut. Ein Schritt folgt auf den nächsten.

Ein solches lineares Modell kann auch in abgewandelter Form vorkommen, indem die reine Linearität durch erlaubte Optionen relativiert wird und ein **verzweigtes lineares Modell** ergibt.

Abb. 03: Lineares, sequenzielles Modell

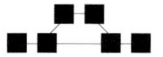

Abb. 04: Verzweigtes lineares Modell

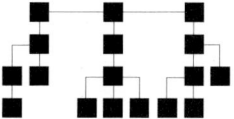

Abb. 05: Baumstruktur oder hierarchische Struktur

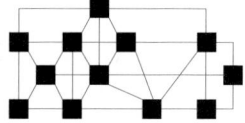

Abb. 06: Netzstruktur

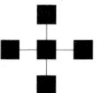

Abb. 07: Sternstruktur

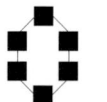

Abb. 08: Ringstruktur

Die **Baumstruktur** ist hierarchisch organisiert und verzweigt sich ausgehend von einem übergeordneten Punkt systematisch bis in tiefer gelegene Ebenen. Bei der **Netzstruktur** ist jeder Knoten mit beliebigen anderen Knoten nach dem Prinzip des Netzes miteinander verbunden.

Die **Sternstruktur** hat ein Knotenzentrum, um das satellitenartig weitere Knoten angeordnet sind.

Bei der **Ringstruktur** wiederum gruppieren sich die Knoten aufgeknüpft nebeneinander und bilden eine Ringform.

Die Frage ist nun, welche Verknüpfung sich für welche Anwendung und welchen Kontext eignet. Allgemein lässt sich sagen: Je stärker der Nutzer geführt werden muss, je linearer wird die Anwendung angelegt sein. Das kann beispielsweise da der Fall sein, wo auf jeden Fall sichergestellt sein soll, dass ein Vorgang vom ersten bis zum letzten Schritt durchschritten wird.

Nehmen wir als Beispiel ein Kiosksystem als „Point of Sale" für Fahrkarten. Der Reisende oder Nutzer des öffentlichen Nahverkehrs muss die Fahrkarte erwerben können, da der Zug sonst ohne ihn abfährt. Er wird also eng geführt und erhält nur begrenzte Auswahlmöglichkeiten.

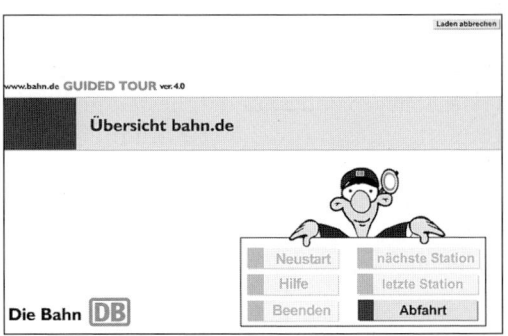

Abb. 09: Vorgegebene Schrittfolge mit begrenzten Alternativen (entweder - oder) in einem Kiosksystem mit verzweigter linearer Führung

Abb. 10: „Guided Tour" auf www.bahn.de

Eine solche enge lineare Führung kann auch sinnvoll sein in Lernkontexten, wenn Lernstufen aufeinander aufbauen und die Lernziele nur so gesichert werden können. Aus dem Netz bekannt ist auch die sog. „Guided Tour", die innerhalb größerer Anwendungen durch lineare Anschauung Einblick in die Struktur des Angebots gewährt.

Die Bezeichnung „lost in hyperspace" steht für den Zustand der Orientierungslosigkeit eines Hypertext-Lesers; sie stammt aus dem Jahr 1987 und wurde von Jeff Conklin geprägt

Für Anwendungen im Netz ist nicht, wie man vielleicht vermuten könnte, die Netzstruktur das Modell der Wahl. Die Weitläufigkeit und Vernetztheit des Internets selbst sind vielmehr ein Grund dafür, dass die hierarchische Struktur die meistverwendete im Netz ist. Online-Präsenzen sind in der Regel nach diesem Ordnungsprinzip aufgebaut, um dem Nutzer Orientierung zu geben und ihn nach einem ihm vertrauten Muster zu führen. Werden nämlich zu viele Wahlmöglichkeiten angeboten, wird das Wahrnehmungsvermögen des Nutzers überfordert und es stellt sich ein Gefühl der Desorientierung („lost in hyperspace") ein.

Größere Hypermedia-Anwendungen sind in der Regel Mischformen der oben genannten Varianten. Beispielsweise kann ein überwiegend hierarchisch gestaltetes System auch netzartige und sequenzielle Bestandteile haben.

Abb. 11: Gemischte Struktur

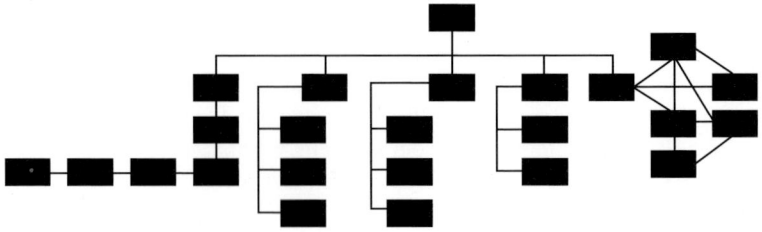

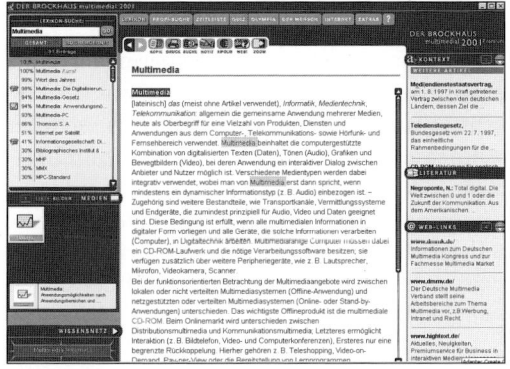
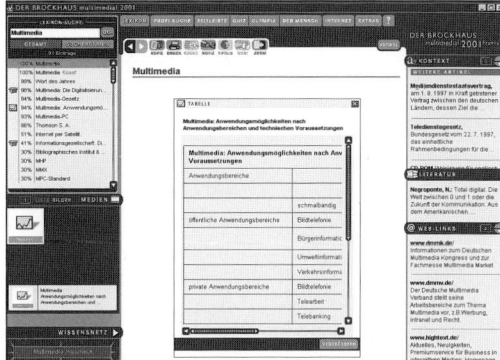

Abb. 12: Sternstruktur einer digitalen Anwendung - Der Brockhaus auf CD-ROM (Stichwort Multimedia)

Die Ringstruktur und die Sternstruktur sind seltener im Einsatz. Die Sternstruktur findet sich beispielsweise im Lexikon-Bereich. Hier gibt es einen mittigen Informationskern, in den die jeweils gewählten Inhalte aus den umgebenden Satelliteninhalten „importiert" werden.

Und die Ringstruktur? Sie ist ebenso wie die Netzstuktur da zu finden, wo der Schwerpunkt auf dem Entdeckenden und Spielerischen liegt. Eine Film- und Fernsehproduktionsfirma präsentiert sich beispielsweise in einer Image-DVD-ROM zum einen in einem informativen, zum anderen in einem spielerischen Teil. Dieser Spielteil ist labyrinthisch-erkundend angelegt und zeigt per Zufallsgenerator Interviews mit Mitarbeitern und Personen aus dem Umfeld der Firma. Hier wird der kreative Geist der Firma in der Struktur widergespiegelt und der Nutzer als neugieriges und entdeckungsfreudiges Wesen angesprochen.

Abb. 13: Image-DVD für die Firma Discofilm

Schließlich noch ein Anwendungsbeispiel für die Netzstruktur. Beim Online-Auftritt der weltberühmten Marke Coca-Cola geht es darum, das Lebensgefühl im Zusammenhang mit der Marke zu transportieren. Das Leben genießen heißt übersetzt in die Online-Struktur: Einfach den Interessen nachgehen, Dinge ausprobieren und erkunden, auf sich wirken lassen. Dabei kommt es nicht auf den Überblick an, sondern auf den Augenblick. Das jeweilig gewählte Angebot soll Spaß machen und in sich überzeugen, sodass sich ein Genussgefühl einstellt.

Abb. 14: www.amazon.de

Unabhängig von der Art der Verknüpfungsstruktur wird in Online-Anwendungen jede Verknüpfung durch den berühmten Mausklick – mit dem sichtbaren Zeichen des Hand-Symbols – als solche erkennbar.

C-1-01-C: Entwickeln Sie ein lineares Strukturmodell folgender Alltagssituation: Das morgendliche Programm vom Aufstehen bis zur Ankunft am Ausbildungs- oder Arbeitsplatz in Form einer sequenziellen „Guided Tour". ● Aufgaben zu den Strukturmodellen finden Sie auf der CD-ROM.

1.2 Interaktivität

Ein Kernbegriff und Kennzeichen von Hypertext und Hypermedia ist die Interaktivität. Der Benutzer trifft aktiv eine Auswahl dessen, was er zu sehen oder zu erfahren wünscht. Er kann Optionen wahrnehmen, ist in der Regel nicht an vorgegebene, lineare Pfade gebunden, kann sich durch seine Interessen und Zielsetzungen leiten lassen. Dabei hat er im Internet nahezu unbeschränkte Bewegungsfreiheit. Das Ausmaß dieser relativ selbstbestimmten Herangehensweise wird deutlich, wenn wir die traditionelle Vermittlung über die sekundären Printmedien mit der digital vermittelten Information vergleichen:

Traditionelle Vermittlung	Hypermediale Vermittlung
linear, sequenziell	vernetzt, komplex, assoziativ
rezeptiv, passiv	interaktiv
feststehender Kontext	wechselnder Kontext
entweder - oder	optional, explorativ
präzise, vorhersagbar	variabel, offen
physisch real	virtuell
zeitbasiert oder raumbasiert	raumbasiert und zeitbasiert (integriert)
klar positioniert	mehrdeutig
eng geführt	selbstgesteuert, erweitert geführt

Interaktivität bedeutet in der Konsequenz, dass die realisierten Optionen von Nutzer zu Nutzer jeweils andere sind. Wer ein Buch liest, hat immer dieselben Seiten gelesen wie ein anderer Leser. Wer aber ein und dasselbe Online-Angebot besucht, kann völlig andere „Seiten" besucht haben als ein anderer Nutzer. Die gemeinsame Basis ist nicht mehr unbedingt gegeben.

Dabei ist die gewünschte Interaktionsfreiheit von Medium zu Medium allerdings unterschiedlich. Bei Transaktionssystemen wie z.B. Banküberweisungsterminals oder Fahrkartenautomaten muss der Dialog extrem zuverlässig und führend gestaltet sein. Eine Spiele-CD-ROM wiederum basiert gerade auf der spielerischen Erkundungsfreude, sodass die Einschränkungen hier allenfalls technisch bedingt sind.

Interaktivität bedeutet also Dialog von Angebot bzw. Programm und Nutzer. Der Erfolg eines Angebots hängt nun entscheidend davon ab, wie der Dialog gestaltet ist und ob die Prinzpien der menschlichen Informationsverarbeitung beachtet wurden. Die hierfür geltenden Kriterien sind in den software-ergonomischen Empfehlungen der europäischen **ISO-Norm 9241** niedergelegt, genauer gesagt in Teil 10 mit der Bezeichnung „Grundsätze der Dialoggestaltung". Es werden sieben Kriterien unterschieden.

Grundsatz	Erläuterung	Beispiel
Aufgaben-angemessenheit	„Ein Dialog ist aufgabenange-messen, wenn er den Benutzer unterstützt, seine Arbeitsauf-gabe effektiv und effizient zu erledigen."	In einem Online-Shop ist der Dialog dann aufgaben-angemessen gestaltet, wenn der Nutzer im Kauf-dialog sicher bis zur Trans-aktion geführt wird.
Selbstbeschreibungs-fähigkeit	„Ein Dialog ist selbstbeschrei-bungsfähig, wenn jeder einzel-ne Dialogschritt durch Rück-meldung des Dialogsystems unmittelbar verständlich ist oder dem Benutzer auf Anfrage erklärt wird."	Der Nutzer sollte intuitiv verstehen, was er wo fin-det und und was sich hin-ter welchen Bezeichnun-gen verbirgt.
Steuerbarkeit	„Ein Dialog ist steuerbar, wenn der Benutzer in der Lage ist, den Dialogablauf zu starten, sowie seine Richtung und Ge-schwindigkeit zu beeinflussen, bis das Ziel erreicht ist."	Der Benutzer hat Steue-rungsmöglichkeiten, indem er z.B. wahlweise inte-grierte akustische Infor-mationen aktivieren oder deaktivieren kann.
Erwartungskonformität	„Ein Dialog ist erwartungs-konform, wenn er konsistent ist und den Merkmalen des Be-nutzers entspricht, z.B. seinen Kenntnissen aus dem Arbeits-gebiet, seiner Ausbildung und seiner Erfahrung, sowie den allgemein anerkannten Kon-ventionen."	Wenn z.B. auf einer Seite Unterstreichungen Links markieren und diese dann zu anderen Seiten führen, so soll der Nutzer dies von allen unterstrichenen Wörtern verlangen kön-nen. Funktioniert dies in einigen Fällen nicht, ent-steht Verunsicherung.
Fehlertoleranz	„Ein Dialog ist fehlertolerant, wenn das beabsichtigte Ar-beitsergebnis trotz erkennbar fehlerhafter Eingaben entweder mit keinem oder mit minimalem Fehleraufwand durch den Be-nutzer erreicht werden kann."	Bei fehlerhaften Eingaben sollte der Nutzer unterstüt-zende Hinweise bekom-men und nicht mit Fehler-meldungen traktiert wer-den, die er womöglich gar nicht versteht.
Individualisierbarkeit	„Ein Dialog ist individualisier-bar, wenn das Dialogsystem Anpassungen an die Erfor-dernisse der Arbeitsaufgabe, sowie an die individuellen Fähigkeiten und Vorlieben des Benutzers zulässt."	Der Nutzer kann selbst ent-scheiden, ob er eine An-wendung im Flash- oder HTML-Format aufnehmen möchte.
Lernförderlichkeit	„Ein Dialog ist lernförderlich, wenn er den Benutzer beim Erlernen des Dialogsystems unterstützt und anleitet."	Durch Sitemaps lernt der Nutzer beispielsweise auf einen Blick die Anlage der Site kennen und vermag sich dadurch besser zu ori-entieren.

SKIP INTRO
Viele Nutzer empfinden gut gemeinte Einlei-tungssequenzen als zeit-raubend und wählen die Option „Skip Intro", um sofort zum eigentlichen Angebot zu gelangen

Abb. 15: Deutliche Fehler-meldung mit unmissver-ständlichem Hinweis auf Konsequenzen
www.postbank.de

Abb. 16: Ein Ladevorgang wird auf einer Sportsite mit einem Läufer im Bild angezeigt. Der Nutzer kann genau verfolgen, wie lange es noch dauert. www.nikerunning.com

Interaktion bedeutet letztlich, dass der Computer mit dem Nutzer kommuniziert. Dieser Dialog muss unbedingt in Zusammenhang mit dem Zeitfaktor gesehen werden. Das heißt, dass der Benutzer insbesondere bei Online-Anwendungen eine Antwort in angemessener Zeit erwartet. Sein Zeitgefühl ist dabei extrem empfindlich eingestellt. Auch wenn hier ein subjektiver Faktor ins Spiel kommt, so können doch folgende Werte als grobe Anhaltspunkte gelten:

Zeitspanne	Ausgelöstes Gefühl/Reaktion
bis 1/10 Sekunde	Der Nutzer hat das Gefühl, dass ein System fehlerfrei arbeitet und alles in Ordnung ist.
bis 1 Sekunde	Der Nutzer hat das Gefühl, dass der Computer noch ordnungsgemäß arbeitet. Er wird in seinem Gedankenprozess noch nicht unterbrochen.
bis 10 Sekunden	Der Nutzer wird strapaziert und muss Geduld aufbringen. Bei größeren und für den Nutzer einsichtigen Aktionen ist er tolerant. Wenn unklar ist, ob noch etwas folgt, bricht er ab.
ab 10 Sekunden	Der Nutzer bricht den Vorgang ab oder wendet sich anderen Dingen zu.

Abb. 17: Ladefreundliche Gestaltung einer Site, deren Hauptaufgabe in der schnellen Anzeige von Suchergebnissen besteht, www.google.de

Ladezeiten und Antwortzeiten beispielsweise beim Starten eines Videos sind wichtige Kriterien und unverzichtbar bei Konzeption und Gestaltung von Online-Anwendungen. Es folgt daraus zum Beispiel, dass bei Downloads Größenangaben angebracht sind, sobald 50 KB überschritten werden. Ausgangspunkt ist immer noch ein 56-K-Modem (8 KB in einer Sekunde, 150 KB in zehn Sekunden). Rückmeldungen als Interaktionssignale unterstützen den Nutzer in seiner zeitlichen Orientierung und geben ihm Sicherheit. Populäre Seiten zeichnen sich häufig nicht durch herausragendes Design, sondern durch ihre Schnelligkeit aus.

Bezogen auf die verschiedenen digitalen Medien kann man für die Gestaltung in Verbindung mit der zeitlichen Dialogführung Folgendes ableiten:

Medium	Zeitlicher Aspekt und Gestaltung
Online-Präsenz	Ladezeiten erfordern sensiblen Umgang mit gestalterischen Mitteln, Informationsziele werden durch zu starke Multimedialität beeinträchtigt.
CD-/DVD-ROM	Aufgrund hoher Speicherkapazitäten und größerer zeitlicher Unabhängigkeit bietet sich das Medium besonders für multimediale Inhalte an.
Kiosksystem	Kurze Nutzungsdauer und techn. Rahmenbedingungen (Lichtverhältnisse, Wetter) im öffentlichen Raum erfordern eine Konzentration auf das unbedingt Notwendige.
Mobile Endgeräte	Eingeschränkte Ressourcen (Raum, Sicht) und die Rahmenbedingungen des „Unterwegsseins" begünstigen ein klares Design.

Abb. 18: Kiosksystem der DB für Fahrkarten

1.3   Multimedialität

Digitale Medien sind nicht zuletzt auch dadurch charakterisiert, dass sie in mehreren
Medien wie Bild, Text, Ton, Video, Animation,
2D oder 3D zur Verfügung stehen.

Der Grad der Multimedialität hängt stark
mit den Zielen und Zielgruppen des Angebots
und den Voraussetzungen des jeweiligen Mediums zusammen. Wenn Spiele-CD-ROMs
oder Image-DVD-ROMs mit angestrebtem
Unterhaltungs- oder Erkundungswert einen
hohen Grad an Multimedialität aufweisen, so
erscheint uns das angemessen, zumal das Spei-
chermedium hohe Datenmengen verkraftet.
Ausgefeilte 3-D-Welten bringen zwar immer
noch so manchen Rechner an die Grenzen seiner Leistungsfähigkeit. Doch der Reiz der Spiele besteht gerade im Eintauchen in Bilderwel-
ten, die man entstehen lassen kann oder die
realen Welten nachempfunden sind. In selbst-
gewählten Rollen z.B. als Pilot oder Sportfigur
kann man sich innerhalb dieser virtuellen
Welten bewegen.

Auch Lern-CD-ROMs oder E-Learning-Se-
quenzen arbeiten mit den Vorzügen des digitalen Mediums und integrieren Video- oder Audiosequenzen, um den Stoff besser veranschaulichen zu können. Bilder visualisieren
und Audiosequenzen vermitteln akustisch,
was sonst nur schwer beschrieben werden
könnte.

Abb. 19: Simulationsspiel auf CD-ROM, Die Sims 2

Abb. 20: www.bacardi-deutschland.de

Für Online-Angebote, die in erster Linie wegen ihres aktuellen Infor-
mationswerts genutzt werden, ist ausgepägte Multimedialität eher hinderlich bei der Informationsaufnahme. Häufig werden bereits aufwändige Intros als überflüssig empfunden. Eine intensivere multimediale
Gestaltung sollte also bei Online-Angeboten immer gut begründet werden, da die Ladezeiten-Toleranz relativ gering ist. Aus Gründen der Mar-
kenidentität und Produktorientierung kann es bei einzelnen Konsum-
oder Lifestyleprodukten jedoch durchaus passend sein, die Präsentation
multimedial anzureichern und das Produkt über alle Sinne näherzu-
bringen.

Raumbasierte oder
diskrete Medien:
Text, Grafik
Zeitbasierte oder
kontinuierliche Medien:
Ton, Animation, Video

🄒 *www.bacardi-deutschland.de, www.coca-cola.de, www.jaegermeister.de*

2   Die strukturelle Konzeption digitaler Medien

Abb. 01: *Online-Buchhandel(B2C), www.amazon.de*

Wenn digitale Angebote von den Nutzern angenommen werden sollen, so ist eine sorgfältige Planung der Anwendung unverzichtbar. In den Anfangsjahren des Internets lag der Fokus häufig auf den technischen und grafischen Möglichkeiten, die alle ausprobiert und integriert sein wollten: Der Blick ist aber inzwischen nüchterner geworden und orientiert sich auch aufgrund gestiegener Ergebniserwartungen und Konkurrenz an der zentralen Ausgangsfrage des Konzepters oder Informationsarchitekten: Was soll erreicht werden? Welche Zielgruppen sollen angesprochen und dauerhaft gewonnen werden?

2.1   Ziele und Zielgruppen

Mit digitalen Medien werden je nach Art des Unternehmens oder des Anbieters unterschiedlichste Zwecke verfolgt. Typische Ziele können zum Beispiel sein:

Abb. 02: *Verschiedene Zielgruppen*

- Werbung, Marketing, Verkaufsförderung
- Direktvertrieb im Bereich B2C (Business-to-Consumer)
- Präsentation des Produkt- und Dienstleistungsangebots
- Alternativer Vertrieb zur Entlastung oder Ergänzung traditioneller Vertriebswege (Kiosksysteme)
- Alternativer Informationskomfort (mobile Systeme, Kiosksysteme)
- Spielerische Unterhaltung (CD-ROMs, DVDs)
- Intranet: Verbesserung der innerbetrieblichen Kommunikation
- Extranet: Vertrieb im Bereich B2B (Business-to-Business)

Diese und weitere Ziele werden immer in Abhängigkeit zur Zielgruppe gesetzt. Am Anfang steht in jedem Fall eine Eingrenzung nach soziodemografischen Merkmalen. Dazu zählen Fragen nach:

- Altersgruppe und Geschlecht,
- Bildung, Beruf, Einkommen, Status,
- politischer, geografischer, ethnischer und sprachlicher Ausrichtung.

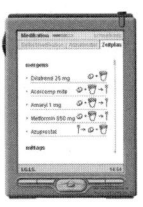

Abb. 03: *PDA-Applikation: integriertes Gesundheitsinformations-System zur verbesserten medizinischen Patientenversorgung*

Wichtige Aufschlüsse ergeben sich außerdem durch die Einbeziehung psychografischer Merkmale:

- Welche Interessen, Gewohnheiten, Vorlieben liegen vor?
- Welche Wertorientierungen und Alltagseinstellungen sind kennzeichnend?

Weiterhin ist es sinnvoll, Merkmale zu bestimmen, die in unmittelbarem Zusammenhang mit der Nutzung des digitalen Mediums stehen:

- Um welchen Anwendungsbereich geht es (privat, beruflich, Ausbildung, öffentlicher Raum)?
- Wie lässt sich die Art der Informationsaufnahme (visuell, akustisch, fundiert, oberflächlich) charakterisieren?
- Aus welchen Motiven heraus wird das Angebot genutzt? (z.B. Spieltrieb, Sicherung von Vorteilen etc.)
- Bei Internet-Usern: Welches Online-Verhalten ist charakteristisch für die Nutzer? Gehören sie eher zu den Surfern, Schnupperern oder Convenience-Orientierten?

Die Antworten auf diese Fragen haben großen Einfluss auf die Auswahl der Inhalte und die gestalterische Konzeption. Digitale Angebote, die für jüngere User entwickelt werden, berücksichtigen selbstverständlich deren Vorlieben (Erkundungsinteresse, Spieltrieb) und technische Vorkenntnisse. Für eine eher konservative Zielgruppe hingegen wird ein geringeres Maß an Innovationsfreude oder eine weniger fortschrittliche technische Ausstattung anzunehmen sein. Das Anwenderprofil bestimmt stark die inhaltlichen, gestalterischen und technischen Parameter.

Online-Nutzerdaten und damit Zielgruppeninformationen gibt es unter folgenden Adressen:

www.daserste.de/service/studie.asp, www.agirev.de, www.gfk.de

2.2　Der Content

Ein digitales Angebot steht und fällt mit seinen Inhalten. Dabei spielt der Content je nach Medium – WWW, CD-ROM/DVD-ROM, Kioskterminal oder mobiles Endgerät – eine unterschiedliche Rolle.

Im WWW ist Content häufig gleichbedeutend mit Text. Für die zahlreichen CD-ROMs im Abenteuer- und Spielebereich liegt der Inhalt in der bildlichen Inszenierung, für Nachschlagewerke in der enzyklopädischen Breite. Bei den Kioskterminals mit Transaktionscharakter reduziert sich der Inhalt auf ein Minimum. Hier ist das A und O, den Nutzer sicher zu seinem Ziel zu bringen und ihn nicht durch überflüssige Ansprachen bei seinem Weg durch die Transaktionsphasen zu verwirren. Verwendet der User mobile Endgeräte, ist er meistens unterwegs und interessiert sich beispielsweise für standortbezogene Informationen zu Hotels oder für Routen. Auch wesentliche Nachrichteninhalte aus der Wirtschafts- und Finanzwelt können geschätzte **Mehrwert-Inhalte** für unterwegs sein.

Immer aber gilt, dass die Inhalte so aufzubereiten sind, dass sie bei ihren Empfängern ankommen und deren Zielvorstellung treffen. Folgende Fragen müssen jeder Contentüberlegung vorausgehen:

Zielgruppe Internet-User:

MMXi Europe und MC Kinsey haben in einer Studie aus dem Jahr 2000 das Online-Verhalten der europäischen Internet-User untersucht und dabei sieben Gruppen herausgearbeitet:

Surfer – Sie nutzen ein breites Angebot und bewegen sich zügig von Domain zu Domain.

Schnupperer – Sie sind weniger häufig im Netz und orientieren sich an Offline-Marken.

Convenience-Orientierte – Sie suchen nach praktischem Nutzen im Netz.

Kontakter – Sie kommunizieren online.

Routiniers – Sie konzentrieren sich auf ausgewählte informationsorientierte Seiten.

Schnäppchenjäger – Sie nutzen das Netz für Einkäufe und Preisinformationen.

Entertainment-Orientierte – Sie nutzen die Zeit im Netz für Spiel und Spaß.

Unter **Content** (Inhalt) verstehen wir die bedeutungtragenden Informationen eines digitalen Angebots wie Text, Bilder, Sounds, Videos und Animationen.

Abb. 04: Mehrwert der digitalen Version der Wochenzeitung „Die Zeit“: über 500 Beiträge zum Hören, www.zeit.de

- Welche Inhalte sollen präsentiert werden und was ist der zentrale Inhalt?
- Welcher Content ist für die von mir identifizierte Zielgruppe relevant?
- Was ist das Besondere an diesem Inhalt und wodurch wird er für meine Zielgruppe interessant, nützlich und wertvoll?
- Welche besonderen multimedialen oder hypermedialen Möglichkeiten stehen zur Verfügung und welche sind im gegebenen Kontext sinnvoll?

Je klarer die Sicht auf die Motive, Erwartungen und Besonderheiten der Anwender, desto sicherer lassen sich die Inhalte eingrenzen und bestimmen. Fest steht: Die Entscheidung darüber, ob ein Inhalt sich lohnt, fällt binnen kürzester Zeit. Bei Websites beträgt die Zeitspanne nur ca. 2 Sekunden. Der Nutzer hat eine Zielvorstellung oder eine Suchidee und bewertet dementsprechend. Die sorgfältige Auswahl der Inhalte und das Herausfiltern nicht relevanter Inhalte ist also entscheidend. Details der Seitengestaltung, Werbung oder Slogans werden beim Erstkontakt mit einer Website übrigens selten wahrgenommen bzw. ignoriert.

Nehmen wir das Beispiel eines Fitness-Studios, das sein Angebot aus individueller Fitness, Wellness und einem Kursprogramm ins Netz stellen möchte. Zur Umsatzsteigerung sollen neue Kunden gewonnen und bestehende Kunden gebunden werden. Im Blickfeld sind gesundheitsbewusste, fitnessorientierte 20- bis 50-jährige Frauen und Männer, die berufstätig, unabhängig und zeitbewusst sind. Was könnten relevante Inhalte für diese Zielgruppe sein?

Zur grundsätzlichen Orientierung wird eine Recherchephase vorgeschaltet, in der Angebote von Fitness-Studios sondiert und bewertet werden. In der eigentlichen Konzeptionsphase werden dann die passenden Inhalte für das konkrete Fitness-Studio ausgewählt.

Zur Basisinformation gehört sicherlich, dass das Angebot in seiner Breite und mit seinen Vorzügen dargestellt wird. Wie ist die Ausstattung mit Geräten, welche Bereiche können genutzt werden (Fitness, Wellness, Sauna)? Wie sind die Preise und Öffnungszeiten, wo ist der Standort? Welche Gruppenkurse können genutzt werden? Das Angebot einer Probestunde wird herausgestellt, um Interessierte zu einem Besuch des Studios zu animieren. Der jeweils aktuelle Kursplan ist aufrufbar. Da der Kern des Angebots in der Idee des Wohlfühlens liegt, sollte es „persönlich“ wirken: Wer sind die Personen hinter dem Angebot, in welcher Funktion kümmern sie sich um die Kunden und wie ist das Ambiente?

Auf all diese Fragen benötigt der interessierte User klare Antworten, da er im Netz bequem nach anderen Fitness-Angeboten suchen kann.

Worin schließlich könnte der Vorteil des Online-Angebots liegen, worin besteht der Mehrwert? Auf einer Kontaktseite ist die zeitsparende Anmeldung vorgesehen, eventuell verbunden mit einem Preisvorteil gegenüber der herkömmlichen Anmeldung. Natürlich ist für Rückfragen auch eine normale Kontaktaufnahme per E-Mail bzw. Formular vorgesehen. Außerdem werden spezielle, regelmäßig wechselnde Informationen angeboten: zum Beispiel zu einem jeweils neuen Fitnessprogramm oder zu wechselnden Gesundheitstrends, vielleicht sogar angepasst an die jeweilige Jahreszeit. Auch häufig gestellte Fragen (Frequently Asked Questions / FAQ) können dem User die Informationssuche erleichtern. Aus rechtlicher Sicht obligatorisch ist auf jeden Fall ein Impressum.

Die Sammlung an Inhalten könnte also folgendermaßen aussehen:

- Angebot (Fitness, Wellness, Kurse)
- Team
- Kursplan
- Preisübersicht
- FAQ
- Fitness-Info des Monats
- Aktuelle Tipps & Trends
- Adresse
- Lageplan und Öffnungszeiten
- Anmeldung
- Kontakt, E-Mail
- Impressum

Da die Nutzer letztendlich darüber entscheiden, ob sie sich vom Online-Angebot angesprochen fühlen, ist es sinnvoll, ein Feedback von zielgruppennahen Personen einzuholen. Gespräche mit Freunden und Bekannten sind eine gute Möglichkeit, wertvolle Rückmeldungen zu erhalten. Korrekturen in einer frühen Phase sind vergleichsweise unaufwändig, während sie in einer späteren Phase zu Kostenfallen werden.

C-2-01-C: Ein Hotel mit Restaurantbetrieb (kleines Familienunternehmen) möchte sein Angebot im Netz präsentieren. Recherchieren Sie zunächst im Netz. Bestimmen Sie anschließend Ziele und Zielgruppen und stellen Sie relevante Inhalte zusammen.

2.3 Die Navigationsstruktur

Der relevante Content für das Fitness-Studio ist ausgewählt, die Schwerpunkte sind gesetzt und für die Zielgruppe wurde eine nützliche, sinnvolle Auswahl getroffen. Die wichtige Aufgabe besteht nun darin, diese Inhalte auch benutzbar zu machen. Das bedeutet, dass wir diese in einer Weise strukturieren und bezeichnen müssen, die der Nutzer unmittelbar eingängig findet und die ihn in seinem Bestreben unterstützt, schnell und zuverlässig ans Ziel zu kommen. Der Content wird organisiert und

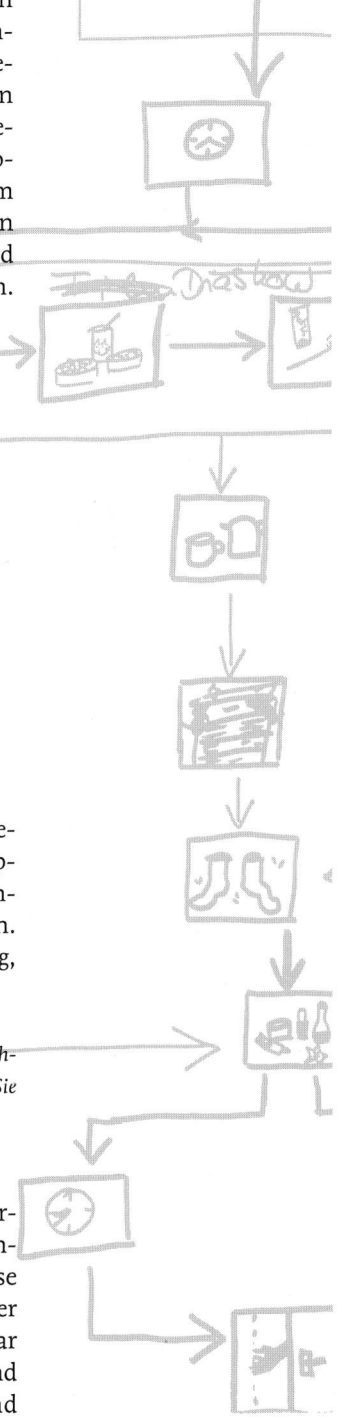

die Wege von einer Informationseinheit zur nächsten werden festgelegt und benannt. Es entsteht die Navigationsstruktur, mit deren Hilfe der Nutzer sich einfach und nachvollziehbar innerhalb des Angebots bewegen kann.

Die Vorgehensweise: Wir ordnen die Inhalte zunächst Hauptkategorien auf der ersten Inhaltsebene zu, die uns im Hinblick auf die Zielsetzung und die Inhalte sinnvoll erscheinen. Als Faustregel gilt, dass insgesamt 7 (+/- 2) Hauptkategorien angeboten werden sollen, da sonst leicht die Übersichtlichkeit für den User verloren geht.

Jeder der Hauptrubriken werden nun passende Unterrubriken auf der zweiten Inhaltsebene zugeordnet. Der Anwender soll eine bestimmte Information auch tatsächlich vorfinden, wenn er sie zu Recht dort erwarten konnte.

Bei der Bezeichnung der einzelnen Rubriken, dem **Labeling**, sind keine gewagten Etikettierungen gefragt, sondern allgemein verständliche Begriffe. Die existierenden Konventionen haben einen großen Vorteil: Der User weiß sofort, was sich hinter den Labels verbirgt. Informationen zum Anbieter etwa sind alternativ hinter folgenden Etiketten anzutreffen: Unternehmen, Firma, Über uns, Name der Firma, Profil.

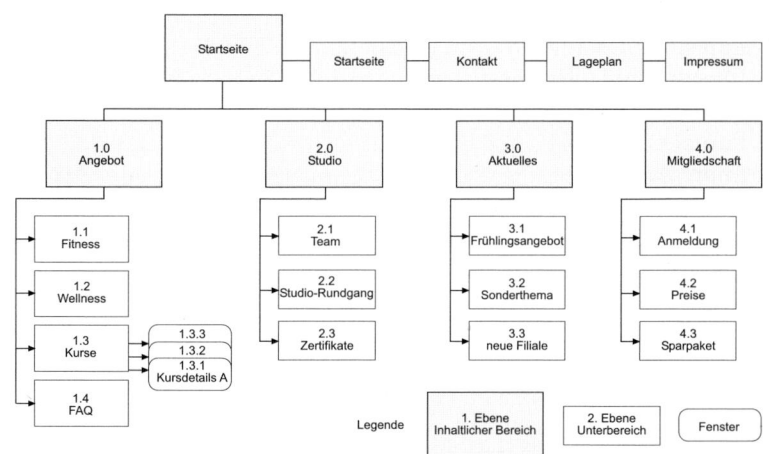

Abb. 05: Strukturdiagramm Fitness-Studio, Variante 1

Für das erwähnte Fitness-Studio lässt sich der Inhalt in zwei Varianten strukturieren. Im ersten Beispiel (siehe Abb. 05) wird die Inhaltsstruktur hauptsächlich am Unternehmen ausgerichtet. Das bedeutet, dass man auf den ersten Blick, nämlich auf der ersten Inhaltsebene, relativ wenig über das eigentliche Angebot erfährt.

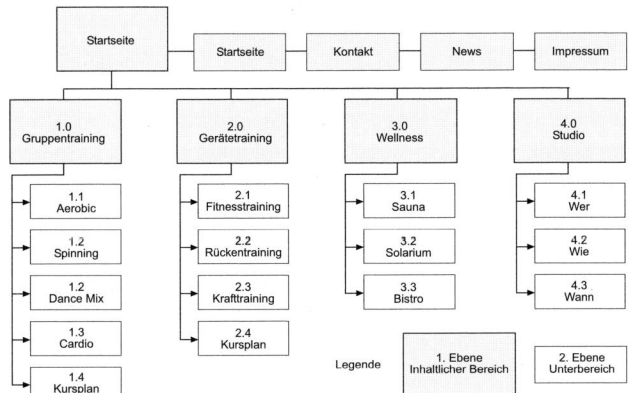

Abb. 06: Struktur-diagramm Fitness-Studio, Variante 2

Soll das sportliche Angebot des Fitness-Studios stärker im Mittelpunkt stehen, so müssen die sportbezogenen Inhalte thematisch auf der ersten Inhaltsebene gruppiert werden. Sie sind somit auf den ersten Blick sichtbar. Die unternehmensspezifischen und organisatorischen Details können in einem einzigen Menüpunkt untergebracht werden. Den entsprechenden Strukturbaum zeigt die oben stehende Abbildung.

Die beiden abgebildeten Strukturbäume haben eines gemeinsam. Sie sind insgesamt ausgewogen. Das sollte auch so sein, denn eine unausgewogene Struktur wird von den Nutzern auch als solche empfunden und ist zu vermeiden. Die Struktur soll insgesamt ausbalanciert sein, das heißt, die Informationen sollen sich in etwa gleich auf die verschiedenen Hauptkategorien verteilen. Außerdem ist es günstig, wenn die Navigationsstruktur weder zu sehr in die Breite noch zu sehr in die Tiefe geht. Mit einer überschaubaren Anzahl von Mausklicks (ca. 3-4) sollte möglichst jede Information erreichbar sein.

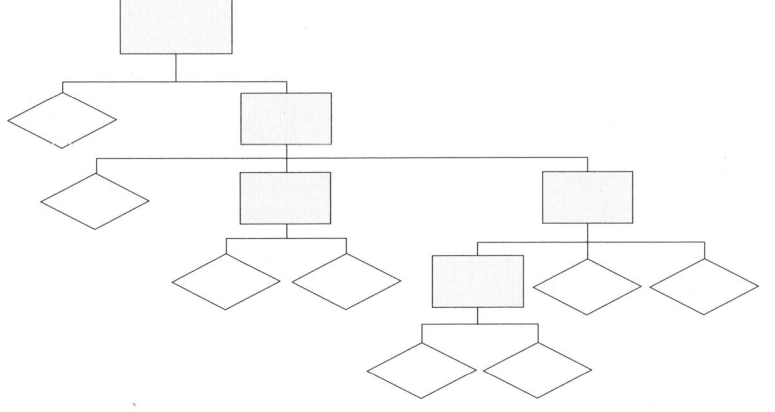

Legende

Endknoten, Auswahlknoten

Abb. 07: Asymmetrische Struktur

2.4   Usability und intuitive Navigation

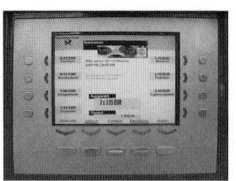

Abb. 08: Deutliche Kennzeichnung von Handlungsoptionen durch Pfeile, großflächig markierte Bereiche und farbliche Entsprechungen, Kiosksystem der Deutschen Post für den Erwerb von Briefmarken, (siehe auch Farbteil, Abb. 34)

Was genau Usability ist, darüber wird bereits seit Jahrzehnten geschrieben und diskutiert. Es ist ein Begriff, der die Qualität der Mensch-Maschine-Interaktion zu beschreiben versucht. Bezogen auf das Computerumfeld spielt der Begriff eine besondere Rolle, da die Interaktion im Hypermedium besonders komplex ist. In der ISO-Norm 9241-11 findet sich ein Definitionsansatz, der sinngemäß Folgendes aussagt:

Die Usability eines Produkts ist das Ausmaß, in dem es von einem bestimmten Benutzer verwendet werden kann, um bestimmte Ziele in einem bestimmten Kontext effektiv, effizient und zufrieden stellend zu erreichen.

Es geht also darum, den Weg von einem Ausgangspunkt zu einem Zielpunkt so zu gestalten, dass der Anwender ohne Zeit- und Energieverluste seinen Weg gehen und positiv gestimmt sein Vorhaben umsetzen kann. Das schließt mit ein, dass er an jeder Stelle über die verfügbare Auswahl, seinen Standort, sein Woher und Wohin orientiert ist, ihm also eine so genannte **intuitive Navigation** zur Verfügung steht, die seine Bewegungen unmerklich aber sicher unterstützt. Die intuitive Navigation ist die primäre Komponente für die Attraktivität einer Site.

Usability ist auch immer – so wie es in der Definition zum Ausdruck kommt – in engem Zusammenhang mit den Variablen Kontext, Nutzer und Ziel zu sehen. Im Folgenden drei Beispiele.

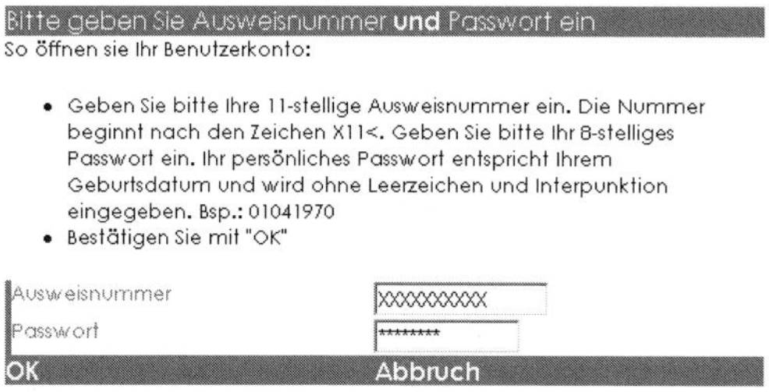

1. Beispiel Kontext: Bei einem Kiosksystem spielt der Nutzungskontext eine herausgehobene Rolle, denn die Situation im öffentlichen Raum (kurze Nutzungszeit, keine Eingewöhnungsmöglichkeit) und ungewohnte Eingabebedingungen (z.B. Touchscreen, Sprache) erfordern ein hohes Maß an Übersichtlichkeit und selbsterklärender Gestaltung.

2. Beispiel Nutzer: Eine hauptsächlich für Senioren entwickelte Site bietet ihre Inhalte so an, dass sie auch ohne neueste Plugins und Browservarianten benutzt werden können. Denn es ist nicht davon auszugehen, dass neueste Programmversionen verwendet werden.

Abb. 09: Auch Details machen Usability aus: Bei dieser Online-Verwaltung eines Benutzerkontos liegt der Abbruch näher als das OK. Der intuitive Klick auf das Feld darunter führt sicher zu häufigen versehentlichen Abbrüchen.

3. Beispiel Ziel: Da bei einer Lern-CD-ROM Lernziele erreicht werden müssen, müssen die Lernphasen und -schritte sorgfältig durchdacht und auf die Lernvoraussetzungen abgestimmt sein.

Im Zentrum aller Usability-Überlegungen steht die permanente Frage, wie der User die Anwendung benutzen wird. Um diese Frage im Detail zu beantworten und eine möglichst hohe Benutzerfreundlichkeit zu gewährleisten, werden zunehmend sog. Usability-Tests durchgeführt.

Usability-Experte Jakob Nielsen ist der Auffassung, dass es völlig ausreichend ist, eine Site von ca. 5 Personen ausprobieren zu lassen. Bereits beim dritten Nutzer wiederholen sich die Ergebnisse. Die Testpersonen sollen möglichst neutral und repräsentativ für die Zielgruppe sein.

Unter folgenden Internetadressen sind weitere Informationen zum Thema Usability zu finden:

www.useit.com; www.usability-verband.de; www.usability-forum.com; www.usability-first.com; www.usableweb.com; www.humanfactors.com; http://vsys-www.informatik.uni-hamburg.de/ergonomie

2.5   Accessibility

In unmittelbarem Zusammenhang mit Usability steht auch das Konzept der Accessibility. Accessibility oder „Barrierefreiheit" beschreibt den ungehinderten Zugang zu Informationen im Internet in erster Linie für behinderte Internetnutzer. Dazu zählen beispielsweise sehbehinderte oder blinde Surfer. Sie „erlesen" sich den Inhalt über tastbare Informationen, die über eine so genannte Braillezeile auf höhenverstellbaren Stiften ausgegeben werden. Möglich ist auch die akustische Sprachausgabe über Sprachsynthesizer oder die optische Ausgabe über ein Großbildsystem.

Abb. 10: Braillezeile zum Ertasten der Informationen am stationären Rechner

Ins öffentliche Bewusstsein kam das Thema aufgrund der „Barrierefreie Informationstechnik-Verordnung (BITV)" vom 17. Juli 2002. Sie besagt, dass Bundesbehörden bis 31.12.2005 (und Spezialanbieter für Behinderte bis 31.12.2003) ihr Webangebot so gestalten müssen, dass es auch bei körperlichen Beeinträchtigungen zugänglich sein muss. Verordnungen auf Länderebene sind in Vorbereitung und in gemäßigter Form sollen die Standards auch auf die „freie Wirtschaft" übertragen werden. Auf internationaler Ebene sind die Richtlinien in den „Web Content Accessibility Guidelines" niedergelegt, einer Initiative des Web-Consortiums (www.w3.org/WAI).

Dem Thema Barrierefreiheit wird inzwischen auch unter wirtschaftlichen Gesichtspunkten Bedeutung beigemessen, da universelle Erreichbarkeit auch eine größere Zielgruppe bedeutet. Einige Anbieter wie das Online-Magazin „stern" haben die Anforderungen bereits umgesetzt.

Im Kern sind die Kriterien für Barrierefreiheit nichts anderes als noch stärker auf den Punkt gebrachte Aspekte der Usability. So ist ein Kriterium das der konsistenten Navigation an immer der gleichen Stelle. Es ist offensichtlich, dass das einmal erarbeitete mentale Bild von der Anlage der Website beibehalten werden muss, damit der Nutzen für nicht sehende User gegeben ist.

Abb. 11: Ausgezeichnet mit dem Biene-Award für behindertengerechte Internetseiten,

www.polizei.nrw.de

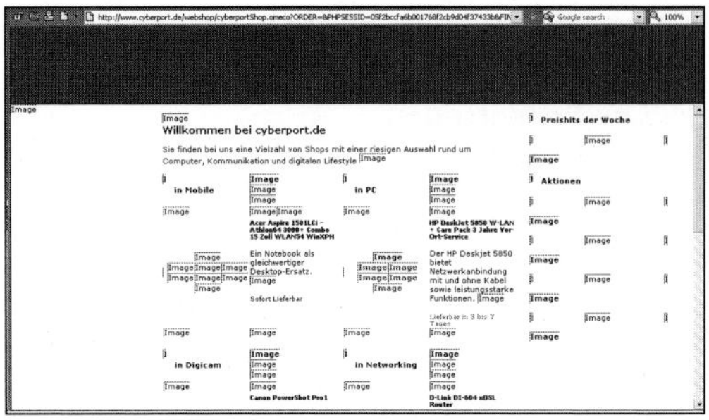

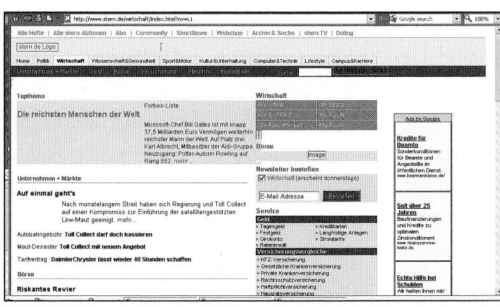

Abb. 12: Ohne Grafiken nicht mehr benutzbar. Bei Sprachausgabegeräten hört der Nutzer immer wieder das bedeutungslose Wort „image". www.cyberport.de

Abb. 13: Auch ohne Grafiken gut rezipierbar: www.stern.de

Klar ist auch, dass Bildern und Nicht-Text-Elementen besondere Aufmerksamkeit gewidmet werden muss. So ist beschreibender Alternativtext für Grafiken ein Muss, da die Bilder ja nicht gesehen, sondern nur beschrieben werden. Im Hinblick auf Farbenblindheit ist es wichtig, dass die Farben Rot und Grün nicht als kritische Erkennungsmerkmale eingesetzt werden und eine kontrastreiche Darstellung gewählt wird. Von absoluten Fontgrößen ist abzusehen, da nur so die Schriftgröße an die Voreinstellungen angepasst werden kann. Außerdem empfiehlt es sich, komplizierte Tabellenverschachtelungen zu Layoutzwecken zu vermeiden, da die Texte bei ihrer Ausgabe in völlig anderen Zusammenhängen erscheinen und unverständlich werden. Probleme versursacht auch der Einsatz von JavaScript, da es von Textbrowsern nicht interpretiert werden kann.

Sehr hilfreich bei der Gestaltung barrierefreier Seiten sind verschiedene Testverfahren, die frei zugänglich sind und mit deren Hilfe man Websites auf die wichtigsten Kriterien der Barrierefreiheit überprüfen kann.

Fakten zu Behinderungen in Deutschland: Sehbehinderung/Blindheit: 5 % der Behinderten bzw. ca. 335.000 Menschen.

Schwerhörigkeit/Taubheit: 80.000 gehörlose Menschen, ca. 1,5 Millionen sind schwerhörig oder ertaubt.

Farbenblindheit: Ca. jeder 10. ist farbenblind (rot/grün). Insgesamt wird das Internet prozentual stärker durch Menschen mit Behinderungen als im Bevölkerungsdurchschnitt genutzt.

Folgende Internetadressen beziehen sich allgemein auf Accessibility:
www.webaccessibility.de; www.einfach-fuer-alle.de (Informationen zum barrierefreien Webdesign); www.bik-online.info (Gemeinschaftsprojekt für barrierefreies Informieren u. Kommunizieren)

Unter folgenden Adressen lassen sich Websites auf Barrierefreiheit testen: http://bobby.watchfire.com; www.barrierefinder.de ; http://valet.webthing.com/; www.delorie.com/web/lynxview.html (Lynx-Textbrowser-Simulation); www.vischeck.com/vischeck/vischeckURL.php (Kontrast- und Farbcheck)

2.6 Hyperlinks

Hyperlinks zählen zu den bedeutendsten Struktureinheiten digitaler, hypertextueller Anwendungen. Hyperlinks werden auch als Verweise, Verknüpfungen, Referenzen oder kurz Links bezeichnet. Da sie die Bindeglieder zwischen den Knoten darstellen, kommt ihrer sorgfältigen Planung eine wesentliche Bedeutung zu. Besonders in Online-Angeboten können sie ihr ganzes Potenzial ausspielen.

Intratextueller Link

Links sind aber nicht gleich Links. Vielmehr lassen sie sich nach der Art ihres Ziels unterscheiden:

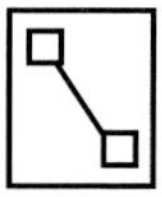

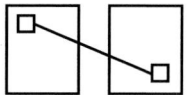

Intertextueller Link

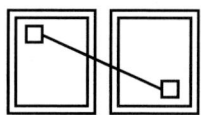

Externer Link
Abb. 14: Links und ihre Ziele

Intratextueller Link	Das Ziel ist eine andere Stelle im aktuellen Knoten, also derselben Webseite.
Intertextueller Link	Das Ziel ist eine andere Stelle im selben Chunk von Knoten, also derselben Website.
Externer Link	Das Ziel ist ein anderer Knoten bzw. eine bestimmte Stelle in einem anderen Chunk von Knoten, führt also zu einer anderen Website.

Das „Webwriting Magazin" verwendet zum Beispiel für die externen Links ein Zeichen, das neben den internen Links deutlich als von der Site wegführend zu erkennen ist. Der User ist also im Vorhinein informiert, was ihn erwartet. Die Links haben folgendes Aussehen:

Eine **Website** ist die Gesamtheit aller Webseiten, die hinter einer Startseite angelegt sind (engl. site = Ort, Stelle). Eine **Webseite** oder **Webpage** ist eine einzelne Unterseite innerhalb der Website (engl. page = Seite).

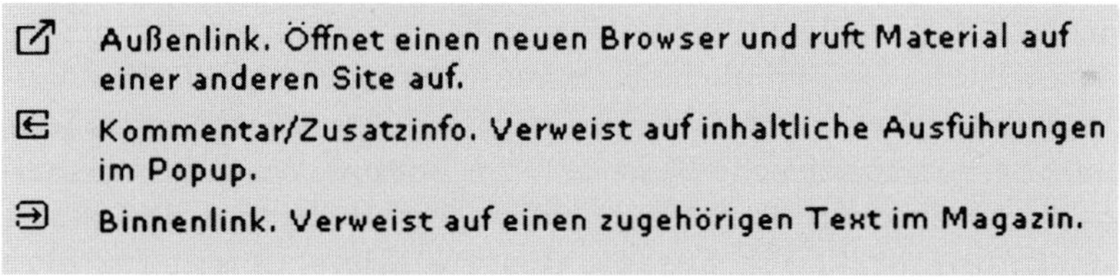

> ⬀ **Außenlink.** Öffnet einen neuen Browser und ruft Material auf einer anderen Site auf.
>
> ⬲ **Kommentar/Zusatzinfo.** Verweist auf inhaltliche Ausführungen im Popup.
>
> ⮱ **Binnenlink.** Verweist auf einen zugehörigen Text im Magazin.

Abb. 15: www.webwriting-magazin.de

Externe Links sollten in der Regel nicht innerhalb eines Texts erscheinen. Der Anwender wird sonst aus dem Zusammenhang gerissen, der Lesefluss wird gestört. Die assoziative Verlinkung soll vor allem eine Hilfestellung sein und den Anwender dabei unterstützen, sich einen Inhalt zu erarbeiten. Sie soll ihn aber nicht unnötigerweise von der Website wegbringen. Für stark informationsorientierte Sites mit „Nachschlagecharakter" oder Ähnliches gelten natürlich andere Regeln. Sie werden gerade wegen der weiterführenden Links aufgesucht.

Links unterscheiden sich aber nicht nur nach der Art ihres Ziels, sondern auch in Bezug auf ihre Funktion. Es gibt:

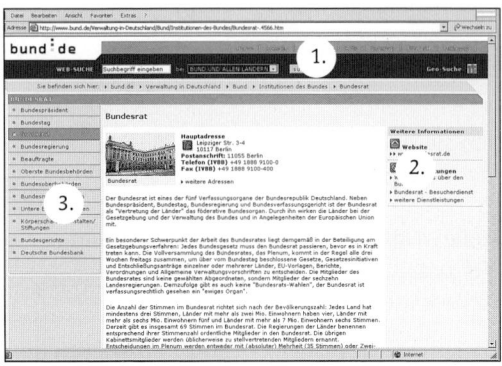

Inhaltliche Links
Sie verweisen auf zusätzliche, weiterführende Inhalte.

Navigationslinks
Sie ermöglichen erst das eigentliche Navigieren innerhalb des Angebots.

Orientierungslinks
Sie ermöglichen eine strukturelle Übersicht, z.B. in Form von Sitemaps, Inhaltsverzeichnissen, Indizes etc.

Abb. 16: www.bund.de
1. Orientierungslinks
2. Inhaltliche Links
3. Navigationslinks

Für alle Links gelten zwei Grundanforderungen:

1. Am Ausgangspunkt muss dem Nutzer das Ziel des Links angegeben werden, das heißt, er muss wissen, wohin er gelangt.
2. Am Zielpunkt muss der Nutzer klar informiert werden, wo er sich befindet.

Abb. 17: Top-Pfeile werden häufig bei intratextuellen Links verwendet, wenn der Nutzer durch Ankerpunkte beispielsweise am unteren Ende einer Webseite angekommen ist.

Die Tatsache, dass es so viele verschiedene Linktypen mit so unterschiedlichen Aufgaben gibt, macht die Notwendigkeit einer klaren Markierung deutlich. Die herkömmliche Darstellung ist die typografische Kennzeichnung durch farbige Hervorhebung bzw. Unterstreichung des Textlinks oder durch grafische Elemente (Icon, Button). Werden Unterstreichungen verwendet, ist die Unterstreichung für die normale Textauszeichnung praktisch ausgeschlossen. Gleiches gilt für blau gekennzeichnete Textstellen. Die Auszeichnung mit dieser klassischen Linkfarbe suggeriert, dass es sich um einen Link handelt. Bei Verwendung dieser Farbe sollte also auch ein Link angelegt sein.

Für die Orientierung des Anwenders spielt es eine große Rolle, wie er bei der Einschätzung des Linkangebots unterstützt wird. Hilfreich wäre es sicherlich, wenn sich im Laufe der Zeit gestalterische Konventionen dafür herausbilden würden, externe bzw. interne Links zu markieren.

Bei Links, die als Text angelegt sind, ist besonders achtsam vorzugehen. Hier kommt es darauf an, durch genaue Markierung auch wirklich eine Vorstellung davon zu vermitteln, wohin der Link führt.

Zusammenfassend lässt sich sagen, dass für die Einrichtung von Links folgende Punkte zu beachten sind:

- Links müssen immer als solche erkennbar sein und nicht „zufällig" beim Überfahren mit der Maus durch Cursorveränderung gefunden werden.
- Ein Link führt nicht in die Leere, sondern auch tatsächlich zum angegebenen Ziel.
- Links führen mittels eines Zurück-Buttons zurück zur Ausgangsstelle.
- Links müssen leicht pflegbar sein, damit bei nachträglichen Änderungen an der Struktur Linkanpassungen einfach vorgenommen werden können.
- Die für einen Link verwendete Farbe oder Kennzeichnung darf nicht mehr anderweitig verwendet werden.
- Der Ziel-Link hat einen erkennbaren Bezug zum Ausgangs-Link, das heißt, die Links sind vernünftig ausgewählt.
- Die Linkmenge ist so beschaffen oder strukturiert, dass es nicht zur Auswahlverwirrung kommt.
- Die Links sind farbig gekennzeichnet, da farbige Links besser wahrgenommen werden als normale.

Abb. 18: Typische Fehlermeldung, wenn die aufgerufene Datei nicht mehr existiert. Der Link zur Sitemap führt jedoch aus der Sackgasse heraus.

2.7 Navigations- und Orientierungslinks

Die Hauptrubriken einer Website sind für die Orientierung des Anwenders unverzichtbar. Sie bleiben daher auf jeder einzelnen Unterseite präsent. Diese durchgängige übergeordnete Verfügbarkeit der Rubriken nennt man auch **globale Navigation**. Sie führt dem Anwender die inhaltliche Struktur des Online-Angebots vor Augen und zeigt ihm wie ein Kompass den Kurs an.

Ist der Anwender an zusätzlichen Informationen über die Anlage der Site interessiert oder möchte er unabhängig von der Hauptnavigation schnell zu bestimmten Inhalten gelangen, so findet er zu diesem Zweck auf den meisten größeren Websites ergänzende **Orientierungslinks** vor. Sehr verbreitet sind:

Abb. 19: Kompass zur Navigation

- Inhaltsübersichten (Tables of Content)
- Sitemaps
- Indizes
- Suchfunktionen
- Breadcrumbs (Navigationsprotokolle)

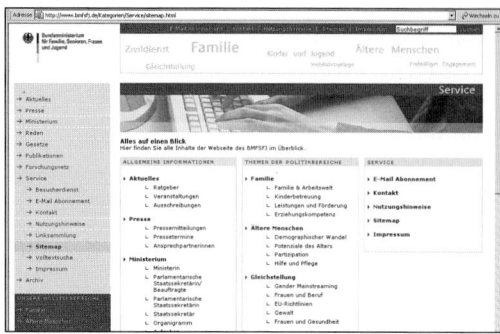

Abb. 20: Inhaltsübersicht auf www.bmfjsf.de

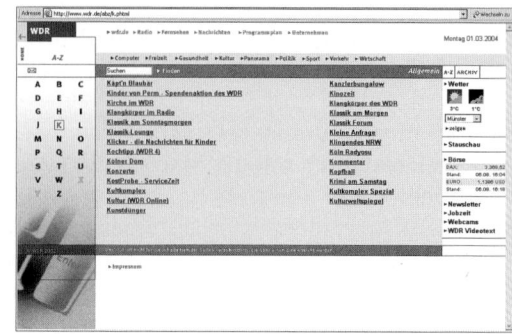

Abb. 21: Index von A-Z, www.wdr.de

Orientierungslinks geben einen schnellen, nützlichen Überblick über die Anlage und Größe der Site und erlauben es, einzelne Seiten direkt anzusteuern. Die Orientierung über den Umfang der Website ist nur auf diesem Weg möglich und der User kann erkennen, ob er es mit einem „Roman" oder mit einer „Short Story" zu tun hat.

Inhaltsübersichten sind von ihrem Prinzip her den Printmedien entlehnt und listen die Hauptkategorien mit all ihren Unterrubriken auf. Alle Labels stellen anklickbare Links dar. Der Anwender gelangt also gleich ohne Umwege auf die gewünschte Ebene, was beispielsweise bei regelmäßigem Besuch einer Site sehr zeitsparend ist. Der Vorteil eines Inhaltsverzeichnisses ist seine große Anpassungsfähigkeit. Bei Aktualisierungen und Veränderungen an der Website lässt sich ohne großen Aufwand auch die Inhaltsübersicht anpassen.

Sitemaps im eigentlichen Sinne sind grafische Darstellungen des Bauplans einer Website. Der Nachteil: Bei notwendigen inhaltlichen Änderungen an der Site muss jeweils auch die Grafik angepasst werden. Dies ist wohl auch der Grund dafür, dass echte grafische Sitemaps besonders bei größeren Online-Angeboten kaum anzutreffen sind. Stattdessen werden sehr häufig Inhaltsübersichten mit dem Label Sitemap versehen und in nichtgrafischer Form angeboten. Die Sitemap erhöht die Benutzerfreundlichkeit einer Website und hat sich zu einer festen Größe unter den Navigationsinstrumenten entwickelt.

Abb. 22: Mit Suchfunktion gut zu erschließen: Klassische Literatur in deutscher Sprache von Aesop bis Zola (über 70.000 Dateien bzw. ca. 370.000 Textseiten), CD-ROM Gutenberg-DE

Ein **Site-Index** ist eine alphabetische Anordnung der Schlagwörter einer Site, die als Links zu den entsprechenden Stellen auf der Site führen. Im Unterschied zum Inhaltsverzeichnis enthält der Index mehr Einträge und bildet nicht die Struktur der Website ab.

In ihrer Funktion gleichen die Indizes den oft angebotenen **Suchoptionen**. Diese internen Suchmaschinen bieten die Möglichkeit, durch Eingabe eines Stichworts direkt zu sämtlichen relevanten Stellen einer Site vorzudringen. Entscheidend ist eine umsichtige Einrichtung der Suchmaschine mit guter Kennzeichnung der Treffer. Enzyklopädisch ausgerichtete CD-ROMs wie z.B. das Offline-Archiv Gutenberg-DE oder der multimediale Brockhaus sind ohne Suchfunktion nicht denkbar.

Abb. 23: Hilfe-Icon

Insbesondere große Websites bieten zusätzlich noch eine **Hilfefunktion** an, die die Strukturierung der Website in Worten beschreibt und Hilfestellung dazu gibt, wie man sich innerhalb der Site bewegt. Bei Portalen und anderen umfangreichen Angeboten z.B. aus dem Bereich E-Commerce stellen sie eine wertvolle Unterstützung für den User dar. Die Hilfe-Funktion wird häufig durch ein Fragezeichen-Icon symbolisiert. In erster Linie sollte die Navigation aber intuitiv sein und keine Gebrauchsanweisung benötigen.

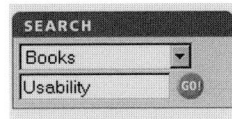

Abb. 24: Suche,
www.amazon.com

Auf größeren Sites sind zudem häufig **Navigationsprotokolle** anzutreffen, auch Breadcrumbs (Brotkrumen) genannt. Es handelt sich hier um dezente zusätzliche Textlink-Leisten, die den individuell begangenen Weg durch die Site als Verlauf (History) aufzeichnen. So kann der Nutzer jederzeit nachvollziehen, wie er zu einer bestimmten Stelle gelangt ist. Praktisch daran ist, dass man durch Anklicken der verschiedenen Stationen auch schnell zu jeder vorhergehenden Stelle zurückspringen kann, ohne die Hierarchie genau einhalten zu müssen. Ein solches zusätzliches Navigationsinstrument ermöglicht zügiges Bewegen innerhalb der Site und gibt unmittelbar Aufschluss darüber, in welchem Kontext man sich befindet. Ein Navigationsprotokoll ist in der Regel zurückhaltend gestaltet - nur mit Text und dem >-Zeichen.

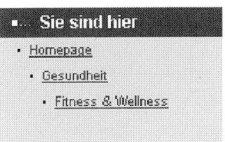

Abb. 25: Navigations-
protokoll,
www.focus-online.de

Abb. 26: Navigations-
protokoll, www.web.de

Zusammengefasst finden sich die Orientierungslinks häufig in der sog. **Metanavigation**, die in einer gesonderten Leiste im Kopfbereich einer Website untergebracht wird. Hier sind dann beispielsweise der Link zur Sitemap und zur Startseite, zur Kontakt- und Impressumseite sowie zur Hilfefunktion anzutreffen. Außerdem kann von hier aus die englische Version angesteuert werden.

Abb. 27: Metanavigation
in der Kopfzeile einer um-
fangreichen Website,
www.bund.de

Gesetzlich vorgeschrieben ist laut § 6 Teledienstgesetz in jedem Fall eine Anbieterkennzeichnung in einem sog. **Impressum.** Erforderlich sind Name und Anschrift, Telefon- und Fax-Nummer sowie die E-Mail-Adresse. Außerdem – soweit vorhanden – die Umsatzsteueridentifikationsnummer, das Register und die Registernummer sowie zuständige Aufsichtsbehörden oder Kammerzugehörigkeiten. All diese inhaltlichen Anforderungen müssen so platziert sein, dass sie leicht erkennbar, unmittelbar erreichbar und ständig verfügbar sind. Da das Impressum ohne Scrollen zugänglich sein soll, wird es am besten in der Kopfzeile platziert.

Fester Bestandteil jeder Website ist auch die **Fußzeile** (engl. Footer). Hier befindet sich in der Regel ein Copyright-Vermerk mit Angabe des Urhebers und eine zeitliche Angabe bezüglich der Entstehung. So ist der Nutzer orientiert, wer für die Site verantwortlich zeichnet und wie er das Angebot zeitlich einordnen kann.

Für die Navigations- und Orientierungslinks lassen sich unter dem Aspekt der Benutzerfreundlichkeit zusammenfassend folgende Regeln formulieren:

- Hauptmenü und Submenü müssen, z.B. durch die gewählte Schriftgröße, so gestaltet sein, dass sie voneinander unterschieden werden können.
- Wegen der begrenzten Merkfähigkeit sind vorzugsweise 7 (+/- 2) Menüpunkte auszuwählen.
- Die Menüpunkte sollen so angeordnet sein, dass eine logische Abfolge erkennbar ist (z.B. das Wichtigste oder Allgemeine zuerst).
- Bei den Menüpunkten ist eine minimale Größe zu beachten, da das Navigieren sonst zu einem Glücksspiel wird.
- Die Menüpunkte sollen durchgängig belassen und nicht verändert werden, da nur über Kontinuität und Konsistenz Orientierung möglich ist.

Abb. 28: Insgesamt 17 Rubriken ohne Gruppierung erschweren die Auswahl, www.mercedes-benz.de

C-2-02-C: *Entwerfen Sie eine optimierte Menüstruktur für das nebenstehende Beispiel, indem Sie die Inhalte gruppieren. Setzen Sie auch gestalterische Mittel ein, um eine optimale Übersichtlichkeit zu erzielen.*

3 Die Gestaltung des einzelnen Screens

Die bisherigen Ausführungen haben deutlich gemacht, dass digitale Medien für ihre Nutzer „funktionieren" müssen. Die gestalterische Herausforderung besteht darin, der Anwendung bei aller Funktionalität ein unverwechselbares „Look and Feel" und eine wiedererkennbare visuelle Identität zu verleihen. Dabei ist das Wissen um die Voraussetzungen und Parameter des jeweiligen digitalen Mediums die Grundlage gestalterischer Sicherheit.

Das Wissen und die Sicherheit müssen jedoch hart erarbeitet werden, denn die Bedingungen in den entwicklungsstarken digitalen Medien ändern sich fortwährend. So ist es notwendig, mit wachem Blick die Entwicklungen zu verfolgen. Wenn sich Sehgewohnheiten ändern oder bessere Bandbreiten neue Verhaltensweisen nach sich ziehen, ändert sich auch der Spielraum. Neue Entwicklungen zu erkennen und sie in der eigenen Gestaltung zu berücksichtigen bedeutet, auf der Höhe der Zeit zu sein.

So gehören überladene oder von allzu großer grafischer Experimentierfreude zeugende Anwendungen der Vergangenheit an. Unentwegt blinkende Banner oder aufwändige Startseiten sind nur noch selten anzutreffen. Vor allem ein Schlagwort umschreibt die derzeit vorherrschende Einstellung: **schlankes Design.**

Mehrere Gründe sprechen derzeit für ein Design, das sich auf das Wesentliche konzentriert:

1. Die digitalen Medien und insbesondere das Internet werden von einer steigenden Anzahl unterschiedlicher Anwender benutzt, das heißt, die Akzeptanz muss auf breiter Ebene verlaufen. Dabei hat sich das WWW zu einem Massenmedium entwickelt, das bereits von über der Hälfte der Bevölkerung (über 14 Jahre) genutzt wird.

Abb. 01: Medienübergreifendes Angebot der „Financial Times Deutschland“: Informationen für die Bereiche Print, Online, Handy, PDAs und Audio, www.ftd.de

2. Die digitalen Medien haben ein großes Maß an gegenseitiger Referenz und inhaltlicher Vernetzung erreicht. So stellen Anbieter ihre Inhalte zunehmend medienübergeifend zur Verfügung. Eine zu große Individualität der einzelnen Anwendungen würde die Orientierung also beeinträchtigen. Visuelle Schnittmengen und ein relativ gleich bleibender visueller Kontext sind also von Vorteil, sodass Konventionen und Standards an Bedeutung gewinnen.

3. Der Trend zu mobilen Plattformen – weg vom PC zu Hause oder am Arbeitsplatz – ist unübersehbar. Pocket-PCs werden immer selbstverständlicher, Notebooks werden von immer mehr Anwendern benutzt. Das bedeutet, dass die Angebote verstärkt kompatibel sein müssen für Plattformen unterschiedlicher Größe und Anforderung. Das führt zu einer stärkeren Konzentration auf Funktionalität, Einfachheit und Verständlichkeit.

4 Die Gestaltungsvariablen

Die Navigation, der Text und die Grafiken oder Fotos sind das Basismaterial für die Gestaltung eines Screens. Das gewählte Grundlayout bestimmt auch das Aussehen der anderen Seiten und fungiert als Vorlage oder Template.

Ein klares durchgängiges Layout ist die Voraussetzung dafür, dass der Anwender sich sicher und zügig durch die Anwendung bewegen kann. Es wäre ergonomisch wenig sinnvoll, ihm immer wieder visuelle

Neuorientierungen abzuverlangen. Der Text, die Grafik und die Navigationslemente müssen so systematisch und einheitlich angeordnet sein, dass das schnelle Auffinden problemlos möglich ist. Für alle Seitenelemente müssen folgende Variablen definiert werden:

Die Gestaltungsvariablen

Positionierung	Wo werden die Elemente platziert?
	Wonach richtet sich die Positionierung?
Proportionen	Wie viel Raum nehmen die einzelnen Elemente ein,
	wie groß ist der Bereich für die Navigationsleisten, für das Logo,
	für Überschriften etc.?
Strukturierung	Wie wird der Raum für die Inhalte strukturiert?
des	Wie werden Text und Grafik angeordnet?
Content-Bereichs	Welche Größe und Position haben die einzelnen Spalten?

4.1 Die Positionierung der Seitenelemente

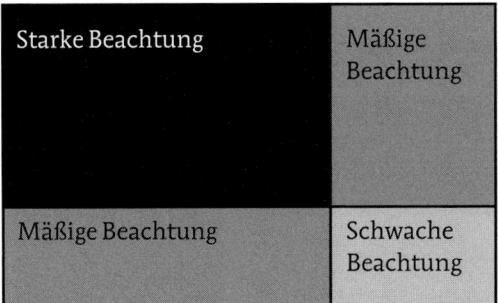

Abb. 01: *Aufmerksamkeitsschema einen Screens*

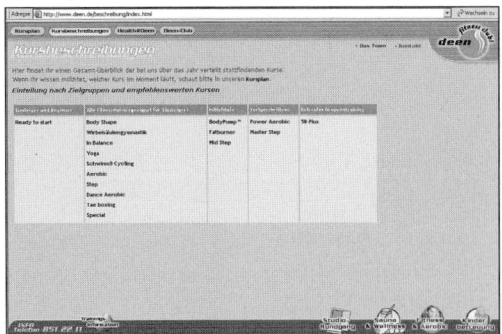

Abb. 02: *Es ist fraglich, ob die Informationen im rechten unteren Screenbereich auch tatsächlich wahrgenommen werden. www.deen.de*

Verschiedene Aufmerksamkeitsstudien geben Aufschluss über das Blickverhalten der Nutzer und somit wertvolle Anhaltspunkte für die Positionierung der Seitenelemente.

So lassen sich aufgrund der Studien Aussagen darüber machen, welche Regionen einer einzelnen Webseite die meisten Blickanteile beanspruchen. Demnach wird am stärksten die Region in der Mitte und im angrenzenden linken und oberen Bereich betrachtet. Die wichtigsten Anteile der Navigation und der Inhalte sollten also hier untergebracht sein. Das untere und rechte Drittel der Seite wird weniger beachtet, wobei die Region unten rechts der am geringsten beachtete Bereich ist. Das Aufmerksamkeitsschema steht in engem Zusammenhang mit der aus dem Leseverhalten herrührenden Bevorzugung des linken oberen Bereichs.

Da die Navigation die Voraussetzung überhaupt für eine erfolgreiche gute Orientierung auf einer Site darstellt, ist ein sicherer Platz im Seitenschema unverzichtbar. Auch hier gilt, dass Standards ein schnelles Zurechtfinden gewährleisten und einen vertrauten Raum schaffen.

Am häufigsten findet sich die Hauptnavigation im vertikalen linken Bildschirmbereich, teilweise kombiniert mit der Subnavigation im oberen horizontalen Bereich. Diese **umgedrehte „L"-Form** ist ein sehr verbreiteter Standard und dem Anwender bestens vertraut. Ein nach diesem Modell aufgebauter Bildschirm bietet also unmittelbare Orientierung und ist somit sehr benutzerfreundlich. Das Logo hat seinen Platz meist im linken oberen Bildschirmbereich, doch ist es ebenso im rechten oberen Bereich anzutreffen.

Der Standard:

umgedrehtes „L"

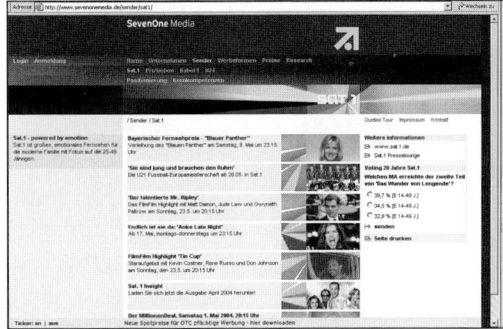

Abb. 03: Aktivierter Hauptmenüpunkt im linken vertikalen Seitenbereich, das Submenü im oberen horizontalen Bereich, www.spiegel.de, (siehe auch Farbteil, Abb. 33)

Abb. 04: Horizontale Ausrichtung, www.sevenonemedia.de

Verbreitet wird die Hauptnavigation auch im oberen horizontalen Bildschirmbereich angelegt. Dadurch wird der Bildschirm in seiner gesamten Breite genutzt. Bei dieser Art der Raumausnutzung entsteht meist der Eindruck einer großzügigen Fläche. Dazu gibt es die Möglichkeit, direkt unter der horizontalen Hauptnavigationsleiste die jeweils aktuelle Subnavigationsleiste zu führen. Wird ein bestimmter Hauptmenüpunkt angeklickt, ändert sich entsprechend das Untermenü. Die gesamte Navigation bleibt immer im Blick. Durch farbliche Markierungen können die jeweils aktiven Bereiche gut verdeutlicht werden.

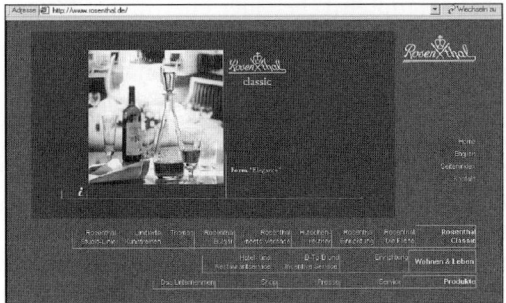

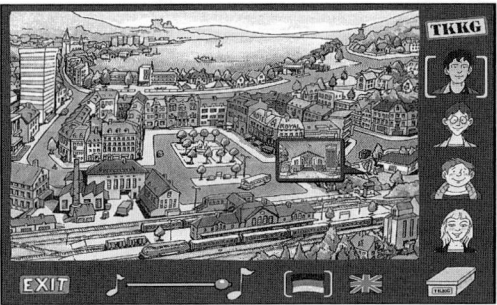

Abb. 05: Navigation am unteren Bildschirmrand, www.rosenthal.de

Abb. 06: Icon-Menü im rechten und unteren Bildschirmbereich bei einem Detektivspiel auf CD-ROM, TKKG - Der Schatz der Maya, Tivola

Im Webkontext nicht empfehlenswert ist es, das Hauptmenü am rechten Bildschirmrand zu platzieren. Für ein Abweichen vom Standard muss es gute Gründe geben, da die Sehgewohnheiten hiermit klar durchbrochen werden. Zu bedenken ist auch, dass der rechte Bildschirmbereich weniger zu kontrollieren ist: Der Seitenaufbau durch den Browser erfolgt von oben nach unten und von links nach rechts und bei einer Fensterverkleinerung bzw. -vergrößerung ist dieser Bereich am ehesten betroffen.

Die Positionierung eines Hauptmenüs am unteren Bildschirmrand ist ebenfalls gut zu überlegen. Soll beispielsweise ein unkonventioneller Inhalt präsentiert werden, so unterstreicht ein solch bewusstes Durchbrechen sogar die Gesamtaussage. Dasselbe gilt für die Positionierung am rechten Bildschirmrand.

Durch die Positionierung der Navigationselemente am oberen und linken Bildschirmbereich wird im WWW sichergestellt, dass diese bei allen Bildschirmgrößen und Browsereinstellungen sichtbar und benutzbar bleiben. Bei CD-ROMs und DVDs sind diese Einschränkungen nicht in diesem Maße gegeben. Hier stehen gestalterische und bei Spielen eben auch „spielerische" Überlegungen im Vordergrund. Der Screen ist häufig zentriert angeordnet, und die Navigationselemente können sich sowohl horizontal im oberen rechten Bereich als auch im vertikalen rechten Bereich finden. Genauso gut können sie aber horizontal unten platziert sein – oder angelehnt an das Web in L-Form.

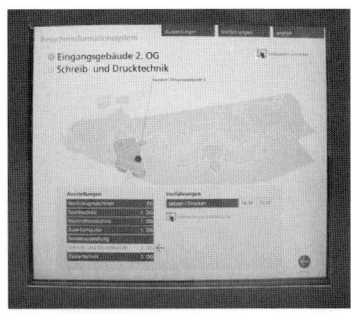

Abb. 07: Anklickbare Bereiche unten, oben, rechts und in der Mitte, Besucherinformationssystem des Deutschen Technikmuseums Berlin

Bei Point-of-Sale-Kiosksystemen z.B. für Fahrkarten oder Geldtransfer steht die eindeutige und sicher zum Ziel führende Navigation verständlicherweise im Vordergrund. Sie spielt eine so zentrale Rolle, dass sie den Bildschirm überproportional und zentral einnimmt. Da die Navigation sehr häufig über die Berührung des Bildschirms (Touchscreen) funktioniert (und der Bildschirm ja nicht verändert werden kann), ist es sinnvoll, die Haupteingabefelder eher im zentralen, rechten und unteren Bildschirmbereich zu positionieren. Denn sonst würde der ganze Bildschirm regelmäßig von der Hand verdeckt. Wird die Navigation über Tasten geregelt, die außerhalb des Bildschirms liegen, so ist die Anordnung der Navigationsfelder in U-Form um das Zentrum sinnvoll.

Für die Raumaufteilung spielt die Frage „Wohin mit der Subnavigation?" eine große Rolle. Häufig sind zwei Subnavigationsebenen unterzubringen und der zur Verfügung stehende Platz ist gut zu verteilen. Auch die Versiertheit der Nutzer ist in diesem Zusammenhang von Bedeutung.

Ohne zusätzlichen Raum kommt man z.B. bei der Verwendung von **Pulldown- oder Aufklappmenüs** aus, die sich beim Anklicken des gewählten Hauptmenüpunkts vertikal oder horizontal öffnen bzw. ausbreiten. Die komplette Subnavigation wird nicht ständig präsent gehalten, sondern zeigt sich immer nur beim Anklicken oder bei Mausberührung und verdeckt dabei die darunter liegenden Inhalte. Dieses Menü ist zwar sparsam im Platzverbrauch, reagiert aber auch sehr sensibel auf die Art der Berührung mit dem Mauscursor und ist

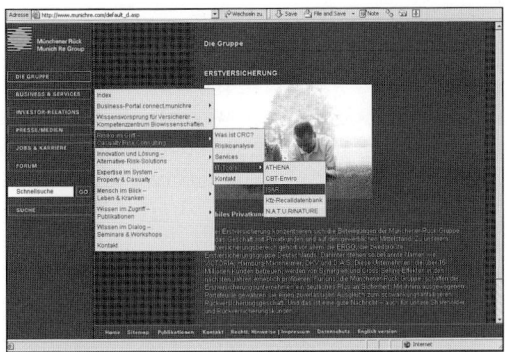

Abb. 08: Aufklappmenü,
www.munichre.de

eher geeignet für einigermaßen geübte Internet-User. Hinzu kommt, dass sich ein mentales Bild von den verfügbaren Inhalten nur schwerlich herausbildet, da die Subnavigation ja nur sporadisch geöffnet ist. Für Usability-Gesichtspunkte spielt außerdem eine Rolle, dass diese Art der Navigation bei ausgeschalteter JavaScript-Funktion eingeschränkt ist.

Die Subnavigation kann auch direkt in die Hauptnavigationsleiste integriert werden, indem beim Anklicken einer Hauptrubrik eine erweiterte Leiste mit einer Auswahl der Subkategorien erscheint, die jeweils anklickbar sind. In diesem Fall muss entsprechend Raum eingeplant werden, da die Leiste sich in „angeklicktem" Zustand natürlich ausdehnt. Besonders platzsparend und als Alternative für gezielt Suchende bietet sich als Zusatzoption oder bei kleiner Fläche auch als einzige Option (PDAs) das sog. **Auswahlmenü** an. Hier kann man über einen Push-Button direkt auf die gewünschte Seite gelangen.

Abb. 09: Auswahlmenüs
mit Push-Button,
www.zdf.de

Bei mobilen Endgeräten kommt es vor allem darauf an, sparsam mit dem vorhandenen Platz umzugehen und sich auf das funktional Wichtige zu konzentrieren. Aufgrund des horizontal ausgerichteten Screens findet sich die Navigation in der Regel im oberen Bildschirmbereich, wo sparsam gesetzte Menüpunkte zur Auswahl bereitstehen.

Abb. 10: Sparsames, verti-
kales Textmenü, Gesund-
heitssystem auf PDA

4.2 Proportionen

Eine der Grundlagenentscheidungen besteht darin, den einzelnen Seitenelementen nicht nur ihre Position, sondern auch ihre Größe zuzuweisen. Festzulegen ist, in welchem Verhältnis die einzelnen Bestandteile zueinander stehen, wie viel Raum für die Navigation, eventuell die Werbung und schließlich für den Content reserviert wird.

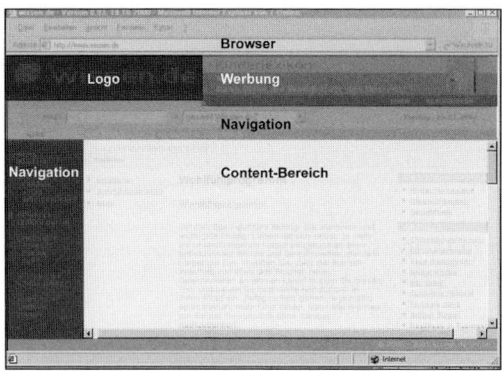

Abb. 11: Proportionale Anteile, www.wissen.de

Der Bereich, in dem die Inhalte präsentiert werden, nimmt in Webanwendungen selbstverständlich den größten Raum ein. Als Faustregel gilt, dass 50 % bis 80 % der Gesamtfläche (inkl. Betriebssystem und Browserkontrollen) für den Content reserviert sein sollten. Wird Werbung in die Seite integriert, so tendiert der Inhaltsbereich eher zu einem 50%igen Anteil. Die Navigationsleisten sollten insgesamt nicht mehr als 20 % Raum einnehmen und eher zurückhaltend gestaltet werden. Der Werbe- sowie der Navigations- und Content-Bereich müssen klar voneinander abgesetzt sein.

Eine gute Übung zur Kontrolle der Proportionen ist es, mithilfe eines Screenshots ausgewählter Seiten die einzelnen Flächen verschieden farbig zu markieren und die Anteile zu bestimmen. Gut strukturierte, auf den Inhalt konzentrierte Seiten dürften ein günstiges Verhältnis von Inhaltsbereichen zu sonstigen Anteilen aufweisen. Diese Methode auch zur Kontrolle auf den eigenen Entwurf anzuwenden schärft den Blick für die nötigen Relationen.

Die Standardgrößen der Werbebanner sind einsehbar unter: www.dmmv.de

Viele Websites führen am Kopf der Seite Werbebanner mit sich, die den verfügbaren Gestaltungsbereich erheblich vermindern. Die Banner-Frage ist im Vorab zu klären, da sie einen starken Einfluss auf den Aufbau der einzelnen Seite hat. Ein typisches Werbebanner (Fullsize-Banner) hat 468 Pixel in der Breite und ist 60 Pixel hoch. Bei dieser Größe muss genau durchdacht sein, wo es seinen Platz hat und wie es im Verhältnis zur Navigation positioniert wird.

C-4-01-C: Erstellen Sie einen Screenshot (Auflösung 800 x 600 Pixel) von der Inhaltsseite einer Ihrer Lieblingsadressen. Bestimmen Sie in Photoshop *die proportionalen Anteile der einzelnen Seitenbereiche durch farblich unterschiedliche Flächenmarkierungen. Unterscheiden Sie zwischen folgenden Bereichen: Navigation, Logo, Werbung (soweit vorhanden), Inhalt, Leerfläche (bei fester Seitengröße), Betriebssystem/Browserkontrollen.*

4.3   Die Strukturierung des Content-Bereichs

Es sind die Inhalte, die den User veranlassen, online zu gehen. Zum Content gehören Texte, Bilder, Sounds, Videos und Animationen ebenso wie Datenbankinhalte. Dabei bilden Text und Grafik den Standardcontent im WWW. Die Aufgabe besteht in der Regel darin, Text und Grafik so zu kombinieren, dass eine visuelle Logik entsteht, die sich positiv auf die Aufmerksamkeit des Anwenders auswirkt.

Die Notwendigkeit, für visuelle Spannung zu sorgen, hängt eng mit der Situation des Online-Besuchers zusammen. Oft ist er mit anderen Dingen gleichzeitig beschäftigt (Telefongespräch, Unterhaltung). Er soll also möglichst einen Content-Bereich vorfinden, den er als gut strukturiert wahrnimmt und dessen Übersichtlichkeit ihn anzieht. Was ist dabei zu beachten und nach welchen Gesichtspunkten ist die Content-Fläche der Gestaltungsvorlage zu strukturieren?

Damit sich der Anwender durch die einzelne Seite geführt fühlt, muss er eine visuelle Hierarchie erkennen können. Wesentliche Stichworte in diesem Zusammenhang sind: **Kontrast**, **Differenzierung** und **visuelle Spannung**, also Gesamtanmutung.

Das Strukturierungsmaterial besteht zum überwiegenden Teil aus den Elementen, die die Text- und Inhaltsgliederung ausmachen. Im Einzelnen sind dies: Überschriften, Zwischenüberschriften, Abschnitte, Hyperlink-Textzeilen, Kurzzusammenfassungen, aber auch Bildelemente sowie Farb- und Freiflächen. Mit den Stilmitteln der Differenzierung und des Kontrasts wie unterschiedliche Schriftgröße, Farbgebung oder Platzierung werden die Ebenen nach ihrer Bedeutung und

Abb. 12: Starke Beanspruchung durch übermäßigen Einsatz von Bildern und fehlende Freiflächen, www.sat1.de

inhaltlichen Zugehörigkeit gekennzeichnet. Beim Erstkontakt kann der scannende Blick des Anwenders so die für ihn wichtigsten Stellen wie Überschriften sofort ansteuern. Bei guter Strukturierung identifiziert er unmittelbar die Bereiche, die ihn interessieren. Die für ihn weniger relevanten kann er ausblenden.

Ein besonders geeignetes Mittel, um Aufmerksamkeit auf textliche Inhalte zu lenken, sind Grafiken und Fotos. Sie eignen sich hervorragend dazu, den Seitenaufbau aufzulockern und Bereiche als zusammengehörig zu kennzeichnen bzw. voneinander abzugrenzen. Dass es hier um gezielten und sparsamen Einsatz gehen muss, versteht sich von selbst. Grafiken beanspruchen kostbaren Speicherplatz und verlangsamen den Ladevorgang einer Site.

Visuelle Spannung entsteht nicht nur durch eine geschickte Kombination aus Text und Bild. Sie wird auch dadurch erzeugt, dass „gefüllte" Flächen mit leeren Flächen abwechseln. Abstände grenzen unterschiedliche Bereiche voneinander ab und geben ihnen jeweils ihre Kontur.

Abb. 13: Textstrukturen

Das Auge kann sich auf dem Weg von einer Fläche zur nächsten entspannen und wird nicht überreizt. Im Kapitel B.1 „Die Form" wird hierüber ausführlich gesprochen.

Die nebenstehenden abstrahierten Grafiken zeigen unterschiedliche Ausprägungen visueller Strukturen, so wie sie bei einer eher groben Ansicht wahrgenommen werden. Ohne Detailwahrnehmung wird klar, was eine aufgelockerte, lesefreundliche Struktur von einer stark strukturierten einerseits und einer unstrukturierten Textmasse andererseits unterscheidet.

Eine weitere Methode, die Struktur einer einzelnen Webseite zu visualisieren, funktioniert folgendermaßen: Wir fertigen einen Screenshot von einer Webseite (nicht der Startseite) in der Auflösung 800 x 600 Pixel an, die Ansicht wird in PHOTOSHOP in zwei bis drei Schritten bis auf 25 % reduziert. Wir erhalten eine schematisch erkennbare Struktur, die durch Einstellung von Helligkeit/Kontrast noch stärker verfremdet wird. Die gewählten Strukturen wie Trennlinien, abschnittweise Gliederung, Überschriften etc. treten nun deutlich hervor, die visuelle Struktur erscheint als abstrakte Komposition. Das Verfahren eignet sich gut dazu, die eigenen Entwürfe aus der Distanz zu betrachten und ihre visuelle Struktur zu analysieren.

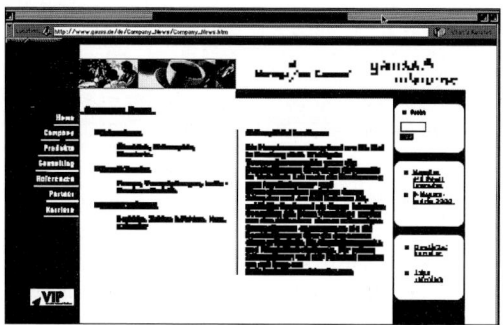

Abb. 14: Kontrast, www.gauss.de

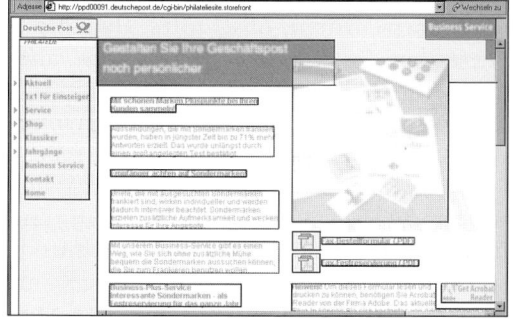

Abb. 15: Konturen, www.deutschepost.de

Einen guten Gestaltungseindruck erhalten wir auch, indem wir auf einem Screenshot die unterschiedlichen Grafik- und Textbereiche mit einer Kontur versehen. Ist eine visuelle Hierarchie zu erkennen, die das Auge führt oder fehlt die Spannung? Ebenso wie das völlige Ignorieren von Gestaltungsmitteln den User verprellt, kann dies auch durch ein zu extremes Layouten geschehen. Wird zu viel an Gestaltungsmitteln eingesetzt, so heben diese sich in ihrer Wirkung gegenseitig wieder auf. Der Kontrast und die Differenzierung müssen dosiert eingesetzt werden, da die zugrunde liegenden Unterscheidungskriterien sonst nicht mehr erkennbar sind.

C-4-02-C: *Besuchen Sie eine Ihrer bevorzugten Sites. Fertigen Sie nach der oben be-*
schriebenen Vorgehensweise der Strukturverfremdung einen abstrahierten Screenshot einer
einzelnen Seite an und drucken Sie ihn anschließend aus (Bildgröße ca. 200 x 150 Pixel). Wen-
den Sie dasselbe Verfahren bei einer Site an, die Sie weniger gelungen finden. Vergleichen Sie
beide Ausdrucke. Wählen Sie zwei weitere Websites aus und wenden Sie das Kontur-Verfah-
ren an. Vergleichen Sie die beiden Layoutschemata.

4.4 Das Layout als Strukturschema

Wenn im Zusammenhang mit digitalen Medi-
en von Layout und Raster die Rede ist, so sind
dies eher Hilfsbegriffe aus dem Bereich der
Print-Medien. Bezogen auf die digitalen Medi-
en müssten wir genauer von HTML-Layout
sprechen. Denn mit einer HTML-Datei
(HTML steht für HyperTextMarkupLanguage,
der Seitenbeschreibungssprache für die Darstellung von Informationen im World Wide
Web) wird die Webseite selbst mit ihrem Namen, ihrer Hintergrundfarbe etc. und den auf
ihr enthaltenen Objekten (Text, Grafik etc.)
beschrieben.

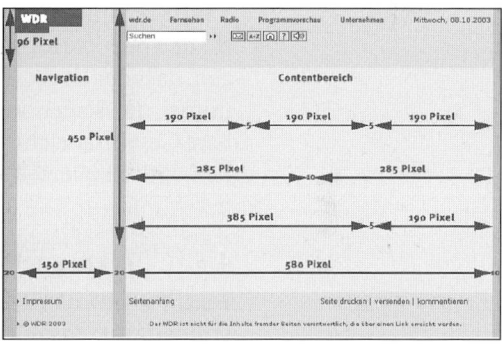

Abb. 16: Gestaltungsraster
der WDR-Internetseiten
mit den vier Flächen Seiten-
kopf, Navigationsspalte,
Contentbereich und Seiten-
fuß. Die Contentfläche ist
z.B. 580 Pixel breit und
kann in die angegebenen
Spaltenmaße (190, 285,
385 Pixel) mit den dazu-
gehörigen Spaltenabstän-
den (5, 10 Pixel) unterteilt
werden.
www.wdrdesign.de

Die Positions- und Größenangaben können dabei relativ oder fest definiert werden – in jedem Fall aber sind sie keine absoluten Größen, da
verschiedene Betriebssysteme, Monitorgrößen und Bildschirmauflösungen
jeweils unterschiedliche Ansichten bewirken. Hier liegt der größte Unterschied zum Print-Layout: Die Darstellung kann nicht mehr genau kontrolliert werden. Die Website kann zwar für eine bestimmte Zielgruppe
und die für sie angenommenen Parameter optimiert werden, doch bleibt
auch vieles dem Zufall überlassen.

Der Entwurf eines HTML-Layouts oder Seitenstrukturschemas bedeutet immer, dass alle vorgesehenen Elemente letztlich in Tabellen „verpackt" und positioniert werden. Was sich uns nach ihrer Programmie-
rung als Ergebnis auf der Browseroberfläche zeigt, nennen wir Layout, die
geordnete Wiedergabe einer detaillierten „Beschreibung" der Seite.

Wenn der Mediengestalter Spaltenbreiten und -positionen definiert
und dabei festlegt, was die einzelnen Bereiche enthalten, schafft er
gleichzeitig die Grundlage für die Umsetzung in HTML-Tabellen. Das Raster definiert das Schema der einzelnen Seiten. Eine solche Gestaltungsvorlage, auch **Template** genannt, gewährleistet die optische Kontinuität
einer Website. Wird in einem dafür festgelegten Bereich beispielsweise
eine Grafik ausgetauscht, so taucht die neue Grafik nach ihrer Verknüpfung genau an der vorher definierten Stelle wieder auf.

Wenn das Prinzip der Trennung von Inhalt und Layout zum ausgefeilten System wird, so sind wir bereits bei der Idee der Content-Management-Systeme angelangt. Das Layout kann unabhängig von der einzelnen Seite einmal für die gesamte Website verändert werden. Die Inhalte werden in das jeweilige Layout „eingespielt" (dynamisch generiert), d.h., sie können unabhängig gepflegt und verändert werden. Ob nach herkömmlicher Machart oder als Vorlage für ein komplexes Content-Management-System – das einheitliche Erscheinungsbild ist der gemeinsame Nenner und eine wichtige Voraussetzung für die Identität einer Site.

Eine Besonderheit beim Seitenlayout fürs Netz besteht darin, dass häufig – nämlich immer wenn gescrollt wird – für den Top-Screen und für den oder die folgenden Screens geplant wird. Hier ist zu berücksichtigen, dass der User die Seite nie in ihrer vollen Länge sehen wird, sondern immer nur screenweise. Das Layout sollte also nicht für eine nie sichtbare Gesamtansicht geplant werden. Jede Teilansicht muss für sich gesehen optisch überzeugend sein.

4.5   Textgestaltung

Text, das am häufigsten verwendete Content-Element, ist der Hauptgrund dafür, dass eine Website aufgesucht wird. Zugleich ist der Inhalt meist dafür verantwortlich, dass ein Online-Angebot als nicht attraktiv empfunden wird. Dies kann verschiedene Gründe haben. Wenn der vom Anbieter ausgewählte Inhalt beispielsweise für die User nicht relevant ist, nützt auch eine gute Darstellung nichts.

Wie kann durch die Art der Textgestaltung erreicht werden, dass der User sich unmittelbar angesprochen fühlt? Bekannt ist beispielsweise, dass beim Erstkontakt mit einer Website Überschriften und Titelzeilen gleich zu Beginn wahrgenommen werden. Aussagekräftige Formulierungen und sorgfältige Gestaltung dieser Textelemente tragen also dazu bei, dass der Leser in den dazugehörigen Artikel hineingezogen wird.

Die Fragen der **inhaltlichen Gestaltung** und der **visuellen Strukturierung** hängen dabei aufs Engste zusammen: Sie schaffen die Voraussetzungen für optimale Lesbarkeit und Wahrnehmung unter den Bedingungen des Online-Mediums.

Kurz zur Erinnerung:
- Die Lesegeschwindigkeit leidet unter der relativ schlechten Bildschirmauflösung und den belastenden Lichtverhältnissen. Sie ist gegenüber der Print-Lektüre um ca. 25 % reduziert.
- Die feinmotorischen Aktivitäten (Maus, Scrolling) erfordern eine gewisse Konzentration.
- Der Online-Nutzer steht immer unter einem gewissen Zeitdruck, denn er zahlt für jede genutzte Minute. Er ist in erster Linie im Netz, um Informationen zu finden.

In der Regel überfliegt der User das Angebot und versucht abzuschätzen, ob es sich für ihn lohnt dazubleiben. Von einer klaren, systematischen Strukturierung erwartet er am ehesten ein Angebot, das ihm das Auffinden der gewünschten Informationen erleichtert.

Für die Aufbereitung eines Online-Texts gelten mehrere Richtlinien. Auf zwei Sätze reduziert, lässt sich der Anspruch so zusammenfassen:

Der Text sollte prägnant, präzise und gut gegliedert sein. Eine Zusammenfassung der Inhalte steht am Anfang, weiterführende und ins Detail gehende Inhalte werden auf einer tieferen Ebene angeboten.

Die folgende Übersicht zeigt auf einen Blick, wie ein Text sprachlich gestaltet sein sollte, um positiv aufgenommen zu werden.

Inhaltlich-sprachliche Gestaltung	Vorteil für den User
Das Wichtigste steht am Anfang, weniger Wichtiges folgt.	Der User verpasst nichts, wenn er nicht weiterliest. Er sieht sofort, ob es für ihn wichtig ist.
Teaser kündigen als Kurztexte einen längeren Text an.	Der User kann einschätzen, was ihn erwartet. Er entscheidet, ob er weiterlesen will.
Absätze, Zusammenfassungen und Übersichten untergliedern den Text.	Der User kann leicht Unwichtiges aussortieren, sein Kurzzeitgedächtnis ist nicht überfordert. Bei Interesse kann er weiterführende Links zu kompletten Artikeln akzeptieren.
Überschriften, Zwischenüberschriften, Schlüsselsätze, Randtexte und Aufzählungen informieren auf einen Blick.	Der User kann die komplette Seite schnell scannen. Die Kerninhalte erfasst er im Überfliegen.
Komplette Artikel oder Detailinformationen werden auf weiteren Ebenen angeboten.	Der User kann aktiv auswählen. Er trifft die Entscheidung optional nach seiner Interessenlage.
Die Formulierungen sind prägnant, kurz, aussagekräftig.	Der User schätzt den sparsamen Umgang mit seiner Zeit. Überflüssiges Scrollen oder Blättern bleibt ihm erspart.
Die Satzstruktur und die Wortwahl sind einfach gehalten.	Der User kann ohne Stolperfallen lesen. Komplizierte Sätze oder eine ungewöhnliche Wortwahl lenken nicht ab.
Der Stil ist objektiv und neutral.	Der User findet den Stil passend für das faktenorientierte Medium Web. Er assoziiert eine klar strukturierte Linie.
Der Stil ist freundlich mit dezent persönlicher Note.	Der User möchte sich persönlich angesprochen fühlen. Er hat den Eindruck, dass das Angebot für ihn gemacht wurde.
Der Stil kommt ohne werbende Sprache aus.	Der User möchte für ihn relevante Fakten, keine Phrasen.

Abb. 17: Teaserflächen mit Text und Bild und der abschließenden Einladung, „mehr" zu erfahren, www.geo.de

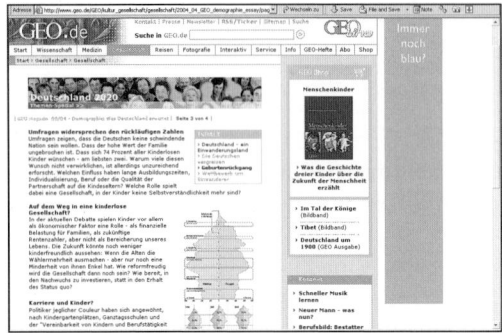

Abb. 18: Aufgelockerte, lesefreundliche Struktur, www. geo.de, (siehe auch Farbteil, Abb. 35)

Eine Schwierigkeit entsteht oft dadurch, dass der Text in der Regel vom Auftraggeber gestellt wird und nicht den Online-Prinzipien entspricht. Die berüchtigte Firmenbroschüre kann selbstverständlich nicht 1:1 übernommen werden. Das Material muss entweder vom Auftraggeber angepasst oder anderweitig redaktionell bearbeitet werden.

Hat ein Text eine gute inhaltlich-sprachliche Struktur, so kann die Benutzerfreundlichkeit des Texts mit geeigneten gestalterischen Mitteln weiter erhöht werden. Die folgende Übersicht nennt die Gestaltungsmittel und zeigt, worin die Vorteile für den User liegen.

Gestalterische Elemente	Vorteil für den User
Überschriften, Zwischenüberschriften, Schlüsselwörter und -sätze werden typografisch bzw. farblich ausgezeichnet.	Der User lenkt seinen Blick sofort auf das, was für ihn als wichtig markiert ist. Er erkennt eine Hierarchie und kann eine erste Auswahl treffen.
Umrandungen und dezent farbige Flächen grenzen verschiedene Inhalte voneinander ab.	Die visuelle Struktur orientiert den User inhaltlich. Er wird beim Sehen geführt.
Abstände und weiße Flächen trennen Bereiche verschiedener Qualität voneinander und lockern auf.	Der Textbereich hebt sich als Figur klar vom Hintergrund ab und wird besser wahrgenommen. Das Auge schätzt kleine Ruhezonen.
Aufzählungen werden als „Listen" (mit Aufzählungspunkten oder Zahlen) kenntlich gemacht.	Es liegen strukturierte Informationen vor. Die Lesezeit reduziert sich.
Trennlinien kennzeichnen unterschiedliche Bereiche.	Es wird klar, wann eine neue Sinneinheit beginnt. Die Struktur wird merkfähig und ist gedächtnisfreundlich.
Verbindungslinien stellen Zusammenhänge zwischen verwandten Bereichen her.	Der User wird beim Sehen geführt. Er erkennt sofort das Ähnliche, kann eine logische Verknüpfung herstellen. Dadurch erhöht sich die Merkfähigkeit.
Die Zeilen werden kurz gehalten und können innerhalb von 1,5 Sekunden gelesen werden. Sie laufen über nicht mehr als 60-80 Zeichen pro Zeile.	Das sensorische Gedächtnis findet den Anfang der nächsten Zeile und erhält das nötige visuelle Signal.
Der Text wird linksbündig ausgerichtet.	Das gibt beim Lesen Halt. Blocksatz bewirkt unschöne Zwischenräume und erschwert das Lesen. Bei zentriertem Text muss jeder Zeilenanfang neu gefunden werden.
Der Text ist statisch.	Blinkender oder beweglicher Text ist schwer zu entziffern.

C-4-03-C: Optimieren Sie folgenden Promotion-Text fürs Web:
Nebraska hat international anerkannte Anziehungspunkte, die jedes Jahr unzweifelhaft große Menschenmengen anziehen. Einige der populärsten Plätze waren 1996 der Fort Robinson State Park (355.000 Besucher), Scotts Bluff National Monument (132.166), Arbor Lodge State Historical Park & Museum (100.000), Carhenge (86.598), Stuhr Museum of the Prairie Pioneer (60.002) und Buffalo Ranch State Historical Park (28.446).

● *Auf der CD-ROM finden Sie verschiedene Varianten der Optimierung und vor allem die Variante, die in einem Versuch mit Usern die besten Punkte erhielt.*

4.6 Abbildungen im Content-Bereich

Für das WWW spielen Fotos und Grafiken neben Texten die wichtigste Rolle. In den ersten 3-7 Sekunden der Betrachtung einer Webseite (der sog. Orientierungsphase) ziehen Bilder die stärkste Aufmerksamkeit auf sich. Für die restliche Verweildauer (ca. 15-20 Sekunden) richtet sich die Aufmerksamkeit jedoch auf den Text.

Abb. 19: Mediale Nähe zu einem königlichen Ereignis durch eine umfangreiche Fotostrecke, www.stern.de

Das Bild als Informationsträger hat im Online-Bereich seinen festen Platz. Aufmerksamkeitsstudien haben ergeben, dass die Wahrnehmung des Inhalts durch eine ausgewogene Mischung aus Bildern und Texteinheiten unterstützt wird. Die Bilder sollten so ausgewählt sein, dass sie das Interesse an den Textpassagen steigern bzw. ihr Verständnis unterstützen. Bei größeren Textmengen unterstützt eine alternierende Anordnung von Bild und Text im Zickzack-Muster die Lesebereitschaft.

Fotos werden im Web besonders positiv wahrgenommen. Gleich hinter dem Text erreichen sie eine relativ hohe Aufmerksamkeit. Sie scheinen als adäquates bildliches Mittel für das Medium Internet empfunden zu werden: Sie wirken authentisch und suggerieren faktische Nähe.

Abb. 20: www.comdirect.de

Besonders positiv wirken Fotos von Menschen und Gesichtern. Sie geben dem Ganzen eine persönliche Note in einem oft eher unpersönlich anmutenden Kontext. Die Bilder dürfen farblich eher dezent sein. Denn Graustufen wirken auf den Anwender sehr angenehm, da er dies unterschwellig als nicht überladen registriert, das heißt, er verbindet damit auch weniger Zeitverlust beim Laden. Zudem sind die Konturen prägnanter, weswegen er insgesamt größere Klarheit vermutet.

Wichtigstes gestalterisches Prinzip ist, dass sich das ausgewählte Bild in die Farbgebung der gesamten Website einpasst und deren Aussage unterstützt.

Die Aussage kann mithilfe eines Fotos oder einer Grafik auf verschiedene Weise unterstrichen werden.

- Sehr häufig dient das Foto oder die Grafik dazu, ein bestimmtes Ambiente, eine Stimmung oder Ausrichtung zu betonen. Wenn der Text von Kundenzufriedenheit spricht, kann ein passendes Foto die Gefühlslage widerspiegeln, von der die Rede ist.
- Das Foto oder die Grafik können Informationen enthalten, die durch den besten Text nicht zu vermitteln sind. Hierzu zählen beispielsweise Produktabbildungen oder das individuelle Äußere einer Person.
- Die Infografik als grafisch aufbereitete Information stellt zwar häufig etwas dar, was auch in Textform zu vermitteln wäre. Der Unterschied besteht aber darin, dass die Infografik auf einen Blick das Wesentliche eines komplexen Sachverhalts wiedergeben kann. Der Textteil wird dadurch entlastet und aufgelockert. Ausführlicher wird das Thema Infografiken in Kapitel B.4 „Die Zeichen" behandelt.

Da Fotos und Grafiken recht speicherintensiv sind und die Download-Zeit einer Seite erheblich verlängern, müssen sie sorgfältig ausgewählt werden. Eine größere Grafik sollte nicht am Seitenanfang platziert werden, denn der Text wird umgehend geladen, während der Grafikaufbau längere Zeit in Anspruch nimmt. Auf einer tieferen Ebene, wenn der Nutzer das Angebot bereits schätzen gelernt hat, dürfen auch etwas größere Grafiken angeboten werden, zumal wenn auf ihre Größe und die Dauer des Ladevorgangs hingewiesen wird.

2.000 Wörter benötigen ungefähr genauso viel Zeit zum Download wie ein Foto

Als Faustregel gilt, dass eine Datei (Text, Grafiken und HTML-Formatierung) nicht mehr als 30-50 KByte schwer sein sollte, damit ein Anwender mit einem mittelschnellen Modem nicht mehr als zehn Sekunden braucht. Bei darüber liegenden Antwortzeiten muss angezeigt werden, wie lange der Download-Prozess noch dauert.

Präsentiert aber beispielsweise ein Fotograf seine Produkte übers Web, so kann er dies nur über eine repräsentative Auswahl seiner Fotos tun. Der Anwender wird eine längere Download-Zeit schnell vergessen, wenn sie transparent gemacht wird und er im Nachhinein feststellt, dass das Angebot in dieser Form plausibel und zwingend ist. Stellt er dagegen fest, dass lange Ladezeiten für Spielereien wie z.B. für funktionslose animierte Grafiken oder Überdekoration eingesetzt werden, so wird sich dies in seiner Gesamteinschätzung des Angebots niederschlagen.

Bei nebenstehendem Beispiel wird vorbildlich die einzelne Fotografie als Produkt präsentiert. Die Download-Anzeige (farbige Quadrate, die gleichzeitig die Anzahl der Fotos deutlich machen) ist eine wertvolle Hilfe für die zeitliche Orientierung und zudem noch ein ansprechendes gestalterisches Element.

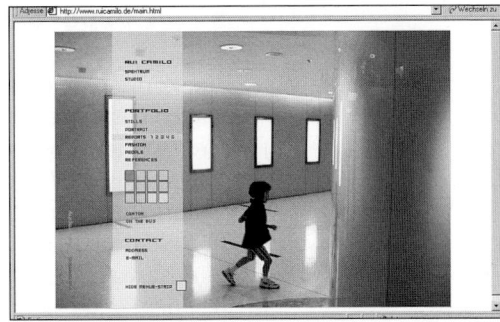

Bei einem inflationären und unmotivierten Einsatz von Bildern, vielleicht sogar in niedriger Qualität, setzt der User schnell einen mentalen Filter ein, sodass er die Bilder übersieht.

Abb. 21: www.rui-camilo.de (siehe auch Farbteil, Abb. 36)

Insbesondere animierte GIFs, die keinen eigenen Informationsgehalt haben und von den eigentlichen Inhalten ablenken, werden als extrem störend empfunden. Im Falle von unerwünschter Werbung spricht man vom sog. Banner-Blindness-Effekt. Da mit zunehmender Weberfahrung bei animierten Bildern im oberen Seitenrand Werbebanner vermutet werden, werden diese mehr oder weniger ignoriert und gar nicht mehr betrachtet.

C-4-04-C: Informieren Sie sich über die Studie von Forschern der Stanford University und des Poynter Institute zum Online-Leseverhalten. Durch eine softwaregesteuerte Kontrolle der Augenbewegungen kann festgestellt werden, was im Online-Bereich die Aufmerksamkeit der Anwender auf sich zieht.
www.poynterextra.org/et/i.htm

5 Corporate Identity und Screendesign

Wie kommt es, dass wir auf bestimmte Websites unmittelbar positiv reagieren, sie sympathisch finden und akzeptieren, während sich bei anderen wiederum ein Gefühl des Unbehagens einstellt?

Sympathie: Wir reagieren positiv, haben das Gefühl, dass die Dinge zusammenpassen, stimmig sind und ein Ganzes bilden. Die Inhalte und die ästhetische Gestaltung greifen überzeugend ineinander. Mit Zurückhaltung reagieren wir, wenn die Elemente in unserer Wahrnehmung nur nebeneinander stehen und sich nicht zu einem Gesamtbild fügen wollen.

Zusammenpassen können die Dinge für uns auch dann, wenn wir bereits eine Vorstellung haben und wir diese Vorstellung oder ihre gelungene Variation wiedererkennen.

Besonders gut nachvollziehen können wir dies auf Websites von Unternehmen, die uns „offline" bereits bekannt sind. Wir haben bereits eine Vorstellung davon, was sie darstellen, wie sie sich darstellen und was uns versprochen wurde. Bei einem jugendlich-frechen Image würde uns eine allzu konservative Gestaltung enttäuschen. Wer mit Service und Kundenorientierung firmiert, von dem erwarten wir, dass dieser Anspruch durch entsprechende Angebote belegt wird. Kompetenzbehauptungen wiederum müssen sich auch in souveräner Beherrschung der Technik widerspiegeln.

Mit anderen Worten: Unsere Erwartungen sind da, und wir bewerten danach, ob die Website dem Image des Unternehmens entspricht, ob sie zu ihm passt und im digitalen Medium funktioniert. Was wir hier ansprechen, betrifft den Komplex der Corporate Identity und die Notwendigkeit für Unternehmen, sich ein unverwechselbares Profil auch im Web zu erarbeiten. Austauschbare Produkte und Dienstleistungen, zunehmende Konkurrenz und Unübersichtlichkeit der Märkte und steigende Ansprüche der Kunden und Handelspartner zwingen die Unternehmen dazu, sich abzuheben und Strategien für eine günstige Positionierung im Markt zu entwickeln.

5.1 Corporate Identity

Jeder kennt den Begriff, doch was genau ist darunter zu verstehen? Häufig wird er einfach gleichgesetzt mit dem Begriff des Corporate Design. Der Begriff der Corporate Identity ist aber wesentlich vielschichtiger und es lohnt sich, ihn genauer einzugrenzen.

Der Begriff der Corporate Identity bezieht sich auf das Selbstverständnis eines Unternehmens oder einer Organisation und meint die auf dieses gemeinsame Selbstverständnis bezogenen Prozesse: Das angestrebte Selbstverständnis wird identifziert, vermittelt und fortwährend kritisch überprüft. Im Zentrum dieses Prozesses stehen Fragen wie: „Worin sind wir kompetent? Was sind unsere Werte, Normen und Ziele? An wen richten sich unsere Leistungen? Was ist charakteristisch für unser Unternehmen, unsere Organisation? Was wollen wir erreichen?"

Die Kernaussagen, die das Selbstverständnis des Unternehmens ausmachen und seinen Kurs bestimmen, Sie müssen nach innen und nach außen vermittelt werden. Nach innen in Bezug auf die Mitarbeiter, nach außen in Bezug auf Kunden, Investoren, Aktionäre, Lieferanten etc. Die Vermittlung geschieht auf drei Ebenen, nämlich dem Corporate Design (Erscheinungsbild), den Corporate Communications (Kommunikation) und dem Corporate Behaviour (Verhalten/Haltung).

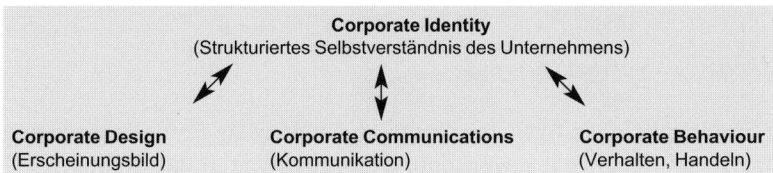

Abb. 01: Corporate Identity und ihre Instrumente

Diese drei Bereiche stehen für folgende Inhalte:

- **Corporate Design**
Hier wird festgelegt, wie das Unternehmen visuell in Erscheinung tritt – vom Firmenzeichen über die Kommunikationsmittel und Produkte bis zur Architektur des Firmengebäudes.

- **Corporate Communications**
Mit Unternehmenskommunikation sind alle Kommunikationsmittel, -träger und -maßnahmen gemeint, die das Unternehmen zur Darstellung seiner Identität nach innen und außen einsetzt. Dazu zählen selbstverständlich alle Printmedien und audio-visuellen Medien, aber auch bespielsweise der gezielte Einsatz von Kleidung und Firmenfahrzeugen. Die marketingbezogenen Maßnahmen wie Werbung, PR, Merchandising und Sponsoring bilden einen weiteren wichtigen Bereich.

- **Corporate Behaviour**
Wie die Mitglieder des Unternehmens sich gegenüber Kunden, Lieferanten, Handelspartnern, Investoren sowie gegenüber der Öffentlichkeit und Umwelt verhalten sollen, ist tragender Bestandteil der Corporate Identity. Zu diesem nach außen gerichteten Handeln kommt noch das Verhalten nach innen gegenüber den eigenen Mitarbeitern.

Mit den Instrumenten des Corporate Designs, der Kommunikation und des Verhaltens werden also die Leitbilder des Unternehmens transportiert. Die Bemühungen sind nur dann erfolgreich, wenn die drei Bereiche ineinander greifen.

Im Idealfall bewirkt die konsequente, einheitliche Vermittlung der Corporate Identity über einen angemessen langen Zeitraum hinweg, dass die angesprochenen Zielgruppen das Unternehmen genauso wahrnehmen, wie es sich selbst definiert. Es entsteht eine Vorstellung, ein Bild des Unternehmens, ein Image. Somit können wir die Begriffe Corporate Identity und Corporate Image folgendermaßen voneinander abgrenzen.

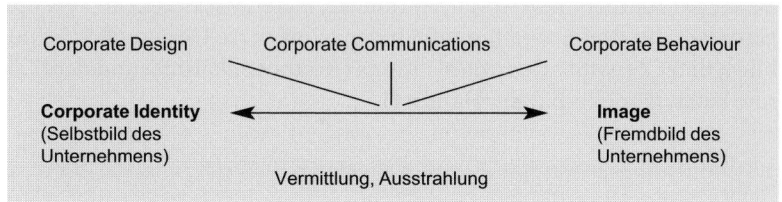

Abb. 02: *Corporate Identity und Image*

Grundsätzlich gilt, dass eine Corporate Identity längerfristig vermittelt werden muss, um das gewünschte Image zu bewirken. Aus Sicht der Unternehmen handelt es sich um eine Zukunftsinvestition. Sind Corporate Identity und Corporate Image nahezu deckungsgleich, stellt sich das ein, worauf Traditionsunternehmen aufgrund langjähriger Bemühungen bauen können: Die Kunden haben Vertrauen in das Unternehmen, sie betrachten es als verlässlich und glaubwürdig, sie fühlen sich sicher. Das Unternehmen kann das gewünschte Image dann pflegen und es behutsam neuen Gegebenheiten anpassen.

Das Bielefelder Traditionsunternehmen Dr. Oetker führt bereits seit 1916 den bis heute erhaltenen „Hellkopf" im Oval als Warenzeichen für

1893   1902   1916   1933

Abb. 03: *Dr. Oetker*

1956   1979   1986   2001

seine Produkte. Es wurde seinerzeit vom Firmengründer selbst eingeführt, der damit gleichzeitig zum Mitbegründer der Markenartikel-
industrie in Deutschland wurde. 1979 wurde der Firmenname schließlich mit dem Hellkopf zu einer Form verschmolzen.

Jeder kennt Beispiele weiterer deutscher Traditionsunternehmen
(BMW, Miele, Rosenthal, Braun etc.). Das Web bietet den Unternehmen gute Möglichkeiten, das eigene Selbstverständnis zu kommunizieren. Unter Rubriken wie „Unser Unternehmen" kann die Öffentlichkeit sich darüber informieren, auf welche Kernwerte sich die einzelnen Unternehmen konzentrieren. Häufig erfahren wir auch Details zu
den Grundsätzen des Unternehmensverhaltens und zur Unternehmenskommunikation. Das Corporate Design erschließt sich direkt über die
Gestaltung der Website selbst.

*C-5-01-C: Filtern Sie unter dem Menüpunkt „Unternehmen" die Aussagen heraus,
die die Corporate Identity eines Unternehmens beleuchten. Besuchen Sie dazu z.B. folgende
Adressen: www.beiersdorf.de, www.dr-oetker.de, www.braun.de, www.shell.com.*

5.2 Corporate Design

Nicht ohne Grund wird das Corporate Design oft mit der Corporate
Identity gleichgesetzt: Das Corporate Design ist das visuelle Firmenbild
mit all den Zeichen und Signalen, die für die optische Wahrnehmung in
der Öffentlichkeit ausschlaggebend sind. Es lässt sich unmittelbar
– ohne große Worte – erfassen und gibt den entscheidenden Impuls für
die Wahrnehmung der Unternehmensidentität. Wir unterscheiden drei
Grundelemente des Corporate Designs, nämlich Logo, Schrift und Farbe:

- **Logo**
Es ist das Zeichen des Unternehmens, mit dem es sich zu erkennen gibt
und behalten werden möchte. Es soll ästhetisch ansprechend und prägnant gestaltet sein und sich als eigenständiges Merkzeichen im Gedächtnis verankern können.

Das weltweit bekannteste Zeichen dürfte das von Coca-Cola sein.
Mithilfe einer ehrgeizigen Kommunikationsstrategie wurde die Marke in
aller Welt berühmt gemacht. Durch gleich bleibendes Produktdesign mit
einem kaum variierten Logo und einer Werbung, die sich auf eine einzige Botschaft konzentrierte, wurde die Marke zum Synonym für Lebens-
freude und gutgelauntes Genießen.

Bei den sog. „Super Brands" (Brand = Marke) wie Nike oder Coca-Cola
stehen die Logos für mehr als nur den Namen oder die Tätigkeit des Unternehmens: Mit ihnen werden Ideale transportiert wie z.B. Sportsgeist.
Intensive und globale Markenkommunikation bewirkt, dass das Logo
zum Auslöser für ein bestimmtes „Feeling" wird.

Die Unterscheidung der Logos in Bildmarken, Wortmarken und Kombinationen aus beidem wird in Teil B, Kapitel 4.4.1 ausführlich dargestellt.

- **Farbe**

Ein Unternehmen auf der Suche nach seiner Identität legt sich auf bestimmte Farben fest, die durchgängig im Corporate Design verwendet werden. Für diese unternehmenstypische Farbe steht auch der Begriff „Hausfarbe".

Alles, was für die Signalkraft von Farben und die mit ihnen verbundenen Orientierungsmöglichkeiten gilt, trifft auf die Farbwahl als Kennzeichen eines Unternehmens zu (siehe auch Teil B, Kapitel 2). Der Symbolgehalt von Farbe ermöglicht dabei eine Kommunikation mit hohen emotionalen Anteilen.

Für den Autohersteller Audi sind die Basisfarben des Corporate Designs Aluminium, Weiß und Rot: Aluminium als Reflex des Markenkerns „fortschrittliche Technologie", das reine Weiß als Zeichen der Aufgeschlossenheit und Exklusivität, Rot als Akzentfarbe mit emotionaler Appellwirkung. Weitere Beispiele sind die blau-weiße Farbwahl im Logo von BMW als Zeichen der Herkunft und der Namensgebung oder die lila Farbe beim Schokoladenhersteller Milka als dissonanter, aufmerksamkeitsfördernder Farbton für ein Low-value-Produkt. Die farblichen Markierungen machen die Produkte wiedererkennbar und lassen sie in der Vorstellung zu einer Einheit verschmelzen.

Abb. 04: Coca-Cola

- **Typografie**

Die Schrift eignet sich hervorragend dazu, das Selbstverständnis des Unternehmens zu transportieren. Denn sie spielt sowohl im Produktdesign als auch im Kommunikationsdesign eine herausragende Rolle. Wählt ein Unternehmen eine fortschrittlich wirkende Schrift, so kann es hierüber seinen Innovationswillen zum Ausdruck bringen. Genauso gut kann es über eine klassische Wahl seine zeitlose Ausrichtung unterstreichen. Die beschwingt kursive Schrift des Coca-Cola-Namenszuges unterstützt die Kernaussage der Marke: Coca-Cola genießen heißt das Leben genießen.

Die Palette der Ausdrucksmöglichkeiten ist so breit wie das Spektrum der Typografie (siehe Teil B, Kapitel 3). Die Hausschrift, also die vom Unternehmen bewusst ausgewählte Schrift, sollte nicht zu sehr an einem Modetrend orientiert sein. Denn was heute im Trend liegt, ist morgen Schnee von gestern. Die Hausschrift hat aber die Aufgabe, das Unternehmen langfristig zu repräsentieren. Wenn die Schrift zu schnell wieder geändert werden muss, kann sie sich nicht optimal im Bewusstsein der Öffentlichkeit verankern.

Fest verankert im Bewusstsein der Öffentlichkeit ist beispielsweise die Schrift des Unternehmens „London Transport". Millionenfach verbreitet wurde sie über den weltbekannten Plan der Londoner U-Bahn. Eine Schrift und ein mit ihr „groß gewordenes" Produkt ist im wahrsten Sinne des Wortes „Schrift-Gut" für ein Unternehmen. Entscheidungen wie die Entwicklung neuer Schrift-Schnitte sind daher Chefsache; die Typografie ist ein entscheidender Faktor der Markenstrategie.

Abb. 05: Logo London Underground

New Johnston font ©

ABCDEFGHIJKLM
NOPQRSTUVWXYZ
1 2 3 4 5 6 7 8 9 0

The distinctive New Johnston font is the exclusive property of London Transport and cannot be used by anyone else. Exceptions to this rule are when it is used as part of the Underground map or in association with London Transport.

Abb. 06: Johnston Font

Das Unternehmen Beiersdorf, das kürzlich seine Nivea-Schriftfamilie ausgebaut und unter anderem um Screenfonts erweitert hat, zielt mit seiner Schrift hauptsächlich auf Wiedererkennung ab.
Auch wenn das Web die beliebige Verwendung von Schriften noch beschränkt: Erscheinen Navigationspunkte, Überschriften oder zentrale Begriffe (in Form von Grafiken) in der Hausschrift, so sorgt dies bereits für Wiedererkennung. Für den Fließtext können dann ohne weiteres Standardschriften verwendet werden.

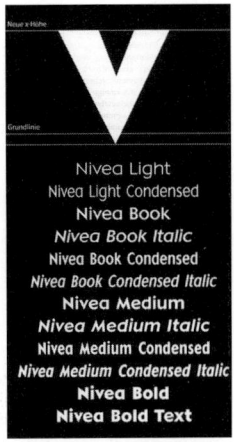

Abb. 07: Nivea-Schrift-familie

5.3 Gestaltungsrichtlinien und Styleguides

Eine Voraussetzung dafür, dass ein Unternehmen oder eine Organisation von der Öffentlichkeit wiedererkannt wird, ist ein einheitliches Auftreten in den Medien. Agiert ein Unternehmen nicht nur national, so kann es durch einheitliches Corporate Design erreichen, dass es weltweit in allen Medien ähnlich wahrgenommen wird.

Die Spielregeln dafür werden im Printbereich in Form so genannter **Gestaltungsrichtlinien** definiert. Ergänzt werden sie um Produktionsrichtlinien für den Druck mit genauen Angaben zu Farbe und Papier. Diese Richtlinien werden dokumentiert und als Manual den dafür Zuständigen zur Verfügung gestellt, entweder in Papierform, auf CD-ROM oder über das Intranet. Große Unternehmen halten optische Elemente

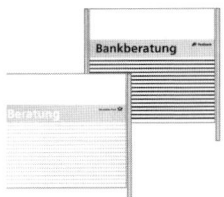

Abb. 08: Logo Gasag Berlin

wie Fotos und Grafiken in Datenbanken bereit. Der Umfang solcher Gestaltungsrichtlinien hängt davon ab, ob wir es mit einem kleineren Unternehmen oder einem Global Player zu tun haben. Die Palette an Kommunikationsmitteln, für die solche Richtlinien festzulegen sind, nimmt mit der Größe des Unternehmens zu. Die folgende Auswahl von Printmedien zeigt, was für die Unternehmenskommunikation infrage kommt und im Hinblick auf die Gestaltung definiert werden muss. Dies sind vor allem:

- Geschäftsdrucksachen
- Unternehmensbroschüren
- Geschäftsberichte
- Werbeanzeigen
- Personalanzeigen
- Plakate

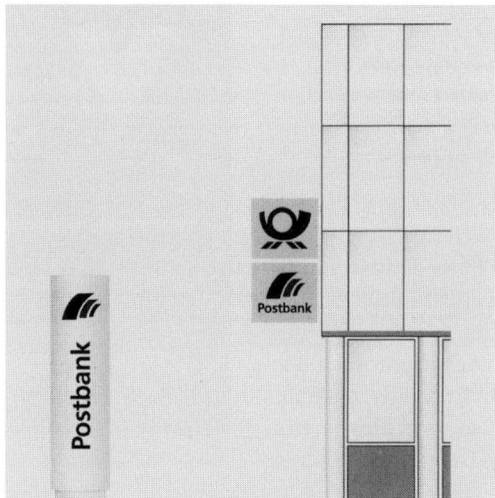

Für alle diese Kommunikationsmittel wird ein jeweils unterschiedliches Gestaltungsraster festgelegt, spezifiziert nach Format und Medium und mit detaillierter Fächenaufteilung.
Die Regeln werden pro Medium aufgestellt für:
- Bild- und Textanteile
- Abstände und Spaltenbreiten
- Anordnung der Flächen
- Einsatz des Logos
- Schriftschnitte und -größen
- Farben
- Stil und die Anmutung
- Gestaltung von Tabellen
- Umgang mit Bildern

Bei einer solch detaillierten Regelung besteht natürlich die Gefahr, dass der Gesamteindruck zu uniform wird. Eine gewisse Flexibilität wird aber dadurch erreicht, dass alternativ einsetzbare Varianten angeboten werden oder bestimmte Angaben allgemeiner gehalten sind. Ein Unternehmen, das weltweit aktiv ist, wird auch kulturelle Sehgewohnheiten und Gegebenheiten (z.B. Schriften im asiatischen Raum) berücksichtigen müssen.

Mit der zunehmenden Bedeutung des World Wide Web sind die Unternehmen mit der Notwendigkeit konfrontiert, sich kontinuierlich Gedanken über eine Online-Präsenz machen zu müssen, die zur Corporate Identity passt

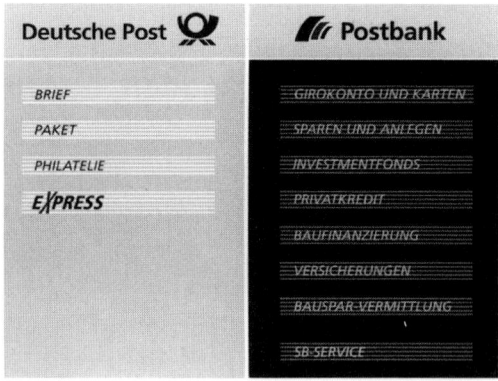

Abb. 09: Erscheinungsbild Postbank

und den besonderen Anforderungen des Mediums gerecht wird. Da bei einem Online-Auftritt die Gesetze der Offline-Medien zu kurz greifen, werden eigene Richtlinien benötigt. Sie werden in so genannten Styleguides niedergelegt, die das Gegenstück zur inhaltlich orientierten Feinkonzeption bzw. zum Drehbuch darstellen.

In einem Styleguide werden alle Elemente nach Größe, Farbe, Art und Position definiert, die für die gestalterische Umsetzung Bedeutung haben. Zu den für den Printbereich festgelegten Regeln zum Layout und zur Textanordnung kommen noch webspezifische Richtlinien. Sie betreffen vor allem die Navigation und den Bannereinsatz, aber auch Entscheidungen zum Hintergrund und zur Schriftverwendung.

Aufgrund der ständigen Änderungen des WWW ist ein Styleguide mehr ein Leitfaden als ein Regelkatalog. Gedacht ist er für diejenigen, die für die Umsetzung und spätere Pflege verantwortlich sind. Bei einem international agierenden Unternehmen bewirkt ein Styleguide, dass die jeweiligen nationalen Varianten sich nicht wesentlich unterscheiden und die Webpräsenz im Großen und Ganzen einheitlich wirkt.

5.4 Corporate Identity im Webkontext

Das Online-Medium als Kommunikationsmittel bietet gegenüber den Printmedien ganz neue Möglichkeiten, die Corporate Identity zu transportieren und die Imagebildung voranzubringen. In keinem anderen Medium kann der Kunde so direkt angesprochen und einbezogen werden – vom Service- bis zum Feedback-Angebot. Die Frage für ein Unternehmen oder eine Organisation lautet: Wie kann ich meine Corporate Identity im Web vermitteln?

Abb. 10: www.audi.fi

Abb. 11: www.audi.com.cn (siehe auch Farbteil, Abb. 43)

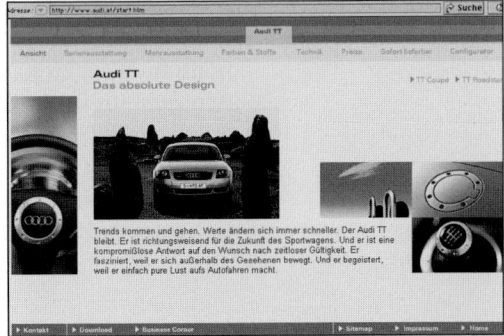

Abb. 12: www.audi.at (siehe auch Farbteil, Abb. 44)

Welche Möglichkeiten gibt es unter den besonderen Voraussetzungen des interaktiven Online-Mediums?

Das Medium bietet wegen seiner Vielschichtigkeit aber auch ein hervorragendes Potenzial, den besonderen Stil und die besondere „Welt" des Unternehmens bzw. des Produkts oder der Dienstleistung zu transportieren. Die eigene Qualität eines Produkts kann interaktiv erkundet werden, indem der Anwender es sich beispielsweise in verschiedenen farblichen Varianten oder Kombinationen sowie Perspektiven anzeigen lassen kann.

Zum Beispiel lassen sich das breite Spektrum und die Flexibilität eines Angebots mit den Mitteln des Mediums direkt zeigen und nicht nur behaupten.

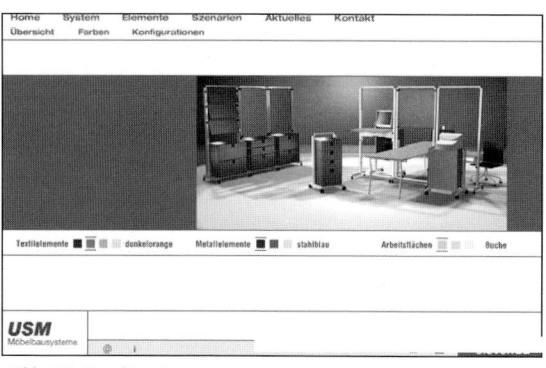

Abb. 13: Kombination von Elementen, www. eleven22.com

Die Art der Präsentation zeigt an, wo das Produkt oder die Dienstleistung positioniert ist und worin die Identität des Produkts oder auch der Dienstleistung – als Bestandteil der Corporate Identity – besteht.

Wie können die Werte, für die sie stehen, also beispielsweise Wertbeständigkeit oder Flexibilität, Solidität oder Exklusivität, adäquat transportiert werden? Wer soll angesprochen werden und welcher Gestaltungsstil ist dafür der geeignete?

Wir haben es hier mit einem sehr feinen Zusammenspiel zu tun: Über die Darstellung müssen die Corporate Identity und das Image eines Produkts oder einer Dienstleistung auf ein dynamisches, stark visuell geprägtes Medium abgestimmt werden. Die ausgewählten visuellen Mittel müssen sich auch im Kontext mit anderen Websites bewähren. Sie können sich auf ihrem Hintergrund bewusst abheben, sich an bestimmten Standards orientieren oder ganz neue Wege einschlagen.

Gleiches gilt für die technischen Spielräume. Wie viel ist schon machbar, wenn der Anbieter sich als zukunftsweisendes Unternehmen präsentieren möchte? Oder: Was ist noch nicht machbar, weil die Benutzerfreundlichkeit zu stark eingeschränkt würde? Mit einer Flashsite lassen sich sehr gut Erlebniswelten simulieren, die ideal zu Werten wie Dynamik, Wandlungsfähigkeit oder Lebensgenuss passen. Wegen hoher Ladezeiten und damit eingeschränkter Benutzerfreundlichkeit kann ein Verzicht darauf trotz allem sinnvoll sein, um nicht das Angebot als Ganzes zu beeinträchtigen.

5.5 Grundüberlegungen

Betritt ein Unternehmen zum ersten Mal die öffentliche Bühne des Web, so nehmen die Überlegungen zur Gestaltung der Website ihren Ausgang bei den drei Hauptelementen des Corporate Designs, nämlich Logo, Farbe und Schrift. Sie werden ebenso wie die übrigen Gestaltungsprinzipien (Raster, Aufteilung, visuelle Achse etc.) daraufhin befragt, wie sie unter den Online-Bedingungen transferiert werden können. Schrittweise ergibt sich dann ein Bild, das wiederum zu einer Vorstellung von der Gesamtanmutung führt.

Mit Fragen folgender Art werden zu Beginn die Möglichkeiten sondiert:

1. Wie wird das Logo integriert?
   Gibt es Elemente des Logos, die aufgegriffen und beispielsweise in der Form und Farbe anderer Elemente gespiegelt werden können?
   An welcher Position und in welcher Größe erscheint das Logo und welche Gründe gibt es dafür?
   In welchem Verhältnis stehen Logo und Navigation zueinander?

2. Welche Farbstimmung soll erzielt werden?
   Ist bei der Farbwahl die erschwerte Lesbarkeit berücksichtigt?
   Welche Farbe eignet sich als Akzentfarbe und passt auch zu den Inhalten?

Abb. 14: www.google.de

3. Wie ist das Zusammenspiel von Corporate Type (Hausschrift) und Grafiktext zu organisieren?

Ein Beispiel für den fast schon spielerischen Umgang mit dem Logo finden wir auf der Website der Suchmaschine Google. Zu Beginn des Suchvorgangs präsentiert sich das Logo als Wortmarke. Wenn die Suchergebnisse angezeigt werden, sehen wir eine in die Länge gezogene Wortmarke. Hier wird das Logo variiert und zugleich mit dem Thema Suchen und Finden gespielt. Die Suche war erfolgreich und das wird bei jedem Suchvorgang erneut vorgeführt.

Für den visuellen Web-Auftritt des Unternehmens bzw. der Senderfamilie WDR gibt es einen genau festgelegten Rahmen, der Einheitlichkeit und Wiedererkennbarkeit garantiert. Das Unternehmenslogo als Kombination aus Wort-

marke und Winkelfläche in der Hausfarbe Blau erscheint immer in einer genau definierten Größe und Position. Durchgängig enthält der Seitenkopf außerdem jeweils dieselbe globale Navigation kombiniert mit einer Datumsangabe, weiterhin ein Feld für die Suche sowie ein funktionelles Icon-Menü mit einem Kontaktlink, einem Hilfe-Angebot und einer Ver-

Abb. 15: Einheitlicher Seitenkopf, www.wdr.de

Abb. 16: Einheitliches Erscheinungsbild von Logo und Navigation bei einer Senderfamilie, www.wdr.de

Abb. 17: www.stepstone.de (siehe auch Farbteil, Abb. 37)

knüpfung zu einem Streaming-Angebot. Die Navigationsspalte hat jeweils eine einheitlich definierte Breite. Das Navigationsmenü besteht aus Textlinks, denen zur Kennzeichnung ein Pfeil vorangestellt ist und die beim Überfahren mit der Maus in einer Akzentfarbe aufleuchten. Der jeweils aktuelle Menüpunkt ist farbig gekennzeichnet. Wer vom Unternehmen mit Gestaltungsaufgaben beauftragt wird, kann über einen Design-Server direkt auf die Gestaltungselemente zugreifen.

Das Karriereportal StepStone (engl. stepping stone = Sprungbrett) nutzt das Steinmotiv aus seinem Logo und kennzeichnet damit die einzelnen Rubriken. Das Dienstleistungsangebot erhält dadurch eine atmosphärisch-frische und individuelle Note. Die Steinbilder sind visuell sehr markant und tragen dazu bei, dass der Name des Unternehmens haften bleibt. Wird eine Rubrik aktiviert, springt der betreffende Stein aus der Reihe. Dadurch entstehen immer wieder Momente, in denen der Name sich unmerklich einprägen kann. Selbst die verwendeten Fotos sind von ihrer Form her angepasst und unterstützen die Aussage.

Einblick in die Design-Richtlinien und den Styleguide des WDR erhält man unter folgender Adresse: 🄲 *www.wdrdesign.de*

5.6 Thema und Metapher

Die vielschichtigen Informationen einer Website gewinnen an Übersichtlichkeit, wenn sie in anschaulichen Bildern repräsentiert werden. Über thematisch verwandte Motive oder über eine Metapher wird die Site optisch zusammengehalten und der Inhalt noch stärker transportiert. Das Angebot oder die Dienstleistung kann sich dadurch gut im Gedächtnis verankern.

Mit dem Begriff der Metapher ist in unserem Zusammenhang eine bildhafte Sprache gemeint, bei der Elemente aus der realen Welt zum Zweck der Benutzerführung auf den digitalen Raum übertragen werden. Das wohl bekannteste Beispiel ist die Schreibtischmetapher der Betriebssysteme, wo Ordner, Papierkörbe und Registerkarten uns helfen, ohne großes Nachdenken Funktionen zu bedienen.

Eine Metapher muss einfach, logisch und vertraut sein. Sie muss genügend Unterbegriffe zulassen und potenziell ausbaufähig sein. Da es recht schwierig ist, solche Metaphern zu finden und die Darstellung schnell an die Grenzen des Eindeutigen stößt, sind vollständige Metaphern eher selten anzutreffen. Sie haben auch den großen Nachteil, dass sie nur mit aufwändigen Grafiken funktionieren. In Zeiten des schlanken Webdesigns wirken sie schnell überladen.

Beim Website-Angebot der Londoner U-Bahn aus dem Jahr 2001 ist eine schlüssige metaphorische Umsetzung gelungen. Das Streckennetz einer Untergrundbahn mit seinen Knotenpunkten und Stationen wird hier auf die Navigationspunkte übertragen. Die Haupt- und Subnavigation im linken Bereich arbeitet mit „Stationen". Und zwar zum einen mit wichtigen „Bahnhöfen mit Umsteigemöglichkeit" als den Hauptrubriken – gekennzeichnet durch die runde Form. Zum anderen mit den weniger wichtigen Stationen als den Untermenüpunkten – gekennzeichnet durch eine einfache Linie wie von den U-Bahn-Plänen her bekannt. Zudem wird eine „Streckenverbindung" hergestellt zu den Hilfsmenüpunkten im oberen horizontalen Bereich. Der Slogan „it's all on the tube.com" wird bei dieser Linienführung zusätzlich eingebunden.

Das Underground-Logo wird damit inhaltlich in der Navigationsleiste reflektiert, zudem noch in seiner Form gespiegelt. Auch die Farben des Logos – Rot, Blau und Weiß – finden sich in den Navigationsleisten wieder – das Blau in der Hauptnavigation, das Rot in der oberen Leiste sowie Weiß in der Schrift und „Streckenfarbe". Selbst die Vor- und Zurück-Buttons sind in ihrer Gestaltung an das Thema angepasst.

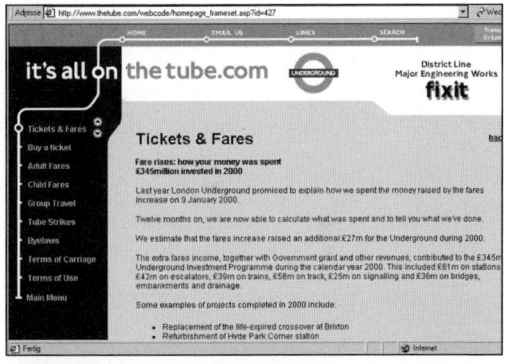

Abb. 18: www.thetube.com, Version 2001 (siehe auch Farbteil, Abb. 31)

Nicht jeder Inhalt bietet die Spielräume, um mittels einer Metapher dargestellt zu werden. Wesentlich flexibler ist es, einzelne Motive aufzugreifen, die zur Site passen, und damit geschickt deren Thema zu spiegeln. Selbst kleine Einheiten reichen schon aus, um einer Site eine thematische Akzentuierung zu verleihen und an ihre Botschaft zu erinnern.

Ein Kinderbuchverlag benutzt zum Beispiel das Motiv des geschlossenen oder offenen Buchs für die Gestaltung der Navigation, um den aktiven vom inaktiven Link zu unterscheiden.

Dadurch wird die inhaltliche Ausrichtung dezent unterstrichen und prägt sich unmerk-

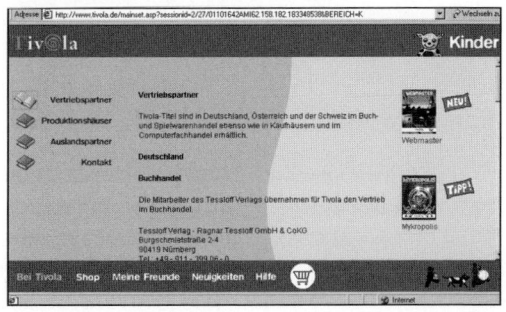

Abb. 19: www.tivola.de

lich ein. Zudem passt diese einfache, spielerische Umsetzung zu einer Site, in der es um Produkte für Kinder geht.

Ein thematisch angelehntes Motiv kann eine Site inhaltlich gut unterstützen und zu einem stimmigen Gesamteindruck beitragen. Ein Motiv sollte jedoch plausibel eingesetzt sein. Denn gerade im Hinblick auf den Trend zu schlankem Design ist die Grenze zur überflüssigen Dekoration fließend.

5.7   Stil und Stilrichtung

Fast jede Website hat ihren eigenen Stil mit bestimmten Nuancen. Es gibt also mit anderen Worten so viele verschiedene Stile, dass wir sie hier unmöglich in einer Art Stilkunde erfassen können. Wir zeigen daher exemplarisch den Zusammenhang zwischen einem gewählten Stil und der dahinter stehenden Corporate Identity. Die Frage für den Mediengestalter lautet nämlich, welcher Stil zu der Corporate Identity und der Zielgruppe des Unternehmens passt.

Die Kernwerte, oft konzentriert im Claim (Motto oder Slogan) eines Unternehmens, müssen sich im Stil widerspiegeln. Ebenso muss die Darstellung dem Produkt oder der Dienstleistung entsprechen. An einigen Beispielen wollen wir dies verdeutlichen.

Das Unternehmen Beiersdorf formuliert als Werte der Unternehmenskultur Offenheit, Können, Begeisterung, Neugier. Wie können solche Werte sich in einem Stil widerspiegeln? Sicher darf der Stil nicht zu sachlich und fest gefügt sein, sondern er muss spielerische Komponenten enthalten, die zum Ausprobieren und zum Entdecken einladen, Bewegung vermitteln.

Abb. 20: www.nivea.de (siehe auch Farbteil, Abb. 38)

Auf der Markensite www.nivea.de ist dieser offene, entdeckungsfreudige Stil spürbar: Das Produkt wird abwechslungsreich dargestellt und in Verbindung mit aktivem, positivem Erleben gebracht. Ein Ausflug in die Geschichte des Unternehmens zeigt historische Varianten dieses Grundtenors. Unter formalen Gesichtspunkten ist die Site variationsreich, nicht streng homogen, sie arbeitet mit wechselnden Hintergründen und teilweise unkonventionellem Raster. Die Farbe Blau in unterschiedlichen Abstufungen gibt der Site Zusammenhalt und transportiert natürlich das Corporate Design der Marke, um die es geht.

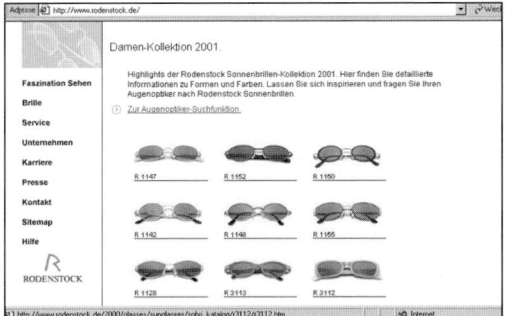

Mit einer völlig anderen Art der Produktdarstellung haben wir es bei dem Unternehmen Rodenstock zu tun: Es sieht sich in einer Tradition solider Qualität, möchte sensibel und offen mit den Kunden kommunizieren. Die Site unterstreicht diesen Anspruch durch einen dezent sachlichen Stil mit freundlich-offener Anmutung. Eine feine Linienführung signalisiert Sensibilität. Das Grundraster basiert auf bewährten Proportionen, die Navigation befindet sich im klassischen Standardbereich, das Logo und damit der Name des Unternehmens drängen sich nicht in den Vordergrund. Es ist unaufdringlich unterhalb der Navigationsleiste angesiedelt. Das Produkt selbst steht im Mittelpunkt: Auf dem angestammten Logo-Platz im linken oberen Bereich wechseln sich verschiedene Produktfotos ab.

Abb. 21: www. rodenstock.de

In einem weiteren Beispiel geht es um ein Unternehmen aus dem Lebensmittelbereich, das für Tradition und Qualität im häuslichen Bereich steht. Wie unterstützt die Gestaltung diese Werte? Die Navigation und das Logo sind klassisch gesetzt, gerundete Formen rahmen den Content-Bereich freundlich ein und ergeben einen „geschützten" harmonischen Raum. Eine aufgelockerte Content-Struktur mit einer Mischung aus

Abb. 22: www.dr-oetker.de
(siehe auch Farbteil,
Abb. 39)

Text und Grafik vermittelt unbeschwerte Leichtigkeit. Ein helles Gelb in Verbindung mit der Akzentfarbe Rot strahlt Wärme aus und verbreitet eine wohlig-behagliche Atmosphäre.

Abschließend wollen wir uns die Site eines Unternehmens anschauen, das nach eigener Aussage unverwechselbare, langlebige und ästhetisch ansprechende Produkte in bester Qualität anbietet. Das einzelne Produkt erhält eine herausgehobene Position und wird gekonnt in Szene gesetzt. Es erhält zwar die zentrale Aufmerksamkeit, präsentiert sich aber trotzdem unaufdringlich und dezent aufgrund nicht zu starker Ausleuchtung. Die Raumaufteilung ist klar und übersichtlich. Die Konzentration liegt auf dem Produkt im aufmerksamkeitsstarken linken Screenbereich und dem erläuternden Text im Mittelteil. Im rechten Screenbereich werden Links angeboten, die zu optionalen, vertiefenden Informationen zum Produkt führen. Durch den Verzicht auf Verspieltheiten oder Feinheiten in der Darstellung wird der Eindruck von Solidität und zeitunabhängigem Wert erzeugt.

Abb. 23: www.braun.de

Bei der Überlegung, welcher Stil der passende ist, kann man sich nur sehr eingeschränkt über Begriffe verständigen. Sie sind mit zu verschiedenen Vorstellungen belegt und ergeben kein genaues Bild. Der Stilfrage können wir uns allerdings über Anmutungscharaktere annähern, indem diese in einem Profil mit ihrem jeweiligen Kontrapart angeordnet werden.

Auf einer Skala von 0 bis 5 wird festgelegt, wie stark der Stil zu einer bestimmten Richtung tendieren soll und welche Anteile anderer Anmutungscharaktere eine Rolle spielen.

Werden die einzelnen Anmutungscharaktere in sich noch feiner unterschieden, so sind genauere Annäherungen möglich. Beispielsweise könnten dem traditionellen Stil die Ausprägungen „alt", „vertraut", „gewohnt", „ruhig" zugeordnet werden, dem avantgardistischen Stil die Ausprägungen „jung", „bunt", „fremd", „poppig", „aufregend". Das Wertvolle kann so unterschiedliche Schattierungen haben wie „aufwändig", „repräsentativ", „hochwertig", „nobel", „verschwenderisch".

Ein grobes Stil-Profil könnte folgendermaßen aussehen:

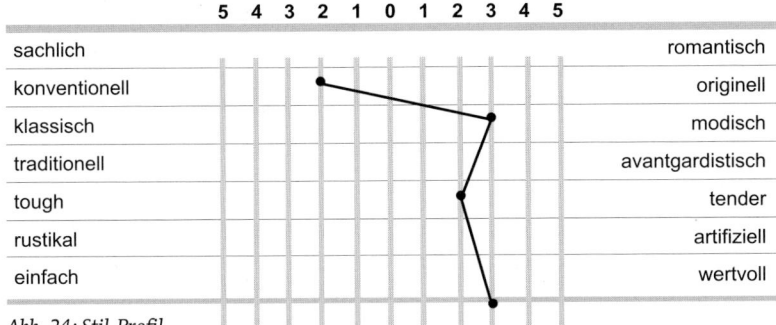

	5 4 3 2 1 0 1 2 3 4 5	
sachlich		romantisch
konventionell		originell
klassisch		modisch
traditionell		avantgardistisch
tough		tender
rustikal		artifiziell
einfach		wertvoll

Abb. 24: Stil-Profil

Nach einer Vorsondierung über ein Stilprofil kann ein Moodchart mit Schlüsselbildern und -motiven dabei helfen, den Ton des Stils näher zu bestimmen (siehe Teamübung B-2-22-T in Teil B, Kapitel 2.9). Hat ein Produkt oder eine Dienstleistung noch kein über längere Zeit gewachsenes, fest umrissenes Profil, so unterstützt die Stilbestimmung gleichzeitig die Identitätsfindung.

5.8   Darstellung von Produkt oder Dienstleistung

Ob Produkte angeboten und präsentiert werden oder ob es sich um Dienstleistungen handelt, macht einen beträchtlichen Unterschied für die Darstellung.

Es liegt in der Natur der Sache, dass eine Produktpräsentation wesentlich mehr Ansatzmöglichkeiten zur optisch interessanten Aufbereitung bietet. Bei der Produktdarstellung wird in den meisten Fällen ein Foto-Shooting speziell für die Präsentation im Web nötig sein. Durch die Art der Belichtung und Perspektive kann das Image des Produkts in Richtung auf das Motto oder den Anspruch gesteuert werden.

Da das abgebildete Produkt selbst stark für sich spricht und einen wesentlichen Teil des

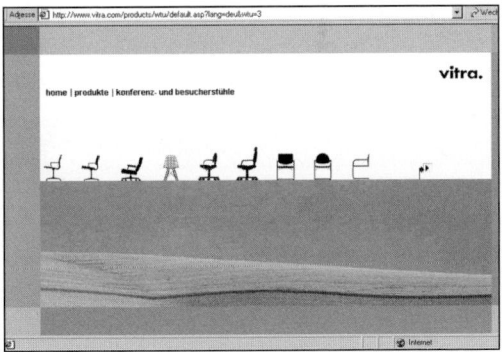

Abb. 25: www.vitra.com (siehe auch Farbteil, Abb. 42)

Contents darstellt, ist die Raumzuteilung eine wichtige Vorüberlegung. Wie prominent die einzelnen Produkte dargestellt werden sollen, hängt wesentlich mit dem Anspruch und der Leitidee des Unternehmens zusammen. Produkte, deren Einmaligkeit oder besonderer Wert vermittelt werden soll, brauchen viel Raum und Abstand voneinander, um ihre Wirkung entfalten zu können.

Produkte für eine breitere Zielgruppe vertragen es, zusammen mit anderen Produkten und als Sortiment dargestellt zu werden.

Bei der Präsentation einer Dienstleistung ist das „Produkt" dagegen nicht sichtbar und muss über Umwege visualisiert werden. Dazu eignen sich Fotos und Grafiken, die die Service-Atmosphäre vermitteln oder das Umfeld abbilden, in dem die Dienstleistung stattfindet. Banken und Versicherungen beispielsweise müssen ihren Auftritten hierüber eine gewisse Atmosphäre verleihen.

Die Fotos sollen dabei möglichst individuell auf den Kontext und die Stilanforderungen zugeschnitten sein. Im günstigsten Fall werden sie genau auf die Anforderungen der Website hin in einem Foto-Shooting angefertigt. Authentisches und sorgfältig aufeinander abgestimmtes Material trägt zu der erwünschten Stimmigkeit einer Website bei. Beliebiges Fotomaterial aus Archiven ist ebenso wenig brauchbar wie veraltetes Material aus anderen Kontexten. Es sieht im Web immer noch eine Spur älter aus, da das Medium seine besonderen Ansprüche an Aktualität stellt.

Startseite/Homepage:
Beide Begriffe stehen für die Eingangsseite einer Website. Da der Begriff „Homepage" mittlerweile häufig synonym für den gesamten Internetauftritt verwendet wird, wird hier der Begriff „Startseite" bevorzugt.

5.9 Die Startseite: Der erste Eindruck

Die Startseite oder Homepage ist der meistbesuchte Bereich einer Website, sie ist sozusagen der Haupteingangsbereich. Besucher können zwar auch andere Eingänge benutzen, indem sie von Suchmaschinen aus direkt zu Unterseiten gelangen, doch in der Regel steigen sie von der Startseite aus ein.

Die Startseite hat also eine herausgehobene Funktion innerhalb der Site. Sie ist das Erste, was ein Besucher sieht, und hier entscheidet sich, ob er mehr über ein Angebot erfahren möchte. Der User möchte zuallererst wissen, wo er gelandet ist und mit wem er es zu tun hat. Das bedeutet, dass sich das Unternehmen mit seinem Logo und seinem Namen vorstellt und nahe bringt, worum es bei diesem Anbieter geht. Spricht der Name für sich wie beispielsweise bei international bekannten Unternehmen, erübrigt sich eine nähere Erklärung.

Abb. 26:
www.gasag.de
(siehe auch Farbteil,
Abb. 41)

Das Energieunternehmen GASAG begrüßt auf seiner Startseite die Hauptzielgruppe, nämlich die Privatkunden. Weitere Zielgruppen wie Geschäftskunden oder Medienvertreter finden gleich auf der Eingangsseite ihren separaten Zugang. Das Thema von Wärme und Energie wird durch den Kontrast zwischen den Blautönen und den gelb ausstrahlenden Eisbären fühlbar. Der Claim „Fühl die Energie" bestätigt diesen Anspruch. Bereits auf der

Startseite ist die komplette Navigation inklusive der Subnavigation und der Suchfunktion in übersichtlicher Form verfügbar, sodass ein unmittelbarer Einstieg möglich wird. Gleichzeitig ist die Startseite aber auch angenehmer Empfangsbereich mit Willkommensgruß, speziellem Farbklima und großzügiger Raumwirkung.

Die Startseite bietet eine gute Möglichkeit, den User über das „Look and Feel" auf das Besondere des Unternehmens einzustimmen und ihm bereits etwas vom Anspruch des Unternehmens zu vermitteln. Das kann durch einen Slogan geschehen, der die Corporate Identity prägnant auf den Punkt bringt. Das kann auch durch Grafiken geschehen, die auf einen Blick und ohne große Worte vermitteln, was bei dem Angebot im Mittelpunkt steht. Ein nicht vorinformierter Besucher muss von der Startseite aus beurteilen können, ob er beim richtigen Angebot gelandet ist.

Abb. 27: www.lamy.de

Wesentlich ist, dass dem User bereits auf der Startseite die Hauptinhaltsgebiete der Site präsentiert werden, sodass er sofort das ihn Interessierende ansteuern kann. Auch wenn die Navigation bereits eingeführt wird, so kann doch der eigene Charakter einer Startseite durch eine besondere grafische oder räumliche Gestaltung erhalten bleiben. Enthält die Site eine Suchfunktion, kann diese bereits auf der Startseite platziert werden. Wiederholte Besucher sind dankbar dafür, gleich zu „ihrem" Interessengebiet vorstoßen zu können.

Bei informations- und newsorientierten Sites sowie Portalen hat die Startseite hauptsächlich den Zweck zu erfüllen, die angebotenen Themen sowie Neuigkeiten deutlich herauszustellen. Die Dienstleistung besteht gerade darin, schnell Informationen zur Verfügung zu stellen. Die erste Seite muss daher die „Fakten" und selbstverständlich auch die Suchoption bereithalten. Hier kommt es auf übersichtliche Gestaltung und ein nicht zu üppiges Linkangebot an, damit der Anwender sich gut zurechtfindet. Eine Suchfunktion auf einer solchen

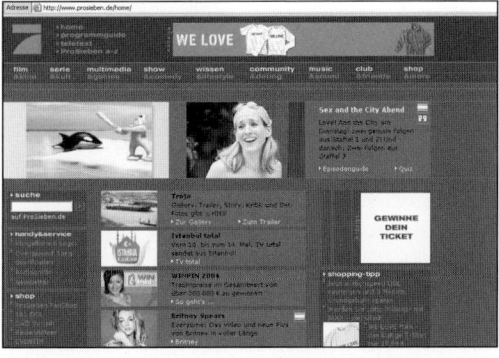

Seite ist eine Selbstverständlichkeit. Auf gar keinen Fall darf der User beim Erstkontakt durch ein Übermaß an Informationen erschlagen werden. Er ist dann negativ eingestimmt und sucht sich einen anderen Anbieter.

Da Startseiten meist den Anspruch haben, mit einer besonderen Gestaltung die Aufmerksamkeit auf sich zu ziehen, kommen auch so genannte **Imagemaps** zum Einsatz. Darunter versteht man Grafiken, die

Abb. 28: Animationen, Anzeigen, zahlreiche Linkangebote mit undeutlicher Hierarchisierung sowie eine kontrastarme Darstellung fordern dem Besucher auf der Startseite viel ab. www.prosieben.de

mehrere statt nur einen einzigen Link enthalten. Sie sind nichts anderes als eine geschickt gestaltete Linkliste, die auf der Basis von definierten Koordinaten im HTML-Code funktioniert. Imagemaps können eine interessante visuelle Wirkung haben, doch ist natürlich die Ladezeit für die Grafik zu beachten.

Beinahe schon klassisch eingesetzt wird die Imagemap bei Landkarten, wo einzelne Bereiche wie Städte oder Regionen als Links anklickbar sind. Ein Unternehmen kann mit einer Imagemap beispielsweise seine Niederlassungen visualisieren und zugleich für die Navigation einsetzen.

Im folgenden Beispiel wird eine Imagemap so eingesetzt, dass sie gut in das Thema einstimmt und gleichzeitig die Menüpunkte anbietet. Alle Knotenpunkte auf dem stilisierten Streckennnetz der Londoner U-Bahn sind für die weiterführende Navigation vorbereitet.

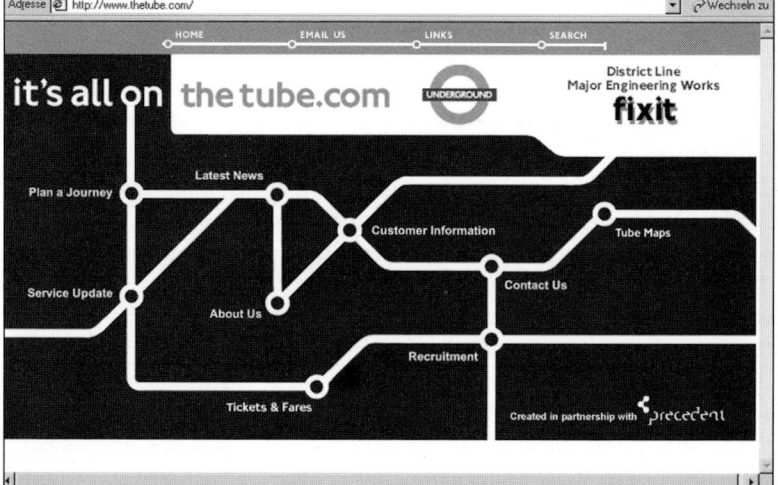

Abb. 29:
www.thetube.com,
Version 2001
(siehe auch Farbteil,
Abb. 32)

Die Vorstellung, dass der User erst einmal generell auf ein Angebot eingestimmt werden muss, ist der Grund für die so genannten **Splash-Screens.**

Hierbei handelt es sich um vorangestellte erlebnisbetonte Seiten, die mit Animationen oder anderen besonderen Mitteln der Gestaltung um das Logo oder andere als passend ausgewählte Elemente kreisen und dazu da sind, Atmosphäre zu verbreiten. Erst mit einem weiteren Klick gelangt der User dann zur eigentlichen Homepage, wo er auch das Navigationsangebot vorfindet.

Wegen der zunehmend pragmatischeren Sicht auf das Web schätzen es die Besucher aber eher, wenn sie gleich zum Kern der Sache vordringen können. Lange Ladezeiten oder überflüssige Klicks im Vorfeld können dazu führen, dass der User vor Ungeduld sein Interesse verliert. Das ist natürlich zu vermeiden.

6   Gestaltung und kreative Prozesse

„Das Neue kommt nie auf ausgetretenen Bahnen.“
J. Werner

Standards gewährleisten Wiedererkennung und helfen uns bei der Orientierung. Das Gewohnte – es ist erprobt und gibt uns ein Gefühl der Sicherheit. Aber das Gewohnte, das zum Gewöhnlichen und immer Gleichen wird, ermüdet, bereitet keine rechte Freude. Die Lust auf das Neue, der innere Drang zu kreativen Ideen und guten Einfällen ist eine Triebfeder dafür, sich mit visueller Mediengestaltung zu beschäftigen. Vom Mediengestalter als einem Vertreter der sog. kreativen Berufe wird denn auch verlangt, dass er über kreatives Potenzial verfügt und gute Ideen produziert. Der Auftrag ruft – die kreative Leistung kommt. Funktioniert das so einfach?

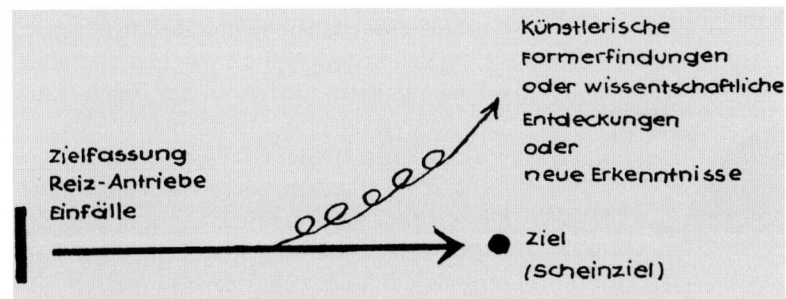

Abb. 01: Findung des Unbekannten mit visuellen Mitteln (kreativer Prozess visualisiert von Willi Baumeister)

Mit dem Begriff „kreative Leistung" meinen wir die Fähigkeit, etwas Neues durch Neukombination von bereits bekannten Elementen aus unterschiedlichen Zusammenhängen hervorzubringen. Bei ungünstigen Voraussetzungen tendiert diese Fähigkeit allerdings dazu eher abzunehmen. Von der im Kindesalter verfügbaren Kreativität bleibt oft nur noch wenig übrig, wenn die Routine des Berufslebens die innovativen Impulse abbremst. Doch durch bestimmte Techniken kann die Kreativität so trainiert werden, dass der gute Einfall zwar nicht auf Abruf, aber doch meist nach einem „Trainingsritual" zu haben ist.

Wie genau Kreativität entsteht, weiß bisher niemand zu beantworten. Als sicher gilt, dass die kreative Leistung über eine intensive Nutzung beider Gehirnareale, besonders eben auch der vernachlässigten rechten Hälfte, zustande kommt.

▣ *Eine kreativ-unterhaltsame Auseinandersetzung mit dem Thema der Nutzung beider Hirnhälften findet sich unter: www.chronovac.de (Rubrik „aktiv").*

So unterschiedlich die Thesen zum Thema Kreativität auch sind, in einem Punkt gibt es Übereinstimmungen. Sie betreffen die Voraussetzungen, die als günstig für kreative Leistungen angesehen werden. Was

Abb. 02: blocked or free

braucht man nach allgemeiner Übereinkunft also, um kreativ zu sein? Zu den fördernden Faktoren zählen:

- **Ein entspannter Zustand**
  Nichts ist blockiert. Ablenkung oder Distanz zur Aufgabenstellung ermöglichen eine stressfreie Herangehensweise.
- **Eine zeitfreie Zone**
  Das Neue entsteht nicht geradlinig, sondern über Umwege, durch Umherschweifen und Variation. „Langeweile" lässt oft erst das Neue entstehen.
- **Ein Klima des Ideenflusses**
  Assoziationen müssen frei sein, Gedanken fließen können. Hinderlich sind Fragen nach Brauchbarkeit, Angemessenheit etc. sowie Bewertungen.

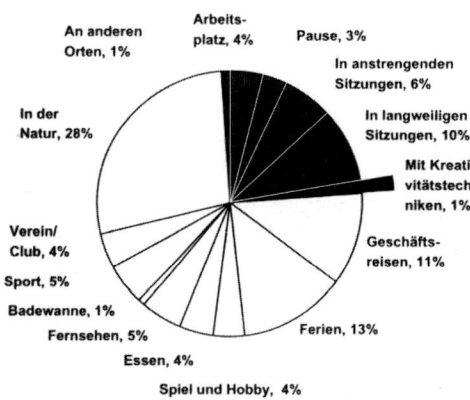

Abb. 03: Entstehung von Kreativität

Gute Ideen entstehen nicht unbedingt dort, wo sie entstehen sollen. Sie entstehen eher dort, wo sie entstehen dürfen. In der freien Natur zum Beispiel oder im ganz normalen Alltag.

In nebenstehender Grafik belegen die Kreativitätstechniken nur einen hinteren Rang. Der Grund: Sie werden meist nur unzureichend eingesetzt. Mit entsprechendem Training lässt sich der Anteil jedoch steigern.

Ein gutes Beispiel für die Schwierigkeit, sich nicht rein standardmäßig mit einer Sache zu beschäftigen, ist das 9-Punkte-Problem, das schon fast seinen Stammplatz unter den „Denksport"-Aufgaben hat (siehe Abb. 04). Die Aufgabe besteht darin, alle neun Punkte mit genau vier Linien zu verbinden: Da die Lösungsansätze sich meist darauf konzentrieren, mit der Linienführung innerhalb des Rahmens zu bleiben, kommt es nicht zu dem gewünschten Ergebnis. Die Lösung ergibt sich erst beim Verlassen dieser Grenzen. Wer das Modell noch nicht kennt, findet die Lösung am Schluss dieses Buchteiles.

Von den bekannten Kreativitätstechniken wollen wir uns diejenigen genauer anschauen, die für die visuelle Mediengestaltung von Interesse sind. Dies sind zum einen experimentell ausgerichtete Techniken der Visualisierung für die tägliche Arbeit. Dies ist zum anderen das Mind-Mapping als Methode für das kreative Strukturieren von Ideen. Schließlich kommen wir noch zum Klassiker „Brainstorming", einer Methode für den Einsatz in der Gruppe, die zu Beginn eines Projekts optimal eingesetzt werden kann.

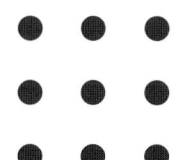

Abb. 04: 9-Punkte-Problem

6.1 Kreative Visualisierung

Wenn kreative Ideen etwas damit zu tun haben, dass Dinge neu kombiniert werden und sich in überraschender neuer Gestaltung zeigen, dann müssen wir genau dies trainieren. Die kreative Visualisierung kann sich auf verschiedene Arten dem Neuen und Neukombinierten nähern.

Geeignete Übungen können sich an den folgenden Themenstellungen orientieren:

- Neue ungewohnte Zusammenhänge herstellen
- Verschiedenartiges, nicht Zusammengehöriges miteinander verbinden
- Grenzen austesten
- Variationen als Alternativen des Gewohnten durchspielen
- die Perspektive wechseln
- Relationen neu bestimmen
- Strukturen verändern

Für die kreativen Übungen eignet sich besonders die Scribble-Technik. Sie lässt das spontane Entwerfen in jeder Situation zu, unabhängig vom Ort oder von technischen Gegebenheiten. Die Collage ist ebenfalls sehr passend: Sie ist nichts anderes als eine Technik, die im Neukombinieren besteht.

Die Stilmittel, mit denen das Neue, Ungewohnte, Überraschende entdeckt werden kann, erscheinen ganz gewöhnlich: Verkleinern, Vergrößern, Austauschen, Hinzufügen, Hervorheben, Weglassen, Kontrastieren.

In den folgenden Beispielen wollen wir kreative Übungen dieser Art vorstellen und veranschaulichen, wie Ergebnisse mit dem Charakter des „Neuen" aussehen können.

- **Beispiel 1:**
  Veränderung der optischen Aussage durch einen Wechsel der zugrunde liegenden Strukturen (methodische Vorgehensweise).

C-6-01-M:
Wechseln Sie das Koordinatensystem weiter und verändern Sie die optische Aussage, ohne dass die Treppenstruktur selbst sich ändert.

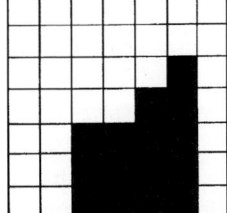 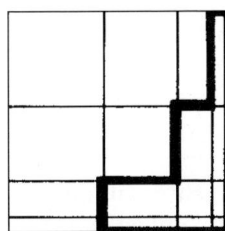 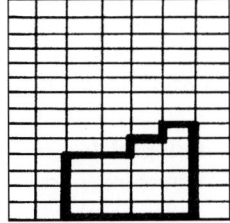 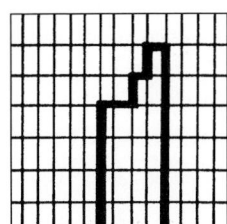

Abb. 05: Koordinatensystem mit Treppenstruktur

- **Beispiel 2:**
  Mit den Möglichkeiten spielen, ein Objekt oder eine Schrift bis zur Grenze der Wiedererkennbarkeit zu minimieren oder zu reduzieren.

Abb. 06: Typografische Grenzen

C-6-02-M:
Das Gliedern, das Strukturieren und das Vernetzen von Informationen sind wichtige Aspekte der interaktiven Kommunikationsprojekte. Hier geht es um die Entwicklung eines Ordnungssystems, in dem Begriffe (Orte und Attribute) und Bildelemente (verschiedene Stuhlmodelle) angeordnet werden sollen.

Die Kriterien des Systems und der Anordnung können Sie frei auswählen.

Alle Elemente können – müssen aber nicht – angewendet werden.

Das entwickelte Ordnungssystem soll in anschaulicher Form auf einem DIN-A3-Blatt (Quer- oder Hochformat) organisiert werden, sodass das System auch visuell klar wird.

- **Beispiel 3:**
  Ein Ordnungssystem von Bildelementen und Begriffen bei freier Kriterienwahl entwickeln. Die Ergebnisse am Ende des Teils C zeigen, wie unterschiedlich neue Zuordnungen aussehen können.

ausgefallen – Küche – pflegeleicht – Wartezimmer – langweilig – Büro – Wohnzimmer – Kamin – bequem – gemütlich – modern – schön – sperrig – praktisch – repräsentativ – Konzertsaal – stapelbar – exklusiv – Küche – klassisch – Schule – gesund – Tanzlokal -einfach – neutral – Museum- traditionell – modern – trend – Leseecke – Esszimmer – Garten – Restaurant – Theater – vielseitig – Flughafen – Schlafzimmer – nüchtern – Club

Abb. 07: Vorlage für die Entwicklung eines Ordnungssystems

- **Beispiel 4:**
  Verschiedenartiges aus nicht zusammengehörigen Bereichen miteinander kombinieren, den Kontext variieren. Scheinbar unvereinbare Größenverhältnisse oder unterschiedliche Erfahrungsbereiche zusam-

menbringen und überraschende neue Aussagen erzielen. Ergeben sich neue Assoziationen oder Spannungen? Sind sie für die Aussage produktiv?

C-6-03-M: Kombinieren Sie mit dem Mittel der Collage Elemente aus der Natur (z.B. Baum) mit menschengefertigten Gegenständen (z.B. Gabel) und entwickeln Sie durch die Art der gewählten Perspektive oder Relation eine überraschende Aussage.

Abb. 09: www.chronovac.de (siehe auch Farbteil, Abb. 40)

Abb. 08: Teilnehmerarbeit

Durch die Kombination der Bereiche Politik und Wahlkampf mit dem Bereich Kampfsport wird im abgebildeten Beispiel (Abb. 09) eine regelrecht erfrischende Wirkung erzielt. Die Bereitschaft, sich auf ein nicht nur positiv assoziiertes Thema einzulassen, könnte dadurch im betreffenden Kontext zunehmen.

- **Beispiel 5:**
  Variationen des Pfeils durch Übersetzung abstrakter Begriffe:

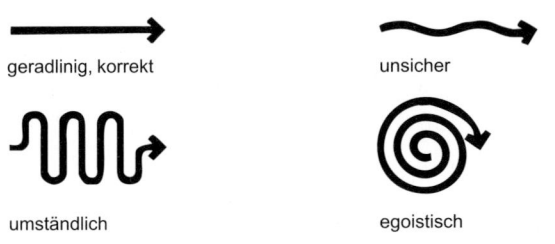

geradlinig, korrekt

unsicher

umständlich

egoistisch

Der Pfeil ist eines der ersten und ältesten Zeichen der Menschheit und bis heute von größter Bedeutung. Er steht für Richtung und Ziel. Im Web-Bereich spielt er eine tragende Rolle für die Orientierung.

C-6-04-M: Stellen Sie folgende Begriffe mithilfe von Pfeilen dar: Beeinflussung, Widerstand, Einheitlichkeit, Verstärkung, Diplomatie

Die Möglichkeiten, durch das Abwandeln von Spielregeln und ein Verändern der Vorzeichen zu kreativen Ergebnissen zu gelangen, sind unerschöpflich. Entsteht erst einmal ein Visualisierungsfluss mit vielen Varianten, ergibt sich oft von selbst der Weg zu der Version, die sich für die Aussage am besten eignet.

Was über die Vorteile der Scribble-Technik für das spontane Entwerfen gesagt wurde, trifft auch in Bezug auf erste Screen-Entwürfe zu. Ganz ohne Bildschirm und Maus können in schneller Abfolge Entwurfsvarianten zu Papier gebracht werden. Dabei ist es für die authentische Visualisierung hilfreich, immer ein paar kopierte Browser-Screenshots bereitliegen zu haben, auf denen nach Belieben – so wie gerade der Sinn steht – schnell ein paar Skizzen angefertigt werden.

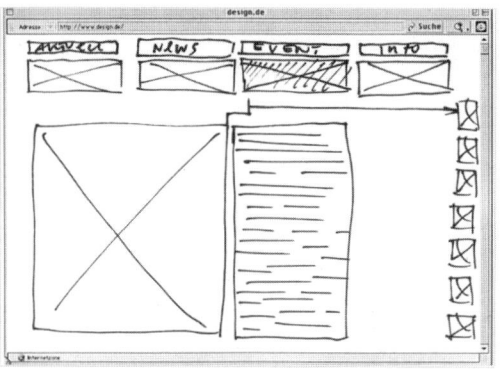
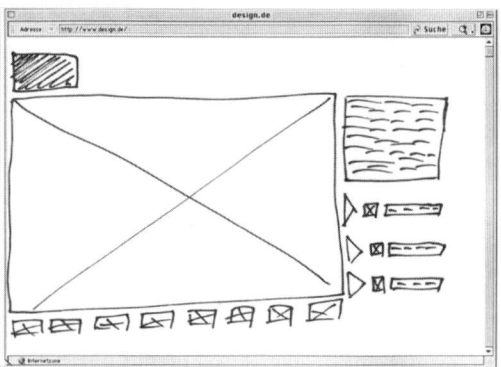
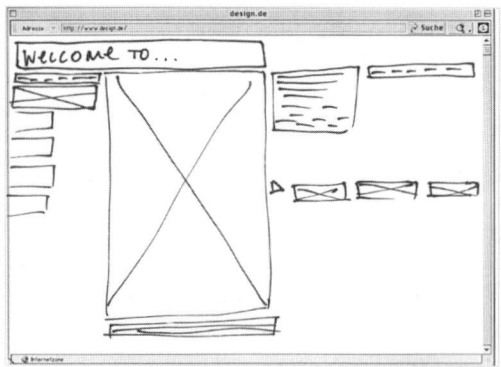
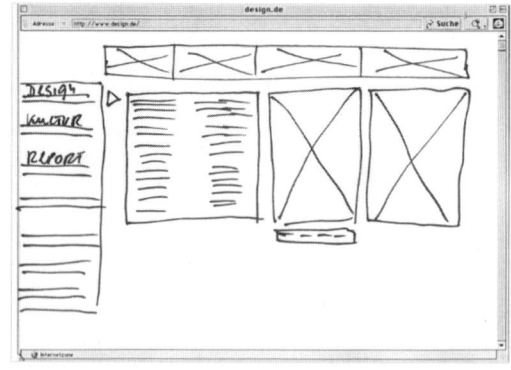

Abb. 10: Scribble und Browseransicht

6.2 Mind-Mapping

Auf der Suche nach Themen und Gesichtspunkten für einen bestimmten Auftrag lässt sich eine Methode besonders gut nutzen, nämlich das Mind-Mapping. Mit einer Mind-Map lassen sich spontane Gedanken und Zuordnungen vornehmen, ohne dass eine strenge Festlegung nötig wäre. Mind-Mapping aktiviert beide Gehirnhälften, indem es Spontaneität und Strukturierung zulässt.

Die Mind-Map ist ihrer Form nach nichtlinear und hat immer dieselbe Struktur: In die Mitte wird das Leitmotiv oder der zentrale Begriff notiert. Von dort zweigen auf Verbindungslinien verschiedene Schlüsselwörter ab, die wichtige Vorstellungen oder Assoziationen transportieren. Von diesen Schlüsselbildern zweigen wiederum neue Linien ab, sodass schon eine gewisse Struktur entsteht. Damit die Mind-Map nicht zu überladen wird, sollte auf einer Linie nach Möglichkeit nur jeweils ein Wort stehen. Die einzelnen Schüsselwörter können in Blockbuchstaben geschrieben werden, damit sie leicht abrufbar sind.

Innerhalb kurzer Zeit können viele Ideen zu Papier gebracht werden. Wenige Minuten (ca. 5) sollten ausreichen, um die spontanen Ideen niederzuschreiben. Neben sprachlichen Zeichen sollen auch Bilder oder Symbole verwendet werden, die sich bei der Assoziation einstellen. Sie haben den Vorteil, dass sich dadurch die einzelnen Verzweigungen der Mind-Map besser einprägen. Mit Farb- oder Markierstiften lassen sich zusätzlich einzelne Bereiche hervorheben oder miteinander in Verbindung bringen.

Mind-Mapping wurde in den frühen 70er-Jahren von dem englischen Gehirnforscher Tony Buzan entwickelt.

Mind Map™ ist eine eingetragene Marke der Buzan Organisation Ltd.

Abb. 11: Grundstruktur Mind-Map

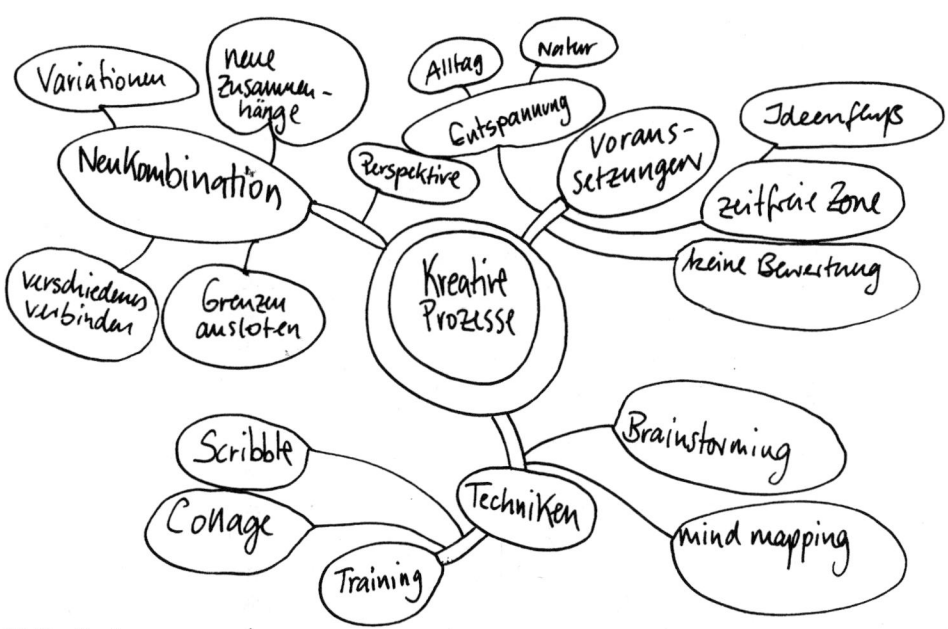

Abb. 12: Kreative Prozesse

Eine erste, durch schnelles Assoziieren entstandene Mind-Map ist etwas sehr Individuelles und muss in ihren Zeichen oder Begriffen nicht unbedingt von Außenstehenden verstanden werden. Die erste Mind-Map lässt sich später noch nachbearbeiten, indem bestimmte Begriffe weggestrichen oder anders geordnet werden. So entsteht vielleicht eine zweite Mind-Map, die eine etwas bessere Struktur aufweist oder nur mit den für gut befundenen Ideen weiterarbeitet.

Die bisherigen Gedanken zu kreativen Prozessen könnten etwa wie in Abbildung 12 in einer Mind-Map zum Ausdruck gebracht werden.

C-6-05-M: Erstellen Sie innerhalb von fünf Minuten Ihre persönliche Mind-Map zum Thema Kreativität: Wie entstehen Ihre besten Ideen?

6.3   Brainstorming

Die Mind-Map kann als Individualtechnik benutzt werden oder im Team, dort in Verbindung mit der Technik des Brainstormings. Mit diesem Klassiker lassen sich kreative Potenziale innerhalb einer Gruppe erschließen, indem Gedanken und Ideen frei fließen dürfen. Gute assoziative Potenziale ergeben sich bei einer Gruppengröße von fünf bis sieben Personen. Günstig ist es, wenn ein Moderator in der Brainstorming-Runde darauf achtet, dass stille Teilnehmer aktiviert und dominierende gedämpft werden und dass sich die Teilnehmer nicht allzu sehr vom Thema entfernen. Vor allem muss der Moderator auch den Fluss der Ideen in Gang halten. Damit das Klima für die spontanen Ideen auch wirklich offen bleibt, gelten bestimmte Spielregeln, für deren Einhaltung er zu sorgen hat. Die vier Hauptregeln sind:

- **Kritik bleibt außen vor**

Die Ideenfindung muss von der Bewertung getrennt werden, da sonst der Ideenfluss gehemmt würde. Negative Äußerungen und Killerphrasen würden das positive Klima zerstören („Das hört sich aber sehr vage an", „Das kann ja nicht funktionieren."). Nonverbale Kritik mit Blicken oder Gesten wie z.B. ein demonstrativ abgewandter Blick aus dem Fenster zählt ebenso zur negativen Kritik. Es gilt: Kein Aber, kein Nein, kein Vorbehalt.

- **Je mehr Ideen, desto besser**

In einer Brainstorming-Runde sollen die Ideen so spontan wie möglich fließen. Durch die Quantitätsregel kommen mehr und vielleicht auch eher ungewöhnliche Ideen. So erhöht sich die Wahrscheinlichkeit, dass unter den vielen Ideen einige brauchbare dabei sind. Die Beurteilung der Qualität wird erst einmal beiseite gelassen. Sie kommt erst später nach der Brainstorming-Runde.

- **Freie Bahn für Fantasie**

Beim Brainstorming ist genau das erwünscht, was sonst oft hinter dem Realistischen zurückstehen muss. Hier soll möglichst viel an originellen und ungewöhnlichen Gedanken produziert werden. Die Regel des Spielerischen ist eine Einladung an die Teilnehmer, all das sprudeln zu lassen, was an Assoziationen und originellen Ideen zu einem Thema da ist. Wichtig ist eine insgesamt entspannte und gelöste Atmosphäre.

- **Eine Idee jagt die andere**

In der Gruppe können die Ideen und Assoziationen der anderen aufgegriffen und produktiv weiterentwickelt werden. Bringt ein Gruppenmitglied einen Gedanken nur ansatzweise zum Ausdruck, kann der Nächste ihn weiterspinnen. Im Idealfall inspiriert der eine den anderen. So entsteht das, was mit dem Begriff Synergieeffekt bezeichnet wird. Je spannungsfreier die Beziehung unter den Gruppenmitgliedern, desto produktiver der Austausch. Von Vorteil ist es, wenn zwischen den Gruppenmitgliedern keine hierarchischen Abhängigkeitsverhältnisse bestehen. Auch teilnehmende Laien können eine Bereicherung sein, da sie ohne Detailkenntnisse häufig unverstellter an eine bestimmte Sache herangehen als die Fachleute.

Synergie: das Zusammenwirken (gr. syn = zusammen u. ergon = wirken)

Das Brainstorming eignet sich als Technik besonders, wenn es um das Auffinden von Ideen geht. Im Anschluss an das Brainstorming werden die aufgekommenen Ideen sortiert und zusammengefasst. Das schließt auch eine noch ausstehende Bewertung nach brauchbar, nicht brauchbar oder für den gesuchten Zweck nicht brauchbar ein. Für diese Strukturierung eignet sich wiederum das Mind-Mapping.

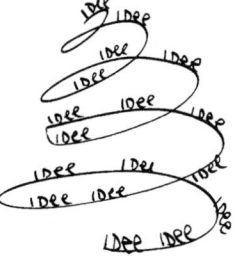

Das Brainstorming funktioniert wegen des Synergieeffekts besonders gut in der Gruppe, doch auch für sich selbst kann man „brainstormen", d.h. ohne Struktur und Bewertung das spontan Fließende sammeln. Wird beispielsweise für einen Kunden Ideenmaterial zum Thema Licht gesucht, wird zunächst alles ungefiltert notiert, was dazu einfällt. Das könnten etwa folgende Begriffe sein: Glühbirne, hell, strahlen, Erleuchtung, Taschenlampe, Fackel, Kronleuchter, Leuchtturm, brennen, Licht und Schatten, Sonne, glühen. Die Begriffe stehen nun auf der Tafel, dem Flipchart oder der Pinnwand. In einem zweiten Schritt kann nun der Filterungs- und Bewertungsprozess einsetzen. Objekte werden beispielsweise von Verben und Adjektiven unterschieden. Im Anschluss daran wird weiter aussortiert, was im Kontext der eigenen Aufgabe sinnvoll ist und weiterverwertet werden kann. An diesem Punkt kann nun das experimentelle, kreative Visualisieren mit dem herausgefilterten Material einsetzen.

C-6-06-M: Assoziieren Sie frei zu den Begriffen Büroklammer, Knopf, Toastbrot. Grenzen Sie die Sammlung anschließend nach einem frei gewählten Prinzip ein und wenden Sie eine Visualisierungstechnik so an, dass das Ergebnis eine überraschende Aussage enthält.

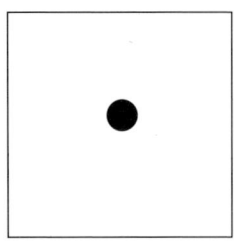

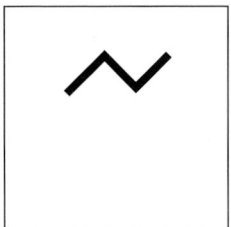

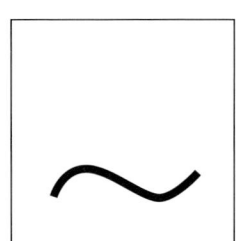

6.4 Der Prozess der Ideenfindung

Wie könnte er aussehen, der Prozess der Ideenfindung vom Auftragseingang bis zum Auffinden der Idee und ihrer Umsetzung? Er ist mit Sicherheit alles andere als geradlinig. Denn weil es sich um einen nicht planbaren, kreativen Prozess handelt, benötigt er Umwege.

Die spontanen Ideen und Assoziationen brauchen Zeit, um im Unterbewusstsein weiterarbeiten und als neue Verknüpfungen wieder auftauchen zu können. Dieser unbewusste Verknüpfungsprozess kann sogar dadurch unterstützt werden, dass Sinneseindrücke und Blickpunkte aus ganz anderen Bereichen hinzukommen. Erst so kommt möglicherweise die treffende, ausschlaggebende Idee für die Neukombination zustande. Ablenkung kann also regelrecht produktiv sein, ein Stillstand ist nur ein scheinbarer Stillstand.

Ab einem gewissen Punkt allerdings müssen die Assoziationen und Ideen in eine Struktur gebracht werden, damit die Idee eine Richtung erhält. Hierzu eignet sich beispielsweise das Mind-Mapping. Aber auch mit den Spontantechniken des Scribbles oder der Collage lässt sich eine Richtung entwickeln.

Zu einem ausgedehnten Prozess der kreativen Ideenfindung gehören also nicht nur die eigentlichen Arbeitsphasen, sondern auch die Zeiten, in denen die Idee nicht zielgerichtet verfolgt wird. Abbildung 14 zeigt, wie ein kreativer Prozess aussehen könnte.

Die größte Schwierigkeit bei der Suche nach einer kreativen Lösung besteht oft darin, dass die Zeit für den Abstand oder das Abschalten z.B. in der Natur nicht zur Verfügung steht. Aber auch kurze Auszeiten wie ein Spaziergang durchs Viertel oder der Besuch eines interessanten Geschäfts helfen oft schon weiter.

Ist auch dafür kein Spielraum vorhanden, so muss das Zufällige simuliert werden, indem zu Themen aus völlig anderen Bereichen frei assoziiert wird. Das kann eine Seite aus einem beliebigen Buch oder ein Artikel aus einer Zeitschrift sein, die ein ganz anderes Spektrum abdeckt. Auch Bildbände und Kataloge bieten sich an. Vielleicht stellt sich beim ziellosen Herumblättern eine überraschende Verknüpfung ein. Diese spezielle Art der Lösungssuche wird mit dem Begriff der projektiven Ideenfindung umschrieben.

Abb. 13: Freies Entwerfen

C-6-07-M: Trainieren Sie freies Entwerfen ausgehend von den vier links oben vorgegebenen Formen und der Thematik Sport. Eine Möglichkeit der kreativen Kombination von Form und Inhalt veranschaulicht nebenstehendes Bild.

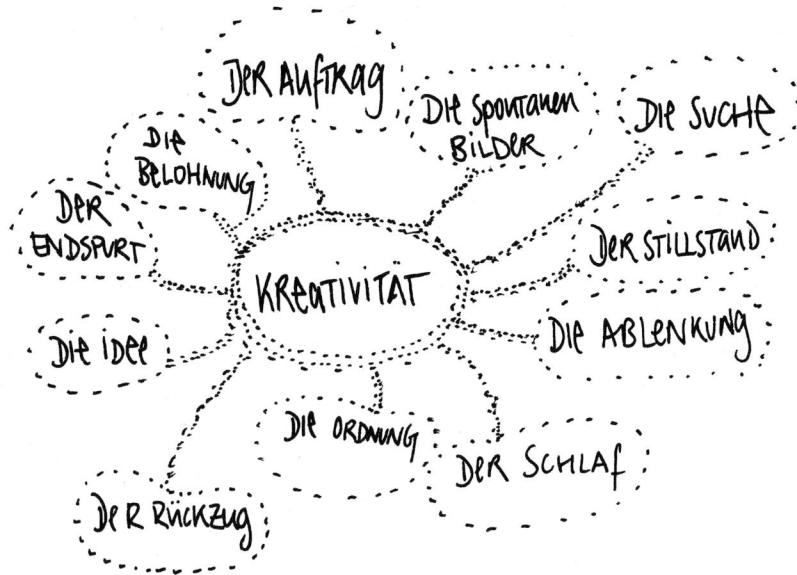

Kreative Prozesse der Ideenfindung haben ihre eigene Gesetzmäßigkeit und stehen meist am Anfang eines Projekts. Sie sind in der Regel Teil eines größeren Projekts, das seinerseits wieder seinen idealtypischen Ablauf hat. In welcher Phase eines Projekts die kreativen Prozesse eine Rolle spielen und wie der idealtypische Ablauf eines solchen Projekts aussieht, ist Gegenstand des folgenden Kapitels.

7 Der Projektablauf

Typisch für Projekte ist die Notwendigkeit, Vereinbarungen zwischen den beteiligten Parteien zu treffen und für die gewünschten Leistungen einen bestimmten Zeit- und Kostenrahmen festzulegen. Allen am Projekt Beteiligten muss klar sein, wer wofür verantwortlich ist und in welcher Phase welche Schritte erfolgen. Ein typisches Projekt zur Erstellung einer Webpräsenz lässt sich in fünf Stufen einteilen:

Phase 1	Phase 2	Phase 3	Phase 4	Phase 5
Analyse	Konzeption	Produktion	Online-Test	Ausbau
Strategie	Design	Test	Online-Start	Update
Planung				Pflege
Exposé	Feinkonzept			
Protokoll	Drehbuch	Prototyp	Dokumentation	

Es gibt Modelle, in denen die Projektinhalte auf mehr oder aber auch auf weniger Phasen verteilt werden: Die Inhalte selbst verändern sich dadurch nicht, nur der Ablauf erhält äußerlich eine andere Struktur.

Die hier in Phase 5 aufgeführten Inhalte „Ausbau, Update, Pflege" gehören nicht im engeren Sinn zu einem Projekt, das die Erstellung einer Website zum Gegenstand hat. Diese Phase ist daher auch nicht in allen Modellen enthalten. In der Realität ist das Projekt jedoch nie schlagartig mit dem Launch beendet, sondern es werden regelmäßig kleinere Veränderungen vorgenommen, die Site wird aktualisiert und gepflegt. Die fünf. Phase endet an dem Punkt, wo nach einem Zeitraum von ca. neun bis zwölf Monaten über einen Relaunch nachgedacht werden muss und ein neues Projekt mit Phase 1 beginnt.

Am Ende jeder Phase steht – idealtypisch gesehen – ein so genannter **Meilenstein**, also ein überprüfbares Zwischenergebnis. Meilensteine strukturieren ein Projekt und zeigen an, inwiefern der geplante Projektablauf eingehalten wurde oder korrigiert werden muss.

- **Projektphase 1:**
  Analyse, Strategie, Planung

Am Anfang eines jeden Projekts steht das Gespräch mit dem Kunden. Welche Vorstellungen und Erwartungen hat er, was möchte er mit der Website erreichen, welchen Umfang und Zeitplan hat er vor Augen? Ein Gespräch vor Ort gibt die Möglichkeit, im direkten Kontakt die Basis für eine Zusammenarbeit zu sondieren und wertvolle Informationen über den Auftraggeber und sein Unternehmen zu erhalten. Das Unternehmen stellt hilfreiches Material wie Geschäftsbroschüren, Marktberichte etc. zur Verfügung.

Mithilfe der Unterlagen und weiterer Quellen kann der Anbieter sich bereits ein erstes Bild machen, vielleicht erstellt er schon ein kurzes Exposé. Der Kunde seinerseits wird zu diesem Zeitpunkt bereits ein Angebot anfordern, damit er einen Überblick über die Leistungen und das voraussichtliche Honorar erhält.

Gelangen beide Seiten zu der Auffassung, dass ein gemeinsames weiteres Vorgehen wünschenswert ist, kann es konkreter werden. Nun steht ein detailliertes Gespräch oder auch ein Workshop an, in dem all die Fragen geklärt werden, die für eine gute Konzeption benötigt werden. Durch Recherche, Konkurrenzvergleich und Marktanalyse hat sich der Anbieter bereits ein Bild davon gemacht, was für die speziellen Bedürfnisse des Kunden eine Rolle spielt. Er benötigt nun noch genauere Informationen zu den Bereichen, die für die Konzeption und das Projekt als Ganzes entscheidend sind. Für dieses „Briefing" hat er eine entsprechende Checkliste vorbereitet und versucht folgende Punkte zu klären:

- Selbstverständnis und Marktposition des Unternehmens (Corporate Identity)

- Zielsetzung der Internetpräsenz (Was sind Ziele für den Auftraggeber, was ist erstrebenswert für die Anwender?)

- Bestimmung der Zielgruppe

- Inhaltliches Profil

- Vorgaben zum Corporate Design

- Vorstellungen zum Look & Feel

- Technische Vorgaben (Frames, Bildschirmauflösung etc.), sofern Ansprechpartner vorhanden

- Domain-Name und Provider

- Ansprechpartner im Hause

- Zuständigkeiten für Texte und Bilder

- Zeitrahmen mit angestrebten Terminen

Die erste Phase schließt ab mit einem Ergebnisprotokoll, in dem die wichtigsten Vereinbarungen festgehalten werden. Der Kunde hat Gelegenheit, die Ergebnisse zu kontrollieren und gegebenenfalls noch Punkte nachzutragen. Anstelle eines Ergebnisprotokolls als Resultat eines Workshops kann auch ein Grobkonzept am Ende dieser Phase stehen. Häufig drängt nämlich die Zeit und der Auftragnehmer muss mit den ihm zur Verfügung stehenden Unterlagen und komprimierten Gesprächsinformationen auskommen.

Wichtig ist, dass am Ende der ersten Phase das Protokoll, das Exposé oder das Grobkonzept unterzeichnet werden. Der Auftraggeber erklärt sich dadurch mit den Vereinbarungen einverstanden und erteilt die **Freigabe** für die nächste Phase, in der die eigentliche Konzeptionsarbeit beginnt.

In einer getrennten **vertraglichen Vereinbarung** können schriftlich nochmals die wesentlichen Punkte festgehalten werden: Was genau ist

der Vertragsgegenstand und welche Fristen sind vorgesehen? Welche Vergütung wird vereinbart und was geschieht bei erweiterten Leistungen? Wichtig ist außerdem eine Haftungsregelung für die Texte und Bilder sowie eine Regelung zu Gewährleistungsansprüchen.

Ergänzend zum Vertrag wird häufig ein so genanntes **Pflichtenheft** angelegt. Hierin wird in übersichtlicher Form schriftlich geregelt, wer zu welchem Zeitpunkt welche Leistung zu erbringen hat. Der Auftraggeber ist normalerweise für die Inhalte zuständig, d.h., er liefert Texte und Bilder. Der Auftragnehmer ist verantwortlich für die inhaltliche Struktur, die Gestaltung und Produktion.

Gerade die Frage, wann und wie der Text und die Bilder zur Verfügung stehen, muss eindeutig geregelt werden. Häufig unterschätzt der Auftraggeber den Aufwand, den es kostet, online-gerechtes Material bereitzustellen. Erfolgt aber eine explizite Vereinbarung, so ist ihm dieser Aufgabenkomplex bewusst und er plant entsprechende Ressourcen ein. Auf diese Weise lassen sich unliebsame Projektverzögerungen vermeiden.

- **Projektphase 2: Konzeption, Design**

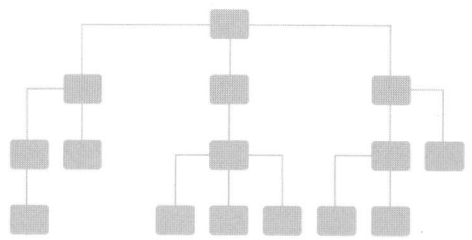

Die zweite Phase steht ganz im Zeichen der Konzeption. Zunächst wird das inhaltlich-strukturelle Konzept als die eigentliche Grundlage erarbeitet. Hier spielt all das eine Rolle, wovon in Kapitel 2 die Rede war. Für die relevanten Inhalte wird eine logische Progression erarbeitet, die Navigation muss schlüssig sein und intuitiv funktionieren. Bei den Inhalten wird die Corporate Identity des Auftraggebers ebenso berücksichtigt wie die Bedürfnisse des Nutzers. Der Kontext des Web und des Marktes fließen ebenfalls ein. Die Struktur wird schließlich in einem Flowchart verdeutlicht.

Erst in einem zweiten Schritt folgt das Designkonzept, da es sich zwingend auf die Inhalte beziehen muss. Erst wenn der Inhalt und die Gestaltung ineinander greifen, kann sich eine überzeugende Wirkung einstellen. Wir haben gesehen, wie sich Unternehmensausrichtung und Stilmittel aufeinander beziehen und eine Einheit bilden. Die Gestaltungsmittel müssen so gewählt werden, dass sie die Aussage optimal unterstützen und die Benutzerfreundlichkeit gewährleistet ist.

Wenn bereits ein Corporate Design für den Printbereich vorhanden ist, muss es für den Kontext des Web adaptiert werden. Jetzt ist der Zeitpunkt der Scribbles, Entwürfe und kreativen Einfälle gekommen. Es geht um den Gesamteindruck der Website und je nach Konzept auch um unterschiedliche Unterseiten, die allerdings in ihrer Gesamtheit wieder ein einheitliches Bild abgeben müssen. Bei der Gestaltung sollten immer wieder Kontrollmomente zugelassen werden, in denen die Frage gestellt wird: Unterstützt mein Entwurf tatsächlich die Ziele der Website? Habe ich alle Vorgaben und alle gestalterischen Regeln (Form, Farbe, Schrift) berücksichtigt?

Gutes Design unterstützt unmerklich und geht eine überzeugende Einheit mit dem Inhalt ein. Es entfaltet dann eine sympathische Wirkung und spricht unmittelbar an. Gutes Design ist auch daran erkennbar, dass es Details gegenüber aufmerksam ist und diese mit großer Sorgfalt in die Gestaltung einbezieht. Im Screendesign betrifft dies beispielsweise die Art der Pfeilgestaltung: Der Top-Pfeil, der Vor- und Zurück-Pfeil sind Elemente, die ebenfalls zum globalen Design passen sollten.

Ist das Design für eine typische Unterseite schließlich „rund", wird noch die Startseite entworfen. Sie nimmt zwar eine Sonderstellung ein und ist immer für den ersten Eindruck verantwortlich. Trotzdem spielt sie beim Entwurf nicht die wichtigste Rolle. Denn die Unterseiten sind in der Mehrheit und dafür verantwortlich, dass die Website funktioniert und überzeugt.

Die gestalterische Konzeption schließt mit der Entscheidung für ein oder zwei Designmodelle ab, die beim Kunden präsentiert werden. Diese Vorführung ist ein markantes Ereignis im Zusammenhang des gesamten Projekts und muss gut vorbereitet sein.

In der Regel werden noch verschiedene Anpassungen gewünscht, sodass sich eine Überarbeitungsphase anschließt. In dieser Phase werden die verschiedenen Screens bis ins kleinste Detail optimiert. Denn sie stellen in der endgültigen Version die Grundlage für die folgende Produktion dar und müssen rundum perfekt sein.

Am Ende der Phase steht schließlich die Freigabe des Feinkonzepts und der endgültigen Designvariante. Das Feinkonzept und das Drehbuch enthalten so detaillierte Angaben, dass die Website auf dieser Grundlage produziert werden kann.

▪ Projektphase 3: Produktion

In der dritten Phase wird schließlich die gesamte Website „produziert". Das bedeutet systematisches Abarbeiten: Navigationsgrafiken müssen erstellt und Fotos bearbeitet werden, die vom Kunden gelieferten Texte werden aufbereitet, indem sie konvertiert und von Formatierungen befreit werden. Mit HTML-Editoren wird nun auf der Basis von Templates Seite für Seite eine funktionstüchtige Website „gebaut". Eine gute, logische Ordnerstruktur sowie nachvollziehbare Dateinamen für die HTML-

```
<!DOCTYPE HTML PUBLIC "-//W3C//DTD HTML 4.0 Transitional//EN" "http://www.w3.org/TR/REC-html40/loose
<html>
<head>
<title>freenet.de</title>
<meta http-equiv="Content-Type" content="text/html; charset=iso-8859-1">
<meta name="description" content="">
</head>
<script language="JavaScript">
function openWin(theURL,winName,features) {
Fenster = window.open(theURL,winName,features);
Fenster.focus(theURL,winName,features);
}
</script>
<body bgcolor="#eeeeee" vlink="#333333" alink="#FF0000" text="#000000" leftmargin="0" topmargin="0"
<div align="center"><img src="../sourcen/0.gif" width="50" height="10" alt=" " border="0">
<!-- bb bereichstemplate freenet -->
<!-- bb template.kopf -->
<table width="740" border="0" cellspacing="0" cellpadding="0" bgcolor="#99FF66">
<tr>
<td width="20" rowspan="2">
<table width="20" border="0" cellspacing="0" cellpadding="0">
<tr>
<td bgcolor="#EEEEEE"><img src="../sourcen/logo_ecke.sl.gif" width="20" height="20" alt=" " border="0">
</tr>
<tr background="../sourcen/logo_ecke_sl.gif">
<td><img src="../sourcen/logo_ecke_sl.gif" width="20" height="46" alt=" " border="0"></td>
</tr>
<tr bgcolor="#FFFFFF">
<td><img src="../sourcen/spitze_l.gif" width="11" height="1" alt=" " border="0"></td>
</tr>
</table>
</td>
<td width="700" colspan="3" background="../sourcen/logo_ecke_ok.gif"><img src="../sourcen/logo_ecke.
<td width="20" rowspan="2" align="right">
<table width="20" border="0" cellspacing="0" cellpadding="0">
<tr>
<td bgcolor="#EEEEEE"><img src="../sourcen/logo_ecke_sr.gif" width="20" height="20" alt=" " border="0
</tr>
<tr background="../sourcen/logo_ecke_sr.gif">
<td><img src="../sourcen/logo_ecke_sr.gif" width="20" height="46" alt=" " border="0"></td>
</tr>
<tr align="right" bgcolor="#FFFFFF">
<td><img src="../sourcen/spitze_r.gif" width="11" height="1" alt=" " border="0"></td>
</tr>
</table>
</td>
</tr>
<tr>
```

Dateien und die Bilddateien sind ein Muss, da sonst der Überblick verloren geht und sich außer dem „Urheber" niemand mehr zurechtfindet.

Nach Abschluss der Produktion muss die Website auf verschiedenen Betriebssystemen (Mac oder PC) und unterschiedlichen Browsern bzw. Browserversionen getestet werden. Sehr wahrscheinlich wird einiges nachzubearbeiten sein, bevor die Website dann dem Kunden präsentiert werden kann. Für eine kurze Zeit sollte die Website auch zum Austesten im Netz stehen, damit der Kunde die Site in Ruhe ausprobieren und letzte Änderungswünsche vor dem eigentlichen Launch anmelden kann.

- **Projektphase 4: Online-Start**

Die letzten Korrekturen wurden vorgenommen und der große Moment ist gekommen: Es ist Zeit für den Launch. Die Site wird auf den Server überspielt und ist für jedermann zugänglich. Damit ist das Projekt jedoch nicht abgeschlossen. Unverzichtbar ist die Anmeldung bei den bekannten Suchmaschinen, denn die Website soll nicht nur existieren, sondern auch gefunden werden.

Möchte der Kunde die Website im eigenen Haus pflegen und ausbauen können, so benötigt er eine **Dokumentation.** Hier sind alle Angaben festgehalten, die für die selbstständige weiterführende Produktion erforderlich sind. Detailliert ausgeführt werden der Aufbau der Navigation und des Gestaltungsrasters, es finden sich Angaben zu den technischen Rahmenbedingungen, zu verwendeten Formularen, zur Ordnerstruktur und zu den Dateinamen. Alle Angaben zusammengenommen müssen die selbstständige, von der Agentur unabhängige Produktion oder Änderung von Seiten ermöglichen. Wenn dies gewünscht wird, erscheinen die Angaben zur eigentlichen Gestaltung und ihren Elementen in einem separaten Styleguide.

- **Projektphase 5: Ausbau, Update, Pflege**

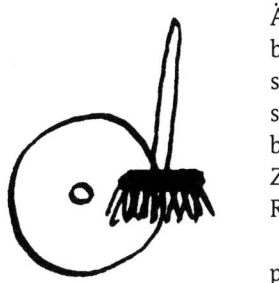

Vom ersten Tag ihres Online-Daseins an benötigt eine Website Pflege und Aufmerksamkeit. Anders als bei Printprodukten ist jederzeit eine Änderung der Inhalte möglich, und an ihrer Aktualität werden die Angebote im Web gemessen. Es kann durch das Feedback der Anwender auch sinnvoll sein, etwas umzustellen oder hinzuzufügen. Auch das äußere Erscheinungsbild kann nach einigen Monaten schon wieder anpassungsbedürftig sein. In der Regel ist es nach neun bis zwölf Monaten an der Zeit, dieWebsite einer grundlegenden Prüfung zu unterziehen und einen Relaunch ins Auge zu fassen.

Damit die Website Beachtung findet und nicht als Investition verpufft, sollte der Auftraggeber sie natürlich auch bekannt machen. Hier lautet das Stichwort „Cross-Marketing": Erfolg stellt sich nur ein, wenn ein strategisches Marketingkonzept existiert und vernetzte Marketing-Aktionen durchgeführt werden. Klassische Werbung, Kooperationen und Online-Promotion sind im Verbund besonders stark. Und selbstverständlich gehört die www-Adresse in jedes Printprodukt und auf jede Verpackung.

8 Die wirkungsvolle Präsentation

Präsentationen sind von entscheidender Bedeutung in der Beziehung zwischen Kunden und Auftragnehmern. Sie sind keinesfalls nur die Momente, in denen Arbeitsergebnisse gezeigt werden. Häufig entscheiden sie sogar darüber, ob ein Projekt weiterverfolgt wird. Dies ist beispielsweise dann der Fall, wenn der Auftraggeber in einer frühen Phase mehrere Agenturen mit Screenentwürfen beauftragt hat und nun die Auswahl zwischen ihnen zu treffen hat. Doch auch, wenn die Geschäftsbeziehung bereits auf festeren Füßen steht, ist eine gute Präsentation Gold wert. Denn sie bestimmt mit darüber, wie gut die Kommunikation zwischen Auftragnehmer und Auftraggeber funktioniert. Die Präsentation legt den Tenor für den Verlauf der weiteren Geschäftsbeziehungen fest.

Wenn sich eine positive Entwicklung einstellen soll, dann muss die Präsentation auch in ihrer ganzen Bedeutung gesehen werden. In ihr stecken weit reichende Möglichkeiten: Dieses Potenzial zu kennen heißt, Wissen für den Erfolg an der Hand zu haben. Ist dieses Potenzial nicht bekannt, schleichen sich ungewollt viele Fehlerquellen ein.

Eine wirkungsvolle Präsentation erfordert eine gute Vorbereitung, die alle entscheidenden Faktoren einbezieht.

8.1 Das Ziel

Ob es um die Website selbst geht oder um deren Präsentation: An erster Stelle steht die Frage nach dem Ziel. Was wollen wir mit der Präsentation erreichen? Die Arbeitsergebnisse sollen nicht nur vorgeführt oder erläutert werden. Es geht um mehr, nämlich den Kunden von den Entwürfen und dem dahinter stehenden Konzept zu überzeugen, ihn zu gewinnen.

Es ist sehr hilfreich, sich die Erwartungen und Voreinstellungen des Kunden vor Augen zu halten. Worum geht es für die Zielgruppe, meistens eine kleinere Gruppe von drei bis sechs Personen? Was ist für sie mit der Präsentation verbunden? Maßgebend ist, dass der Kunde eine Entscheidung treffen muss. Das bedeutet, dass wir ihn dabei unterstützen können, diese Entscheidung zu treffen.

Informationen über die Zusammensetzung der Zielgruppe können uns bei der wichtigen Einschätzung helfen, was wir besonders berücksichtigen sollten. Ist der viel beschäftigte Geschäftsführer zugegen, der Wert auf kurze, stringente Termine legt, so bereiten wir uns auf eine Version vor, die knapp die wesentlichsten Punkte zusammenfasst. Ist jemand von der EDV-Abteilung anwesend, der die eine oder andere technische Erläuterung zu schätzen weiß, so bedenken wir dies ebenso im Vorfeld. Es ist sehr sinnvoll, im Voraus die Zusammensetzung zu erfahren, da wir dann viel spezieller planen können.

Die Zielgruppe für die eigenen Ziele zu gewinnen und sie bei ihrer Entscheidung für unseren Entwurf und unser Konzept zu unterstützen, erfordert eine gute inhaltliche Strukturierung.

8.2 Inhaltliche Strukturierung

Zunächst geht es darum, die zugrunde liegende Struktur zu erläutern und das Navigationskonzept unter dem Aspekt der Benutzerfreundlichkeit nahe zu bringen. Sodann gehen wir näher auf den Screenentwurf ein und begründen, warum die verschiedenen Gestaltungselemente und Stilmittel gewählt wurden. Wir zeigen die Vorteile auf und nennen die Aspekte, die für die von uns entworfene Variante sprechen. Wir können unsere Auswahl begründen, denn wir haben die Gestaltungselemente bewusst gewählt. Günstig ist es sich vorzustellen, welche Aspekte des Entwurfs möglicherweise zu Rückfragen führen könnten. Warum wurde eine bestimmte Bildsprache gewählt, was ist zu den Schriften und der Farbe zu sagen?
Dieser „logische" Teil der Präsentation sollte gründlich vorbereitet werden:

- Der geplante Aufbau wird in Stichworten skizziert. Was kommt in welcher Reihenfolge?

- Eine Aufstellung in Tabellenform hilft weiter: Auf der linken Seite werden die wichtigsten Punkte aufgeführt, rechts daneben Argumente bzw. Begründungen für diese Wahl.

- Eine vorher angefertigte Liste möglicher Fragen und möglicher Antworten schützt vor unliebsamen Überraschungen.

8.3 Dramaturgie für die „Bühne"

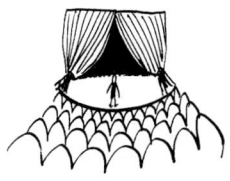

Auch wenn es nur eine kleine Gruppe ist, der wir etwas präsentieren möchten: Der Auftritt ist öffentlich und die Präsentation gleicht einer kurzen Vorstellung. Jeder Zuhörer oder Zuschauer geht mit einer gewissen Erwartungshaltung in eine Vorstellung. Er möchte sich unter gar keinen Umständen langweilen oder das Gefühl haben, kostbare Zeit zu vertun.

Im Gegenteil, eine Präsentation ist aus der Perspektive desjenigen, der seine Arbeit unterbricht, auch eine gewisse Abwechslung. Ist die „Abwechslung" gut, dann wird das honoriert werden. Was aber macht eine gute Vorstellung aus? Sie braucht auf jeden Fall eine Gliederung in Einleitung, Hauptteil und Schluss. Wir wollen uns diese Schritte im Folgenden anschauen und die Punkte aufführen, die zu beachten sind.

Die Einleitung enthält
- ein Startsignal und eine kurze Begrüßung,
- eine Vorstellung der eigenen Person,
- eine Information über den geplanten Ablauf mit zeitlicher Einschätzung,
- ein Interesse weckendes Signal,
- die Hinführung zum Hauptteil.

Der Hauptteil besteht aus
- einer gut aufgebauten inhaltlichen Struktur mit sämtlichen Argumenten und Begründungszusammenhängen für das gewählte Design,
- nach Möglichkeit einem spannenden, höhepunktähnlichen Moment,
- dem Angebot, Fragen zu stellen und Stellung zu nehmen.

Zum Schluss
- werden die wichtigsten Ergebnisse kurz zusammengefasst,
- wird ein Ausblick auf das weitere Vorgehen gegeben,
- wird ein konkreter Termin für die Entscheidung oder das nächste Treffen vereinbart,
- wird den Teilnehmern der Runde für ihre Aufmerksamkeit gedankt.

Für die Planung der Gesamtdramaturgie ist es sinnvoll, sich eine grundlegende Wahrnehmungsregel vor Augen zu halten:

Am besten prägen sich die Informationen ein, die in den ersten und letzten sieben Minuten einer Präsentation vermittelt werden.

Zwischen den ersten und letzten sieben Minuten können Phasen liegen, in denen die Teilnehmer vorübergehend etwas unaufmerksamer sind. Das sollte beim Gesamtaufbau der Präsentation berücksichtigt werden. Es zeigt, wie wichtig ein schwungvoller Start und ein guter Schluss mit einer prägnanten Zusammenfassung ist. Diese Möglichkeit muss unbedingt so genutzt werden, dass die wichtigsten Punkte im Gedächtnis der Entscheidungsträger bleiben.

Da die Anfangs- und die Abschlussphase einer Präsentation so bedeutsam sind, gibt es noch eine weitere Empfehlung. Die ersten und die abschließenden Sätze einer Präsentation sollten möglichst wörtlich vorbereitet werden. Das gibt Sicherheit. Warum wichtige Momente verspielen, in denen man um die richtigen Worte ringt und möglicherweise Sympathien verliert? Mit einer guten Vorbereitung signalisiert man gleichzeitig Respekt für Zuhörer und Zuschauer.

8.4   Rhetorik und Sprechtechnik

Was für den Anfang und den Schluss gilt, nämlich eine recht genaue Festlegung der zu wählenden Worte, das trifft nicht für den dazwischen liegenden Teil der Präsentation zu. Hier sollte möglichst frei präsentiert werden. Der Zuhörer erhält so den Eindruck, dass die Präsentation gut vorbereitet wurde und der Vortragende sich seiner Sache sicher ist. Gegen einen kleinen Stichwortzettel ist allerdings nichts einzuwenden. Für die Sprache gilt, dass sie für alle verständlich sein muss. Fachbegriffe, die unvermeidbar sind, sollten auf jeden Fall erklärt werden. Wichtige Inhalte sollten durch Wiederholung in ihrer zentralen Bedeutung kenntlich gemacht werden.

Die besten Inhalte, die besten Ideen: Sie werden erst aufgenommen, wenn sie durch das Sprechen zum Empfänger transportiert worden sind. Die Sprechqualität hat einen entscheidenden Anteil daran, ob die Botschaft ankommt. Unter undeutlichem oder zu leisem Sprechen leiden beispielsweise die Inhalte. Es genügt bereits, sich ein paar Regeln bewusst zu machen und gegebenenfalls an seiner Sprechqualität zu arbeiten:

Die Aussprache sollte deutlich und betont sein.

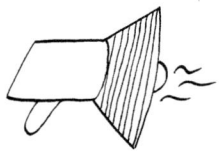

Die Lautstärke muss der räumlichen Situation angepasst werden.
- Zu leises Sprechen signalisiert Unsicherheit.
- Zu lautes Sprechen strahlt zu starke Dominanz aus.

Das Sprechtempo wirkt direkt auf die Aufnahmefähigkeit der Zuhörer.
- Zu schnelles Sprechen überfordert den Zuhörer, wichtige Aussagen gehen unter.
- Zu langsames Sprechen langweilt und erzeugt Desinteresse.

Kurze Sprechpausen sind ein Mittel, die Präsentation in sinnvolle Einheiten zu gliedern.
- Sie geben die Möglichkeit, Blickkontakt zum Publikum aufzunehmen und dessen Reaktionen zu bewerten,
- Sprechpausen dienen den Zuhörern zur Zwischenverarbeitung des Gehörten.

8.5 Die persönliche Wirkung

Jede Präsentation lebt davon, dass eine Person mit einer ganz bestimmten Ausstrahlung und Wirkung sie ausführt. Die Ausdrucksmittel der Körpersprache haben maßgeblichen Anteil an der Kommunikation und damit auch am Erfolg. Der emotionale Anteil kann nicht hoch genug eingeschätzt werden. Die überzeugende persönliche Wirkung hängt eng mit dem Selbstbewusstsein und dem eigenen Format zusammen und kann nicht einfach „aufgesetzt" werden. Der Ansatzpunkt liegt also in der Entwicklung der eigenen Persönlichkeit. Wenn wir von der körpersprachlichen, nonverbalen Ebene sprechen, dann sind Mimik, Gestik, Blick, Körperhaltung und Äußeres gemeint, die zusammengenommen ihre eigene Aussage haben.

Das, was mit Worten ausgedrückt wird, sollte in Einklang stehen mit den Aussagen der Körpersprache. Es wäre ein unschöner Widerspruch, über die sicheren Navigationswege für den User zu sprechen, gleichzeitig jedoch durch eine nicht aufrechte Körperhaltung Unsicherheit zu signalisieren. Ebenso unpassend wirkt es, beispielsweise über die Bedeutung von Details und der Bildsprache beim Screenentwurf zu sprechen, gleichzeitig aber durch die eigene vernachlässigte Kleidung dazu in Widerspruch zu treten. Einige Grundregeln helfen weiter:

Äußeres, Accessoires
- Dezente Farben, typgerechter Stil
- Outfit zum Wohlfühlen
- keine störenden Accessoires

Körperhaltung
- Aufrecht, selbstbewusst
- unverkrampftes Stehen im Gleichgewicht

Gestik
- Keine verschränkten Arme
- unterstützende Gesten

Mimik
- Freundlich und aufmerksam
- dem Publikum zugetan

Blick
- Im Kontakt mit dem Publikum
- Interesse signalisierend

Die körpersprachlichen Mittel ergeben zusammengenommen eine Aussage über die Wertschätzung des Publikums und die besondere Aufmerksamkeit, die wir ihm schenken. Es lohnt sich, die eigene Wirkung zu überdenken und wenn nötig am eigenen persönlichen Format zu „arbeiten". Sympathie hängt auch damit zusammen, dass die verbale Aussage mit der nonverbalen Botschaft eine Einheit bildet und insgesamt als authentisch empfunden wird.

- **Positive Visualisierung**

Unvorteilhafte Körpersprache ist oft Ausdruck einer inneren Unsicherheit, die sich gerade bei einem anstehenden öffentlichen Auftritt bemerkbar machen kann. Da die meisten Menschen eine Scheu vor öffentlichen Auftritten und Angst vor der unbekannten Situation empfinden, sollte dies zuallererst als etwas Selbstverständliches wahrgenommen

werden. Entscheidend ist, dass die negativen Bilder mit den Mitteln der Vorstellungskraft durch positive Bilder ersetzt werden. Es handelt sich hier um eine Technik, die von Darstellungskünstlern angewandt wird und zu einer verbesserten Selbstdarstellung führt. Wie funktioniert sie? Bereits geraume Zeit vor der Präsentation sollten die Gedanken positiv geeicht werden. Das heißt, dass wir uns eine entspannte und gelungene Präsentation mit positiv gestimmten Teilnehmern vorstellen. Wir selbst tauchen vor unserem geistigen Auge als Person auf, die die Situation selbstsicher und ruhig meistert. Für die Visualisierung sollten möglichst viele Sinneseindrücke benutzt werden, das heißt, die Vorstellung des Gutfühlens sollte auch möglichst lebendig empfunden werden. Umso nachhaltiger ist dann die Wirkung.

Abb. 1: heavy or free

Positive Einstimmung funktioniert nicht einfach so, sondern erfordert regelmäßiges Üben. Sie ist ein guter Weg zu sicherem und qualifiziertem Auftreten.

8.6 Zeitmanagement

Der Termin der Präsentation und die damit zusammenhängende zeitliche Organisation sind alles andere als eine rein äußerliche Angelegenheit.

Ein Termin an einem Mittwoch um 11 Uhr schafft andere Voraussetzungen als beispielsweise ein Termin an einem Freitag um 14 Uhr. An einem Freitag sind die Zuhörer möglicherweise schon mit ihren Gedanken im Wochenende. Wir tun dann gut daran, möglichst spannungsreich zu präsentieren und auch Verständnis zu zeigen.

Besonders wichtig ist es, zeitig vor der Präsentation am vereinbarten Ort zu sein. So haben wir die Möglichkeit, die Umgebung für die Präsentation kennen zu lernen und gegebenenfalls noch kleine Änderungen vorzunehmen. Vor allem aber besteht Gelegenheit, die technischen Hilfsmittel zu testen und sicherzustellen, dass die Technik nicht versagt.

Bei zeitigem Eintreffen ergibt sich außerdem noch die Gelegenheit zu informellen Gesprächen im Vorfeld. Daraus entsteht eine gewisse Vertrautheit miteinander, die sich positiv auf die eigene Sicherheit auswirkt.

8.7 Medieneinsatz

Wenn es um die Präsentation eines Screenentwurfs geht, dann stellt sich natürlich besonders die Frage nach dem Wie. Zum einen geht es um das Design selbst, zum anderen aber auch um die Visualisierung des Strukturkonzepts. Für die Präsentation gibt es mehrere Optionen, doch im Einzelfall kommt es immer darauf an, was an technischen Mitteln zur Verfügung steht. In der Regel kommen folgende Möglichkeiten in Betracht:

- **Laptop und Beamer**

Die Präsentation über einen eigenen Laptop hat den Vorteil, dass der optische Output keine Überraschungen mit sich bringt, weil die Einstellungen bekannt sind und die Zufallskomponente wegfällt. Ein Beamer und eine geeignete Projektionsfläche müssen natürlich vorhanden sein. In diesem Fall muss vorher genügend Zeit eingeplant werden, um die Funktion zu testen. Der Einsatz von Laptop und Beamer eignet sich besonders, wenn vor einer größeren Gruppe präsentiert wird.

- **Browseransicht auf einem Monitor**

Ist die Präsentation für eine kleinere Gruppe bestimmt, kann der Entwurf auch ganz einfach per Browser auf einem Monitor gezeigt werden. Der Designentwurf ist ins Netz gestellt worden und kann sozusagen direkt im authentischen Medium aufgerufen werden. Hier empfiehlt es sich, den dafür infrage kommenden Rechner vor Ort vorher in Augenschein zu nehmen und möglicherweise noch einige Einstellungen zu ändern. Bringt der Kunde im Verlauf der Präsentation Änderungswünsche vor, so können diese später abgearbeitet werden und der Kunde hat die Möglichkeit, die Änderungen im Netz aufzurufen. Dadurch wird die Kommunikation sehr effizient.

- **Ausdrucke**

Mit welchem technischem Medium auch präsentiert wird, ein zusätzlicher Ausdruck des Entwurfs unterstützt auf jeden Fall die Entscheidungsfindung. Der Ausdruck bleibt beim Kunden und dieser hat damit auch nach der Präsentation noch Gelegenheit, den Entwurf zu betrachten und auf sich wirken zu lassen. Ein Ausdruck ist zum Anfassen da und kann unabhängig von Raum und Technik zur Hand genommen werden. Auch wenn es im Verlauf der Präsentation zu Fragen kommt und der Beamer bereits ausgeschaltet ist, gibt der Ausdruck weiterhin Orientierung.

Zusammen mit dem Entwurf erhält der Kunde auch einen Ausdruck des Strukturbaums. Dieses Papier ist ein wichtiger Bezugspunkt während des Hauptteils der Präsentation, wenn immer wieder auf die Struktur der Website Bezug genommen wird. Es spricht für den visuellen Mediengestalter, wenn das Strukturmodell in grafisch ansprechender Form gestaltet ist und die komplexe Struktur durch die Art der Darstellung deutlich wird.

⬤ *C-8-01-C: Auf der CD finden Sie ein mit* FREEHAND *umgesetztes Strukturmodell.*

- **Datenträger**

Wird das fertige Website-Produkt beim Kunden präsentiert, erhält dieser abschließend eine Kopie auf CD-ROM. Er hat so nach der Präsentation und vor dem definitiven Online-Start Gelegenheit, die Site in Ruhe im Hinblick auf eventuell notwendige Korrekturen zu betrachten.

- **Overheadprojektor**

Der Overheadprojektor ist im Zusammenhang mit der Präsentation eines Screenentwurfs sicher nicht das nahe liegendste Medium. In Ausnahmefällen – wenn die technischen Gegebenheiten nichts anderes zulassen – kann es natürlich zum Einsatz kommen. Der Overheadprojektor ist das Medium für Folien, die vergrößert auf eine Leinwand oder direkt auf die Wand projiziert werden. Das Strukturkonzept lässt sich auf diese Weise für alle gut sichtbar erläutern. Das Medium eignet sich für die Präsentation in größeren Gruppen. Es bringt eine gewisse Dynamik mit sich, wenn die einzelnen (durchnummerierten) Folien ausgetauscht werden. Während der Erläuterungen stehen wir neben der Leinwand bzw. der Wandfläche und drehen dem Publikum selbstverständlich dabei nicht den Rücken zu. Auch hier gilt es, sich zeitig vorher mit dem Gerät vertraut zu machen und die Lichtverhältnisse des Raums zu begutachten.

- **Flipchart oder Whiteboard**

Die Präsentation kann an Klarheit gewinnen, wenn zwischendurch auf einem Flipchart oder abwischbaren Whiteboard zentrale Begriffe notiert oder Zusammenhänge verdeutlicht werden – natürlich in großen lesbaren Buchstaben und möglichst mit verschiedenfarbigen Stiften.

8.8 Unbekannte Größen

Versagende Technik und skeptische Zuhörer: Das sind die unbekannten Größen, die Angstgefühle auslösen und nicht planbar sind.

Für Technikausfälle wie einen im Verlauf der Präsentation versagenden Beamer können wir einen „doppelten Boden" vorbereiten. Die vorhandenen Ausdrucke helfen in einer solchen Situation weiter. Auch für den Overheadprojektor können wir eine Ersatzbirne bereitlegen. Sicherheitshalber haben wir auch eine CD-ROM dabei, die zur Not bei der Präsentation in kleineren Gruppen „einspringen" kann.

Wie aber geht man mit Kunden um, die nicht bester Laune sind und einen ungehaltenen Eindruck machen. Natürlich bleiben wir freundlich und hören uns die vorgetragene Bemerkung oder Frage aufmerksam an. Ist die Frage nicht sachorientiert und fällt es schwer, argumentativ damit umzugehen, ist auch eine Gegenfrage erlaubt. Eine andere Möglichkeit besteht in dem Angebot, die etwas ausgefallene und vom Thema wegführende Frage nach der Präsentation mit dem Betreffenden direkt zu klären. Hier gilt: Je besser die Vorbereitung, desto weniger können nicht ganz sachorientierte Fragen wirklich verunsichern.

8.9 Nach der Präsentation ist vor der Präsentation

Auf jede Präsentation folgt eine weitere. Das bedeutet, dass wir aus den Erfahrungen für die jeweils nächste Präsentation lernen können. Gab es interessante Momente, in denen die Zuhörer besonders positiv reagiert haben? Waren die Teilnehmer in einer bestimmten Phase teilweise gelangweilt, und woran mag es gelegen haben? Wie haben wir persönlich gewirkt? Die kritischen Fragen zur Selbsteinschätzung sind bereits Teil der Vorbereitung für den nächsten öffentlichen Auftritt und tragen zu einer zunehmenden Sicherheit im Präsentieren bei.

Für den Mediengestalter ist jede Präsentation eine besondere Herausforderung. Sein visuelles Produkt (der Screenentwurf) wird zum Bestandteil eines neuen und größeren „visuellen Produkts", nämlich der Präsentation durch ihn selbst. Wer die Präsentation in diesem Licht sieht, erkennt gleichzeitig, dass sie genauso viel Engagement wie der eigentliche Entwurf verlangt. Diese Einsicht ist ein wichtiges Element des Erfolgsrezepts.

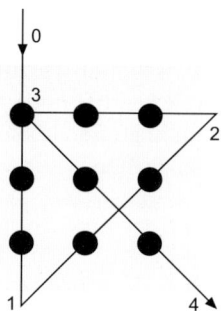

Abb. 01: Lösung des
9-Punkte-Problems

stapelbar

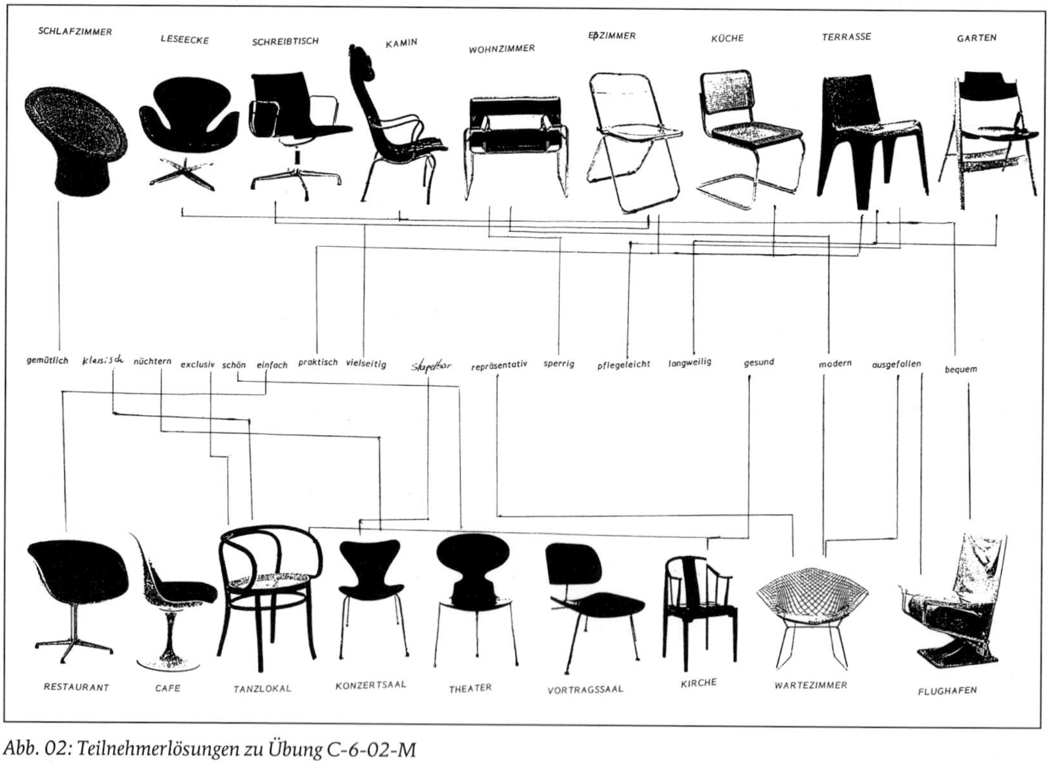

SCHLAFZIMMER   LESEECKE   SCHREIBTISCH   KAMIN   WOHNZIMMER   EßZIMMER   KÜCHE   TERRASSE   GARTEN

gemütlich   klassisch   nüchtern   exklusiv   schön   einfach   praktisch   vielseitig   stapelbar   repräsentativ   sperrig   pflegeleicht   langweilig   gesund   modern   ausgefallen   bequem

RESTAURANT   CAFE   TANZLOKAL   KONZERTSAAL   THEATER   VORTRAGSSAAL   KIRCHE   WARTEZIMMER   FLUGHAFEN

Abb. 02: Teilnehmerlösungen zu Übung C-6-02-M

Anhang

Bibliografie

A2   Die Wahrnehmung

Braun, G.: Grundlagen der visuellen Kommunikation. München, 1993

Ernst, B.: Der Zauberspiegel des M.C. Escher. Köln, 1994

Gregory, R. L.: Auge und Gehirn. Psychologie des Sehens. Reinbeck, 2001

Kapitzki, H.: Programmiertes Gestalten. Karlsruhe, 1980

Klee, P.: Beiträge zur bildnerischen Formlehre. Faksimile des Originalmanuskripts, Basel, 1979

Lanners, E.: Illusionen. München, Luzern, 1982

Matthaei, J. M.: Grundfragen des Grafikdesigns. Augsburg 1989

B1   Die Form

Gansweid, J.: Symmetrie und Gestaltung: optische Bewegungseffekte, entwickelt aus geometrischen Elementen. München, 1987

Jacobi, F. u.a.: Geometrie als Gestalt. Katalog zur Ausstellung in der Neuen Nationalgalerie. Berlin, 1999

Kandinsky, W.: Punkt und Linie zu Fläche. Bern-Bümpliz, 1973

Kapitzki, H.: Programmiertes Gestalten. Karlsruhe, 1980

Klein, K.: Grundlagen der Gestaltung. Hannover, 1987

Stankowski, A. u. Duschek, K.: Visuelle Kommunikation. Ein Design-Handbuch. Berlin, 1994

Verstockt, M.: Der Weg zur Form, vom Chaos zur Geometrie. München, 1996

Zuffo, D.: Grundlagen der visuellen Gestaltung. Hegnau, 1993

B2   Die Farbe

▪ Geschichte und Theorie

Fischer, E. P.: Die Wege der Farben. Konstanz, 1994

Frieling, H.: Das Gesetz der Farbe. Göttingen, 1968

Gage, J.: Kulturgeschichte der Farbe von der Antike bis zur Gegenwart. Ravensburg, 1997

Heller, E.: Wie Farben auf Gefühl und Verstand wirken. München, 2000

Küppers, H.: Farbe. Ursprung, Systematik, Anwendung. München, 1972

Lüscher, M.: Psychologie der Farben. Basel, 1948

Pawlik, J.: Theorie der Farbe. Köln, 1969

Lüscher, M.: Der 4-Farben-Mensch oder der Weg zum inneren Gleichgewicht. München, 1977

Riedel, I.: Farben- in Religion, Gesellschaft, Kunst und Psychotherapie. Stuttgart 1983

Steiner, R.: Das Wesen der Farbe. Dornach, 1980

Thommes, A.: Die Farbe als philosophisches Problem. Von Aristoteles bis zu Ludwig Wittgenstein. St. Augustin, 1997

▪ Praxis:

Agfa-Gevaert N.V.: Die Geheimnisse des Farbmanagements. Die digitale Farbe – Teil 5. Köln, 1997

Albers, J.: Interaction of Color. Grundlegung einer Didaktik des Sehens. Köln, 1997

Emery, R.: Creative Duotone Effects. Massachusetts, 1995

Itten, J.: Der Farbstern. Ravensburg, 1985

Itten, J.: Kunst der Farbe. Studienausgabe. Ravensburg, 1970

Knuchel, H. u. Nänni, J.: Blau. Gelb. Rot. Farb-Anagramme. Ennetbaden, 1991

Küppers H.: Farbe verstehen und beherrschen. Köln, 2004

Küppers, H.: Das Grundgesetz der Farbenlehre. Köln, 1978

Küppers, H.: Harmonielehre der Farben, Theoretische Grundlagen der Farbgestaltung. Köln, 1989

Küthe, E. u. Venn, A.: Marketing mit Farben. Köln, 1996

Nymann, M.: 4 Farben 1 Bild. Grundwissen für die Farbbildverarbeitung mit Photoshop und QuarkXPress. Heidelberg, 1997

Russell, D.: The Yellow Book. (The Red Book, The Blue Book etc.) Oxford, 1991

Schmincke & Co. GmbH & Co. KG: Küppers Farbmischbuch, Otto-Hahn-Straße 2, 40699 Erkrath

Silvestrini, N. u. Fischer, E. P.: Farbsysteme in Kunst und Wissenschaft. Köln, 2002

Venn, A.: Color Kaleidoscope. Creating Color Harmonies. Mode information Gruppe Heinz Kramer GmbH, Köln, 1997

Whelan, B. M.: Color Harmony. A guide to creative color combinations. Massachusetts, 1994

Zwimpfer, M.: Farben ordnen – mit Farben spielen. Liechtenstein, 1997

B3 Die Typografie

▪ Geschichte und Theorie

Flusser, V.: Die Schrift. Hat Schreiben Zukunft?
Frankfurt a. M.,1992

Friedl, F.: Die Univers von Adrian Frutiger.
Frankfurt a. M., 1998

Kapr, A: Schriftkunst. Geschichte, Anatomie und Schönheit der lateinischen Buchstaben. Amsterdam, 1996

Karow, P.: Digitale Schriften, Darstellung und Formate.
Berlin, 1992

Kerckhove, D.: Schriftgeburten. Vom Alphabet zum
Computer, München, 1995

Tschichold, J.: Meisterbuch der Schrift. Ravensburg, 1965

Tschichold, J.: Schriften: 1925-1974. Band 1 und
Schriften: 1925-1974. Band 2. Berlin, 1992

Weidemann, K.: Wo der Buchstabe das Wort führt.
Ostfildern, 1997

▪ Praxis

Bellantoni, J. u. Woolmann, M.: TypeEmotion.
Mainz, 1999

Bossard, H.-R.: Technische Grundlagen zur
Satzherstellung. Bern, 1980

Bossard, H.-R.: Typografie. Schrift. Lesbarkeit.
Sulgen (CH), 1996

Bosshard H. R.: Der typografische Raster. Zürich, 2000

Brielmaier, P. u. Wolf, E.: Zeitungs- und Zeitschriftenlay-
out. Konstanz, 2000

Clair, K.: A typographic workbook. Canada, 1999

Forssman, F. u. de Jong, R.: Detailtypografie. Mainz, 2004

Hochuli, J.: Bücher machen. Wilmington, 1989

Hochuli, J.: Das Detail in der Typografie. München, 1990

Jenny, P.: Das Wort, das Spiel, das Bild. Zürich, 1996

Kunz, W.: Typografie: Makro-und Mikroästhetik.
Sulgen (CH), 1998

Luidl, P.: Typografie. Basiswissen. Ostfildern, 1996

Lutz, H.-R.: Ausbildung in typografischer Gestaltung.
Zürich,1989

Müller-Brockmann, J.: Raster Systeme. Heiden (CH)
1988

Rögener, S.; Pool, A. J.; Packhäuser, U.: Typen machen
Marken mächtig. Hamburg, 1995

RotoVision SA: Schrift und Farbe am Bildschirm. Crans
(CH), 1997

Sauthoff, D.; Wendt, G.; Willberg, H. P.: Schriften erkennen. Eine Typologie der Satzschriften. Mainz, 1997

Schuler, G.: Der Typo-Atlas. Type Design & Schriftfont.
Kilchberg, 2000

Spiekermann, E.: ÜberSchrift. Mainz, 2004

Spiekermann, E.: Ursache & Wirkung. Ein typografischer
Roman. Mainz, 1982

Stiebner, D. E. u. Leonhard, W.: Handbuch der Schrift.
München, 1992

Turtschi, R.: Mediendesign. Sulgen (CH), 2000

Turtschi, R.: Praktische Typografie. Sulgen (CH), 2000

Willberg, H. P.: Wegweiser Schrift. Mainz, 1999

Willberg, H. P. u. Forssman, F.: Lesetypografie.
Mainz, 2005

Williams, R.: Der Mac (PC) ist keine Schreibmaschine.
Zürich, 1993

Williams, R: The Non-Designers Design Book.
Berkeley (USA), 1994

B4 Die Zeichen

▪ Geschichte und Theorie

Braun, G.: Grundlagen der visuellen
Kommunikation. München, 1993

Doelker, Ch.: Ein Bild ist mehr als ein Bild: Visuelle Kompetenz in der Multimedia-Gesellschaft.
Stuttgart, 1997

Eco, U.: Zeichen: Einführung in einen Begriff
und seine Geschichte. Frankfurt a. M., 1997

Frutiger, A.: Der Mensch und seine Zeichen. Paris, 1991

Institut für moderne Kunst Nürnberg: Jahrbuch 98/99
netz.kunst. Nürnberg, 1999

Jean, G.: Die Sprache der Zeichen. Nürnberg, 1994

Kerner, G. u. Duroy, R.: Bildsprache 1. München, 1998

Knieper, Th.: Infografiken: Das visuelle Informationspotenzial der Tageszeitung. München, 1995

Matthaei, J. M.: Grundfragen des Grafikdesigns.
Augsburg 1989

Museum für Gestaltung Basel: Katalog: Wo ist der Ausgang? Wenn Bilder Auskunft geben: Piktogramme.
Basel, 1990

Wills, F.: Schrift und Zeichen der Völker. Wien, 1977

- **Praxis**

Abdullah, R. u. Hübner R.: Piktogramme und Icons. Pflicht oder Kür. Mainz, 2005

Haig, W. u. Harper, L.: The power of logos. New York, 1997

Herdeg, W: Diagrams. Zürich,1981

Horton, W.: Das Icon-Buch. Bonn, 1994

Kapitzki, H.: Programmiertes Gestalten. Karlsruhe, 1980

Ollins, W.: Corporate Identity. Strategie und Gestaltung. Frankfurt a. M., New York, 1990

Rögener, S.; Pool, A.-J.; Packhäuser, U.: Typen machen Marken mächtig. Hamburg, 1995

Siegle, M.: Logo. Grundlagen der visuellen Zeichengestaltung. Itzehoe,1996

Stiebner, E. u. Urban, D.: Zeichen + Signets. München, 1989

Urban, D.: Gestaltung von Piktogrammen. München, 1995

Zelazny, G.: Wie aus Zahlen Bilder werden. Wiesbaden, 2003

C   Konzeption digitaler Medien

Abdullah, R. u. Hübner R.: Corporate Design. Kosten und Nutzen. Mainz, 2002

Birkigt, K.; Stadler, M. M.; Funck, H. J.: Corporate Identity. Grundlagen, Funktionen, Fallbeispiele. Landsberg, 1998

Engeli, M.: Digital Stories. Basel, 2000

Faulstich, Werner (Hrsg.): Grundwissen Medien. 4. Aufl. München, 2000

Gelb, M. J.: Sich selbst präsentieren. Mit Mind-Mapping und Alexander-Technik. Offenbach, 1997

Grotenhoff, M. u. Stylianakis, A.: Website-Konzeption, Bonn, 2002

Herbst, D.: Corporate Identity, Berlin 2003

Hofer, K. C. und die argonauten: good webrations 2.0. eine web wirkungsanalyse. München, 2000

R. Hübner; F. Bressler; S. Rohloff: Was kostet Web-Design? Frankfurt a. M., 2000

Issing, L. J. u. Klimsa, P. (Hrsg.): Information und Lernen mit Multimedia. Weinheim, 1997

Jacobsen, Jens: Website-Konzeption. Erfolgreiche Web- und Multimedia-Anwendungen entwickeln. München, 2005

Khazaeli, C. D.: Crashkurs Typo und Layout. Vom Zeilenfall zum Screendesign. Reinbek, 1995

Krause, J.: Idea Index. Cincinnati, 2000

Krüger, F.: Mind Mapping, Kreativ und erfolgreich im Beruf. München, 1997

Krug, Steve: Don't Make Me Think! Web Usability - Das intuitive Web. Bonn 2005

Küthe, E. u. Thun, M.: Marketing mit Bildern. Köln, 1995

Küthe, E. u. Venn, A.: Marketing mit Farben. Köln, 1996

Lankau, R.: Webdesign und -publishing, Projektmanagement für Websites. München, Wien, 2000

Lionni, P.: Facts of Life. Mainz, 2000

Ludes, P.: Einführung in die Medienwissenschaft, Entwicklung und Theorien. Berlin, 1998

Manhartsberger, M.; Musil, S.: Web Usability. Bonn, 2002

McKelvey, R.: Hypergraphics. Reinbek, 1999

McLuhan, M.: Die magischen Kanäle – Understanding Media. Basel, 1995

Mentzel, W.: Rhetorik. Frei und überzeugend sprechen. Planegg, 1997

Niederst, J.: Web Design in a Nutshell. Sebastopol 1999

Nielsen, J.: Designing Web Usability. München, 2001

Nielsen, J.: Erfolg des Einfachen. Haar, 2000

Nöllke, C.: Präsentieren. Planegg, 1998

Olins, W.: Corporate Identity. Strategie und Gestaltung, Frankfurt a. M., New York, 1990

Pipes, A.: Production for Graphic Designers. London 1997

Postman, N.: Wir amüsieren uns zu Tode. Urteilsbildung im Zeitalter der Unterhaltungsindustrie. Frankfurt a. M., 1988

Radtke, Ph.; Stocker, S.; Bellabarba, A.: Kommunikationstechniken. 7 Techniken für eine effektive Kommunikation. München, Wien, 1998

Ruddies, G. H. u. Willi, E.: Denkzeichnen. München, 1985

Schanze, Helmut (Hrsg.): Handbuch der Mediengeschichte. Stuttgart, 2001

Schelle, Heinz: Projekte zum Erfolg führen. München, 2004

Sprissler, H.: Infografiken gestalten. Berlin, Heidelberg, 1999

Stankowski, A.; Stankowski, J.; Gomringer, E.: Der Pfeil. Starnberg, 1972

Voigt, P.: Erfolgreiche Präsenz im Internet. Kirchberg, 2000

von Pierer, H. u. von Oetinger, B.: Wie kommt das Neue in die Welt? München, Wien, 1997

Weinman, L.: Webdesign.2, Tips & Tricks für

die Gestaltung professioneller Web-Pages.
Zürich, 2000

Weinmann, L. u. Lentz, J. W.: Webdesign der Profis.
Webdesign entschlüsselt in Fallstudien. Haar, 1998

Wirth, Thomas: Missing Links - Über gutes Webdesign.
München, 2002

- **Print-Artikel**

Adler, O: Frischzellenkur.
Erfolgreiches Redesign von Websites.
In: Internet Professional, 11/2000, S. 38-44

Buchholz, S: Wie finde ich eine Idee?
In: Brand Eins, 05/00, S. 126-129

Grünbein, D. u. Pöppel, E.: Schauder des Schaffens.
In: Der Spiegel, 51/2000

jn: Expedition ins Blaue. In: Page 01/01, S. 52-55

Köhler, W.: Erfolg ist planbar.
Den Webauftritt richtig konzipieren.
In: Internet Professional, 2/2000, S. 54-56

Leitner, F.: Pyramidenschema. Hierarchie auf der Website. Internet Professional, 6/2000, S. 94-96

Leitner, F.: Ballast über Bord. Webdesign ohne Effektha-
scherei. Internet Professional u. 9/2000, S. 86-88

Sager, Sven F., Intertextualität und die Interaktivität von
Hypertexten. In: Josef Klein, Ulla Fix (Hrsg.): Textbezie-
hungen. Linguistische und literaturwissenschaftliche
Beiträge zur Intertextualität. Tübingen, 1997,
S. 109-123

sk: Report: Usability. Use it or lose it.
In: Screen Business Online, 01/01

- **WWW-Artikel**

www.contentmanager.de/magazin/artikel_409_brie-
fing.html: Briefing - Das Fundament für jedes Konzept
(Jens Jacobsen, Januar 2004)

www. contentmanager.de/magazin/artikel_755_ariad-
ne_klick_pfad_orientierung_naviagtion.html (Ansgar
Hein, August 2005)

www.fit-fuer-usability.de/1x1/knigge/uebersicht.html:
Einführung in die ISO 9241-10 (Britta Hoffmann)

www.internetmanagement.ch: Benutzerführung, Navi-
gationskonzepte und Benutzerschnittstellen
(Christo Börner, 20.03.2000)

www.internetmanagement.ch: Planung einer Internet-
präsentation (Christo Börner, 06.06.2000)

www. internetmanagement.ch: Webseitengestaltung:
Text versus Grafik? (boe, 31.08.2000)

www. internetmanagement.ch: Website-Informationsar-
chitektur (boe, 24.08.2000)

www.usability.eresult.de/usanews33.htm: Blickverlauf
auf Websites - Methoden, Erkenntnisse und Empfehlungen zur Homepage-Gestaltung (Thorsten Wilhelm,
Dr. Miriam Yom, 18.11.2003)

www.useit. com/papers/webwriting/writing.html: Con-
cise, Scannable and Objective: How to write for the
Web (John Morkes and Jakob Nielsen, 1997)

www.poynter.org/content/content_view.asp?id=38357
Putting the Eyetrack Study to Good Use (Andrew DeVi-
gal, 18. Juni 2003)

www.useit.com/alertbox/20000109.html: Is navigation
useful? (Jakob Nielsen, 09.01.2000)

www.useit.com/alertbox/20001112.html: Drop-down
Menus: Use sparingly (Jakob Nielsen, 12.11.2000)

www.useit.com/alertbox/20000723.html: End of Web
Design (Jakob Nielsen, 23.07.2000)

www.useit.com/alertbox/designmistakes.html: Top Ten
Design Mistakes of 2005 (Jakob Nielsen, 03.10.2005)

www.useit.com/alertbox/20040913.html: The Need for
Web Design Standards (Jakob Nielsen, 13.09.2004)

http://hotwired.lycos.com/webmonkey: Information
Architecture Tutorial (John Shiple, 13.07.1998)

http://psychology.wichita.edu/surl/default.htm: Ge-
sammelte Usability-Artikel

www.vordenker.de/dherbst/cidentity.htm: Corporate
Identity als ganzheitlicher Management Prozess (Dieter
Herbst, September 1998)

www.scoreberlin.de/usability-artikel/usability-iso-norm

www.contentmanager.de/magazin/artikel_425_blick-
verlauf.html

www.mediaanalyzer.net/de/ (Hintergrund/Fallstudien)

www.akademie.de/gestalten/design/tipps/konzept-
design/blickverlauf.html

www.linse.uni-essen.de/linse/esel/arbeiten/sprach-
optimierung_web.html (Alexander Peters 2003)

www.mediensprache.net/de/medienanalyse/hypertext/
index.asp

www.informatik.uni-stuttgart.de/ifi/ds/
Lehre/Softerg/iso9241.pdf

www.barrierefreies-webdesign.de/knowhow/index.php

Quellennachweis

A2 Die Wahrnehmung

Abb. 07: Museum für Gestaltung Basel – Publikationen. Piktogramme. Wo ist der Ausgang? Wenn Bilder Auskunft geben. Basel, 1991

Abb.14; 16: M. C. Escher: Luft und Wasser I, Detail aus „Belvedere"; © 2001 Cordon Art B.V – Baarn – Holland. All rights reserved.

B1 Die Form

Abb. 05: Teilnehmerteam: R. Jung, V. Meyer, R. Machel, H. Grasse und L. Ruschy

B2 Die Farbe

Abb. 35: Andy Warhol: Ten-Foot Flowers © Andy Warhol Foundation for the Visual Arts / Ars, New York

Übung B-2-13-C: Roy Lichtenstein: Selbstporträt II 1976; © VG Bild-Kunst, Bonn 2001

Abb. 36 bis 42: Susanne P. Radtke

B3 Typografie

Abb. 01: www.extensis.com/su9up

Abb. 61: Bachelorarbeit von Carolin Jäger, betreut von Prof. Susanne P. Radtke

Abb. 109: Adrian Frutiger erklärt seine Univers. mit freundlicher Genehmigung der Heidelberger Druckmaschinen AG

Abb. 116: M. Müller, P. Haumann

Abb. 119 d: Mauritius, die Bildagentur GmbH, © B. Yarwin

Abb. 120: www.linotypelibrary.com

Abb. 124: A. Werner

B4 Die Zeichen

Zitat auf Seite 46: Umberto Eco: Einführung in die Semiotik. Autorisierte deutsche Ausgabe von Jürgen Trabant. Verlag Schöningh, Paderborn / Wilhelm Fink Verlag, München, 8., unveränderte Auflage 1994, UTB 105)

Abb. 06: Volksfest in Marokko, aus Mark Verstockt: Der Weg zur Form. Aries Verlag, München, 1996

Abb. 07: aus Müller, Bettina und Funke, Rainer: Macht-spiele, Macht, Spiele, Machtspiele! Verlag Hermann Schmidt, Mainz, 1999

Übung B-4-04-M, Abb. 4: René Magritte: Ceci n'est pas une pomme. © VG Bild-Kunst, Bonn 2001

Abb. 14: Plakat von Max Gebhardt: „Werktätige Frauen. Kämpft mit uns!" Deutsches Historisches Museum, Berlin

Abb. 24: Projekt-Team: D. Bergmann, M. Grellert, M. Hille, E. Kaiser, B. Kiefer und A. Netzker

Abb. 25: Juli Gudehus: Genesis. Lars Müller Publishers, Baden, Schweiz, 1992 © Juli Gudehus, Lars Müller Publishers

Abb. 27: aus Kawakami, Kenji: Chindogu oder 99 (un)sinnige Erfindungen, DuMont, Köln, 1997

Abb. 45; 59: Museum für Gestaltung Basel – Publikationen. Piktogramme. Wo ist der Ausgang? Wenn Bilder Auskunft geben. Schwabe & Co. AG. Verlag, Basel, 1991

Abb. 65: Textilmuster; © Verner Panton; Vitra Design Museum, Berlin

Abb. 79: Markus Weisbeck: „Logo.gif"; Institut für moderne Kunst Nürnberg: Jahrbuch: 98/99 „netz.kunst", Verlag für moderne Kunst, Nürnberg, 1999

Abb. 85: Entwurf von P. Haumann, M. Kaps und M. Müller

Abb. 88: Entwurf von A. Kalusche, F. Steinkamp, E. Gothein und T. Deus

Abb. 89: Entwurf von M. Schweikhardt

Abb. 94; 97: Knieper, Thomas: Infografiken: Das visuelle Informationspotenzial der Tageszeitung. Verlag Reinhard Fischer, München, 1995

C1

Abb. 13: Thomas Huber, Bachelorarbeit betreut von Prof. Susanne P. Radtke

C2

Abb. 03: Katrin Jedon, Bachelorarbeit betreut von Prof. Susanne P. Radtke

Abb. 10: www.barrierefrei-kommunizieren.de. Mit freundlicher Genehmigung des Technischen Jugendfreizeit- und Bildungsvereins (tjbv) e.V. Wilhelmstr. 52, 10117 Berlin

Stichwortverzeichnis

Konzeption und Screendesign

Die Entwicklung digitaler Medien umfasst

- die strukturell-inhaltliche Konzeption und
- die Gestaltung der einzelnen Screens.

Ausgangspunkt für beides ist die hinreichende Klärung von Zielen und Zielgruppen und die Festlegung des aufzunehmenden Content.

Struktur und Inhalt

- Die Navigationsstruktur: Organisation des Content in Informationseinheiten – es werden Haupt- und Unterrubriken gebildet und bezeichnet (Labeling).
  Faustregel: 7+/-2 Kategorien aufgrund der begrenzten Kapazität des Kurzzeitgedächtnisses
- Klare Navigation ermöglichen: Als globale Navigation bleiben die Hauptrubriken auf jeder Unterseite verfügbar. Als Navigationshilfen dienen vor allem Inhaltsübersichten, Sitemaps, Indizes, Suchfunktionen und Breadcrumbs (Navigationsprotokolle).
- Sorgsame Realisierung der Hyperlinks: Neben der Klassifizierung nach ihrem Ziel (intratextuelle, intertextuelle und externe Links) unterscheiden wir
  - Inhaltliche Links (verweisen auf zusätzliche Inhalte)
  - Navigationslinks (ermöglichen das eigentliche Navigieren mit Haupt- und Subnavigation)
  - Orientierungslinks (ermöglichen eine strukturelle Übersicht z.B. mit Hilfe einer Sitemap)
  Benötigt werden jeweils klare gestalterische Regeln. Das gilt beispielsweise für die linktypische Farbe Blau. Externe Links sollen nicht im laufenden Text erscheinen.
- Beachtung von Kriterien der Usability (Benutzerfreundlichkeit): Der Nutzer soll sein Ziel ohne Zeit- und Energieverlust sowie zufriedenstellend erreichen können. Er soll an jeder Stelle über seinen Standort, die verfügbare Auswahl und sein Woher und Wohin informiert sein (intuitive Navigation).
- Je nach Zielsetzung und Zielgruppe: Sicherstellung von Barrierefreiheit (Accessibility).
- Textgestaltung: Gemeint sind die sprachliche und gestalterische Ausführung des Textes. Für Online-Text und Web-Typografie gelten eigene Regeln.
- Abbildungen im Contentbereich: Bilder sind wesentlich, aber nicht allein wichtig für die Aufmerksamkeit. Vielmehr steigert ein guter komplementärer Einsatz von Bild und Text die Wirkung.
  Fotos und Grafiken unterstützen die Aussage der Website z.B. dadurch, dass ein Ambiente vermittelt wird oder Informationen in einer Infografik verdichtet und dadurch schneller aufgenommen werden können.

Gestaltungsvariablen für die einzelnen Screens

Ein klares durchgängiges Layout ist die Voraussetzung dafür, dass der Anwender sich sicher und zügig durch die Anwendung bewegen kann. Mit dem Layout als Strukturschema ist anders als im Printbereich das HTML-Layout gemeint. Es gewährleistet eine systematische Gliederung bzw. Strukturierung der Seite. Sie zeigt sich dem Nutzer auf der Browseroberfläche (= sichtbares Layout) und ist das Ergebnis der dahinter liegenden „Beschreibung". Die Gestaltungsvorlage bildet in der Regel ein sog. Template (Vorlage).

- Positionierung: Wo werden die Elemente platziert? Wonach richtet sich die Platzierung?
  Zu den Grundentscheidungen gehört hier, an welcher Stelle die Navigationselemente positioniert werden sollen. Wenn reichlich Subnavigation vorhanden ist, bieten Pulldown- oder Aufklappmenüs eine gute Platzersparnis. Zu berücksichtigen sind auch sog. Aufmerksamkeitszonen. Stark beachtet wird der linke obere Bereich, eher gering der rechte untere Bereich.
- Proportionen: Wie viel Raum nehmen die einzelnen Elemente ein, wie groß ist der Bereich für die Navigationsleisten, für das Logo, für Überschriften etc.?
  Faustregel: 50 % bis 80 % der Fläche gehören den Hauptinhalten.
- Strukturierung des Contentbereichs: Wie wird der Raum für die eigentlichen Inhalte strukturiert? Welche Größe und Position haben die einzelnen Spalten? Wie werden Text und Grafik angeordnet?

Damit sich der Anwender durch die einzelnen Seiten geführt fühlt, muss er eine visuelle Hierarchie erkennen können. Wesentliche Stichworte in diesem Zusammenhang sind Kontrast, Differenzierung und visuelle Spannung, die sich zur Gesamtanmutung komponieren.